普通高等教育“十二五”金融学专业规划教材

总主编 李 成

银行会计学

【第三版】

主 编 翟立宏

副主编 贾 文 窦玉梅

西安交通大学出版社
XI'AN JIAOTONG UNIVERSITY PRESS

内容提要

本书全面、系统地介绍了银行会计的基本理论与方法。在借鉴现有教材编写经验的基础上,本教材主要突出以下几个特点：一是合理安排知识体系。教材的章节设计充分吸收了各参编人员在本课程教学实践中的经验和体会，力求提高教材的适用性。二是吸收了银行会计学的最新研究成果，以反映这一课程的发展趋势和方向。三是注重实践和应用。各章节在讲清基本理论与方法的基础上，列举了大量的实例,以增强学生对所学知识的应用能力。

本书可以作为高等学校金融、会计及其他经济管理类专业本科教材，也可供银行会计人员和自学者使用。

普通高等教育"十二五"金融学专业规划教材

编委会

总 序

现代市场经济中,金融已经成为整个经济的核心。第一,金融在市场资源配置方面发挥着核心作用,是连接商品市场和其他要素市场的枢纽,在价值规律作用下,金融机构将资金投向效益好、前景好的产业和企业,使社会资源得到优化配置。第二,金融在宏观经济调控中发挥着核心作用,是宏观经济调控的重要杠杆。国家运用利率、汇率等多种金融手段,调节货币供应量,争取经济的总量平衡,实现物价稳定、经济增长、充分就业和国际收支平衡,促进经济又好又快发展。第三,金融在维护国家经济安全方面发挥着核心作用。经济发展中最大的不安全因素之一是金融危机;要保证国家经济安全发展,首先必须掌握金融发展状况,保证金融业的健康运行。第四,金融在决定国家经济综合竞争力中发挥着核心作用。发达的金融业能给科技创新、实业发展、政府公共支出等提供源源不断的低成本资金,带动投资、消费的增长,推动社会经济的繁荣和居民生活的改善。没有现代化的金融,不可能有现代化的经济。掌握和控制国际银行系统、拥有硬通货以及主宰国际资本市场,被视为西方强国控制世界的三大战略手段。美国之所以能够称霸世界,美元的霸主地位和金融业的高度发展是重要因素。根据洛桑国际管理发展学院发布的2007年世界竞争力年度报告,名列前6位的美国、新加坡、香港、卢森堡、丹麦和瑞士,都具有十分发达的金融业,其中有的是世界的金融中心。

在经济全球化趋势加快的背景下,金融在经济中的核心地位将越来越突出。谁能率先实现产业结构的调整和升级,优先发展金融为主的服务业,尽快建立发达的金融体系,谁就能站在全球竞争的最前面。

近些年来,发达国家开始放松对金融业的管制。美国在1999年颁布《金融服务现代化法》以后,取消了银行、证券、保险业之间传统的跨业经营限制。俄罗斯、印度等一些新兴市场经济国家也纷纷加快了金融自由化步伐,放松或取消金融管制,为金融发展创造更加宽松的制度和条件。与此同时,世界金融业的并购、整合加快,创新能力和风险管理能力提升,金融格局正在发生重大变化。这种变化主要表现在三个方面:第一,全球金融资产迅速膨胀。美国和日本等长期的低利率政策,造成了全球货币的超额供给和流动性过剩,大量资金涌入金融市场,扩大了金融市场的规模。反过来,金融市场的快速扩张,又刺激了全球流动性的进一步膨胀。据国际权威机构统计,目前全球金融业核心资产总额已达140万亿美元,占全球GDP总额之比,由1980年的109%提高到316%;全球金融衍生产品的名义价值已达370多万亿美元，超过全球GDP的7倍。第二，资本市场进一步成为金融市场的主体。全球银行资产占金融资产的比重，由1980年的42%下降为2005年的27%。第三，新型金融投机资本迅速兴起。全球对冲基金、私人股权投资基金数量增加很快，拥有的资产数额急剧膨胀，世界金融业的风险增加。

我国改革开放以来，充分发挥金融在现代经济中的核心作用，果断推出了一系列重大金融改革措施，不失时机地实施国有商业银行股份制改革，推进建立现代金融制度，大力推进以深化农村信用社改革为重点的农村金融改革，发挥金融在支持社会主义新农村建设中的重要作用。积极推行互利共赢的开放战略，不断提高金融对外开放水平。强调金融创新的重要位置，全面提升银行业的竞争力和服务水平。坚持把金融监管作为金融工作的重中之重，维护金融体系稳健、安全运行。由于采取了一系列强有力措施，我国金融业取得长足进步，发生了历史性的剧变。金融体系不断完善，金融资产迅速增加；金融企业的公司治理加强，盈利能力提高，财务状况和资产质量明显改善；金融改革迈出重大步伐，商业银行改革、农村信用社改革取得了阶段性进展；人民币汇率形成机制和利率市场化改革进展顺利；资本市场基础性制度建设全面加强；保险业改革成效显著，保险公司整体实力和承保能力提高较大；金融监管明显加强，防范和处置金融风险力度加大；金融对外开放水平不断提高。截至2006年底，中国金融资产总量已突破60万亿元，其中，银行业金融机构资产为44万亿元。中国的经济货币化程度（M2/GDP），已由改革初期1978年的30%跃升至当前的180%强。至2007年7月底，沪深两市股票市值20万亿元，占GDP的比重达98%。金融业在推动我国经济转型、支持经济发展方面发挥了重要作用。当然，同国际先进水平相比，中国金融业的发展水平还不算高，结构仍然不够合理，区域发展不平衡，创新能力、服务水平与实际需求还有差距等。必须进一步深化金融改革，加快金融发展，扩大金融开放，加强金融监管，提升我国金融业的水平。

金融大业，人才为本。面对新形势新任务，迫切需要一大批经济、金融理论基础扎实、对现代金融业务熟悉、能适应国际竞争需要的高级专业人才。只有培养和造就一大批这样的人才，才能应对国际竞争和挑战，更好地服务经济、服务社会。

金融业的发展依靠人才，人才培养依靠教育，发展教育离不开高质量的教材。作为知识载体和教学工具，教材质量关系教育质量和人才质量。西安交通大学李成教授组织编写的这套金融学专业系列教材，适应新形势对培养金融人才的需要，以面向世界、面向未来，体现学术性、系统性和前瞻性为宗旨，注重培养学生的创新能力和实践能力，为塑造高素质、创造性、复合型人才提供了条件。教材编写者，大都是具有扎实经济金融理论基础和较丰富的教学经验的年轻学者。他们思维活跃，思路开阔，善于学习和借鉴国内外研究成果，具有宽广的国际视野。在吸收国内外重要专业文献、教材内容的同时，有不少创新。我相信，这套系列教材的推出，必将有助于我国金融教学和金融研究水平的提高。

赵海宽

2007年7月28日

于北京

注：赵海宽先生是我国老一辈著名金融专家，中国金融理论和金融改革的开拓者，中国人民银行研究生院创始人之一。曾任中国金融学会副会长，中国人民银行研究所所长，《金融研究》主编等职。现任国家政治协商委员会委员，中国人民银行研究生院博士生导师、教授，国内多家著名大学特聘教授。

第三版前言

会计是以货币为主要计量单位，并利用专门的方法和程序，对企业和行政事业单位的经济活动进行完整的、连续的、系统的反映和监督，旨在提供经济信息和提高经济效益的一项管理活动，是经济管理的重要组成部分。对于不同类型的会计主体，其经济活动的性质、内容和特点不同，从而会计对象在内容和特征上也有明显的差异。因此，需要根据会计主体的性质和特点建立相应的行业会计，以反映和监督各类会计主体的经济活动。

银行是金融业中历史最为悠久，服务活动范围最为广泛，对社会经济生活影响最大的金融机构，是世界各国金融体系的主体。由于银行在国民经济中的重要地位，银行会计在各种行业会计中占有举足轻重的地位，同时也是银行业从业人员必备的专业知识。学习和掌握银行会计对于金融类专业的学生具有十分重要的意义。近年来，越来越多的高校已把银行会计学列入金融及相关经济管理类专业的教学计划，把它作为学生的必修或选修课程。正因为如此，《银行会计学》的写作成为了西安交大出版社普通高等教育"十一五"金融学专业规划教材写作计划的一个重要组成部分。在出版社的积极支持下，经过编写组全体成员的共同努力，我们完成了本书的编写工作。

本书全面、系统地介绍了银行会计的基本理论与方法。在借鉴现有教材编写经验的基础上，本教材主要突出以下几个特点：一是合理安排知识体系。教材的章节设计充分吸收了各参编人员在本课程教学实践中的经验和体会，力求提高教材的适用性。二是吸收了银行会计的最新研究成果，以反映这一学科的发展趋势和方向。三是注重实践和应用。各章节在讲清基本理论与方法的基础上，包含了大量的实例，以增强学生对所学知识的运用能力。

本书的写作适逢新会计准则发布之际，考虑到这一变化，我们在有关章节中对新旧会计制度的差异作了简要比较和必要的说明，以便读者能更好地适应会计制度的改革与更新。

本书由西南财经大学金融学院硕士生导师、西南财经大学信托与理财研究所所长翟立宏副教授担任主编，四川大学经济学院硕士生导师贯文副教授和西南财经大学金融学院窦玉梅分别担任第一和第二副主编。全书共十八章，第一、二章由翟立宏副教授撰写，第三、六、十四、十六章由窦玉梅撰写，第四、五章由西安理工大学工商管理学院王昕老师撰写，第七、十五章由西安财经学院经济学院王学敏副教授撰写，第八、九章由四川师范大学经济与管理学院万宏副教授撰写，第十、十一章由四川大学工商管理学院郑姝老师撰写，第十二、十三章由四川大学经济学院硕士生导师徐桂兰副教授撰写，第十七、十八章由贯文副教授撰写。贯文副教授负责第八章至第十三章和第十七、十八章的统稿工作，窦玉梅负责第一章至第七章和第十四、十五、十六章的统稿工作，最后由翟立宏副教授总纂定稿。

本教材自 2007 年出版后，得到了专家学者和读者的一致好评。2011 年 12 月，我们对该教材进行了修订，目前已重印 6 次。随着银行会计理论研究的深入和实际操作的发展，我们又对第二版进行了修订，推出第三版。

本教材的修订出版得到了西安交通大学出版社的鼎力支持，在此向出版社各位同志表示衷心感谢。撰写过程中，我们参阅了大量参考文献，谨向各参考文献作者致以诚挚的谢意。

由于时间紧迫，学识有限，本书难免有错漏之处，恳请读者批评指正。

本书编写组

2014 年 8 月

目　录

第一章 商业银行会计概述

本章要点

1. 商业银行会计的特点
2. 会计基本假设
3. 会计信息质量要求
4. 会计要素
5. 会计机构的设置
6. 会计内部控制

第一节 商业银行会计的基本问题

一、商业银行与商业银行会计

根据《中华人民共和国商业银行法》的释义，商业银行是指依照《中华人民共和国公司法》设立的，以货币为经营对象，吸收公众存款、发放贷款、办理结算等业务的企业法人。商业银行是现代金融体系的主体，它所提供的金融服务在现代经济、社会的发展中发挥着重要作用。

商业银行以收益性、安全性、流动性为经营原则，实行自主经营，自担风险，自负盈亏，自我约束。商业银行依法开展业务，不受任何单位和个人的干涉。商业银行以其全部法人财产独立承担民事责任。在管理体制上，商业银行总行是一级法人，业务实行垂直领导，全行统一核算，分级管理，各分支机构不具有独立的法人资格。

银行会计是会计的一个分支，归类于金融企业会计。商业银行会计属于银行会计，而其内容涵盖了银行会计中最基本和最主要的部分。

商业银行会计是以货币为主要计量单位，以凭证为依据，采用确认、计量、记录和报告等会计专门方法，对商业银行经营活动进行连续、系统、全面的核算和监督，为经营者及有关方面提供有关商业银行财务状况、经营成果等会计信息的一种管理活动。商业银行会计不仅是商业银行经营管理活动的重要组成部分，也是商业银行开展各项业务活动的手段与工具。

二、商业银行会计的特点

商业银行会计的特点是由商业银行业务性质及其特点决定的。商业银行是国家管理经济的重要部门，因此其会计业务的政策性较强；商业银行经营对象是货币，决定了商业银行会计反映和控制职能的重要性。商业银行会计的特点主要有以下几个方面。

(一)会计核算与业务处理的一致性

商业银行会计核算与各项业务处理紧密联系在一起,其业务的处理过程也是会计的核算过程。商业银行各项业务活动是通过会计业务的处理来实现的,这是银行会计有别于其他专业会计最显著的特点之一。例如,客户的一笔存款业务,从客户提交存款凭单,银行人员接柜审核,凭证处理、传递,到登记账簿完成核算,这一系列的程序,既是业务活动的过程,又是会计核算的过程。而工商企业生产经营业务和会计核算工作,是由不同部门的有关人员各自分别办理的,但银行的大量业务,如结算、清算、资金汇划等业务,都是由会计出纳部门独自完成的。

(二)会计处理的及时性

会计处理的及时性是对商业银行会计比其他专业会计更为突出的要求,这不仅是客户对银行服务的要求,同时也是提高社会资金运用效率以及银行加强内部管理的需要。

商业银行是社会资金收支和转账结算的枢纽,各家银行每天都要处理数量众多的业务,而这些业务牵涉到千万个银行客户的资金运转,如果银行会计核算处理不及时,就会影响客户资金运用的及时性,从而也会影响到社会资金运用效率,并可能会造成资金损失或其他严重后果。因此商业银行会计必须每日结平账务,准确及时反映当日的业务活动以及由此产生的财务收支情况,也就是按日提供会计报表,这是其他任何行业会计所不具备的。

(三)会计核算方法的特殊性

由于经营范围和对象的特殊性,与工商企业相比,商业银行在采用一般会计核算方法的基础上,又形成了自己一套特殊的方法。在一般业务处理方面,商业银行会计同样采用财务会计制度规定的通用核算原则与方法,但对一些特殊业务的处理,又有着与其他行业有别的核算方法。如对外汇业务的核算采用外汇分账制,对应收暂付或应付暂收业务采用卡片账,对联行往来采用台账的形式核算等。而且商业银行利用表外科目进行核算和管理的业务量大,这些业务不仅包括没有实际资金运动但银行要承担一定经济责任的业务和备查登记类业务,还包括大量的市场风险类业务。

(四)会计业务的政策性

商业银行经营活动具有广泛的社会性,其发生的业务不仅涉及国民经济各部门,还涉及社会生活的方方面面。因此,商业银行在办理业务时,要认真贯彻执行国家有关法律、政策、制度等。在宏观方面,要贯彻执行国家金融政策、信贷政策、外汇政策等;在微观方面,要认真贯彻执行中国人民银行的现金、票据及账户管理制度,国家外汇管理局有关外汇收支的结汇、核销、申报、统计等方面的制度和规定,中国人民银行有关单位和个人支付结算纪律,财政部、中国人民银行有关财政性资金管理的规定等。

(五)监督和服务的兼容性

银行是国民经济的综合部门,是社会资金活动的枢纽,国民经济各部门、各单位经济活动都通过银行业务来办理,这就使银行成为全国范围的信贷中心、转账结算中心、现金出纳中心、外汇收支中心,通过会计的基本职能,对各种经济活动发挥监督作用。根据国家的有关方针政策、法令法规、制度办法,对各部门、各单位经济活动的合理性、合法性、有效性通过柜台、凭证、账簿、报表、稽核等形式进行广泛、严格的监督。凡是符合国家方针政策、财经法规以及制度办法的各种经济活动要积极支持,及时、准确办理资金收付,加速资金进账;凡是违反国家方针政策、财经法规以及制度办法的各种经济活动要抵制和制止,对于构成犯罪的要配合有关部门进行打击。

三、商业银行会计基本假设与会计基础

(一)会计基本假设

会计基本假设是银行会计确认、计量和报告的前提,是对会计核算所处时间、空间环境等所作的合理设定。会计基本假设包括会计主体、持续经营、会计分期和货币计量等四项。

1. 会计主体

会计主体,是指银行会计确认、计量和报告的空间范围。在该假设下,银行应当对其本身发生的交易或事项进行会计确认、计量和报告,反映银行本身所从事的各项经营活动。

会计主体与法律主体并不是同一概念。一般来说,法律主体必然是会计主体,但会计主体并不一定就是法律主体。商业银行作为一个独立核算的集团化金融企业,目前采取二三级会计主体制度。

2. 持续经营

持续经营是指在可以预见的将来,会计主体将会按当期的规模和状态继续经营下去,不会停业,也不会大规模削减业务。在持续经营假设下,银行进行会计确认、计量和报告应当以持续经营为前提。明确这一基本假设,会计人员就可以在此基础上选择会计原则和会计方法。需要注意的是,任何银行都存在破产、清算的风险,如果可以判断银行不会持续经营,就应当改变会计核算的原则和方法,并在银行财务报表中作相应披露。

3. 会计分期

会计分期是指将一个会计主体持续经营的活动期间划分为若干连续的、长短相同的期间。会计分期的目的,在于通过会计期间的划分,将持续经营活动划分成连续、相等的期间,据以结算盈亏,按期编报财务报表,从而及时向各方面提供有关银行财务状况、经营成果和现金流量的信息。在会计分期假设下,银行应当划分会计期间,分期结算账目和编制财务报告。会计期间分为年度和中期,一个会计年度从每年公历 1 月 1 日至 12 月 31 日,中期是指短于一个完整的会计年度的报告期间。

4. 货币计量

货币计量是指会计主体在进行会计确认、计量和报告时,以货币计量反映会计主体的财务状况、经营成果和现金流量。在会计核算过程中之所以选择货币作为计量单位,是由货币本身的属性决定的。货币是商品的一般等价物,是衡量一般商品价值的共同尺度。其他计量单位(如重量、长度、容积等)只能从一个侧面反映企业的生产经营成果,无法在量上进行比较,不便于实物管理和会计计量。但是某些影响银行财务状况和经营成果的因素,如银行经营战略、研发能力、市场竞争力等往往难以用货币来计量,而这些信息对于使用者而言也很重要,为此银行需要在财务报表中披露有关信息以弥补上述缺陷。

商业银行的会计核算以人民币为记账本位币。业务收支以人民币以外的货币为主的商业银行,可以选定其中一种货币作为记账本位币,但是编报的财务会计报告应当折算为人民币。在境外设立的中国商业银行向国内报送的财务会计报告,应当折算为人民币。

(二)会计基础

企业会计的确认、计量和报告应当以权责发生制为基础。权责发生制基础要求,凡是当期

已经实现的收入和已经发生或应当负担的费用，无论款项是否收付，都应当作为当期的收入和费用，计入利润表；凡是不属于当期的收入和费用，即使款项已在当期收付，也不应当作为当期的收入和费用。权责发生制可以更加真实、公允地反映特定会计期间的财务状况和经营成果。

与权责发生制相对应的是收付实现制。它是以收到或支付的现金作为确认收入和费用等的依据。目前，我国的行政单位会计采用收付实现制，事业单位会计除经营业务可以采用权责发生制外，其他大部分业务采用收付实现制。

四、商业银行会计信息质量要求

会计信息质量要求是对银行财务报表中提供的会计信息质量的基本要求，是使财务报表中所提供会计信息对使用者所应具备的特征，包括以下八项内容。

(一)客观性原则

客观性原则要求银行应当以实际发生的交易或者事项为依据进行会计确认、计量和报告，如实反映符合确认和计量要求的各项会计要素及其他相关信息，保证会计信息真实可靠、内容完整。客观性原则具有三个方面的含义：一是真实性，指所提供的会计信息必须如实反映商业银行的财务状况、经营成果和现金流量；二是可靠性，指对经济业务的确认、计量记录和报告应不偏不倚，以客观事实为依据，不受主观意志左右；三是可验证性，指有可靠的凭据以供复查其数据来源和信息提供过程。

(二)相关性原则

相关性原则要求银行提供的会计信息应当与财务会计报告使用者的经济决策需要相关，有助于财务会计报告使用者对企业过去、现在或者未来的情况作出评价或者预测。在会计核算中，要求在收集、加工、处理和提供会计信息的过程中，充分考虑会计信息使用者的需求。

(三)明晰性原则

明晰性原则要求银行提供的会计信息应当清晰明了，便于财务会计报告使用者理解和使用。要求会计记录应当准确清晰，凭证填制、账簿登记应做到依据合法、账户对应关系清楚、文字摘要准确，会计报表编制应做到项目完整、数字准确、勾稽关系清楚，确保信息使用者理解其含义。

(四)可比性原则

可比性原则要求银行提供的会计信息应当具有可比性。同一企业不同时期发生的相同或者相似的交易或者事项，应当采用一致的会计政策，不得随意变更；确需变更的，应当在附注中说明。不同企业发生的相同或者相似的交易或者事项，应当采用规定的会计政策，确保会计信息口径一致，相互可比。

(五)实质重于形式原则

实质重于形式原则要求银行应当按照交易或者事项的经济实质进行会计确认、计量和报告，不应仅以交易或者事项的法律形式为依据。

(六)重要性原则

重要性原则要求银行提供的会计信息应当反映与企业财务状况、经营成果和现金流量等有关的所有重要交易或者事项。对重要交易和事项必须按规定的会计方法和程序进行处理，并在财务报表中充分、准确披露；对次要的会计事项，在不影响会计信息真实性和不至于误导信息使用者的前提下，可以适当简化处理。

(七)谨慎性原则

谨慎性原则要求银行对交易或者事项进行会计确认、计量和报告应当保持应有的谨慎，不应高估资产或者收益、低估负债或者费用。如商业银行对逾期贷款计提呆账准备、确认或有负债、不确认或有收益等，都是对谨慎性原则的运用。

(八)及时性原则

及时性原则要求银行对于已经发生的交易或者事项，应当及时进行会计确认、计量和报告，不得提前或者延后。要求对会计信息及时收集，及时加工处理，及时输送传递。

五、商业银行会计要素

会计要素是指按照交易或者事项的经济特征所作的基本分类，分为反映银行财务状况的会计要素和反映银行经营成果的会计要素。它既是会计确认和计量的基础，也是确定财务报表结构和内容的基础。

我国银行会计要素按照其性质分为资产、负债、所有者权益、收入、费用和利润。其中，资产、负债和所有者权益侧重反映银行的财务状况，是资产负债表要素；收入、费用、利润侧重于反映银行的经营成果，是利润表要素。会计要素的界定和分类可以使财务会计系统更加科学严密，并可为使用者提供更加有用的信息。

(一)资产

1. 定义

资产是指企业过去的交易或者事项形成的、由企业拥有或者控制的、预期会给企业带来经济利益的资源。根据定义，资产具有以下几个特征：

(1) 资产预期会给企业带来经济利益。如果某一项目预期不能给企业带来经济利益，则不能将其确认为企业的资产；前期已经确认为资产的项目，如果不能再为企业带来经济利益的，也不能再确认为企业的资产。

(2) 资产由企业拥有或者控制。资产作为一项资源，应当由企业拥有或者控制，具体是指企业享有某项资源的所有权，或者虽然不享有某项资源的所有权，但该资源能被企业所控制。

企业享有资产的所有权，通常表明企业能够排他性地从资产中获取经济利益。但有些情况下，资产虽然不能为企业所拥有，但是企业控制了这些资产，同样表明企业能够从该资产中获取经济利益，符合会计上对资产的定义，例如融资租赁的固定资产；反之，如果企业既不拥有也不控制资产所带来的经济利益，则不能将其作为企业的资产予以确认，例如经营租赁的固定资产。

(3) 资产由企业过去的交易或者事项形成。企业过去的交易或者事项包括购买、生产、建造行为或其他交易或者事项。只有过去发生的交易或者事项才能产生资产，预期在未来发生的交易或者事项不形成资产。

2. 资产的确认条件

将一项资源确认为资产，首先应当符合资产的定义，除此之外，还需同时满足以下两个条件：

(1) 与该资源有关的经济利益很可能流入企业。

(2) 该资源的成本或者价值能够可靠地计量。

3. 资产的分类

按照流动性不同，资产可以分为流动资产和非流动资产。

符合下列条件之一的资产可以确认为流动资产：

(1) 预计在正常营业周期中变现、出售或耗用的；

(2) 主要为交易目的而持有的；

(3) 预计在自资产负债表日起 1 年内变现的；

(4) 自资产负债表日起 1 年内，用于交换其他资产或清偿负债的能力不受限制的现金或现金等价物。

根据上述条件，银行的流动资产一般包括现金、贵金属、存放款项、拆放同业、贴现、持有的不超过 1 年(含 1 年)的股权或债权资产、短期贷款、应收款项等。

非流动资产是指除流动资产以外的资产，主要包括中长期贷款、持有期在 1 年以上的股权或债权资产、固定资产、无形资产和其他资产。

(二)负债

1. 定义

负债是指企业过去的交易或者事项形成的、预期会导致经济利益流出企业的现时义务。根据定义，负债具有以下几个方面的特征：

(1) 负债是企业承担的现时义务。现时义务是指企业在现行条件下已承担的义务。未来发生的交易或者事项形成的义务，不属于现时义务，不应当确认为负债。

现时义务可以是法定义务，也可以是推定义务。其中法定义务是指具有约束力的合同或者法律、法规规定的义务，通常在法律意义上需要强制执行。推定义务是指根据企业多年来的习惯做法、公开承诺或者公开宣布的政策而导致企业承担的责任，这些责任也使有关各方形成了企业将履行义务解脱责任的合理预期。

(2) 负债的清偿预期会导致经济利益流出企业。在履行现时义务时，导致经济利益流出企业的形式多种多样，例如，用现金偿还或以实物资产偿还，部分资产转移、将负债转为资本等。在某些情况下，现时义务也可以以其他方式解除，如债务人放弃或者丧失了其要求清偿的权利。在这种情况下，尽管现时义务的履行最终没有导致经济利益的流出，但在现时义务发生时，仍然应当根据预计将要清偿的金额确认为负债。

(3) 负债由企业过去的交易或事项形成。过去的交易或者事项包括购买货物、使用劳务等。即只有过去发生的交易或者事项才能形成负债，企业在将来发生的承诺、签订的合同等交易或者事项，不形成负债。

2. 确认条件

将一项现时义务确认为负债，首先应当符合负债的定义，除此之外，还需要同时满足以下条件：

(1) 与该义务有关的经济利益很可能流出企业。

(2) 未来流出的经济利益的金额能够可靠地计量。

3. 负债的分类

按流动性的不同,负债可以分为流动负债和长期负债。

流动负债是指将在1年(含1年)内偿还的债务,主要包括活期存款、1年(含1年)以下的定期存款、向中央银行借款、同业存款、应付款项、应付利息等。

长期负债是指超过1年以上才进行偿还的债务,主要包括1年以上的定期存款、应付债券和其他长期负债等。

(三)所有者权益

1. 定义

所有者权益是指企业资产扣除负债后由所有者享有的剩余权益。公司的所有者权益又称为股东权益。所有者权益反映了所有者对企业资产的剩余索取权,是企业资产中扣除债权人权益后应由所有者享有的部分。

2. 来源构成

所有者权益的来源包括所有者投入的资本、直接计入所有者权益的利得和损失、留存收益等。

直接计入所有者权益的利得和损失,是指不应计入当期损益、会导致所有者权益发生增减变动的、与所有者投入资本或者向所有者分配利润无关的利得或者损失。利得是指由企业非日常活动所形成的、会导致所有者权益增加的、与所有者投入资本无关的经济利益的流入。损失是指由企业非日常活动所发生的、会导致所有者权益减少的、与向所有者分配利润无关的经济利益的流出。

(四)收入

收入是指企业在日常活动中形成的、会导致所有者权益增加的、与所有者投入资本无关的经济利益的总流入。

收入只有在经济利益很可能流入从而导致企业资产增加或者负债减少,且经济利益的流入额能够可靠计量时才能予以确认。

(五)费用

费用是指企业在日常活动中发生的、会导致所有者权益减少的、与向所有者分配利润无关的经济利益的总流出。

费用只有在经济利益很可能流出从而导致企业资产减少或者负债增加,且经济利益的流出额能够可靠计量时才能予以确认。

(六)利润

利润是指企业在一定会计期间的经营成果,包括收入减去费用后的净额、直接计入当期利润的利得和损失等。

六、会计要素计量属性

会计计量是为了将符合确认条件的会计要素登记入账并列报于财务报表而确定其金额的过程,计量属性反映的是会计要素金额的确定基础,主要包括历史成本、重置成本、可变现净值、现值和公允价值。

(一)历史成本

历史成本又称实际成本，是取得或制造某项财产物资时所实际支付的现金或者其他等价物，是基本的计量属性。在历史成本计量下，资产按照取得时支付的现金或者现金等价物的金额，或者按照取得资产时所付出的对价的公允价值计量。负债按照因其承担现时义务而实际收到的款项或者资产的金额，或者承担现时义务的合同金额，或者按照日常活动中为偿还负债预期需要支付的现金或者现金等价物的金额计量。

(二)重置成本

重置成本又称现行成本，是指按照当前市场条件，重新取得同样一项资产所需支付的现金或现金等价物金额。在重置成本计量下，资产按照现在购买相同或者相似资产所支付的现金或现金等价物的金额计量，负债按照现在偿付该项负债所需支付的现金或者现金等价物的金额计量。

(三)可变现净值

可变现净值，是指在正常生产经营过程中，以预计售价减去进一步加工成本和销售所必须的预计税金、费用后的净值。在可变现净值计量下，资产按照其正常对外销售所能收到的现金或现金等价物的金额扣减该资产至完工时估计将要发生的成本、销售费用以及相关税金后的金额计量。

(四)现值

现值是指对未来现金流量以恰当的折现率进行折现后的价值，是考虑货币时间价值因素等的一种计量属性。在现值计量下，资产按照预计从其持续使用和最终处置中所产生的未来净现金流入量的折现金额计量，负债按照预计期限内需要偿还的未来净现金流出量的折现金额计量。

(五)公允价值

公允价值，是指在公平交易中，熟悉情况的交易双方自愿进行资产交换或者债务清偿的金额。在公允价值计量下，资产和负债按照在公平交易中，熟悉情况的交易双方自愿进行资产交换或者债务清偿的金额计量。

商业银行在对会计要素进行计量时，一般应当采用历史成本。历史成本通常反映的是资产或者负债过去的价值，而其他计量属性通常反映的是资产或者负债的现实成本或者现实价值，使用时应当保证所确定的会计要素金额能够取得并可靠计量。

第二节　商业银行会计的工作组织

银行会计的工作组织，就是根据《中华人民共和国会计法》、中国人民银行的《银行会计基本规范指导意见》、财政部《金融保险企业财务制度》的规定，在银行系统内部设置负责会计工作的职能机构，建立和健全会计规章制度，配备必要的会计人员，按照会计管理的客观规律，把会计工作科学地组织起来，使会计工作有领导、有组织、有秩序地进行，从而保证会计工作任务的顺利完成，发挥会计的职能作用。

银行会计工作的组织，必须符合国家对会计工作的统一要求，保证国家方针、政策、法规的贯彻执行，有利于加强对会计工作的领导，有利于完成银行业务，有利于提高工作效率和质量，有利于保障会计人员行使职权。必须在保障核算质量的前提下，减少核算程序，简化核算手续，缩短处理时间，减轻人员负担，并为实现会计电算化创造条件。

一、会计机构

银行会计机构的设置，应当与银行的管理体制、工作需要和业务工作相适应。就目前情况看，银行的会计机构基本分为两种类型。

(一)不直接对外办理业务的领导管理机构

该类会计机构有各行的总行、分行、中心支行设置的会计司(部、局)、会计处、会计科等。它们的主要任务是组织领导所管辖范围内的会计工作，研究制订有关会计的规章制度及会计处理细则和处理手续，监督和检查会计制度的执行情况，沟通上下级会计部门的工作，总结推广先进经验，指导帮助解决下级会计部门存在的问题，开展技术竞赛和培训会计人员等。

(二)承担对外办理业务的基层会计机构

该类会计机构指既负责管理全辖的会计工作，又要承担对外办理业务的基层行处的会计科、会计股，它们处在银行会计工作的第一线，直接办理银行的各项业务。根据业务工作特点、工作量大小，寻求合理的劳动组织，明确会计人员的职责任务，在分工的基础上按合理的操作程序进行各自的分内工作并加强协作配合，提高会计工作效率和质量。支行以下的处、所，因其业务量小，不进行独立核算，一般不设会计机构，而是根据业务需要配备会计主管和会计人员，负责办理会计工作。

各级银行会计机构，都必须在本行行长(经理)和上级机构的直接领导下，依据会计法规和各项规章制度，在各自的工作范围内开展会计工作，使会计机构成为会计工作的领导者、组织者、执行者，发挥会计机构的职能作用。

二、会计人员

银行的会计工作，由一批从事会计管理和实务操作的专业人员来完成和实现，因此，要求银行会计部门必须配备具有一定政策水平和足够数量的会计人员。银行的会计人员包括会计机构负责人，会计主管，记账、复核、稽核、检查、分析、辅导人员和其他从事银行账务的工作人员。从事会计的工作人员，按照规定，必须取得会计从业资格证书。对于担任银行会计机构的负责人(会计主管除外)，除了取得会计从业资格证书外，还应具备会计师以上专业技术职务资格或从事会计工作三年以上经历。

银行的会计工作，是银行的一项重要的基础工作，会计工作人员要求政策性强、业务素质高、遵守职业道德、熟悉行政法规和金融制度，具有强烈的责任感和为客户服务的意识。为了使银行会计人员的工作有明确的法律规范和制度规范，做好银行会计工作，会计法和银行的财务会计制度规定了银行会计人员的职责、权限及法律责任。

(一)会计人员的职责

(1) 认真组织、推动会计工作的各项规章制度、办法的贯彻执行。按照岗位分工和职责认真履行职责，不越权，不越位，在授权范围内处理各项业务。

(2) 根据操作规程认真进行会计核算与监督，监督中发现可疑点应及时报告，及时制止各种违法、违规的业务，严格执行相互制约的规定，努力完成各项工作任务。

(3) 遵守国家法律法规，贯彻执行《中华人民共和国会计法》，维护财经纪律，同违法乱纪行为作斗争。

(4) 讲究职业道德，履行岗位职责，文明服务，廉洁奉公，不断提高工作效率和质量。

(二)会计人员的权限

(1) 有权要求各开户单位及本行其他业务部门，认真执行财经纪律和有关的规章制度、办法，如有违反，会计人员有权拒绝办理。对违法乱纪的，会计人员有权拒绝受理，并向本行行长(经理)或上级行报告。

(2) 有权越级反映情况。会计人员在行使职责过程中，对违反国家政策、财经纪律和财务制度的事项，同行长(经理)意见不一致时，领导又坚持理由的，会计人员可以执行，但必须向上级行提出书面报告，请求处理。

(3) 有权对本行各职能部门在资金使用、财产管理、财务收支等方面实行会计监督。

(三)会计人员的法律责任

根据《中华人民共和国会计法》的规定，会计人员在行使职责和权限的同时，要承担相应的法律责任。

(1) 会计人员不依法设置会计账簿或私设会计账簿，未按照规定填制、取得原始凭证，以未经审核的会计凭证为依据登记会计账簿，随意变更会计处理方法，向不同的会计资料使用者提供的财务会计报告编制依据不一致，未按照规定保管会计资料造成的损失要进行经济处罚，情节严重的吊销会计从业资格证书，构成犯罪的，依法追究刑事责任。

(2) 伪造、变造会计凭证、会计账簿，编制虚假财务会计报告，隐匿或者故意销毁依法应当保存的会计凭证、会计账簿、财务会计报告，构成犯罪的，依法追究刑事责任；尚不构成犯罪的，要进行经济处罚和行政处分并吊销会计从业资格证书。

(3) 授意、指使、强令会计机构、会计人员及其他人员伪造、变造会计凭证、会计账簿，编制虚假财务会计报告或者隐匿、故意销毁依法应当保存的会计凭证、会计账簿、财务会计报告，构成犯罪的，依法追究刑事责任；尚不构成犯罪的，要进行经济处罚和行政处分。

(4) 因有提供虚假财务会计报告，做假账，隐匿或者故意销毁会计凭证、会计账簿、财务会计报告，贪污，挪用公款，职务侵占等与会计职务有关的违法行为被依法追究刑事责任的人员，不得取得或者重新取得会计从业资格证书。

(四)会计人员调动

会计人员调动工作或者离职，必须与接管人员办清交接手续。一般会计人员办理交接手续，由会计机构负责人(会计主管人员)监交；会计机构负责人(会计主管人员)办理交接手续，由单位负责人监交，必要时主管单位可以派人会同监交。

三、会计内部控制

内部控制是一种自律行为。银行会计内部控制是确保科学经营、防范风险、保障资金安全而必须执行的相互制约的方法、措施和程序。银行内部控制涉及会计工作的方方面面，其主要内容有以下几个方面。

1. 建立会计岗位责任制，实行层层负责

会计工作在主管行长、经理领导下，按照岗位需要，建立岗位责任制。主管行长、经理对行长、经理负责，会计主管对主管行长、经理负责，一般会计人员对会计主管负责。

一般会计人员按岗位分工明确责任，如分设接柜岗、记账岗、复核岗、综合岗等。按照相互制约等原则明确每个岗位的职责，每个会计人员在本职岗位上要认真履行职责，同时，不得超越权限范围处理会计账务，也不得一人兼岗或独自操作会计核算的全过程。

2. 建立规范化的会计操作程序

会计操作程序是根据会计工作规律并为防止出现会计风险而制定的。建立规范化的会计操作程序并严格组织执行，对于内部控制十分重要。如必须取得有效会计凭证方能记账；现金付出业务，先记账后付款；转汇业务，先付款后汇出；手工核算必须坚持综合核算和明细核算双线控制的原则；计算机处理会计业务必须制定和执行严密的管理规定和操作程序；各项业务的账务处理必须遵守相应的会计核算手续等。

3. 实行重要岗位定期轮换和离任交接制度

对于联行、记账、同城票据交换、财务等重要会计岗位的人员要定期轮换，不得搞一贯制。会计人员调动工作、离职或换岗，还须与接管人员办理交接手续，并执行监交。

4. 重大会计事项必须实行授权

凡涉及重大会计事项必须经过会计主管或主管行长、经理审批、授权后方能处理。如错账冲正、调整计息积数、开销户、内部资金划拨、大额管理费用开支等。未经授权，一般会计人员不得自行处理。会计人员加班还须经会计主管批准，会计主管加班需报主管行长批准。

5. 实行会计业务事后监督

会计部门设置事后监督岗，对每天处理的会计业务于次日进行全面检查，按月进行全面核查，会计主管重点抽查，以便及时发现和纠正错误，堵塞漏洞。

本章小结

商业银行会计是以货币为主要计量单位，以凭证为依据，采用确认、计量、记录和报告等会计专门方法，对商业银行经营活动进行连续、系统、全面的核算和监督，为经营者及有关方面提供有关商业银行财务状况、经营成果等会计信息的一种管理活动。商业银行会计不仅是商业银行经营管理活动的重要组成部分，也是商业银行开展各项业务活动的手段与工具。

商业银行会计有如下特点：会计核算与业务处理的一致性、会计处理的及时性、会计核算方法的特殊性、会计业务的政策性、监督和服务的兼容性。

商业银行会计核算遵循四项基本假设：会计主体、持续经营、会计分期、货币计量。对会计信息质量的要求有八项原则：客观性原则、相关性原则、明晰性原则、可比性原则、实质重于形式原则、重要性原则、谨慎性原则、及时性原则。会计要素有六类：资产、负债、所有者权益、收入、费用、利润。

商业银行须在系统内部设置负责会计工作的职能机构，建立和健全会计规章制度，配备必要的会计人员，建立内部控制制度。会计人员有明确的职责、权限及法律责任。

关键术语

会计主体　持续经营　会计分期　货币计量　权责发生制　实质重于形式原则　历史成本　重置成本　可变现净值　现值　公允价值

思考练习题

1. 怎样认识和理解商业银行会计的主要特点?

2. 什么是法人主体和会计主体? 如何理解商业银行的法人主体和会计主体?

3. 会计的谨慎性原则在商业银行会计中有哪些具体体现?

4. 商业银行的内部控制主要有哪些方面?

第二章　商业银行会计循环

本章要点

1. 会计科目分类
2. 借贷记账法的内容及应用
3. 会计凭证的填制
4. 明细核算和综合核算的内容及程序

第一节　会计科目

会计科目是会计核算的一种基本方法，是按照经济内容对各个会计要素进行分类所形成的项目。每一个会计科目都明确地反映一定的经济内容，是总括反映、监督各项业务和财务活动的一种方法。

一、会计科目的作用

银行会计科目贯穿于会计核算的始终，在会计核算中占有重要的地位，起着重要作用。

(一)会计科目是设置账户及确定报表项目的依据

会计是一个信息系统，它是一个将会计要素进行分类再汇总的过程。会计科目对会计核算内容、核算范围和核算方法的界定是会计对日常经营活动进行控制的依据，是一种制度性的事前控制，即会计科目对核算内容的具体分类规定了总账的具体经济内容，而总账一经确定，明细账户就可根据具体情况和管理要求来设置。记账是按照总账对业务进行分类的，因此，数量庞大、种类众多的银行业务均可以以会计科目为线索，分门别类，会计核算工作变得统一有序，会计资料最终成为满足各方需要的会计信息。会计科目也为商业银行会计凭证、会计账簿、会计报表及会计事务处理办法等奠定了基础。会计科目存在于商业银行会计核算的全过程。

(二)会计科目是进行经营分析和考核的基础

会计科目可以全面、系统地反映和监督各项会计要素的增减变动情况，为经营管理者提供会计核算资料，便于投资人、债权人、管理者及各有关方面掌握和分析商业银行的财务状况和经营成果。传统的商业银行一般通过对不同机构的总账数据汇总产生全行会计信息。在目前，总账仍是商业银行会计信息最主要、最直接的来源和途径。由于经营管理的复杂性和业务范围的多样性，商业银行的会计科目需要多角度地分析和把握经营管理的变化，会计科目设置科学与否将影响经济活动侧重点的正确反映，影响会计信息的真实性和准确性，从而影响经营分析的真实性和准确性。商业银行通过现代化的信息系统，可以及时有效地掌握不同营业地点机构的财务状况，并通过对会计科目的性质、使用币种、对称科目的对应关系等情况进行监测，考核各机构的会计核算质量，及时纠正违规行为。

（三）会计科目是统一核算口径的基础

会计科目是区分经济业务的标志，因此，应根据不同经济特征的经济业务，给予一定的名称、代号，规定一定的核算内容。这样便于商业银行各行处对其众多业务，按照相同口径进行归类核算，以便各行处都能取得统一口径的核算资料，为有关方面进行宏观、微观经济决策、预测服务。

二、会计科目的设置要求

会计科目设置科学与否，直接影响到经济活动侧重点的反映和会计信息的真实性和准确性。设置会计科目的基本要求如下。

（一）按政策要求设置会计科目

银行是国民经济的综合部门，是全社会资金活动的总枢纽，它与国民经济各部门、各单位乃至个人发生着十分密切的经济联系。可以说银行会计所反映和监督的业务活动，集中反映了整个国民经济的运行情况和全社会的资金流动情况。因此，应按照国家的有关方针、政策的要求设置会计科目，以便通过运用会计核算资料，分析检查政策的贯彻执行情况和作为制定新政策的重要参考。

（二）按业务特点设置会计科目

会计科目应当适应不同业务特点的需要而分别设置，以便分别反映不同业务的经营状况和规模。如贷款与投资业务、信用贷款与抵押贷款、贷款与贴现等，需要分别设置会计科目，以便通过核算反映各项业务活动情况。

（三）根据资金性质设置会计科目

一般而言，会计科目根据资金性质设置资产类、负债类、所有者权益类和损益类。但是为适应商业银行资金划拨清算的需要，各银行开办联行往来或资金清算系统，相应地设置联行往来和资金清算会计科目，这类科目往往资产负债性质不确定，因此属于资产负债共同类科目。

（四）按会计核算要求设置会计科目

按会计核算要求设置会计科目，既要有利于提高核算质量和效率，又要有利于提供系统的会计核算资料。会计科目设置是会计核算的基础，因此会计科目的设置要适应会计核算的要求，有利于会计核算的组织和会计资料的提供。

会计科目的设置要科学，每个科目的名称要确切，含义要清楚，核算内容要明确；会计科目设置的数量要适宜，过多、过少都不利于提高核算质量。一般来说，会计科目少些，每个科目的核算范围就大些；设置的会计科目多些，每个科目的核算范围就小些。

此外，还应按照“统一领导，分级管理”的原则设置会计科目。全国银行统一会计科目由财政部制定，各系统银行的会计科目由各自的总行制定，并应明确其与全国银行统一会计科目的归属。会计科目的名称、代号、核算内容、账务处理和排列次序由总行统一规定，修改和解释权归总行，所属行处只能遵照执行，无权随意合并、更改其内容。但考虑到各地区的具体情况不同，省级分行可增设辖内专用会计科目，但上报会计报表时，应并入总行统一制定的有关会计科目内，以便统一归口管理。

《企业会计准则》(2006 年)发布的各类企业统一会计科目表参见表 2-1。银行在不违反会计准则中确认、计量和报告规定的前提下，可以根据本行的实际情况自行增设、分拆、合并会计科目。银行不存在的交易或者事项，可不设置相关会计科目。

表 2-1　会计科目表

顺序号	编号	会计科目名称	顺序号	编号	会计科目名称
		一、资产类	83	2201	应付票据
1	1001	现金	84	2202	应付账款
2	1002	银行存款	85	2205	预收账款
3	1003	存放中央银行款项	86	2211	应付职工薪酬
4	1011	存放同业	87	2221	应交税费
5	1015	其他货币资金	88	2231	应付股利
6	1021	结算备付金	89	2232	应付利息
7	1031	存出保证金	90	2241	其他应付款
8	1051	拆出资金	91	2251	应付保户红利
9	1101	交易性金融资产	92	2261	应付分保账款
10	1111	买入返售金融资产	93	2311	代理买卖证券款
11	1121	应收票据	94	2312	代理承销证券款
12	1122	应收账款	95	2313	代理兑付证券款
13	1123	预付账款	96	2314	代理业务负债
14	1131	应收股利	97	2401	预提费用
15	1132	应收利息	98	2411	预计负债
16	1211	应收保户储金	99	2501	递延收益
17	1221	应收代位追偿款	100	2601	长期借款
18	1222	应收分保账款	101	2602	长期债券
19	1223	应收分保未到期责任准备金	102	2701	未到期责任准备
20	1224	应收分保保险责任准备金	103	2702	保险责任准备金
21	1231	其他应收款	104	2711	保户储金
22	1241	坏账准备	105	2721	独立账户负债
23	1251	贴现资产	106	2801	长期应付款
24	1301	贷款	107	2802	未确认融资费用
25	1302	贷款损失准备	108	2811	专项应付款
26	1311	代理兑付证券	109	2901	递延所得税负债
27	1321	代理业务资产			三、共同类
28	1401	材料采购	110	3001	清算资金往来
29	1402	在途物资	111	3002	外汇买卖
30	1403	原材料	112	3101	衍生工具

续表 2-1

顺序号	编号	会计科目名称	顺序号	编号	会计科目名称
31	1404	材料成本差异	113	3201	套期工具
32	1406	库存商品	114	3202	被套期项目
33	1407	发出商品			四、所有者权益类
34	1410	商品进销差价	115	4001	实收资本
35	1411	委托加工物资	116	4002	资本公积
36	1412	包装物及低值易耗品	117	4101	盈余公积
37	1421	消耗性生物资产	118	4102	一般风险准备
38	1431	周转材料建造	119	4103	本年利润
39	1441	贵金属	120	4104	利润分配
40	1442	抵债资产	121	4201	库存股
41	1451	损余物资			五、成本类
42	1461	存货跌价准备	122	5001	生产成本
43	1501	待摊费用	123	5101	制造费用
44	1511	独立账户资产	124	5201	劳务成本
45	1521	持有至到期投资	125	5301	研发支出
46	1522	持有至到期投资减值准备	126	5401	工程施工
47	1523	可供出售金融资产	127	5402	工程结算
48	1524	长期股权投资	128	5403	机械作业
49	1525	长期股权投资减值准备			六、损益类
50	1526	投资性房地产	129	6001	主营业务收入
51	1531	长期应收款	130	6011	利息收入
52	1541	未实现融资收益	131	6021	手续费收入
53	1551	存出资本保证金	132	6031	保费收入
54	1601	固定资产	133	6032	分保费收入
55	1602	累计折旧	134	6041	租赁收入
56	1603	固定资产减值准备	135	6051	其他业务收入
57	1604	在建工程	136	6061	汇兑损益
58	1605	工程物资	137	6101	公允价值变动损益
59	1606	固定资产清理	138	6111	投资收益
60	1611	融资租赁资产	139	6201	摊回保险责任准备金
61	1612	未担保余值租赁专用	140	6202	摊回赔付支出
62	1621	生产性生物资产	141	6203	摊回分保费用
63	1622	生产性生物资产累计折旧	142	6301	营业外收入
64	1623	公益性生物资产	143	6401	主营业务成本
65	1631	油气资产	144	6402	其他业务支出
66	1632	累计折耗	145	6405	营业税金及附加
67	1701	无形资产	146	6411	利息支出
68	1702	累计摊销	147	6421	手续费支出

续表 2-1

顺序号	编号	会计科目名称	顺序号	编号	会计科目名称
69	1703	无形资产减值准备	148	6501	提取未到期责任准备金
70	1711	商誉	149	6502	提取保险责任准备金
71	1801	长期待摊费用	150	6511	赔付支出
72	1811	递延所得税资产	151	6521	保户红利支出
73	1901	待处理财产损溢	152	6531	退保金
		二、负债类	153	6541	分出保费
74	2001	短期借款	154	6542	分保费用
75	2002	存入保证金	155	6601	销售费用
76	2003	拆入资金金融共用	156	6602	管理费用
77	2004	向中央银行借款	157	6603	财务费用
78	2011	同业存放	158	6604	勘探费用
79	2012	吸收存款	159	6701	资产减值损失
80	2021	贴现负债	160	6711	营业外支出
81	2101	交易性金融负债	161	6801	所得税
82	2111	卖出回购金融资产款	162	6901	以前年度损益调整

三、会计科目的分类

会计科目按与资产负债表的关系可以分为以下两类。

(一)表内科目

表内科目是对实际引起银行资金增减变化的会计要素进行具体分类的会计核算项目,列入资产负债表进行反映。按照资金性质,又分为以下五类。

(1) 资产类科目,反映银行的资金分布和运用情况,包括各种财产、债权和其他权力,按照流动性可分为流动资产、长期投资、固定资产、无形资产和递延资产等科目,余额在借方。

(2) 负债类科目,反映银行资金的来源和形成的渠道,包括各种债务、应付款项和其他应偿付债务,按照期限长短,分为流动负债、长期负债,余额在贷方。

(3) 资产负债共同类科目,该类科目是为核算商业银行系统内不同级次机构之间的资金往来业务而设立,其性质视科目的期末余额而定,余额在借方表现为资产,余额在贷方表现为负债。在编制会计报表时应根据余额方向,分别纳入资产类或负债类反映。

(4) 所有者权益类科目,反映投资者对银行净资产的所有权,包括投资者投入的资金及留存收益等,余额在贷方。

(5) 损益类科目,用于记载一定时期内各项财务收入、财务支出以及经营成果,包括银行的收入、支出、费用科目,期末结转后一般无余额。

(二)表外科目

表外科目核算的经济事项发生后,不引起银行资金实际增减变化。该类科目不列入银行资产负债表,主要是核算银行的或有事项以及需要进行备查登记的重要会计事项。

四、科目代号及账号的编制

(一)会计科目代号

为了适应银行经营管理和会计电算化的需要,对银行会计科目不仅要进行分类,而且还要编列代号。使用科目代号,便于记忆和提高工作效率,简化财务处理手续。

会计科目代号供银行填制会计凭证、登记会计账簿、查阅会计账目、采用会计软件系统参考,银行可结合实际情况自行确定会计科目代号。银行会计科目的代号一般由四位数字组成,其中第一位数字代表科目的资金性质,其后三位代表该科目的顺序号。

(二)账号的编制

账户有户名和账号,账户编列的号码称账号。账号的编排不是任意确定的,是由一定的内容组成,一般来说,账号由行号、科目代号、顺序号三部分组合而成。有了账号,在记账时,用账号并对照户名记账更准确,不易发生串户,尤其在户名雷同情况下,账号就显得更重要,账号还有利于使用计算机核算。

第二节 记账方法

记账方法是按照一定的规则,使用一定的符号,将发生的经济业务进行整理、分类和记录的一种专门方法。按登记方式的不同,记账方法可分为单式记账法和复式记账法两种。

一、单式记账法

单式记账法就是对发生的每一项经济业务只在一个账户中进行登记的记账方法。单式记账法的记账手续较为简单,但账户之间没有直接的联系,不能全面、系统地反映经济业务的来龙去脉,难以保证账户记录的正确性。在商业银行中,单式记账法只在某些表外业务的核算中使用。

二、复式记账法

复式记账法,是相对单式记账法而言的。它是指对每一项经济业务,都以对应相等的金额,同时在所涉及的两个或两个以上的账户中进行登记的一种记账方法。运用复式记账法,不仅可以通过账户的对应关系清楚看到资金变动的来龙去脉,了解经济业务的发生内容,而且能够通过试算平衡来检查账户记录的正确性。按记账技术上的特点,复式记账法又可分为借贷记账法、增减记账法、收付记账法等,目前国际上通用的是借贷记账法,我国商业银行也统一采用借贷记账法核算。

三、借贷记账法及其应用

借贷记账法是以资产总额等于负债加所有者权益总额的平衡原理为依据,以“借”、“贷”为记账符号,以“有借必有贷,借贷必相等”为记账规则,记录和反映资金增减变化过程及其结果的一种复式记账方法。

(一)借贷记账法的基本内容

1. 记账符号

借贷记账法以“借”、“贷”为记账符号,在账户中从左到右分设借方、贷方、余额三栏,以反映资金的增减变化情况及其结果。

2. 记账原则

借贷记账法以“有借必有贷,借贷必相等”为记账规则。即在处理每笔业务时,必须同时记入有关账户借方和相对应账户的贷方,可以是一借一贷或一借多贷或多借一贷,但双方的金额必须相等。对各类会计科目而言,资产和费用类科目的增加记借方,减少记贷方,余额在借方;负债、所有者权益、收入、利润类科目的增加记贷方,减少记借方,余额在贷方。资产负债共同类科目根据其资金性质分别记入借方、贷方核算。

3. 试算平衡

借贷记账法以“资产=负债+所有者权益”这一会计平衡公式为基础,其平衡关系为资产总额等于负债和所有者权益总额。

(1) 发生额的平衡:各科目本期借方发生额合计数=各科目本期贷方发生额合计数。

(2) 余额的平衡:各科目借方余额合计数=各科目贷方余额合计数。

(二)借贷记账法运用实例

商业银行的经济业务都反映为各类科目的增减变化,这些科目的变化共有以下四种类型,现分别举例说明。

1. 资产项目一增一减,增减金额相等

【例 2-1】本行从中央银行存款户内提取现金 100 000 元。

该笔业务涉及现金和存放中央银行款项两个资产类科目,导致资产科目一增一减。提取现金,商业银行“现金”科目增加记借方;“存放中央银行款项”科目减少记贷方。其会计分录为:

借:现金　　100 000

　贷:存放中央银行款项　　100 000

2. 负债或所有者权益项目一增一减,增减金额相等

【例 2-2】某企业单位将活期存款 200 000 元转存定期存款。

该笔业务涉及活期存款和定期存款两个负债类科目,导致商业银行负债一增一减,分别记入借贷方。其会计分录为:

借:活期存款——××单位存款户　　200 000

　贷:定期存款——××单位存款户　　200 000

3. 资产项目与负债或所有者权益项目同时增加,增加金额相等

【例 2-3】向某企业发放贷款 300 000 元,转入该单位账户。

该笔经济业务涉及资产类科目短期贷款和负债类科目活期存款,导致银行资产增加,记借方;负债等额增加,记贷方。其会计分录为:

借:短期贷款——××企业贷款户　　300 000

　贷:活期存款——××企业存款户　　300 000

4. 资产项目与负债或所有者权益项目同时减少,减少金额相等

【例 2-4】某单位提取现金 40 000 元。

该笔经济涉及资产类科目现金和负债类科目活期存款,导致银行资产减少,记贷方;负债等额减少，记借方。其会计分录为：

借：活期存款——××单位存款户　　40 000

　贷：现金　　40 000

以上四笔业务的各科目借、贷方发生额及余额均应相等。将上述资料整理编制试算平衡表如表 2－2 所示。

表 2－2　试算平衡表

会计科目	期初余额(假定)		本期发生额		本期余额	
	借方	贷方	借方	贷方	借方	贷方
现金	850 000		100 000	40 000	910 000	
存放中央银行存款	600 000			100 000	500 000	
短期贷款	400 000		300 000		700 000	
活期存款		790 000	240 000	300 000		850 000
定期存款		1 060 000		200 000		1 260 000
合计	1 850 000	1 850 000	640 000	640 000	2 110 000	2 110 000

在以上试算平衡表中，本期发生额借贷方均为 640 000 元，本期余额借贷方均为 2 110 000 元。

第三节　会计凭证

会计凭证是商业银行各项经济业务和财务收支活动的原始记录，是办理货币资金收、付和记账的依据，是核对账务和事后查考的重要依据。

一、银行会计凭证的种类

(一)按凭证的来源和用途分类

1. 原始凭证

原始凭证是在经济业务发生时，直接取得或根据业务事实填制的凭证。按其来源又分为自制原始凭证和外来原始凭证。自制原始凭证是商业银行自行制定并由有关部门或人员填制的凭证，如利息清单、特种转账凭证等；外来原始凭证是在业务发生时从外单位取得的凭证，如客户签发的支票、各种结算凭证等。

2. 记账凭证

记账凭证是由会计部门根据原始凭证或原始凭证汇总表编制的凭证。

商业银行的原始凭证与记账凭证的划分不是绝对的。由于商业银行业务的特殊性，原始凭证大多具备了记账凭证的基本要素，可以直接作为记账凭证使用。

(二)按凭证形式分类

1. 单式凭证

单式凭证是在每张凭证上只填制一个借方或贷方账户，只是一个账户的记账凭证。在手工操作情况下便于分工记账、传递和按科目汇总发生额，但反映业务不集中，不便于事后查找。

2. 复式凭证

复式凭证是将一笔经济业务所涉及的借方、贷方账户填在一张凭证上。优点是资金来龙去脉清楚，对应关系明确，方便查对。

(三)按格式和使用范围分类

1. 基本凭证

基本凭证是银行会计人员根据原始凭证及业务事项，自行填制并凭以记账的凭证。银行的基本凭证按其性质特点可分为3大类共10种凭证。

第一类凭证仅供银行内部使用，不对外销售和传递，适用于未设专用凭证的一切现金收、付和转账业务。该类凭证包括四种传票：

(1) 现金收入传票，格式参见表2-3。

表2-3　现金收入传票

中国××银行　　现金收入传票

(贷)————————————　　年　月　日　　总字第　　号
(借)现金——————————　　　　　　　　字第　　号

户名或账号	摘要	金额										
		亿	千	百	十	万	千	百	十	元	角	分
合计												

附件　张

会计　　出纳　　复核　　记账

(2) 现金付出传票，格式参见表2-4。

表2-4　现金付出传票

中国××银行　　现金付出传票

(贷)————————————　　年　月　日　　总字第　　号
(借)现金——————————　　　　　　　　字第　　号

户名或账号	摘要	金额										
		亿	千	百	十	万	千	百	十	元	角	分
合计												

附件　张

会计　　出纳　　复核　　记账

(3) 转账借方传票，格式参见表 2－5。

表 2－5 转账借方传票

中国××银行　　转账借方传票

总字第	号
字第	号

科目(借)	年　月　日	对方科目						(贷)					
户名或账号	摘　要	金　额											
		亿	千	百	十	万	千	百	十	元	角	分	
													附件
													张
合　计													

会计　　出纳　　复核　　记账

(4) 转账贷方传票，格式参见表 2－6。

表 2－6 转账贷方传票

中国××银行　　转账贷方传票

总字第	号
字第	号

科目(贷)	年　月　日	对方科目						(借)					
户名或账号	摘　要	金　额											
		亿	千	百	十	万	千	百	十	元	角	分	
													附件
													张
合　计													

会计　　出纳　　复核　　记账

第二类凭证供银行内部使用，不对外销售但可对外传递，适用于未设专用凭证但又涉及外单位的一切转账业务。该类凭证包括两种传票：

(5) 特种转账借方传票，格式参见表 2－7。

表 2-7　特种转账借方传票

中国××银行　　特种转账借方传票

总字第	号
字第	号

年　月　日

付款人	全　称			收款人	全　称										
	收款人全称				收款人全称										
	开户银行	行号			开户银行					行号					
金额	人民币（大写）					千	百	十	万	千	百	十	元	角	分
原凭证金额		赔偿金													
原凭证名称		号码		科目（借）————											
转账原因				对方科目（贷）————											
	银行盖章			会计　复核　记账											

附件　张

（6）特种转账贷方传票，格式参见表 2-8。

表 2-8　特种转账贷方传票

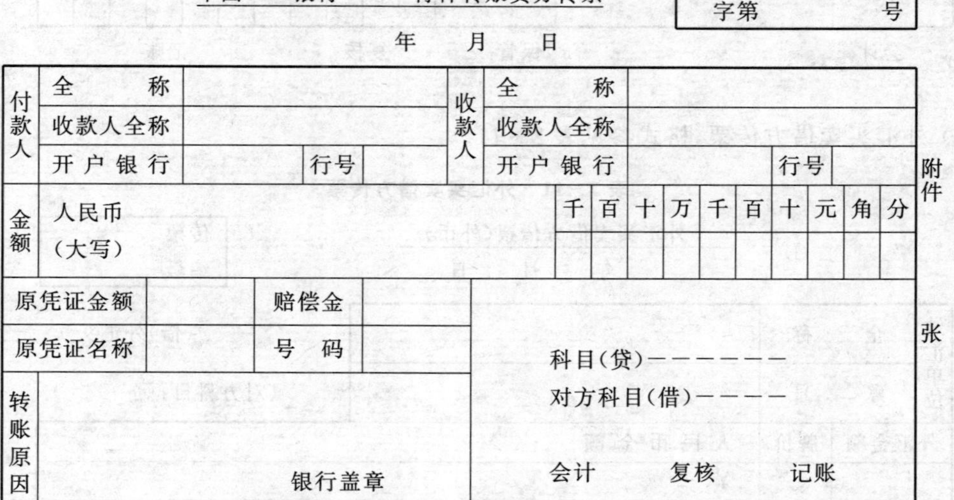

中国××银行　　特种转账贷方传票

总字第	号
字第	号

年　月　日

付款人	全　称			收款人	全　称										
	收款人全称				收款人全称										
	开户银行	行号			开户银行					行号					
金额	人民币（大写）					千	百	十	万	千	百	十	元	角	分
原凭证金额		赔偿金													
原凭证名称		号码		科目（贷）————											
转账原因				对方科目（借）————											
	银行盖章			会计　复核　记账											

附件　张

第三类凭证是特定业务使用的凭证。包括四种传票：

（7）表外科目收入传票，格式参见表 2-9。

表 2-9 表外科目收入传票

中国××银行 表外科目收入传票

总字第	号
字第	号

年 月 日

户名	摘要	表外科目代号	金额											附件 张
			亿	千	百	十	万	千	百	十	元	角	分	

会计 保管 复核 记账

(8) 表外科目付出传票,格式参见表 2-10。

表 2-10 表外科目付出传票

中国××银行 表外科目付出传票

总字第	号
字第	号

年 月 日

户名	摘要	表外科目代号	金额											附件 张
			亿	千	百	十	万	千	百	十	元	角	分	

会计 保管 复核 记账

(9) 外汇买卖借方传票,格式参见表 2-11。

表 2-11 外汇买卖借方传票

① 外汇买卖借方传票(外币)

传票
编号

年 月 日

(借)外汇买卖

(对方科目:)

结汇单位	全称		
结汇单位	账号		
外汇金额	牌价	人民币金额	
		¥	
摘要		会计 复核 记账 制票	

(附件 张)

(10) 外汇买卖贷方传票,格式参见表 2-12。

表 2-12 外汇买卖贷方传票

外汇买卖贷方传票(外币) ②
年 月 日

传票编号

(贷)外汇买卖

(对方科目:)

结汇单位	全 称		
	账 号		
外汇金额	牌价	人 民 币 金 额	
		¥	
摘 要		会计 复核 记账 制票	(附件 张)

2. 特定凭证

特定凭证是根据某项业务的特殊需要而制定的专用凭证,如支票,进账单等。它既是原始凭证,又是记账凭证。特定凭证一般是一式数联套写凭证,一般由银行会计人员以外的人填写,格式按有关业务需要而设计。

二、会计凭证的基本要素

会计凭证的基本要素是指各种凭证中必须具备的基本内容。主要包括以下几项:

(1) 凭证的名称及编制的日期(特定凭证中,须注明记账日期);

(2) 收、付款人开户银行的名称和行号;

(3) 收、付款人的户名和账号;

(4) 货币名称和大小写金额;

(5) 款项来源、用途、摘要及附件张数;

(6) 会计分录和凭证编号;

(7) 客户按照有关规定的签章;

(8) 银行及有关人员的签章。

三、银行会计凭证的处理

银行会计凭证的处理是指从凭证填制或审查起,经过账务处理的各个环节,直到装订保管为止的全过程。

(一) 会计凭证的填制

1. 凭证使用规则

对于现金收付业务,为简化核算,只编制一张现金收入传票或现金付出传票,贷记或借记现金的对方科目,现金科目不另编制传票。

转账业务要同时填制转账借方传票和转账贷方传票，业务发生涉及多少个账户，就应填多少张转账传票；因此，一借一贷的转账业务，填制转账借方、贷方传票各一张；一借多贷的业务，填制一张转账借方传票，多张转账贷方传票；多借一贷的转账业务，填制多张转账借方传票，一张转账贷方传票。对同一笔经济业务涉及的转账传票，应相互填写对方科目及编制传票号码，以防散失，便于事后查核。

2. 填制要求

填制会计凭证，要做到内容真实，要素齐全，字迹清晰，数字准确，书写规范，一式多联凭证要套写。同时，《中华人民共和国会计法》还规定："原始凭证记载的各项内容均不得涂改；原始凭证有错误的，应当由出具单位重开或者更正，更正处应当加盖出具单位印章。原始凭证金额有错误的，应当由出具单位重开，不得在原始凭证上更正。""记账凭证应当根据经过审核的原始凭证及有关资料编制。"主要要求如下：

(1) 各种凭证的内容必须填写齐全。

(2) 各种凭证的字迹要填写清楚，大小写金额数字要规范填写，不得使用不规范简化字。①规范的大写数字：壹、贰、叁、肆、伍、陆、柒、捌、玖、拾、佰、仟、万、亿、零、整。大写金额前应标明"人民币"字样，后紧跟大写数字，之间不得留有空白。②大写金额到"元"的，在"元"之后，一定要写"整(正)"字；大写金额到"角"的，在"角"之后，可以写也可以不写"整(正)"字；大写金额到"分"的，在"分"之后不写"整(正)"字。③小写金额数字中间有单个"0"或中间连续有几个"0"时，中文大写金额写一个"零"字。如：2 506.3 元应写成：人民币贰仟伍佰零陆元叁角(整)；8 006.59元应写成：人民币捌仟零陆元伍角玖分。小写金额中元位是"0"但角位不是"0"时，中文大写金额可以写一个"零"字，也可以不写"零"。如：3 250.68 元应写成：人民币叁仟贰佰伍拾元零陆角捌分，或写成：人民币叁仟贰佰伍拾元陆角捌分。小写金额中角位是"0"，而分位不是"0"时，大写金额"元"后面要写"零"字。如 61 904.04 元应写成：人民币陆万壹仟玖佰零肆元零肆分。④人民币小写金额前面应注明人民币符号"￥"，数字不得连写，以免分辨不清。⑤若凭证需要同时填写大小写金额时，大小写金额必须一致，否则凭证无效。

(3) 预先印有编号的凭证作废时，应加盖"作废"戳记，全部保存，不得撕毁。

(4) 单写凭证不得使用圆珠笔填写，套写凭证可以使用圆珠笔填写。签发支票应使用碳素墨水填写，中国人民银行另有规定的除外。

(二) 会计凭证的签章

会计凭证的签章是确认凭证的合法、有效性，明确有关人员的经济责任及业务处理完成程度的标志。凡是经过处理的会计凭证，均应由客户和银行的会计部门加盖有关印章。客户应当加盖的印章按有关业务规定处理，银行各主要会计印章的使用范围如下：

(1) 业务公章：用于对外签发各种重要单证、通知书(单)及报表等；

(2) 现金收讫章：用于现金收入凭证、现金进账单及作为现金收款的其他凭证；

(3) 现金付讫章：用于现金付出凭证、现金支票及作为现金付款的其他凭证；

(4) 转讫章：用于已转账的转账凭证及其他凭证；

(5) 结算专用章：用于办理票据贴现、转贴现、再贴现业务，发出、收到和办理托收承付、委托收款结算凭证，发出信汇结算凭证及结算业务的查询复查等；

(6) 受理凭证专用章：用于银行受理客户提交而尚未进行转账处理的各种凭证的回单；

(7) 汇票专用章：用于签发银行汇票，承兑商业汇票，办理承兑汇票转贴现和再贴现时的背书等；

(8) 联行专用章：按联行制度规定使用；

(9) 有关经办人员应加盖个人名章。

(三) 凭证的审核

对自制的或客户提交的会计凭证，都必须根据会计制度和有关业务要求严格审查，确保凭证真实、完整、正确、合法。只有经过审核的凭证，才能作为处理业务和记载账务的依据。凭证审核的内容如下：

(1) 是否属于本行受理的凭证；

(2) 使用的凭证种类是否正确，凭证内容、联数与附件是否完整齐全，是否超过有效期限；

(3) 账号与户名是否相符，是否被冻结账户；

(4) 大小写金额是否一致，字迹有无涂改；

(5) 签字、密押、印鉴是否真实齐全；

(6) 款项来源、用途是否填写清楚，是否符合有关规定的要求；

(7) 内部科目的账户名称使用是否正确；

(8) 计息、收费、赔偿金等的计算方法与数额是否正确。

经过审核，符合要求的凭证应及时进行处理；对不真实、不合法的原始凭证有权不予接受，并向单位负责人报告；对记载不准确、不完整的原始凭证予以退回，并要求按照国家统一的会计制度的规定更正、补充。

(四) 会计凭证的传递

一项业务往往需要多个岗位才能完成，会计凭证的传递过程，就是银行业务的处理过程。凭证的传递不仅在一个行处内进行，有的还要在不同行处间进行。因为会计凭证在各个岗位之间传递，所以银行的会计凭证也称传票。科学合理地组织凭证传递，有利于迅速办理各项业务，加速资金周转，及时完成核算工作。银行凭证传递应根据先外后内、先急后缓的原则，通过邮电部门或银行内部自行传递，不能交客户代为传递，以免发生流弊。凭证传递的原则如下：

(1) 现金收入业务必须“先收款，后记账”，以防漏收或错收款项；

(2) 现金付出业务必须“先记账，后付款”，以防账户余额不足而垫付款项；

(3) 转账业务必须“先付后收”，即先记付款单位账户，后记收款单位账户，以防付款单位套用资金，造成银行垫款；

(4) 对他行票据、托收业务，必须坚持收妥后再入账，贯彻“银行不垫款”原则。

(五) 凭证的整理、装订、保管

1. 凭证的整理

每天营业终了，对已办完会计核算的凭证，在装订之前，要按规定排列顺序进行整理。规定的排列顺序是：

(1) 各科目传票。按现金收入、现金付出、转账借方、转账贷方顺序排列，各科目的日结单分别放在各科目传票之前。

(2) 按科目代号大小顺序将各科目日结单及所附传票排列成册，以便装订。

2. 凭证的装订

凭证经整理后，外加传票封面和封底，在封面上要写明日期、传票总数、册数、号码等内容。装订成册后，在结绳处用纸条加封，由装订人员加盖骑缝章，封面上应由装订人员、会计主管人员盖章。

3. 凭证的保管

凭证装订成册后，登记“已用传票账表登记簿”，交有关部门保管。装订成册的凭证，不得随意拆封；确有必要时，须经会计主管人员批准。如需调阅凭证，须经有权人员批准，按制度登记后，在保管库内翻阅。会计凭证需按规定定期保管，对保管期限届满的凭证可编造销毁清单，经批准后予以销毁。

第四节 账务组织及账务处理

一、账务组织的概念及其内容

1. 账务组织的概念

商业银行账务组织即商业银行会计核算形式，是指对经济业务核算时，从账簿的设置、记账程序，直到账务平衡、编制出会计日报表为止，整个核算过程中各种方法相互配合所形成的核算体系。银行的账务组织包括明细核算和综合核算两个系统。

2. 明细核算和综合核算的关系

明细核算是按账户核算，反映各单位或各项资金增减变化及其结果的详细情况；综合核算是按科目汇总核算，反映各类资金的增减变化及其结果的总括情况。

银行经济业务发生后，要遵守双线核算原则，即根据同一凭证，对经济业务既进行明细核算，同时又进行综合核算。明细核算是综合核算的补充，综合核算是明细核算的总括。二者相互联系，相互制约，共同构成银行严密、科学的账务组织。

二、明细核算

明细核算由分户账、登记簿、现金收付日记簿、余额表四部分内容组成。其账务处理程序为：首先，根据传票记载分户账（如为现金收付业务，则登记现金收入日记簿或现金付出日记簿）；其次，对不能入账而又需要记载的重要业务事项，则在登记簿中进行记载；最后，营业终了按分户账各户当日最后余额编制余额表。

(一) 分户账

分户账是明细核算的主要形式，按客户及资金性质设立账户，根据传票逐笔连续记载，并结计余额。银行使用的分户账账页格式有以下四种：

1. 甲种分户账

甲种分户账设有借、贷方发生额及余额三栏，适用于不计息或用余额表计息的账户及银行的内部账户。格式参见表 2－13。

表 2-13 甲种账

（甲种账）× × 行

× × 账

本簿总页数
本户第 页

户名： 账号： 领用凭证记录：

年		摘要	凭证号码	对方科目	借方	贷方	借或贷	余额	复核盖章
月	日				（位数）	（位数）		（位数）	

会计 记账

2. 乙种分户账

乙种分户账设有借、贷方发生额，余额及积数四栏，适用于在账页上加计积数，计算利息的账户。格式参见表 2-14。

表 2-14 乙种账

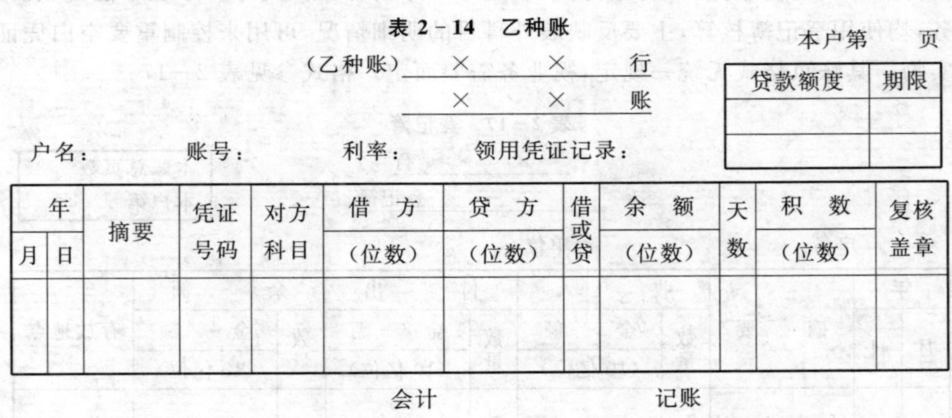

（乙种账）× × 行

× × 账

本户第 页

贷款额度	期限

户名： 账号： 利率： 领用凭证记录：

年		摘要	凭证号码	对方科目	借方	贷方	借或贷	余额	天数	积数	复核盖章
月	日				（位数）	（位数）		（位数）		（位数）	

会计 记账

3. 丙种分户账

丙种分户账设有借方、贷方发生额和借方、贷方余额四栏，适用于借、贷双方同时反映余额的账户。格式参见表 2-15。

表 2-15 丙种账

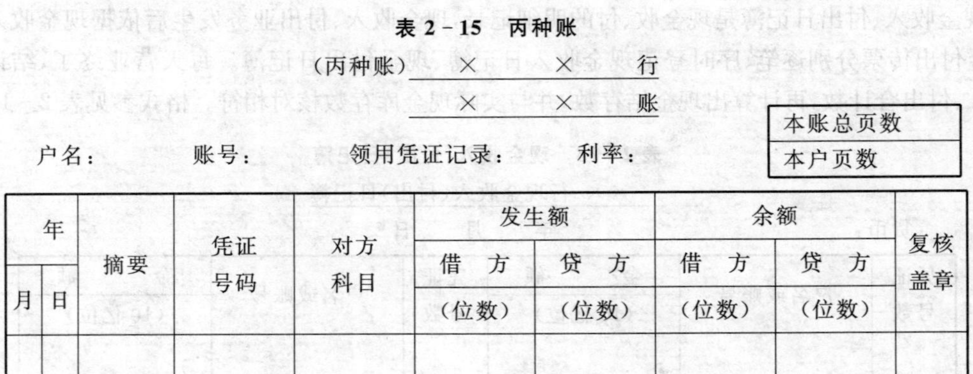

（丙种账）× × 行

× × 账

本账总页数
本户页数

户名： 账号： 领用凭证记录： 利率：

年		摘要	凭证号码	对方科目	发生额		余额		复核盖章
					借方	贷方	借方	贷方	
月	日				（位数）	（位数）	（位数）	（位数）	

会计 记账

4. 丁种分户账

丁种分户账设有借、贷方发生额，余额及销账四栏，适用于逐笔记账、逐笔销账的账户。格式参见表 2－16。

表 2－16　丁种账

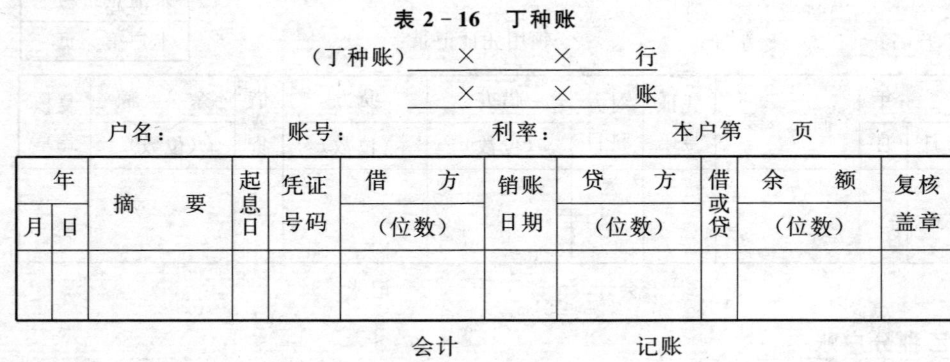

（丁种账）×　×　行

×　×　账

户名：　　账号：　　利率：　　本户第　页

年		摘　要	起息日	凭证号码	借　方	销账日期	贷　方	借或贷	余　额	复核盖章
月	日				（位数）		（位数）		（位数）	

会计　　记账

(二)登记簿

登记簿是一种辅助账簿，属备查簿性质，是分户账的补充。凡分户账上不能记载而又需查考的业务，均使用登记簿核算，主要反映表外科目的明细情况，可用来控制重要空白凭证、有价单证和实物。其账页格式无统一规定，视业务需要而定。格式参见表 2－17。

表 2－17　登记簿

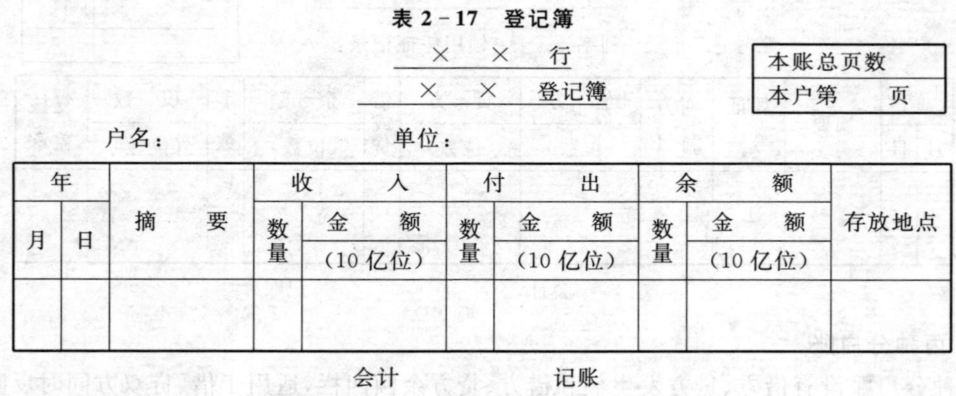

×　×　行

×　×　登记簿

本账总页数
本户第　页

户名：　　单位：

年		摘　要	收　入		付　出		余　额		存放地点
月	日		数量	金　额（10 亿位）	数量	金　额（10 亿位）	数量	金　额（10 亿位）	

会计　　记账

(三)现金收付日记簿

现金收入、付出日记簿是现金收、付的明细记录，现金收入、付出业务发生后依据现金收入传票和现金付出传票分别逐笔、序时登记现金收入日记簿、现金付出日记簿。每天营业终了，结计出现金收入、付出合计数，再计算出现金结存数，并与实际现金库存数核对相符。格式参见表 2－18。

表 2－18　现金收入(付出)日记簿

××行现金收入(付出)日记簿

货币：　　年　月　日

凭证号数	户名或账号	金　额	凭证号数	户名或账号	金　额
		（10 亿位）			（10 亿位）

复核　　出纳

(四) 余额表

余额表是用来核对总账和分户账余额，并计算利息的工具。余额表分计息余额表和一般余额表两种格式。

1. 计息余额表

计息余额表适用于计息的科目。每日营业终了，根据各账户当天的最后余额逐户抄入表内，当天无发生额的账户或遇例假日，则将上一日的最后余额填入表内。每日按科目加计各账户余额合计与该科目总账余额核对相符；每月末、旬末应加计本期未计息累计积数；结息时如有应加应减积数，应予调整，并结出“至结息日累计计息积数”。

2. 一般余额表

一般余额表适用于不计息的各科目。一般余额表使各账户余额集中反映，便于各科目总账与分户账余额进行核对。

三、综合核算

综合核算由科目日结单、总账、日计表三部分组成。其账务处理程序为：首先，根据同一科目的传票填制科目日结单；其次，根据科目日结单总共的发生额和余额登记总账；最后，根据总账各科目当日发生额和余额编制日计表。

(一) 科目日结单

科目日结单是反映一个科目当日借、贷方发生额和传票张数的汇总记录，是轧平当日账务和登记总账的依据。格式参见表 2－19。

表 2－19　科目日结单

凭证种类	借方		贷方	
	张	金额	张	金额
现金				
转账				
合计				

各科目日结单依据各科目当日的传票来编制，每个科目编制一张科目日结单，当天无发生额的科目不需编制科目日结单。每日营业终了，根据同一科目的现金收入、现金付出、转账借方、转账贷方传票各自加计发生额和传票张数填入科目日结单；现金科目日结单需根据其他各科目日结单中的现金借、贷发生额相加，反方向填记，只填记金额，不填传票张数。

各科目日结单的借方发生额合计数与贷方发生额合计数必须加总平衡。

(二) 总账

总账是各科目的总括记录，是统驭分户账、编制会计报表的依据。

每日营业终了，根据各科目日结单的借方、贷方合计数分别登记入总账各科目同一行的借方、贷方发生额栏中，并计算出余额，不得轧差登记总账余额。如果当日无发生额，应将上日余额填入本日余额栏。其格式参见表 2－20。

表 2-20　总账

<table>
<tr><td colspan="2">年</td><td colspan="2">发　生　额</td><td colspan="2">余　　额</td></tr>
<tr><td>月</td><td>日</td><td>借　方</td><td>贷　方</td><td>借　方</td><td>贷　方</td></tr>
<tr><td></td><td></td><td></td><td></td><td></td><td></td></tr>
<tr><td></td><td></td><td></td><td></td><td></td><td></td></tr>
<tr><td></td><td></td><td></td><td></td><td></td><td></td></tr>
</table>

会计　　　　　　　　　　记账

(三) 日计表

日计表是全面反映当日各科目借、贷方发生额和余额，轧平当日全部账务的工具。

日计表于每日营业终了，根据总账各科目当日借、贷方发生额和余额编制，每个营业日编制一张日计表。表中的各科目借、贷方发生额和余额必须自动平衡。其格式参见表 2-21。

表 2-21　银行日计表

年　月　日

<table>
<tr><td rowspan="2">科　目　名　称</td><td colspan="2">传票张数</td><td colspan="2">本日发生额</td><td colspan="2">余　额</td></tr>
<tr><td>借方</td><td>贷方</td><td>借方</td><td>贷方</td><td>借方</td><td>贷方</td></tr>
<tr><td></td><td></td><td></td><td></td><td></td><td></td><td></td></tr>
<tr><td></td><td></td><td></td><td></td><td></td><td></td><td></td></tr>
<tr><td></td><td></td><td></td><td></td><td></td><td></td><td></td></tr>
<tr><td></td><td></td><td></td><td></td><td></td><td></td><td></td></tr>
<tr><td></td><td></td><td></td><td></td><td></td><td></td><td></td></tr>
<tr><td></td><td></td><td></td><td></td><td></td><td></td><td></td></tr>
</table>

会计　　　　　　　　　　记账

四、账务核对

账务核对是对综合核算与明细核算两个系统中的账簿、账表、单证的数字记录进行检查核对的工作，有每日核对和定期核对两种形式。它是防止差错，保证核算质量的重要措施。通过账务核对，要求做到账账、账款、账据、账表、账实、内外账六相符。

(一) 每日核对

每日核对是指银行于每日会计核算结束后，对账务的内容进行核对，需要每日核对的内容包括：

(1) 总账各科目发生额、余额与该科目下各分户账发生额、余额合计数核对；

(2) 总账各科目发生额、余额与日计表各科目的发生额、余额核对；

(3) 余额表上各户余额加计总数与该科目总账余额核对；

(4) 现金收入、付出日记簿当日合计与总账现金科目的借、贷方发生额核对；现金库存簿的库存总数与总账现金科目的余额及实存现金数核对；

(5) 各表外科目余额与有关登记簿核对相符,其中空白重要凭证、有价单证应核对当天领入、使用、出售及库存数,并与实际库存数核对。

(二) 定期核对

定期核对是对未纳入每日核对的账务按规定日期进行核对。其主要内容有:

(1) 各种卡片账每月与该科目的登记簿及总账余额核对;

(2) 采用丙种账的各科目,按旬将未销账的各笔加计出总数与该科目总账余额核对;

(3) 余额表上的计息积数应按旬、月与该科目总账的累计积数核对;

(4) 贷款借据按月与该科目分户账核对;

(5) 定期或不定期发送余额对账单对外核对账务;

(6) 满页分户账页应及时发送,核对账务;

(7) 定期对与中央银行往来、同业往来、系统内往来等各项往来业务的资金及相应利息收入和支出进行核对,及时处理未达账项。

五、记账规则

(1) 账簿的各项内容,必须根据传票的有关事项记载,做到内容完整,数字准确,摘要简明,字迹清晰。

(2) 记账应用蓝、黑墨水钢笔书写,复写账页应使用双面复写纸,用蓝、黑圆珠笔书写。红色墨水只用于划线和错账冲正,以及按规定用红字批注的有关文字说明。

(3) 账簿上所书写的文字及金额,一般占全格的1/2,摘要一行写不完,可在次行续写,但金额应记在最后一行金额栏。账簿金额结清时,应在"元"位划"—0—"表示。

(4) 账簿上的一切记载,不得涂改、挖补、刀刮、橡皮擦和用药水销蚀。

(5) 因漏记使账页发生空格时,应在空格的摘要栏内用红字注明"空格"字样。

六、错账冲正的方法

错账冲正方法有三种:划线更正法、红蓝字更正法和蓝字反方向更正法。每种错账更正法有不同的适用范围。

(一) 划线更正法

划线更正法适用于当日差错当日发现当时更正。

(1) 会计传票无错,账簿记载出错,将错误的整笔数字划一条红线,表示注销,并将正确数字写在划销数字的上边,由记账员在红线左端盖章证明,更正文字的可不盖章。

(2) 会计传票有错,账簿随之记错,应由制票人另制传票,然后在账簿上划红线更正错账。

(3) 账页记载错误无法更正时,不得撕毁,经会计主管人员同意,可另换新账页记载,但必须经过复核,并在原账页上划交叉红线注销,由记账员及会计主管人员盖章证明。注销的账页另行保管,俟装订账页时,附在后面备查。

(二) 红蓝字更正法

红蓝字更正法适用于次日或以后发现本年度的会计差错更正。

(1) 传票正确,记账串户,填制同一方向红、蓝字传票各一张更正错账。用红字传票登记原错误的账户,摘要栏注明"冲销×年×月×日账"字样。蓝字传票登记正确的账户,摘要栏注明“补记×年×月×日账”字样。

(2) 传票错误，账簿随之记错。应填制红字传票，将错账全部冲销，再按正确内容填制借、贷方蓝字传票补记入账，并在摘要栏注明情况，同时在原错误传票上批注“已于×年 ×月×日冲正”字样。

(三) 蓝字反方向更正法

蓝字反方向更正法适用于上年度错账更正。发现上年度错账，先用蓝字填制一张与错账方向相反的传票，用以冲销错账，并在摘要栏注明“冲正×年×月×日错账”字样，然后再用蓝字填制一张正确传票，补充记入账簿中，不得更改决算表。

(四) 错账更正的注意事项

(1) 据以更正错账的传票，必须经会计主管人员审查盖章才能办理错账更正；

(2) 因更正错账而影响利息计算的，应计算应加应减利息积数，并在余额表或乙种账页中注明。

本章小结

会计科目是会计核算的一种基本方法，是按照经济内容对各个会计要素进行分类所形成的项目。每一个会计科目都明确地反映一定的经济内容，是总括反映、监督各项业务和财务活动的一种方法。会计科目的设置要遵循一定的要求。会计科目按与资产负债表的关系可以分为表内科目和表外科目。

记账方法有单式记账法和复式记账法。借贷记账法是复式记账法的一种，以资产总额等于负债加所有者权益总额的平衡原理为依据，以“借”、“贷”为记账符号，以“有借必有贷，借贷必相等”为记账规则，用以记录和反映资金增减变化过程及其结果。

会计凭证有原始凭证、记账凭证；单式凭证、复式凭证；基本凭证、特定凭证之分。银行会计凭证的处理是指从凭证填制或审查起，经过账务处理的各个环节，直到装订保管为止的全过程。

银行的核算形式有明细核算和综合核算。明细核算由分户账、登记簿、现金收付日记簿、余额表四部分内容组成，综合核算由科目日结单、总账、日计表三部分组成。

关键术语

单式记账法　复式记账法　借贷记账法　原始凭证　记账凭证　单式凭证　复式凭证　分户账　登记簿　余额表　现金收付日记账　科目日结单　总账　日计表

思考练习题

1. 什么是表内科目和表外科目？试举例说明。
2. 什么是复式记账？其主要内容有哪些？
3. 会计凭证是如何分类的？银行会计凭证的使用有什么特点？
4. 简述商业银行账务处理流程。
5. 商业银行发生账务差错如何冲正？

第三章 现金出纳业务的核算

本章要点

1. 现金出纳工作的原则
2. 客户交存、支取现金的处理程序
3. 出纳错款的核算
4. 库房管理要求

第一节 现金出纳业务概述

一、现金出纳工作的意义

现金出纳业务基本含义是指本、外币的收入和付出。银行的现金出纳工作与国民经济各部门的经济活动有着密切的联系，是体现银行基本职能的重要环节，也是银行业务中的一项基础性工作。

商业银行是全社会的现金出纳中心，其现金出纳业务包括对现金、金银、外汇、票据及有价证券等进行收付、整点、兑换、调运和保管等。在办理业务过程中，商业银行根据国家的金融政策和现金管理条例的规定，一方面对各社会经济主体的实际需要进行现金付出，另一方面通过各种方式进行现金收入，由此形成了商业银行的现金出纳活动。做好现金收付的核算，加强现金资产的管理，对于调节现金流通、提高商业银行的现金清偿能力具有极为重要的意义。各银行应加强对出纳工作的领导，选配忠实可靠、责任心强、经过专业培训的人员担任出纳工作。要加强出纳队伍建设，不断提高出纳人员政治、业务素质。

二、现金出纳工作的任务

现金出纳工作是银行的一项重要基础性工作，处于银行业务活动的第一线，体现了国家的货币政策。其主要有以下任务：

(1) 按照国家金融法令和有关法规制度，办理现金收付、整点、保管和调运业务，以及损伤票币的兑换和挑残业务；

(2) 根据市场货币流通的需要，调剂市场券别比例，做好现金回笼、供应工作；

(3) 按国家规定，加强金融管理，办理金银的收购、配售、封装、保管和调运业务；

(4) 宣传爱护人民币，负责反假、反破坏人民币工作和票样管理工作；

(5) 加强柜面监督，维护财经法纪，同一切经济违法犯罪活动作斗争。

三、现金出纳工作的原则

为了确保银行现金出纳工作任务的顺利完成，银行出纳工作必须建立健全内部控制制度，做到手续严密、责任分明、及时准确，并坚持以下原则：

(1) 双人经办原则，即双人管库、双人调款、双人守库、双人押运。这样便于相互监督，防止差错和舞弊事件发生。

(2) 账实分管原则，即账务和实物(钱)由不同人员分管，做到会计、出纳各司其职，责任分明。

(3) 收付分开原则，即收款业务与付款业务分开经办，实行收付两条线，不能由一人既管收款又管付款。

(4) 收入现金先收款后记账，付出现金先记账后付款，收购金银先收实物后付款，配售金银先收款后付实物，收必复点，付必复核；手续严密，数字准确。

(5) 坚持复核原则，收款要另人复点，付款要另人复核；采用单人临柜的，经办人员要自行复点或复核。

(6) 坚持交接手续和查库原则，款项交接或出纳人员调换时，须办理交接手续，分清责任。坚持定期或不定期查库制度，严禁挪用库存现金、金银，严禁白条抵库，做到账实相符。

第二节 现金收付业务的核算

现金收付业务是银行的一项传统业务，主要指人民币、外币现钞的收付和兑换业务。在业务处理中必须坚持“先收款后记账，先记账后付款”原则。银行设置“现金”科目反映现金增减变化及其结果，并按现金类别设置明细账户核算。本科目借方记录收入的现金，贷方记录支出的现金，余额在借方反映现金结存数。

一、现金收款的核算

(一) 客户交存现金

客户向银行交存现金时，应填写一式两联的现金交款单，连同现金一并交收款员。收款员应审查现金交款单的日期、账号、户名、款项来源、交款单位财务章等是否完整、准确，大小写金额是否一致，各联张数是否齐全，内容是否套写一致。准确无误后点收款项，现金收妥后，收款员在现金交款单两联上均加盖个人名章，将现金、交款单交复核员复核。经复核无误后，在两联上均加盖现金收讫章及复核员名章，然后将第一联退还客户，第二联凭以登记现金收入日记簿后，送有关会计专柜代现金收入传票。

其会计分录为：

借：现金

　　贷：活期存款——××单位

(二) 所辖机构交存现金

营业机构向其管辖行交存现金时应填制一式两联现金交款单，管辖行出纳员收到现金和凭证，经审核、清点无误后办理入库手续，会计分录为：

借:现金

　贷:系统内存放款项(或内部往来)

营业机构的会计分录与管辖行的方向相反。

二、现金付款的核算

每日营业开始前,付款员应填写现金出库传票,向库管员领取一定数额备付现金,以便向客户办理付款。

(一) 客户支取现金

客户支取现金时,应填制本行现金支付凭证(如现金支票等)到会计部门有关专柜办理手续,会计员收到现金支付凭证后,应审查现金支付凭证日期、账号、大小写金额、用途、支用现金范围、取款人背书等,经审核无误后,将现金支付凭证右下角的"出纳对号单"撕下或以铜牌交给取款人,凭以向出纳部门领取款项。会计部门以现金支付凭证代替现金付出传票,办理转账,其会计分录为:

借:单位活期存款——××单位存款户

　贷:现金

经复核员复核无误后,及时将现金支付凭证递交出纳部门。出纳员接到会计部门递交的现金支付凭证,审查凭证要素内容及会计记账,复核签章无误后,登记现金付出日记簿,并按支付凭证配款。款项配妥后在支付凭证上加盖现金付讫及出纳员名章,连同支付凭证交复核员复点。复核无误后,叫对号单或铜牌号,问清款项数额,收回对号单或铜牌号,再将款项交付取款人,并将现金支付凭证退回(随时或集中)会计部门。

(二) 所辖机构支取现金

营业机构向其管辖行提取现金时,应填写现金支票。管辖行收到现金支票后,经审查无误,办理现金出库手续。会计分录为:

借:系统内存放款项(或内部往来)

　贷:现金

营业机构的会计分录与管辖行的方向相反。

三、营业终了的账款核对及入库

每天营业终了,收款员应将当天所收到的现金按币种分别予以汇总,并将汇总数与现金收入日记簿的总数和会计部门现金科目借方发生额进行核对,账款相符后,填制入库单,登记款项交接登记簿,将现金交库管人员审核入库。

付款员根据当天领取备付现金总数,减去未付的剩余现金数额,轧算出当天实付现金总数,与现金付出日记簿总数和会计部门现金科目贷方发生额进行核对,账款相符后,填制入库单,登记款项交接登记簿,将剩余备付现金交库管人员审核入库。

库管人员接到收款员和付款员交来的现金,应与现金收付日记簿和入库单核对相符后,将现金入库,同时登记现金库存簿;将昨日库存数加减本日收付数,结出当日库存,并与实存现金核对相符。

四、出纳错款的核算

出纳错款指在办理现金收付过程中发生的现金余缺现象,导致账实不符。错款的处理原则是:长款不得寄库,短款不得空库,长短款不能互补。长款应及时查明原因,退还原主,如果确实无法查明原因,应按规定入账,不能侵占,否则以贪污论处;短款不能自补上报,应及时查找收回,力求挽回损失,若确实无法收回,应分别不同性质区别对待。

(一)出纳长款的核算

若发生出纳长款,应及时查明,退还原主。若当天未能查明原因,可先由出纳部门出具证明,经会计主管人员同意后,由会计部门填制现金收入传票,暂列"待处理财产损溢"科目。会计分录为:

借:现金

　贷:待处理财产损溢——出纳长款

经查明原因,若系客户多交或银行少付时,应及时退还原主,会计分录为:

借:待处理财产损溢——出纳长款

　贷:现金

若经查找,该长款确定无法归还时,经批准后,可将此款作银行收益处理,会计分录为:

借:待处理财产损溢——出纳长款

　贷:营业外收入——出纳长款收入

(二)出纳短款的处理

若发生出纳短款,银行应及时查找收回。若当天未能查清和收回,可先由出纳部门出具证明,经批准,由会计部门填制现金付出传票,暂列"待处理财产损溢"科目。会计分录为:

借:待处理财产损溢——出纳短款

　贷:现金

经查明原因,追回短款时,会计分录为:

借:现金

　贷:待处理财产损溢——出纳短款

若短款确认无法收回,而原因又属于技术性短款或一般责任事故时,按规定手续报损,作银行损失处理,会计分录为:

借:营业外支出——资产一般损失

　贷:待处理财产损溢——出纳短款

五、票币的整点与兑换

(一)票币整点

票币整点是指银行对票币进行整理和清点。整点时,纸币按券别 100 张为把,平铺捆扎,10 把为捆,以双十字捆扎;硬币百枚(如习惯 50 枚亦可)为卷,10 卷为捆。每把(卷)须盖带行号的经手人名章,每捆须在绳头结扣处贴封签,注明行名、券别、金额、封捆日期,并加盖封捆员名章。凡经过整点的票币,要做到数字准确,完整票币和损伤票币分开,蹾齐,捆紧,印章清楚。

整点损伤人民币时,除按上述方法整点外,还应分版别捆扎。

(二) 票币兑换

票币兑换主要指兑换主辅币和残缺、污损人民币。主辅币的兑换由付款柜办理,兑换业务有收有付,应有复核的程序。兑换时由兑换人填制主辅币兑换清单,银行出纳人员受理后配款,并交复核员复核无误后一次交付清楚。

残缺、污损人民币的兑换,应按照《中国人民银行残缺污损人民币兑换办法》办理。

(1) 能辨别面额,票面剩余四分之三(含四分之三)以上,其图案、文字能按原样连接的残缺、污损人民币,应向持有人按原面额全额兑换。

(2) 能辨别面额,票面剩余二分之一(含二分之一)至四分之三以下,其图案、文字能按原样连接的残缺、污损人民币,银行应向持有人按原面额的一半兑换。

(3) 纸币呈正十字形缺少四分之一的,按原面额的一半兑换。兑付额不足一分的,不予兑换;五分按半额兑换的,兑付二分。

银行在办理残缺、污损人民币兑换业务时,应向其持有人说明认定的兑换结果。持有人同意银行认定结果的,对兑换的残缺、污损人民币纸币,银行应当面将带有本行行名的“全额”或“半额”戳记加盖在票面上;对兑换的残缺、污损人民币硬币,银行应当面使用专用袋密封保管,并在袋外封签上加盖“兑换”戳记。不予兑换的残缺、污损人民币,应退回原持有人。

商业银行兑换的残缺、污损人民币应交存当地中国人民银行。

第三节　现金库房管理与款项运送

一、库房管理

银行出纳现金库房是中国人民银行发行基金保管库(简称发行库)和金融机构的出纳现金业务库(简称业务库)的统称,是集中保管现金、金银及有价证券等贵重物品的重要场所。为保证库房的安全,各级银行必须做好金库管理工作。

(1) 各级行处应设置出纳专用库房,并配备责任心强的人员负责库房管理工作。库房必须坚固,符合安全条件,应有通风、防潮、防火以及报警等安全设施。库房的钥匙、密码必须分人掌管。

(2) 实行双人库管共同负责制。库管员要明确责任,出入库必须同时进出;出入库的款项要互相复核,防止差错。

(3) 严格出入库制度。所有现金都必须入库保管,入库的现金必须有账记载,出入库须按规定的手续和凭证办理,做到账款、账实相符。

(4) 业务库款和发行库款必须分别列账,分别保管,严格划分,不能混淆。

(5) 建立定期和不定期的查库制度。查库既包括对库存实物的检查,也包括检查库房管理制度的贯彻执行情况。

二、现金运送

(一) 现金运送的规定

1. 坚持双人押运,武装护送

运送款项必须用专用装钞袋封口,由两人以上负责押运,不得委托他人捎带。同时要有保卫人员携带武器护送。

2. 严守秘密，专车运送

对运送库款的时间、路线要严守秘密，运送款项的车辆不准搭乘与运送无关的人员。

3. 严密交接手续

运送库款时，必须注意安全，严密交接手续，库款起送和运达后都应当面点清。

（二）现金运送的核算

1. 运出行的核算

运出行在收到调拨函，确定运送金额后，由出纳部门根据批件填制一式三联发款单，会计部门据此办理转账，同时填制一式三联的辖内往来借方报单。转账时的会计分录为：

借：辖内联行往来

　贷：现金

第一、二联发款单连同联行报单一并交送款员办理出库，送交收款的银行营业机构。

2. 运入行的核算

运入行接到联行借方报单、发款单和现金，经查点无误后，登记现金收入日记簿，在发款单回单联上加盖银行业务公章及负责人章，送交款员带回。然后，填制现金收入传票，其会计分录为：

借：现金

　贷：辖内联行往来

三、向央行提取和交存现金的核算

（一）提取现金

向中国人民银行发行库提取现金时，由出纳员签开中国人民银行现金支票，经出纳负责人和主管行长审批同意，在现金支票存根联上签字，由会计主管人员审核，加盖预留中国人民银行印鉴，交提款人向中国人民银行发行库提取现金。

现金提回后，应立即交库管员办理现金入库手续。库管员清点核对现金无误后，填制现金入库单一式两联，一联留存，凭以登记库存现金登记簿，一联递交出纳人员。出纳人员根据现金支票存根联和现金入库单登记现金收入日记簿，并加盖现金收讫章及经办人员名章之后，将现金支票存根联交会计部门作贷方记账凭证，另集中编制借方记账凭证，现金收入日记簿和一联现金入库单作借方凭证附件，办理转账。其会计分录为：

借：现金

　贷：存放中央银行款项

（二）交存现金

向中国人民银行发行库交存现金时，由库管员填制中国人民银行现金交款单一式两联，根据交款单填制现金出库单一式两联，经出纳负责人和主管行长审查同意，在出库单上签章，据以办理现金出库手续。现金和两联现金交款单一并点交交款人。交款人持单押款到中国人民银行发行库办理现金交存手续。现金交存后，交款人应立即将中国人民银行签章退回到现金交款单回单联交库管员，库管员审查无误后，一联出库单凭以登记库存现金登记簿，另一联出库单连同现金交款单回单联交出纳员。出纳员凭以登记现金付出日记簿后，现金交款单回单联交会计部门作借方记账凭证，现金付出日记簿和一联出库单作贷方记账凭证附件，办理转账。会计分录为：

借：存放中央银行款项

　贷：现金

本章小结

商业银行是全社会的现金出纳中心，其现金出纳业务包括对现金、金银、外汇、票据及有价证券等进行收付、整点、兑换、调运和保管等。银行出纳在办理业务过程中必须坚持双人经办、账实分管、收付分开、先收款后记账、先记账后付款、坚持复核、坚持交接手续和查库的原则。

银行设置“现金”科目反映现金增减变化及其结果，并按现金类别设置明细账户核算。本科目借方记录收入的现金，贷方记录支出的现金，余额在借方反映现金结存数。

出纳错款指在办理现金收付过程中发生的现金余缺现象，导致账实不符。错款的处理原则是：长款不得寄库，短款不得空库，长短款不能互补。

银行出纳现金库房是中国人民银行发行基金保管库（简称发行库）和金融机构的出纳现金业务库（简称业务库）的统称，是集中保管现金、金银及有价证券等贵重物品的重要场所。为保证库房的安全，各级银行必须做好金库管理工作。

关键术语

钱账分管原则　出纳长款　出纳短款　票币整点　库房管理

思考练习题

1. 简述现金出纳工作的基本原则。
2. 简述现金收付业务的记账原则及账务处理。
3. 什么是出纳长款和短款？简述其账务处理过程。
4. 怎样做好库房管理？
5. 简述商业银行向中央银行提取和交存现金的核算。

第四章　贷款与贴现业务的核算

本章要点

1. 贷款的种类、贷款与贴现的异同
2. 贷款业务的核算
3. 贴现业务的核算
4. 贷款损失准备的核算

第一节　贷款与贴现业务概述

一、贷款的概念与分类

贷款又称放款，是商业银行和其他金融机构以债权人地位，将货币资金贷给借款人，借款人需要按约定的利率和期限还本付息的一种信用方式。

银行贷款按不同划分标准，有不同种类：

按贷款的期限划分，可分为短期贷款（1 年以下）和中期贷款（1 年以上、5 年以下）、长期贷款（5 年以上）。

按贷款的发放条件划分，分为信用贷款、担保贷款（包括抵押担保贷款、质押担保贷款和保证担保贷款等）。信用贷款是银行仅凭借款人的信用而发放的贷款，银行和借款人之间签有借款合同（即借据），由于信用贷款没有实物或有价物作担保，因而是银行的高风险资产，商业银行要在保证资产安全的前提下，审慎地发放信用贷款。抵押贷款是申请贷款企业提供物质财产作抵押品，由银行按抵押品价值的一定比例计算发放的贷款。根据《中华人民共和国担保法》规定，按担保物是否移交债权人占有，分为抵押（不移交）和质押（移交），这里所述的抵押贷款，按银行业习惯包括两者。抵押贷款在到期时如无法偿还，银行有权处理抵押品，将抵押品拍卖或将抵押品作价以偿还本息，因此，对于银行来说，抵押贷款相比信用贷款安全性增强，风险性降低。

按贷款的对象划分，分为工业贷款、商业贷款、农业贷款、集体及个体工商业贷款和个人贷款。

按贷款的用途划分，分为流动资金贷款、固定资产贷款、农副产品收购贷款。个人贷款中包括住房贷款、耐用消费品贷款等。

按贷款的性质分，银行贷款可分为政策性贷款和商业贷款。

按贷款的风险程度划分，根据五级贷款分类制度分为正常类贷款、关注类贷款、次级类贷款、可疑类贷款和损失类贷款。

按贷款的利率划分，分为固定利率贷款、浮动利率贷款和优惠贷款。

贷款按其本息是否逾期超过一定天数可划分为应计贷款和非应计贷款。非应计贷款是指贷款本金或利息逾期 90 天没有收回的贷款。应计贷款是指非应计贷款以外的贷款。

此外，还有一些特殊性质的贷款，如结算贷款、贴现等。

二、贴现的概念

贴现，是指汇票持有人将未到期的商业汇票交给银行，银行按票面金额扣收自贴现日至汇票到期日的利息后，将扣除后的净额交给汇票持有人。也可以理解为，汇票持有人以向银行贴付一定利息为代价，提前取得票据货款的行为。从银行角度讲，它是一种以商业票据做质押的信贷方式；从企业角度讲，它是一种短期融资行为。

商业汇票的持有人在向银行办理贴现时必须具备以下条件：

(1) 申请人应当是经工商行政管理机关（或主管机关）核准登记的企（事）业法人或其他经济组织，并在工商或相关部门办理年检手续；

(2) 与出票人或其前手之间具有真实合法的商品交易关系并提供相关证明材料，如增值税发票和商品发运单据的复印件；

(3) 所持商业汇票合法有效，未注明“不得转让”和“质押”等字样。

贴现的基本操作程序为：

(1) 申请。持票人持商业汇票向银行提出申请，同时提交申请材料。

(2) 背书转让。经银行调查审批同意后，客户背书转让汇票，并办理相关手续。

(3) 使用资金。汇票经背书转让后，银行扣除贴现利息后将相应的资金划转到客户的存款账户，客户即可使用贴现所得款项。

三、票据贴现与贷款的区别

贴现与贷款相比，共同之处在于它们都属于银行的资产业务，银行都要按规定收取利息。不同点主要表现在以下方面：

(一) 信用关系涉及的当事人不同

一般贷款涉及银行、借款人、保证人之间的银行信用关系。票据贴现则涉及贴现银行、贴现申请人、承兑人、背书人、出票人的商业信用关系。

(二) 收取利息的时间不同

一般贷款是先发放贷款本金，贷款到期利随本清或定期计收利息。票据贴现是在贴现业务发生时预先扣收利息，贴现申请人得到的贷款是票面金额扣除利息后的净额，所以其实际利率要比名义利率（即计算贴现息用的贴现率）略高。

(三) 资金贷放和融通的期限不同

贴现业务期限短，最长不得超过 6 个月；贷款则根据时间期限不同分为长、中、短期贷款。

(四) 资金流通性不同

票据贴现后，贴现行可将票据进行转贴现或向人民银行申请再贴现，从而实现资金的迅速回笼；贷款则需到期收回。

(五) 风险程度不同

贴现业务风险较低，因为票据通常是以实际的商品交易为基础，商品交易所产生的销售收人是债务人还款的可靠来源;票据到期承兑人或出票人必须无条件付款,如不获付款,贴现行可以对票据的所有背书人进行追索。

第二节 贷款业务的基本规定

根据《中华人民共和国商业银行法》,商业银行进行贷款业务应遵循以下主要规定:

(1) 商业银行贷款,应当对借款人的借款用途、偿还能力、还款方式等情况进行严格审查。商业银行贷款,应当实行审贷分离、分级审批的制度。

(2) 商业银行贷款,借款人应提供担保。商业银行应对保证人的偿还能力,抵押物、质物的权属和价值以及实现抵押权、质权的可行性进行严格审查。经商业银行审查、评估,确认借款人资信良好,确能偿还贷款的,可以不提供担保。

(3) 商业银行贷款,应当与借款人订立书面合同。合同应当约定贷款种类、借款用途、金额、利率、还款期限、还款方式、违约责任和双方认为需要约定的其他事项。

(4) 商业银行应当按照中国人民银行规定的贷款利率的上下限,确定贷款利率。

(5) 商业银行贷款,应当遵守下列资产负债比例管理的规定:

① 资本充足率不得低于百分之八;

② 贷款余额与存款余额的比例不得超过百分之七十五;

③ 流动性资产余额与流动性负债余额的比例不得低于百分之二十五;

④ 对同一借款人的贷款余额与商业银行资本余额的比例不得超过百分之十;

⑤ 国务院银行业监督管理机构对资产负债比例管理的其他规定。

(6) 商业银行不得向关系人发放信用贷款;向关系人发放担保贷款的条件不得优于其他借款人同类贷款的条件。前款所称关系人是指:① 商业银行的董事、监事、管理人员、信贷业务人员及其近亲属;② 前项所列人员投资或者担任高级管理职务的公司、企业和其他经济组织。

(7) 借款人应当按期归还贷款的本金和利息。借款人到期不归还担保贷款的,商业银行依法享有要求保证人归还贷款本金和利息或者就该担保物优先受偿的权利。商业银行因行使抵押权、质权而取得的不动产或者股权,应当自取得之日起2年内予以处分。借款人到期不归还信用贷款的,应当按照合同约定承担责任。

(8) 商业银行不得违反规定提高或者降低利率以及采用其他不正当手段吸收存款、发放贷款。

贷款业务的具体核算要求如下:

① 根据不同类别的贷款,指定相应的贷款核算方式。例如,商业性贷款和政策性贷款分别核算,因为二者性质不同,前者为银行自主发放的贷款,后者则指银行按照国家或有关部门规定的用途和对象而发放的贷款。

② 认真履行贷款核算手续,坚持原则,按时发放和收回贷款,并对本息分别核算。银行发放的中长期贷款,应当按照贷款实际金额入账。期末按照适用利率计算应当收取的利息,并对本金和利息分别进行核算。

③ 正确反映贷款数据,严格监督信贷指标。

④ 贷款发生减值时,应按有关规定计提减值准备。

第三节　贷款业务的核算

一、会计科目设置

商业银行设置“贷款”科目核算按规定发放的各种客户贷款，包括质押贷款、抵押贷款、保证贷款、信用贷款等。银行按规定发放的银团贷款、贸易融资、协议透支、信用卡透支、转贷款以及垫款等，在本科目核算，也可以单独设置“银团贷款”、“贸易融资”、“协议透支”、“信用卡透支”、“转贷款”、“垫款”等科目核算。

本科目应当按照贷款类别和客户进行明细核算。

二、贷款的主要账务处理

(一) 发放贷款的处理

银行发放贷款时，应按贷款的合同本金，借记“贷款”科目(本金)，按实际支付的金额，贷记“吸收存款”科目，按其差额，借记或贷记“贷款”科目(交易费用)。会计分录为：

借：贷款——本金(合同本金)

　贷：吸收存款(实际支付金额)

　　(或借)贷款——利息调整(差额)

发放银团贷款时，牵头行、参与行应按在银团贷款中所占的比例确定各自的贷款本金。

(二) 未减值贷款的处理

1. 利息的核算

在未减值贷款计息日，银行应按贷款的合同本金和合同约定的名义利率计算确定的应收利息的金额，借记“应收利息”科目，按贷款的摊余成本和实际利率计算确定的利息收入的金额，贷记“利息收入”科目，按本期应摊销交易费用的金额，借记或贷记“贷款”科目(交易费用)，按其差额，借记或贷记“贷款”科目(溢折价)。其会计分录为：

借：应收利息

　贷：利息收入

　　(或借)贷款——利息调整(差额)

2. 未减值贷款的收回

收回未减值贷款时，应按客户归还的金额，借记“吸收存款”等科目，按应归还的应收利息金额，贷记“应收利息”科目，按归还的贷款本金，贷记“贷款”科目(本金)。

贷款的本金和应收利息全部归还完毕的，应转销该贷款的交易费用和溢折价的金额，按“贷款”科目(交易费用)的余额，借记或贷记“贷款”科目(交易费用)，贷记或借记“贷款”科目(溢折价)；按“贷款”科目(溢折价)的余额，借记或贷记“贷款”科目(溢折价)，贷记或借记“利息收入”科目。会计分录为：

借：吸收存款(客户归还金额)

　贷：应收利息

　　贷款——本金

　　(或借)贷款——利息调整(差额)

　　利息收入(差额)

(三) 贷款利息的核算

贷款利息的核算有定期结息和利随本清两种方法。

1. 定期结息

定期结息指银行按规定的利率定期(每月或每季末月 20 日)计算应收利息,计息公式如下:

利息=累计计息积数(贷款金额×贷款天数)×日利率

例如,某笔短期贷款金额 500 000 元,6 月 1 日贷出,9 月 1 日归还,月利率 3‰,则到 6 月 20 日结息时,应计利息为:500 000×20×(3‰÷30)=1 000(元)

从 6 月 21 日至 9 月 1 日之间的应计利息为:

500 000×72×(3‰÷30)=3 600(元)

利息计算出来后,编制"贷款利息凭证",并办理转账。

2. 利随本清

利随本清,又叫逐笔结息法,指银行在贷款单位还款时一次性计算贷款利息,贷款满年的按年利率计算,满月的按月利率计算,有整年(月)又有零头天数的可全部化成天数计算,整年按 360 天计算,整月按 30 天计算,零头按实际天数计算,算至还款前一天为止。

计算公式如下:

全是整年整月的

利息=本金×时期(年或月)×年或月利率

全部化成天数的

利息=本金×时期(天数)×日利率

第四节　贴现业务的核算

一、会计科目设置

(一)"贴现资产"科目

本科目核算银行办理商业票据的贴现、转贴现融出资金等业务的款项。银行买入的即期外币票据,也通过本科目核算。

银行通过买入返售方式办理的票据业务,在"买入返售金融资产"科目核算,不在本科目核算。

本科目期末借方余额,反映银行办理的贴现、转贴现融出资金等业务的款项余额。

(二)"贴现负债"科目

本科目核算银行办理商业票据的转贴现融入资金等业务的款项,银行应当按照贴现类别和贴现金融机构,分别"面值"、"交易费用"进行明细核算。本科目期末贷方余额,反映银行办理的转贴现融入资金等业务的款项余额。

二、贴现的账务处理

(一) 贴现资产的主要账务处理

1. 银行为客户办理贴现时

商业汇票到期前,持票人持汇票向开户银行申请贴现时,应按照贴现的要求逐项填写"贴现凭证",其内容有:贴现申请人和汇票承兑人的名称、账号、开户银行;贴现汇票的种类、发票日、到期日和汇票号码；汇票的大、小写金额等。贴现凭证一式五联，其第一联（代申请书）交银行作贴现付出传票；第二联（收入凭证）交银行作贴现申请单位账户收入传票；第三联（收入凭证）交银行作贴现利息收入传票；第四联（收账通知）交银行给贴现申请单位作收账通知；第五联（到期卡）交银行会计部门按到期日排列保管，到期日作贴现收入凭证。填完贴现凭证后，在其第一联"申请人盖章"处和商业汇票第二联和第三联背后加盖预留银行印鉴，一并送交银行信贷部门。

开户银行信贷部门按照有关规定对汇票及贴现凭证进行审查，重点是审查申请人持有汇票是否合法，是否在本行开户，汇票联数是否完整，背书是否连续，贴现凭证的填写是否正确，汇票是否在有效期内，承兑银行是否已通知不应贴现等。审查无误后在贴现凭证"银行审批"栏签注"同意"字样，并加盖有关人员印章后送银行会计部门。

银行会计部门对银行信贷部门审查的内容及汇票盖印、压印金额等是否真实有效。审查无误后即按规定计算并在贴现凭证上填写贴现率、贴现利息和实付贴现金额。其中，贴现率是国家规定的月贴现率；贴现利息是根据贴现金额、贴现率、贴现天数（自银行向贴现单位支付贴现票款日起至汇票到期日前一天止的天数）计算而出，是汇票持有人因提前取款而贴付给银行的利息。用公式表示为：

贴现利息＝贴现金额×日贴现率×贴现天数

其中：日贴现率＝月贴现率÷30

贴现单位实得贴现金额则等于票面贴现金额减去贴现利息，用公式表示为：

实付贴现金额＝贴现金额－应付贴现利息

银行会计部门在贴现凭证上填写完上述内容后，将贴现凭证第四联加盖"转讫"章后交给贴现单位作为收账通知，同时将实付贴现金额转入贴现单位账户。

银行为客户办理贴现时，按贴现票面金额，借记"贴现资产"科目（贴现——面值），按实际支付的金额，贷记"吸收存款"等科目，按其差额，贷记"贴现资产"科目（贴现——交易费用）。会计分录为：

借：贴现资产——贴现（面值）

　贷：吸收存款

　　贴现资产——贴现——利息调整（差额）

2. 银行为其他金融机构办理转贴现的核算

银行为其他金融机构办理转贴现时，按贴现票面金额，借记"贴现资产"科目（转贴现——面值），按实际支付的金额，贷记"存放中央银行款项"等科目，按其差额，贷记"贴现资产"科目（转贴现——交易费用）。会计分录为：

借：贴现资产——转贴现（面值）

　贷：存放中央银行款项（实际支付额）

　　贴现资产——转贴现——利息调整（差额）

企业已将转贴现票据的风险和报酬实质上转移给了对方，应按实际收到的金额，借记"存放中央银行款项"等科目，贷记"贴现资产"科目（贴现——面值、转贴现——面值），按未摊销的交易费用，借记"贴现资产"科目（贴现——交易费用、转贴现——交易费用），按其差额，借记"利息支出"等科目。

3. 贴现利息收入的核算

在资产负债表日,应按实际利率计算确定的贴现利息收入的金额,借记"贴现资产"科目(贴现——交易费用、转贴现——交易费用),贷记"利息收入"科目。会计分录如下:

借:贴现资产——贴现——利息调整

——转贴现——利息调整

贷:利息收入

实际利率与合同约定的名义利率差异不大的,也可以采用合同约定的名义利率计算确定利息收入。

4. 到期收回款项时的核算

贴现、转贴现票据到期,收到委托收款划回的款项时,应按实际收到的金额,借记"吸收存款"等科目,按贴现的票面金额,贷记"贴现资产"科目(贴现——面值、转贴现——面值),按未摊销的交易费用,借记"贴现资产"科目(贴现——交易费用、转贴现——交易费用),按其差额,贷记"利息收入"科目。会计分录为:

借:吸收存款(实际收到金额)

贴现资产——贴现——利息调整

——转贴现——利息调整

贷:贴现资产——贴现——面值

——转贴现——面值

利息收入(差额)

(二)贴现负债的主要账务处理

1. 转贴现的核算

银行持贴现票据向其他银行转贴现,应按实际收到的金额,借记"存放中央银行款项"等科目,按贴现票据的票面金额,贷记"贴现负债"科目(转贴现——面值),按其差额,借记"贴现负债"科目(转贴现——交易费用)。会计分录如下:

借:存放中央银行款项

贴现负债——转贴现——利息调整(差额)

贷:贴现负债——转贴现——面值

2. 利息的核算

资产负债表日,应按合同约定的名义利率计算确定的利息费用的金额,借记"利息支出"科目,贷记"贴现负债"科目(转贴现——交易费用)。

借:利息支出

贷:贴现负债——转贴现——利息调整

合同约定的名义利率与实际利率差异不大的,也可以采用合同约定的名义利率计算确定利息费用。

3. 归还转贴现款项的核算

贴现票据到期时,应按贴现票据的票面金额,借记"贴现负债"科目(转贴现——面值),按实际支付的金额，贷记“存放中央银行款项”等科目，按“贴现负债”科目（交易费用）的余额，贷记“贴现负债”科目（转贴现——交易费用），按其差额，借记“利息支出”科目。

借：贴现负债——转贴现——面值
　　利息支出（差额）
　贷：存放中央银行款项
　　　贴现负债——转贴现——利息调整

第五节　贷款损失准备的核算

一、会计科目设置

（一）“贷款损失准备”科目

“贷款损失准备”科目核算银行的贷款发生减值时计提的减值准备。计提贷款损失准备的资产包括客户贷款、拆出资金、贴现资产、银团贷款、贸易融资、协议透支、信用卡透支、转贷款和垫款等。本科目期末贷方余额，反映已计提但尚未转销的贷款损失准备。

（二）“资产减值损失”科目

本科目核算银行计提各项资产减值准备所形成的损失，本科目可按资产减值损失的项目进行明细核算。当银行贷款资产发生减值的，按应减记的金额，借记本科目，贷记“贷款损失准备”科目。银行计提贷款损失准备后，相关资产的价值又得以恢复的，应在原已计提的减值准备金额内，按恢复增加的金额，借记“贷款损失准备”等科目，贷记本科目。期末，应将本科目余额转入“本年利润”科目，结转后本科目无余额。

二、贷款损失准备的核算

（一）计提贷款损失准备

资产负债表日，银行根据金融工具确认和计量准则确定发生减值，按应减记的金额，借记“资产减值损失”科目，贷记“贷款损失准备”科目。本期应计提的贷款损失准备大于其账面余额的，应按其差额计提；应计提的金额小于其账面余额的差额做相反的会计分录。

借：资产减值损失
　贷：贷款损失准备

（二）确认贷款减值

对于确实无法收回的各项贷款，按管理权限报经批准后转销各项贷款，借记“贷款损失准备”科目，贷记“贷款”等科目。

借：贷款损失准备
　贷：贷款

（三）贷款价值恢复

已计提贷款损失准备的贷款价值以后又得以恢复，应在原已计提的贷款损失准备金额内，按恢复增加的金额，借记“贷款损失准备”科目，贷记“资产减值损失”科目。

借：贷款损失准备

贷:资产减值损失

(四)收回减值贷款

收回贷款时,应按照"本金、表内应收利息、表外应收利息"的顺序收回贷款本金及贷款产生的应收利息。其会计分录为:

借:吸收存款(实际收到)

　贷款损失准备(应转销金额)

　贷:贷款——已减值

　　利息收入(已收回的表外应收利息余额)

　　(或借)资产减值损失(余额)

(五)利息的核算

1. 计提利息

在减值贷款计息日,应按贷款的摊余成本和实际利率计算确定的利息收入金额,借记"贷款损失准备"科目,贷记"利息收入"科目。

借:贷款损失准备

　贷:利息收入

同时,将按合同本金和合同约定的名义利率计算确定的应收利息金额进行表外登记。

2. 利息减值

根据金融工具确认和计量准则确定已发生减值损失的贷款应收利息发生减值的,按应计提的坏账准备金额,借记"资产减值损失"科目,贷记"坏账准备"科目。

借:资产减值损失

　贷:坏账准备

(六)呆账贷款处理

对于确实无法收回的贷款本金,按管理权限报经批准后作为呆账损失,转销贷款本金,借记"贷款损失准备"科目,贷记"贷款"(本金)。

借:贷款损失准备

　贷:贷款——已减值

应收利息按管理权限报经批准后作为坏账损失,转销表内应收利息,借记"坏账准备"科目,贷记"应收利息"科目。

借:坏账准备

　贷:应收利息

表外"应收未收利息"转销。

(七)收回已转销贷款

银行应按照"本金、表内应收利息、表外应收利息"的顺序收回贷款本金及贷款产生的应收利息。已确认并转销的贷款以后又收回的,应按收回的贷款本金,借记"贷款"(本金),贷记"贷款损失准备"科目。

借:贷款

　贷:贷款损失准备

按收回的表内应收利息,借记"应收利息"科目,贷记"坏账准备"科目。

借:应收利息

　贷:坏账准备

增加表外"应收未收利息"科目金额。

按实际收回的金额,借记"吸收存款"等科目,贷记"贷款"(本金)、"应收利息"等科目。

借:吸收存款

　贷:贷款——本金

　　　应收利息

现行会计制度对金融资产减值有规定,但相对于国际会计准则的要求而言显得有些粗放,从而也成为国有银行股份制改革中另一个重要问题。金融资产与其他资产的区别在于其承受着较大的金融风险。因此,对金融资产减值损失的确认和计量,国际通行的做法是未来现金流量折现法。相对于我国商业银行目前采用的计提贷款损失准备五级分类法,未来现金流量折现法计算的减值损失比较准确,更能反映贷款的真实价值。例如,一笔一个亿的贷款,在账上可能表现为一个亿,但根据未来现金流量的测算,它的折现现金流只有 9 000 万元,那么就需要计提1 000万元贷款损失准备。如果按照五级分类,这笔贷款可能只是关注类,只需按照2%的比例提取准备;但根据折现现金流方法则需提取更多准备。

未来现金流量折现法来自于国际会计准则理事会(IASC)公布的《国际会计准则 39 号》(简称 IAS39)的实施指导原则。通俗地讲,就是一笔贷款究竟值多少钱,它是银行依据对贷款企业、市场环境等未来变化因素,以及目前收回贷款本息的情况,对贷款的未来现金流进行折现,从而判断一笔贷款本息收回的可能性。如果企业效益不好,或者宏观经济形势发生变化,企业的现金流受到影响,相应的银行贷款就会受到影响,所匡算出的贷款价值就会"缩水",减值准备就需要增加。五级分类是对贷款进行定性和定量分析相结合的一种描述,然后根据贷款的级别来确定准备。从纯理论的角度讲,未来现金流量折现法是最理想的计量资产减值的方法。当然,这种方法的应用也有一定的困难。比如:现金流预测的不准确性,根据现金流量的风险程度确定贴现率等。为了加强可操作性,新准则将贴现率定为实际利率。

本章小结

贷款是商业银行的资产业务,银行在发放贷款的同时即将其转为借款人的活期存款,因此,贷款是银行创造货币功能的具体表现。同时,银行按期收回本息,也是银行经营货币资金的本质所在。贴现是银行以票据为基础向持票人提供贷款的业务。本章主要讨论了在新会计制度下贷款、贴现及贷款损失准备的核算方法,包括贷款的发放、计息、收回、减值以及贴现资产、贴现负债等业务各环节的核算。

关键术语

贷款　利率　贴现　贷款损失准备

思考练习题

1. 商业银行的贷款业务有哪几种?有哪些不同之处?
2. 贷款业务处理练习:

　交通银行某支行 3 月发生以下业务:

(1) 3 月 1 日，开户单位红华公司申请短期贷款 20 万元，经信贷部门审查同意，当日发放，转入该公司存款账户；

(2) 3 月 5 日，开户单位依依服装厂归还 1 月 7 日所借短期贷款 10 万元，月利率 6‰，本息从该厂存款账户支付；

(3) 3 月 10 日，开户单位建设公司一笔 3 年期贷款 25 万元发生减值3 000元；

(4) 3 月 13 日，开户单位大成百货公司持银行承兑汇票办理贴现，汇票金额 20 万元，到期日 7 月 15 日，经信贷部门审查后予以受理，月贴现率 3‰；

(5) 3 月 20 日，将未到期商业承兑汇票向本市中行申请转贴现，票面金额 100 万元，实际收到 98 万元；

(6) 3 月 31 日，计提本月借款人饮料厂合同约定贷款利息 6 000 元，按照贷款摊余成本和实际利率计算贷款利息 5 500 元。

要求：根据所发生业务编制会计分录。

3. 贷款损失准备的核算：

(1) 建设银行某分行年初确定贷款发生减值 20 万元。

(2) 1 月份经批准核销某单位呆账贷款本金 10 万元，利息 5 000 元。

(3) 1 月末提取贷款损失准备 100 万元。

(4) 3 月收回已经核销的呆账贷款 30 万元。

(5) 3 月末提取贷款损失准备 88 万元。

要求：根据所给资料编制会计分录。

第五章　投资业务的核算

本章要点

1. 投资的不同分类
2. 交易性金融资产的会计核算
3. 可供出售金融资产的会计核算
4. 持有至到期投资的会计核算

第一节　投资业务概述

投资是银行为了获得资金的最佳使用效益，直接或间接将资产让渡给其他单位所获得的另一项资产的行为。具体来说，商业银行可以用现金、实物和无形资产等对外进行直接投资，也可以通过购买股票、债券等方式进行投资。

对外投资有如下特点：

（1）投资是一种资产让渡行为。商业银行在正常的经营过程中需进行各类交易，商业银行在进行直接或间接投资时，也为银行带来未来的经济利益，这种经济利益是指能直接或间接地增加流入银行的现金或现金等价物。

（2）投资获得的经济利益不同于其他资产为商业银行带来的经济利益。不同的资产为商业银行带来的经济利益具体表现形式不同。投资流入的经济利益，不是通过银行自身直接经营产生的，一般是通过接受投资者创造效益后分配取得的，或通过证券市场取得的。它不同于银行依靠自身经营所产生的经济利益。

一、投资的分类

对外投资从不同的角度，可以划分为很多类型。

（一）按投资的性质不同划分，可分为债权性投资、权益性投资和混合性投资

（1）债权性投资是指商业银行以购买债券的方式所作的投资。投资形成的是债权债务关系，具体表现为银行购买公司债券、国库券等。

（2）权益性投资指商业银行为获取另一企业的净资产的所有权所作的投资，如购买上市公司股票或直接对某企业进行投资。

（3）混合性投资是指商业银行购买的既有债权性性质又具有权益性性质的投资。表现为银行购买优先股股票或可转换债券。

（二）按投资的期限不同划分为短期投资和长期投资

（1）短期投资是指能够随时变现并且持有时间不准备超过 1 年（含 1 年）的投资，包括股票、债券、基金等。

（2）长期投资是指除短期投资以外的投资，包括持有时间准备超过 1 年（不含 1 年）的各种股权性质的投资、不能变现或不准备随时变现的债券、其他债权投资和其他长期投资。

（三）按投资的目的划分，可分为交易性金融资产、持有至到期投资和可供出售金融资产

根据《企业会计准则第 22 号——金融工具确认和计量》，符合以下条件之一的，属于交易性金融资产。

（1）取得该金融资产的目的，主要是为了近期内出售或回购。

（2）属于进行集中管理的可辨认金融工具组合的一部分，且有客观证据表明企业近期采用短期获利方式对该组合进行管理。

（3）衍生金融工具。

持有至到期投资，指企业有明确意图并有能力持有至到期，到期日固定、回收金额固定或可确定的非衍生金融资产。以下非衍生金融资产不应划分为持有至到期投资：

（1）初始确认时划被指定为以公允价值计量且其变动计入当期损益的非衍生金融资产。

（2）初始确认时被指定为可供出售的非衍生金融资产。

（3）贷款和应收款项。

存在以下情况之一的，表明企业没有明确意图将某项金融资产投资持有至到期：

（1）企业持有该金融资产投资的期限不确定。

（2）发生市场利率变化、流动性需要变化、替代投资机会及其投资收益率变化、融资来源和条件变化、外汇风险变化等情况时，企业将出售该金融资产。企业无法控制、预期不会重复发生且难以合理预计的独立事项引起的金融资产出售除外。

（3）该金融资产发行方可以按明显低于其摊余成本的金额清偿。

（4）其他表明企业没有明确意图将该金融资产投资持有至到期的情况。

可供出售金融资产，指初始确认时即被指定为可供出售的非衍生金融资产，以及下列各类资产之外的非衍生金融资产：

（1）贷款和应收款项。

（2）持有至到期投资。

（3）以公允价值计量且其变动计入当期损益的金融资产。

二、新投资分类方法的优势

金融资产和金融负债的分类是目前我国股份制改制的国有银行以及到境外上市的金融企业遇到的一个重要问题。从加强国际协调、降低上市成本和提高金融信息透明度看，现有金融企业会计制度已无法满足商业银行改革的需要。《企业会计准则》在借鉴国际会计准则做法，结合我国的实际情况的基础上，对金融资产和金融负债作出了新的归类。金融资产分为四类，改变了对投资采取长、短期分类核算的方法，有助于更清晰界定不同资产类型的投资和收益。

首先，对于交易性金融资产，需要在期末应按公允价值（主要为市价）计量，而且报告期间公允价值的变动计入当期损益。

其次，对于持有至到期投资，该类金融资产需要在期末是按成本计量的，但要进行减值测试。《企业会计准则》对企业将某项金融资产划分为此类作了较严格的限制，目的是防范企业实际操作中可能出现的主观随意性，以调节盈亏。

第三，对于贷款和应收款项，该类金融资产在期末也要按成本计量，并进行减值测试。

第四，可供出售的金融资产，《企业会计准则》要求企业需按公允价值对其进行后续计量，公允价值变动计入权益。也就是说，这类金融资产在会计期间的价值变动不直接影响利润。

第二节　交易性金融资产的核算

一、会计科目设置

(一)"交易性金融资产"科目

本科目核算银行以交易为目的所持有的债券投资、股票投资、基金投资等交易性金融资产的公允价值。本科目可按交易性金融资产的类别和品种，分别"成本"、"公允价值变动"等进行明细核算。

银行接受委托采用全额承购包销、余额承购包销方式承销的证券，应在收到证券时将其进行分类。划分为以公允价值计量且其变动计入当期损益的金融资产的，应在本科目核算；划分为可供出售金融资产的，应在"可供出售金融资产"科目核算。

本科目期末借方余额，反映企业持有的交易性金融资产的公允价值。

(二)"公允价值变动损益"科目

本科目核算企业交易性金融资产、交易性金融负债，以及采用公允价值模式计量的投资性房地产、衍生工具、套期保值业务等公允价值变动形成的应计入当期损益的利得或损失。

指定为以公允价值计量且其变动计入当期损益的金融资产或金融负债公允价值变动形成的应计入当期损益的利得或损失，也在本科目核算。

本科目可按交易性金融资产、交易性金融负债、投资性房地产等进行明细核算。

期末，应将本科目余额转入"本年利润"科目，结转后本科目无余额。

(三)"投资收益"科目

本科目核算企业确认的投资收益或投资损失。可按投资项目进行明细核算。期末，应将本科目余额转入"本年利润"科目，本科目结转后应无余额。

二、交易性金融资产的会计核算

(一)取得交易性金融资产

取得交易性金融资产时，按其公允价值，借记"交易性金融资产"科目(成本)，按发生的交易费用，借记"投资收益"科目，按已到付息期但尚未领取的利息或已宣告但尚未发放的现金股利，借记"应收利息"或"应收股利"科目，按实际支付的金额，贷记"存放中央银行款项"科目。

借:交易性金融资产

　　应收利息(或应收股利)

　　投资收益

　贷:存放中央银行款项

(二) 持有期间获得利息和股息

银行持有交易性金融资产后投资单位宣告发放的现金股利,或在资产负债表日按票面利率计算利息时,借记"应收股利"或"应收利息"科目,贷记"投资收益"科目。

借:应收利息(或股利)

　贷:投资收益

实际收到股利或利息时

借:存放中央银行款项

　贷:应收利息(或股利)

(三) 公允价值变动

资产负债表日,交易性金融资产的公允价值高于其账面余额的差额,借记"交易性金融资产"科目(公允价值变动),贷记"公允价值变动损益"科目;公允价值低于其账面余额的差额做相反的会计分录。

借:交易性金融资产——公允价值变动

　贷:公允价值变动损益

(四) 出售交易性金融资产

出售交易性金融资产时,应按实际收到的金额,借记"存放中央银行款项"等科目,按该金融资产的账面余额,贷记"交易性金融资产"科目,按其差额,贷记或借记"投资收益"科目。同时,将原计入该金融资产的公允价值变动转出,借记或贷记"公允价值变动损益"科目,贷记或借记"投资收益"科目。

借:存放中央银行款项

　贷:交易性金融资产(成本)

　　(或借)交易性金融资产——公允价值变动

　　(或借)投资收益

结转公允价值变动损益分录为:

借:公允价值变动损益

　贷:投资收益

或(损失时):

借:投资收益

　贷:公允价值变动损益

第三节　可供出售金融资产的核算

一、会计科目设置

银行设置"可供出售金融资产"科目,核算持有的可供出售金融资产的价值,包括可供出售的股票投资、债券投资等金融资产。银行接受委托采用全额承销方式承销的股票和债券等有价证券属于可供出售金融资产的,在本科目核算。

可供出售金融资产发生减值的,应在本科目设置"减值准备"明细科目进行核算,也可以单独设置"可供出售金融资产减值准备"科目进行核算。

本科目应当按照可供出售金融资产类别或品种进行明细核算。期末借方余额,反映企业可供出售金融资产的公允价值。

二、可供出售金融资产的会计核算

(一) 取得可供出售金融资产

银行取得可供出售金融资产时,应按可供出售金融资产的公允价值与交易费用之和,借记"可供出售金融资产"科目(成本),贷记"存放中央银行款项"科目;已宣告但未实际发放的现金股利或已到期但尚未领取的利息,记入应收股利或利息。

借:可供出售金融资产

　应收股利(或利息)

　贷:存放中央银行款项

对于债券资产,如果面值与实际支付额有差异,将差额借记或贷记"可供出售金融资产——利息调整"科目。

(二) 股利或利息的核算

在持有可供出售金融资产期间收到被投资单位宣告发放的债券利息或现金股利,应冲减应收股利和应收利息。

借:存放中央银行款项

　贷:应收股利或利息

如果是取得可供出售金融资产后获得股利或利息,持有期间未发生减值,则通过"投资收益账户"科目核算。分期付息和一次还本付息的债券处理略有不同。分期付息时,在资产负债表日按照票面利率计算应收未收利息,记入"应收利息";按照可供出售债券摊余成本和实际利率确定的利息收入,记入"投资收益",差额通过利息调整核算:

借:应收利息

　贷:投资收益

　　(或借)可供出售金融资产——利息调整

实际收到利息,再冲减应收。

一次还本付息时,在资产负债表日按照票面利率计算应收未收利息,记入"可供出售金融资产——应计利息";按照可供出售债券摊余成本和实际利率确定的利息收入,记入"投资收益",差额通过利息调整核算:

借:可供出售金融资产——应计利息

　贷:投资收益

　　(或借)可供出售金融资产——利息调整

(三) 公允价值发生变动的核算

资产负债表日,可供出售金融资产的公允价值高于其账面余额的差额,借记"可供出售金融资产"科目,贷记"资本公积——其他资本公积"科目;会计分录为:

借:可供出售金融资产——公允价值变动

　贷:资本公积——其他资本公积

公允价值低于其账面余额的差额,做相反的会计分录。

(四) 发生减值的核算

根据金融工具确认和计量准则确定可供出售金融资产发生减值的,按应减记的金额,借记"资产减值损失"科目,贷记"可供出售金融资产"科目(减值准备)。同时,按应从所有者权益中转出的累计损失,借记"资产减值损失"科目,贷记"资本公积——其他资本公积"科目。

借:资产减值损失

　贷:资本公积——其他资本公积

　　可供出售金融资产——公允价值变动(差额)

已确认减值损失的可供出售债务工具在随后的会计期间公允价值上升的,应在原已计提的减值准备金额内,按恢复增加的金额,借记可供出售金融资产,贷记"资产减值损失"科目。已确认减值损失的可供出售权益工具在随后的会计期间公允价值上升的,应在原已计提的减值准备金额内,按恢复增加的金额,借记"可供出售金融资产"科目,贷记"资本公积——其他资本公积"科目。

(五) 出售可供出售金融资产的核算

出售可供出售金融资产时,应按实际收到的金额,借记"存放中央银行款项"科目,按可供出售金融资产的账面余额,贷记"可供出售金融资产"科目,按其差额,贷记或借记"投资收益"科目。按原记入"资本公积——其他资本公积"科目的金额,借记或贷记"资本公积——其他资本公积"科目,贷记或借记"投资收益"科目。

第四节　持有至到期投资的核算

一、会计科目设置

(一) "持有至到期投资"科目

本科目核算企业持有至到期投资的价值。本科目应当按照持有至到期投资的类别和品种,分别"投资成本"、"溢折价"、"应计利息"进行明细核算。期末借方余额,反映企业持有至到期投资的摊余成本。

(二) "持有至到期投资减值准备"科目

本科目核算企业持有至到期投资的减值准备,可按持有至到期投资类别和品种进行明细核算。本科目期末贷方余额,反映企业已计提但尚未转销的持有至到期投资减值准备。

二、持有至到期投资的会计核算

(一) 取得持有至到期投资

银行取得持有至到期投资,应按取得该投资的公允价值与交易费用之和,借记"持有至到期投资"科目,贷记 "存放中央银行款项"等科目。

借:持有至到期投资

　贷:存放中央银行款项

（二）利息的核算

购入的分期付息、到期还本的持有至到期投资，已到付息期按面值和票面利率计算确定的应收未收的利息，借记“应收利息”科目，按摊余成本和实际利率计算确定的利息收入的金额，贷记“投资收益”科目，按其差额借记或贷记利息调整。

借：应收利息

　贷：投资收益

　　（或借）持有至到期投资——利息调整

实际收到利息时

借：存放中央银行款项

　贷：应收利息

到期一次还本付息的债券等持有至到期投资，在持有期间内按摊余成本和实际利率计算确定的利息收入的金额，借记“持有至到期投资”（应计利息）科目，贷记“投资收益”科目，差额记入利息调整。

借：持有至到期投资——应计利息

　贷：投资收益

　　（或借）持有至到期投资——利息调整

（三）出售持有至到期投资

出售持有至到期投资时，按收到的金额，借记“存放中央银行款项”科目，已计提减值准备的，贷记“持有至到期投资减值准备”科目，按其账面余额，贷记“持有至到期投资”科目，按其差额，贷记或借记“投资收益”科目。

借：存放中央银行款项（实际收到金额）

　贷：持有至到期投资（成本）

　　（或借）投资收益

（四）投资减值的核算

资产负债表日，持有至到期投资发生减值的，按应减记的金额，借记“资产减值损失”科目，贷记“持有至到期投资减值准备”科目。

借：资产减值损失

　贷：持有至到期投资减值准备

已计提减值准备的持有至到期投资价值以后又得以恢复，应在原已计提的减值准备金额内，按恢复增加的金额，借记“持有至到期投资减值准备”科目，贷记“资产减值损失”科目。

借：持有至到期投资减值准备

　贷：资产减值损失

本章小结

投资是银行为了获得资金的最佳使用效益，直接或间接将资产让渡给其他单位所获得的另一项资产的行为。要对投资业务进行准确核算和在报表中加以披露，必须要对投资业务进行正确的分类。新会计准则改变了传统的长、短期投资分类方法，根据交易目的将其分为交易性金融资产、可供出售金融资产及持有至到期投资，有助于更清晰界定不同资产类型的投资和收益。本章所讨论的投资业务会计核算即是对按照新会计准则的投资分类进行的会计核算。

关键术语

投资　交易性金融资产　可供出售金融资产　持有至到期投资

思考练习题

1. 投资业务如何分类？有什么不同之处？

2. 银行为何需要计提持有至到期投资减值准备？

3. 交易性金融资产的核算练习：

资料:交通银行某分行 2013 年 1 月 1 日以 10.7 万元的价格购入某企业 2012 年 1 月 1 日的 3 年期债券,票面金额 10 万元,利息按年支付,到期收回本金,年利率 5%,支付相关税费 1 000元。该行购入债券的目的是用于交易需要,购入时上年利息尚未支付,于 2013 年 3 月 5 日收到支付的上年度利息。2013 年 12 月 31 日,该债券公允价值为 10.8 万元。2014 年 3 月 1 日,以 10.9 万元的价格出售该债券。

要求:根据所给资料编制相关债券业务的会计分录。

4. 可供出售金融资产的核算练习：

资料:华夏银行某分行于 2013 年 1 月购入乙公司发行在外的股票 2 万股作为可供出售金额资产,每股支付价款 10 元,另支付相关费用 5 000 元。2013 年 12 月 31 日,这部分股票的公允价值为 21 万元。

要求:编制相关股票购买业务的会计分录。

5. 持有至到期投资的核算练习：

资料:民生银行某分行于 2013 年 1 月 1 日以 1 200 万元的价格购进当日发行的面值为 1 100万元的公司债券。其中债券的买价为 1 190 万元,相关税费为 10 万元,准备持有至到期。该公司债券票面利率为 6%,期限为 3 年,一次还本付息。2013 年 12 月 31 日,该债券发生减值,每张债券价值 1 000 元。2014 年 1 月 5 日该行以 1 150 万价格出售该债券。

要求:根据所给资料编制相关债券业务的会计分录。

第六章　固定资产、无形资产及其他资产的核算

本章要点

1. 固定资产的确认、分类
2. 固定资产的取得、折旧、减值
3. 取得无形资产的核算

第一节　固定资产概述

商业银行要从事业务经营，就必须具备一定的物质条件，如办公和生活用房、办公设备、机器及交通工具等。这些财产物资在使用过程中，价值逐渐消耗并转移到经营成本中，但其物质形态始终保存不变直至报废。对固定资产的管理，一般是由会计部门和行政部门分工负责。会计部门负责固定资产的账务记载和反映，行政部门则负责固定资产实物的管理。两个部门必须密切配合，确保固定资产的安全、完整。

一、固定资产的概念及确认条件

(一) 固定资产的概念

固定资产是指同时具有下列两个特征的有形资产：

(1) 为生产商品、提供劳务、出租或经营管理而持有；

(2) 使用寿命超过一个会计期间。

(二) 固定资产的确认

符合固定资产定义，同时满足下列条件的，才能确认为固定资产：

1. 该固定资产包含的经济利益很可能流入企业

主要通过判断与该固定资产所有权相关的风险和报酬是否转移到了银行来确定。其中，与固定资产所有权相关的风险是指由于经营情况发生变化造成的相关收益的变动，以及由于资产闲置、技术陈旧等原因造成的损失；与固定资产所有权相关的报酬是指在固定资产使用寿命内直接使用该资产获得的收入，以及处置该资产实现的利得等。

2. 该固定资产的成本能够可靠计量

如果银行能够合理估计固定资产的成本，则视同固定资产成本能够可靠计量。

二、固定资产的分类

固定资产根据不同的管理需要和不同的分类标准可以采取不同的分类方法。

(一) 按经济用途分类

1. 经营用固定资产

经营用固定资产是指直接服务于银行生产经营过程的各种固定资产,如生产经营用的房屋、建筑物、机器、设备等。

2. 非经营用固定资产

非经营用固定资产是指不直接服务于生产经营过程的各种固定资产,如职工宿舍、食堂、浴室等使用的房屋、设备。

(二) 按使用情况分类

1. 使用中固定资产

使用中固定资产指正在使用过程中的经营性或非经营用固定资产。由于季节性经营或大修理等原因而暂停使用的固定资产、出租给其他单位使用的固定资产以及内部替换使用的固定资产也属于使用中固定资产。

2. 未使用固定资产

未使用固定资产指已完工或已构建的尚未交付使用的新增固定资产以及因改建、扩建等原因暂停使用的固定资产。

3. 不需要固定资产

不需要固定资产指本行多余或不适用,需要调配处理的固定资产。

(三) 按所有权分类

1. 自有固定资产

自有固定资产指属于银行的财产,可以自由支配、使用而不需支付租金的固定资产。

2. 租入固定资产

租入固定资产指融资租入固定资产。融资租赁指实质上转移了与资产所有权有关的全部风险和报酬的租赁,其所有权最终可能转移,也可能不转移。银行采用融资租赁方式租入的固定资产,虽然在法律形式上资产的所有权在租赁期内仍然属于出租人,但由于资产的租赁期基本上包括了资产的有效使用年限,与资产所有权有关的全部风险和报酬实质上已转入银行,因此银行应将融资租入资产作为一项固定资产入账,同时确认相应的负债,并采用与自有应折旧资产相一致的折旧政策计提折旧。

与融资租赁相对应的是经营租赁,在经营租赁下,与租赁资产所有权有关的风险和报酬并没有实质上转移给承租人,承租人不承担租赁资产的主要风险。

第二节　固定资产的核算

一、固定资产的计价

银行固定资产应当按照成本计量。取得固定资产时,应按取得时的成本入账。固定资产取得时的成本应当根据具体情况分别确定。

(一) 外购的固定资产

外购固定资产成本包括购买价款，相关税费，使固定资产达到预定可使用状态前所发生的可归属于该项资产的运输费、装卸费、安装费和专业人员服务费等。以一笔款项购入多项没有单独标价的固定资产，应当按照各项固定资产公允价值比例对总成本进行分配，分别确定各项固定资产的成本。

1. 购入不需安装的固定资产

购入不需安装的固定资产，以购入固定资产实际支付的价款作为原始价值入账，其会计分录为：

借:固定资产

　贷:银行存款

2. 购入需要安装的固定资产

购入需要安装的固定资产，应先将购入、安装及构建中发生的费用记入“在建工程”，其会计分录为：

借:在建工程

　贷:银行存款

安装或建造完毕交付使用时的会计分录为：

借:固定资产

　贷:在建工程

【例 6-1】2014 年 3 月 11 日，甲银行购入一台需要安装的机器设备，取得的增值税专用发票上注明的设备价款为 350 000 元，增值税进项税额 59 500 元，支付的运输费为 1 800 元；安装设备时支付本行安装人员工资 5 100 元。不考虑其他费用，则甲银行的账务处理如下：

(1) 支付设备价款、增值税、运输费合计为 411 300 元：

借:在建工程　　411 300

　贷:银行存款　　411 300

(2) 支付安装人员工资 5 100 元：

借:在建工程　　5 100

　贷:应付职工薪酬　　5 100

(3) 设备安装完毕达到预定可使用状态：

借:固定资产　　416 400

　贷:在建工程　　416 400

(二)自行建造的固定资产

自行建造固定资产的成本由建造该项固定资产达到预定可使用状态前所发生的必要支出构成，包括工程用物资成本、人工成本、交纳的相关税费、应予资本化的借款费用以及应分摊的间接费用等。

(1) 自行建造工程的，按购入工程物资的实际支出入账，其会计分录为：

借:工程物资

　贷:银行存款

(2) 领用工程物资的会计分录：

借:在建工程

贷:工程物资

(3) 发生相关费用,按实际发生额入账,会计分录为:

借:在建工程

贷:银行存款

(4) 工程完工交付使用,会计分录为:

借:固定资产

贷:在建工程

(三) 收到投资者作为投入资金投入的固定资产

收到投资者作为投入资金投入的固定资产,应当按照投资合同或协议约定的价值确定,但合同或协议约定价值不公允的除外。

借:固定资产

贷:实收资本(或股本)

(四) 融资租入的固定资产

融资租入的固定资产,按租赁开始日租赁资产公允价值与最低租赁付款额现值两者中较低者,加上在租赁谈判和签订租赁合同过程中发生的、可直接归属于租赁项目的手续费、律师费、差旅费、印花税等初始直接费用作为租入资产的入账价值。

借:固定资产(租赁资产原账面价值与最低租赁付款额的现值两者中较低者)

未确认融资费用

贷:长期应付款(最低租赁付款额)

(五) 盘盈的固定资产

盘盈的固定资产,作为前期差错处理,在按照管理权限报经批准处理前,应先通过"以前年度损益调整"科目核算。

二、固定资产的折旧

(一) 折旧概述

折旧,是指在固定资产使用寿命内,按照确定的方法对应计折旧额进行的系统分摊。

使用寿命,是指银行使用固定资产的预计期间,或者该固定资产所能生产产品或提供劳务的数量。

应计折旧额,是指固定资产的原价扣除其预计净残值后的金额。已计提减值准备的固定资产,还应当扣除已计提的固定资产减值准备累计金额。

预计净残值,是指假定固定资产预计使用寿命已满并处于使用寿命终了时的预期状态,银行目前从该项资产处置中获得的扣除预计处置费用后的金额。

银行应当根据固定资产的性质和使用情况,合理地确定固定资产的预计使用年限和预计净残值。固定资产的使用寿命、预计净残值一经确定,不得随意变更。

银行一般应按月提取折旧,当月增加的固定资产,当月不提折旧,从下月起计提折旧;当月减少的固定资产,当月照提折旧,从下月起不提折旧。固定资产提足折旧后,不论能否继续使用,均不再提取折旧;提前报废的固定资产,也不再补提折旧。所谓提足折旧,是指已经提足该项固定资产应提的折旧总额。

银行计提的固定资产折旧，应记入“业务及管理费”科目。

（二）折旧范围

1. 应当计提折旧的固定资产

应当计提折旧的固定资产包括：房屋和建筑物；各类设备；大修理停用的固定资产；融资租入和以经营租赁方式租出的固定资产。

2. 不计提折旧的固定资产

不计提折旧的固定资产包括：以经营租赁方式租入的固定资产；已提足折旧继续使用的固定资产；按规定单独估价作为固定资产入账的土地。

已达到预定可使用状态但尚未办理竣工决算的固定资产，应当按照估计价值确定其成本，并计提折旧；待办理竣工决算后，再按照实际成本调整原来的暂估价值，但不需要调整原已计提的折旧额。

融资租入的固定资产，应当采用与自有应计提折旧资产相一致的折旧政策。能够合理确定租赁期届满时将会取得租赁资产所有权的，应当在租赁资产尚可使用年限内计提折旧；无法合理确定租赁期届满时能否取得租赁资产所有权的，应当在租赁期与租赁资产尚可使用年限两者中较短的期间内计提折旧。

处于更新改造过程中停止使用的固定资产，应将其账面价值转入在建工程，不再计提折旧。更新改造项目达到预定可使用状态转为固定资产后，再按照重新确定的折旧方法和该项固定资产尚可使用年限计提折旧。

因进行大修理而停用的固定资产，应当照旧提折旧。

（三）折旧方法

固定资产折旧方法有年限平均法、工作量法、双倍余额递减法和年数总和法。银行应当根据各项固定资产所包含的经济利益预期实现方式，合理选择该项固定资产的折旧方法。固定资产的折旧方法一经确定，不得随意变更。

1. 年限平均法

年限平均法又称直线法，是将固定资产的价值在使用期内平均分摊到各期的一种折旧方法，采用该种方法计算的每期折旧额均相等。使用该方法首先要确定固定资产的使用年限和预计净残值率，其计算公式如下：

年折旧率＝(1－预计残值率)÷预计使用年限×100%

年折旧额＝年折旧率×固定资产原值

或：　年折旧额＝(固定资产原值－净残值)÷预计使用年限

月折旧率＝年折旧率÷12

月折旧额＝年折旧额÷12

【例6-2】某银行某项固定资产原值20 000元，预计净残值率4%，预计使用年限为5年。采用年限平均法计算该项固定资产的折旧：

年折旧率＝(1－4%)÷5×100%＝19.20%

年折旧额＝20 000×19.20%＝3 840(元)

月折旧额＝3 840÷12＝320(元)

会计分录：

借：业务及管理费　　320

　贷：累计折旧　　320

采用年限平均法计算固定资产折旧比较简单，但该方法没有考虑到固定资产在使用过程中工作效率下降、使用各期负荷程度的不同等因素，因此存在一定的局限性。

2. 工作量法

工作量法是根据实际工作量提取每期折旧额的一种方法。计算公式为：

某一工作量折旧额＝固定资产原值×(1－预计残值率)÷预计总工作量

按月计提折旧额时，用当月某项固定资产的当月工作量乘以每一工作量折旧额。

【例 6－3】 某银行有辆小汽车原值 200 000 元，预计净残值 10 000 元，预计总行驶里程 100 万公里，某期实际行驶里程 10 000 公里。

单位里程折旧额＝(200 000－10 000)÷1 000 000＝0.19(元/公里)

该期应计提折旧额＝10 000×0.19＝1 900(元)

3. 双倍余额递减法

双倍余额递减法计算的折旧率是在不考虑固定资产残值的情况下的双倍直线折旧率。每期计提折旧，是按期初固定资产的账面净值和折旧率计算固定资产折旧额。计算公式为：

年折旧率＝2/预计使用年限×100％

由于双倍余额递减法不考虑固定资产的残值收入，因此，应当在固定资产折旧年限到期以前的两年内，将固定资产净值扣除预计净残值后的余额进行平均摊销。

【例 6－4】 沿用例 6－2 的资料，该固定资产采用双倍余额递减法计算折旧：

年折旧率＝2/5×100％＝40％

第一年应提折旧额＝20 000×40％＝8 000(元)

第二年应提折旧额＝(20 000－8 000)×40％＝4 800(元)

第三年应提折旧额＝(20 000－8 000－4 800)×40％＝2 880(元)

第四、五年应提折旧额均＝(20 000－8 000－4 800－2 880－800)÷2

＝1 760(元)

4. 年数总和法

年数总和法是将固定资产原值减去预计净残值后，乘以逐年递减的折旧率计算折旧额的一种方法。逐年递减的折旧率是固定资产预计使用年限减去已使用年限，即尚可使用年数与预计使用年限的年数总和之比。

年折旧率＝尚可使用年数÷预计使用年限的年数总和×100％

年折旧额＝(原值－预计净残值)×年折旧率

【例 6－5】 沿用例 6－2 的资料，该固定资产按年数总和法计提折旧：

第一年折旧率＝5/(5＋4＋3＋2＋1)×100％＝5/15

第二年折旧率＝4/(5＋4＋3＋2＋1)×100％＝4/15

以后三年的折旧率依次＝3/15，2/15，1/15

第一年折旧额＝(20 000－800)×5/15＝6 400(元)

第二年折旧额＝(20 000－800)×4/15＝5 120(元)

以后四年的折旧额依次为：3 840 元、2 560 元、1 280 元。

双倍余额递减法和年数总和法都属于加速折旧法，其特点是在固定资产使用的早期多提折旧，后期少提折旧，使固定资产成本在估计使用寿命内加快得到补偿。

三、固定资产后续支出

固定资产后续支出，是指固定资产在使用过程中发生的更新改造支出、修理费用等。银行的固定资产投入使用后，为了适应技术发展的需要或者为了维护或提高固定资产的使用效能，往往需要对现有固定资产进行维护、改建、扩建或改良。

（一）资本化的后续支出

银行将固定资产进行更新改造的，如符合资本化的条件，应将该固定资产的原价、已计提的累计折旧和减值准备转销，将其账面价值转入在建工程，并停止计提折旧。固定资产发生的可资本化的后续支出，通过“在建工程”科目核算。待更新改造等工程完工并达到预定可使用状态时，再从在建工程转为固定资产，并按重新确定的使用寿命、预计净残值和折旧方法计提折旧。

（二）费用化的后续支出

一般情况下，固定资产投入使用后，由于固定资产磨损、各组成部分耐用程度不同，可能会导致固定资产的局部损坏。费用化支出指固定资产的日常维护支出，只是确保固定资产的正常工作状态，通常不能满足固定资产的确认条件，发生时记入“业务及管理费”，不得采用预提或待摊方式处理。

在具体实务中，对于固定资产发生的下列各项后续支出，通常处理方法为：

(1) 固定资产修理费用，应当直接记入当期费用。

(2) 固定资产改良支出，应当记入固定资产账面价值。

(3) 如果不能区分是固定资产修理还是固定资产改良，或修理与改良结合在一起，则银行应该判断，与固定资产有关的后续支出是否满足固定资产的确认条件；如果满足，则后续支出应当记入固定资产账面价值；否则确认为当期费用。

(4) 固定资产装修费用如果满足固定资产的确认条件，应当记入固定资产账面价值，并在“固定资产”科目下单设“固定资产装修”明细科目进行核算，在两次装修间隔期间与固定资产尚可使用年限两者中较短的期间内单独计提折旧。如果在下次装修时，该“固定资产装修”明细科目仍有账面价值，应将该账面价值一次全部记入当期营业外支出。

(5) 经营租入固定资产发生的改良支出，应通过“长期待摊费用”科目核算，并在剩余租赁期与租赁资产尚可使用年限两者中较短的期间内摊销。

四、固定资产减值

银行应当于期末对固定资产进行检查，如发现存在下列情况，应当计算固定资产的可收回金额，以确定资产是否已经发生减值：

(1) 固定资产市价大幅度下跌，其跌幅大大高于因时间推移或正常使用而预计的下跌，并且预计在近期内不可能恢复；

(2) 银行所处经营环境，如技术、市场、经济或法律环境，或者产品营销市场在当期发生或在近期发生重大变化，并对银行产生负面影响；

(3) 同期市场利率的大幅度提高，进而很可能影响银行计算固定资产可收回金额的折现率，并导致固定资产可收回金额大幅度降低；

(4) 固定资产陈旧过时或发生实体损坏等；

(5) 固定资产预计使用方式发生重大不利变化，如银行计划终止或重组该资产所属的经营业务、提前处置资产等情形，从而对银行产生负面影响；

(6) 其他有可能表明资产已发生减值的情况，如资产经济绩效或创造的净现金流量低于预期。

如果经减值测试，固定资产的可收回金额低于其账面价值，银行应当按可收回金额低于账面价值的差额计提固定资产减值准备，并计入当期损益。会计分录为：

借：资产减值损失

　贷：固定资产减值准备

计提的减值准备作为固定资产的备抵项目，反映于资产负债表中，减少期末资产，从而可以夯实银行资产价值，避免利润虚增，如实反映银行的财务状况和经营成果。

已计提减值准备的固定资产，应当按照该固定资产的账面价值以及尚可使用寿命重新计算确定折旧率和折旧额，以使该固定资产在剩余使用寿命内，系统地分摊调整后的账面价值（扣除预计净残值）。因固定资产减值准备而调整固定资产折旧额时，对此前已计提的累计折旧不作调整。如果有迹象表明以前期间据以计提固定资产减值的各种因素发生变化，使得固定资产的可收回金额大于其账面价值，前期已计提的减值准备不得转回。

五、固定资产的减少

银行出售、转让、报废固定资产或发生固定资产毁损，应当将处置收入扣除账面价值和相关税费后的金额记入当期损益。固定资产的账面价值是指固定资产成本扣减累计折旧和累计减值准备后的金额。固定资产处置一般通过“固定资产清理”科目进行核算。

（一）固定资产转入清理

出售、报废或毁损的固定资产转入清理时，按固定资产账面价值，借记“固定资产清理”科目；按已计提的累计折旧，借记“累计折旧”科目；按已计提的减值准备，借记“固定资产减值准备”科目；按固定资产原价，贷记“固定资产”科目。会计分录为：

借：固定资产清理

　　累计折旧

　　固定资产减值准备

　贷：固定资产

（二）发生的清理费用

固定资产清理过程中发生的相关税费及其他费用，借记“固定资产清理”科目，贷记“银行存款”、“应交税金”等科目。会计分录：

借：固定资产清理

　贷：银行存款

　　或应交税金等

（三）收回残料或出售价款或保险赔偿

收回残料或出售价款、计算或收到应收保险公司或过失人赔偿等损失等，借记“银行存款”、“原材料”、“其他应收款”等科目，贷记“固定资产清理”科目。

(四) 清理净损益

固定资产清理完成,清理净损益转入营业外收支科目。若为清理净损失,借记"营业外支出"科目,贷记"固定资产清理"科目;若为清理净收益,则借记"固定资产清理"科目,贷记"营业外收入"科目。

第三节　无形资产的核算

一、无形资产的概念和确认

(一) 无形资产的概念

无形资产是指企业拥有或者控制的没有实物形态的可辨认非货币性资产,主要包括专利权、非专利技术、商标权、著作权、特许权等。企业自创的商誉,以及未满足无形资产确认条件的其他项目,不能作为企业的无形资产。资产在符合下列条件时,满足无形资产定义中的可辨认性标准:

(1) 能够从企业中分离或者划分出来,并能单独或者与相关合同、资产或负债一起,用于出售、转移、授予许可、租赁或者交换;

(2) 源自合同性权利或其他法定权利,无论这些权利是否可以从企业或其他权利和义务中转移或者分离。

(二) 确认条件

某个项目要确认为无形资产,应符合无形资产的定义,并同时满足以下两个条件:

(1) 与该无形资产有关的经济利益很可能流入企业;

(2) 该无形资产的成本能够可靠地计量。

二、无形资产的取得

银行的无形资产在取得时,应按取得时的实际成本计量。取得时的实际成本应按以下规定确定:

(1) 外购无形资产的成本,包括购买价款、相关税费以及直接归属于使该项资产达到预定用途所发生的其他支出。

借:无形资产

　贷:银行存款等

(2) 投资者投入的无形资产,应当按照投资合同或协议约定的价值作为成本,但在合同或协议约定价值不公允的情况下,应按无形资产的公允价值入账。

借:无形资产

　贷:实收资本(或股本)

(3) 内部开发的无形资产,其成本由可直接归属于该资产的创造、生产并使该资产能够以管理层预定的方式运作的所有必要支出组成。可直接归属成本包括:开发该无形资产时耗费的材料、劳务成本、注册费、在开发该无形资产过程中使用的其他专利权和特许权的摊销,以及按照借款费用的处理原则可资本化的利息支出。

借:无形资产

　贷:银行存款等

在开发无形资产过程中发生的除上述可直接归属于无形资产开发活动的其他间接费用、无形资产达到预定用途前发生的可辨认的无效和初始运作损失、为运行该无形资产发生的培训支出等不构成无形资产的开发成本，发生时直接计入期间费用。

借：业务及管理费

　贷：银行存款等

(4) 银行购入的土地使用权，或以支付土地出让金方式取得的土地使用权，按照取得时支付的价款及相关税费确认为无形资产。土地用于自行开发建造办公用房等地上建筑物时，土地使用权的账面价值不与地上建筑物合并计算其成本，而仍作为无形资产核算。

银行外购房屋建筑物所支付的价款中包括土地使用权以及建筑物的价值的，则应当对实际支付的价款按照合理的方法（例如，公允价值相对比例）在土地使用权和地上建筑物之间进行合理分配；如果确实无法合理分配，应当全部作为固定资产，按照固定资产确认和计量的原则进行处理。

三、无形资产的摊销

无形资产的应摊销金额为其入账价值扣除残值（一般为零）后的金额，已经计提无形资产减值准备的，还应扣除已经提取的减值准备金额。银行一般采用直线法摊销，并将摊销金额记入当期损益。

银行应当于取得无形资产时分析判断其使用寿命。无形资产的使用寿命如为有限的，应当估计寿命年限，在使用寿命内系统合理摊销。会计分录为：

借：业务及管理费

　贷：累计摊销

无法预见无形资产为银行带来未来经济利益的期限的，应当视为使用寿命不确定的无形资产，该类无形资产不予摊销，但应当在每个会计期间进行减值测试，若测试表明已发生减值，则应计提相应减值准备，提取后不允许冲回。会计分录为：

借：资产减值损失

　贷：无形资产减值准备

四、无形资产的减值

银行在资产负债表日应当判断无形资产是否存在发生减值的迹象，若存在，应当进行减值测试，估计无形资产的可收回金额。可收回金额低于账面价值的，应当按照可收回金额低于账面价值的金额，计提减值准备，其他规定与固定资产减值类似。会计分录为：

借：资产减值损失

　贷：无形资产减值准备

五、无形资产的处置

（一）出售

银行出售无形资产，应当将取得的价款与该无形资产账面价值（成本减去累计摊销和已计提的减值准备）的差额，确认为处置非流动资产的利得或损失，记入当期营业外收支。会计分录：

借：银行存款等（实际取得的转让收入）

　无形资产减值准备（已计提的减值准备）

　营业外支出——出售无形资产损失

　贷：无形资产（账面余额）

　　银行存款（支付的相关费用）

　　应交税金（应交的相关税金）

　　营业外收入——出售无形资产收益

（二）报废

如果无形资产预期不能为银行带来经济利益，则应将其报废并转销。会计分录为：

借：累计摊销

　无形资产减值准备

　营业外支出

　贷：无形资产

第四节　其他资产的核算

商业银行的其他资产，包括长期待摊费用、抵债资产、应收席位费等。

一、长期待摊费用

长期待摊费用是指企业已经支出，但摊销期限在1年以上（不含1年）的各项费用，包括开办费、经营租入固定资产的改良支出等。应当由本期负担的借款利息、租金等，不得作为长期待摊费用处理。

长期待摊费用本质上是一种费用，它一经发生就已经消费完毕，是一项虚资产，没有价值，不能转让。但由于这些费用支出数额较大，其效益要延续到将来，若把它们与支出年度的收入相配比，就不能正确计算当期经营成果，所以应把它们作为待摊费用，平均摊销入受益期间。

长期待摊费用应当单独核算，在费用项目的受益期限内分期平均摊销。租入固定资产改良支出应当在租赁期限与租赁资产尚可使用年限两者最短的期限内平均摊销；其他长期待摊费用应当在受益期内平均摊销。

股份有限公司委托其他单位发行股票支付的手续费或佣金等相关费用，减去股票发行冻结期间的利息收入后的余额，从发行股票的溢价中不够抵消的，或者无溢价的，若金额较小的，直接计入当期损益；若金额较大的，可作为长期待摊费用，在不超过2年的期限内平均摊销，计入损益。

除购建固定资产以外，所有筹建期间所发生的费用，先在长期待摊费用中归集，待银行开始经营当月起一次计入开始经营当月的损益。

发生了长期待摊费用，其会计分录为：

借：长期待摊费用

　贷：××科目

摊销长期待摊费用,其会计分录为:

借:业务及管理费——长期待摊费用摊销

　贷:长期待摊费用

如果长期待摊的费用项目不能使以后会计期间受益的,应当将尚未摊销的该项目的摊余价值全部转入当期损益。

二、抵债资产

抵债资产是指银行依法行使债权或担保物权而受偿于债务人、担保人或第三人的实物资产或财产权利。

银行取得抵债资产时,按实际抵债部分的贷款本金和已确认的表内利息作为抵债资产的入账价值。银行为取得抵债资产支付的抵债资产欠缴的税费、垫付的诉讼费用和取得抵债资产支付的相关税费计入抵债资产价值。抵债资产保管过程中发生的费用计入营业外支出;抵债资产未处置前取得的租金等收入计入营业外收入。抵债资产处置时,如果取得的处置收入大于抵债资产账面价值,其差额计入营业外收入;如果取得的处置收入小于抵债资产账面价值,其差额计入营业外支出;处置过程中发生的费用,从处置收入中抵减。

三、应收席位费

应收席位费是指银行向法定交易场所支付的交易席位费用。交易席位费用应当按照实际支付的金额入账,并按10年的期限平均摊销。

本章小结

固定资产是为生产商品、提供劳务、出租或经营管理而持有的,使用寿命超过一个会计期间的资产。取得固定资产时,应按取得时的成本入账。

除已提足折旧继续使用的固定资产和按规定单独估价作为固定资产入账的土地外,银行的固定资产均需计提折旧。折旧是指在固定资产使用寿命内,按照确定的方法对应计折旧额进行的系统分摊。固定资产折旧方法有年限平均法、工作量法、双倍余额递减法和年数总和法。银行应当根据各项固定资产所包含的经济利益预期实现方式,合理选择该项固定资产的折旧方法。固定资产的折旧方法一经确定,不得随意变更。

银行应当于期末对固定资产进行检查,以确定固定资产是否已经发生减值。计提的减值准备作为固定资产的备抵项目,反映于资产负债表中。

银行出售、转让、报废固定资产或发生固定资产毁损,应当将处置收入扣除账面价值和相关税费后的金额记入当期损益。

无形资产是指企业拥有或者控制的没有实物形态的可辨认非货币性资产,主要包括专利权、非专利技术、商标权、著作权、特许权等。无形资产在取得时,应按取得时的实际成本计量。

无形资产应按入账价值扣除残值(一般为零)后的金额分期摊销,已经计提无形资产减值准备的,还应扣除已经提取的减值准备金额。银行一般采用直线法摊销,并将摊销金额记入当期损益。

商业银行的其他资产,包括长期待摊费用、抵债资产、应收席位费等。

关键术语

固定资产　累计折旧　固定资产减值准备　年限平均法　工作量法　双倍余额递减法　年数总和法　无形资产　累计摊销　长期待摊费用

思考练习题

1. 简述固定资产的概念和确认条件。
2. 简述固定资产的折旧范围和折旧方法。
3. 如何对固定资产进行期末计价?
4. 简述固定资产处置的账务处理。
5. 无形资产是如何摊销的?

第七章　存款与金融债券业务的核算

本章要点

1. 存款账户的种类及管理
2. 现金存取业务的核算程序及处理手续
3. 存款利息的计算方法
4. 发行金融债券业务的核算方法

第一节　存款业务概述

一、存款业务的意义

存款业务是银行以信用方式吸收社会各界闲散资金的活动，是银行负债的重要组成部分。存款业务对于银行、政府乃至社会经济的健康发展都具有重要意义。

对于银行而言，吸收存款是其最主要的资金来源。它是银行放款的基础，制约着银行的业务经营规模，关系到银行的生存和发展。正如马克思所指出的："对于银行来说，具有最重要意义的始终是存款。"①

对于社会经济而言，银行的存款业务聚集了大量的社会闲散资金，实现了社会资金的有效融通，提高了资金的使用效率，促进国民经济持续、稳定、协调发展；同时也为存款人提供了安全便捷的服务。

对于政府而言，可以运用货币金融政策，调节存款数量，调节投资和消费比例，调节国民收入再分配，最终实现宏观调控的目标。

二、存款业务的种类

（一）按存款对象分为单位存款和个人存款（储蓄存款）

单位存款是指企业、事业、机关、部队和社会团体等单位在银行办理的人民币及外币存款，包括定期、活期、通知、协定存款及中央银行批准的其他存款。

储蓄存款是指居民个人在银行及储蓄机构办理的人民币及外币存款，包括活期储蓄存款、定活两便、整存整取、零存整取、整存零取、存本取息、教育储蓄及经中央银行批准的其他存款。

---

①　马克思．资本论[M]．第三卷．北京：人民出版社，1975：454.

(二) 按存期不同分为活期存款和定期存款

活期存款是指银行吸收单位和居民个人存入的，不确定存期、可随时取用的存款。

定期存款是指银行吸收单位和居民个人存入的，确定了存期的存款。

(三) 按性质不同分为财政性存款和一般性存款

财政性存款是指各级财政拨入的预算资金或应上缴财政的各项资金以及财政安排的专项资金。此类存款作为中央银行的资金来源，商业银行通常全额上缴，不计付利息。

一般性存款是除财政性存款以外的，可作为银行资金来源加以运用的存款，对这类存款，商业银行须按法定存款准备金率交存中央银行准备金并应计付利息。

(四) 按存款产生的来源分为原始存款和派生存款

原始存款是指商业银行吸收的现金存款及以信用方式从中央银行获得的存款。

派生存款是商业银行体系由于贷款业务而创造出来的存款。

(五) 按币种不同分为人民币存款和外币存款

人民币存款是指银行吸收单位和居民个人以人民币存入的存款。

外币存款是指银行吸收单位和居民个人以外币存入的存款。

三、存款业务的核算要求

存款业务是一项涉及面广、政策性强的业务，银行在核算时必须注意符合以下要求：

(一) 切实维护存款户的合法权益

商业银行吸收存款是资金使用权的暂时让渡，资金所有权并未改变，因此必须做到谁的钱进谁的账，由谁支配。除法律规定外，不得代任何单位、个人查询、冻结、扣划账户资金；对储蓄存款必须贯彻“存款自愿，取款自由，存款有息，为存款人保密”的原则，切实有效地维护存款户的合法权益。

(二) 正确开立和使用会计科目及会计账户

会计科目和账户是银行办理业务和明细核算的工具。银行必须严格执行国家的相关规定，正确设置和使用会计科目，正确地为存款单位和个人开立账户。严禁出租、出借、转让账户，严防冒领、诈骗、挪用，及时清理、注销、取缔非法账户，以便真实、准确、及时地反映存款的增减变化及结果。

(三) 准确及时地进行会计核算，提高服务质量

银行办理存款业务，要做到准确无误，迅速及时，手续简便。要及时登账，准确计息，防止串户，以免影响客户正常使用资金，给存款户带来损失。此外，要防止恶意透支和套取银行信用，认真做好对账工作，保证账实相符，内外账相符。

(四) 充分发挥银行会计反映和监督的职能

银行会计部门不仅要及时、准确、全面地反映存款客户的资金运用情况，还要根据账簿记录以及有关资料，对客户资金运用情况进行必要的监督；对由于经营管理不善造成银行结算不能正常进行，如签发空头支票等情况，应按规定对其处以罚款。对可疑的大额现金的存取要按照《中华人民共和国反洗钱法》的规定，重点监控并及时上报中央银行。

第二节 存款账户的管理

一、存款账户的种类

存款账户是在会计科目下，按存款户或存款种类进行具体分类的名称，是银行办理信贷、结算、现金出纳、储蓄业务，反映存款人经济活动的工具。按存款户性质不同可分为单位存款账户和个人储蓄存款账户。

（一）单位存款账户

根据银行账户管理办法规定，单位存款账户按用途可分为四类，各单位可根据经营活动和资金流动需要，申请开立。

1. 基本存款账户

基本存款账户是存款人办理日常转账和现金收付的账户。存款人的工资、奖金、零星开支等现金的支取以及结算业务中资金的收付，只能通过该账户办理。凡符合开户条件的单位均可按规定在当地一家银行的一个营业机构开立一个基本存款账户。

2. 一般存款账户

一般存款账户是存款人在基本账户外，为满足和适应向多家银行借款的需要，在其他借款银行的营业机构开立的存款账户。存款人可通过本账户办理转账结算和现金缴存，但不能办理现金支取。

3. 临时存款账户

临时存款账户是存款人因临时经营活动需要而开立的账户。存款人可通过本账户办理转账结算和根据国家现金管理规定办理少量现金收付。

4. 专用存款账户

专用存款账户是存款人因特殊业务需要而开立的限定了资金来源和用途的账户。该账户专门办理特定用途资金的收与付。

（二）个人储蓄存款账户

个人储蓄存款账户可分为活期储蓄存款户和定期储蓄存款户。活期储蓄存款户又分为存折户和支票户两种形式，定期储蓄存款户又包括整存整取、零存整取、整存零取、存本取息、教育储蓄等多种类型。商业银行应根据客户申请为储户开立账户，并根据存款期限长短、存款种类设置明细账户加以核算，保护银行和存款人的合法权益。

二、存款账户的开立

（一）单位存款账户的开立

1. 基本存款账户的开立

下列存款人可以申请开立基本存款账户：企业法人；企业法人内部独立核算单位；实行财政预算管理的行政机关、事业单位；县团级（含团级）以上军队、武警部队及分散执勤的支（分）队；外国驻华机构；社会团体、民办非企业组织；异地常设机构；个体工商户；居委会、村委会、社区委员会；其他组织。

开立基本存款账户时，存款单位须填写开户申请书，向开户银行提出开户申请，同时出具工商行政管理机关核发的“企业法人执照”或“营业执照正本”，有关部门的开户证明、批文、承包协议、居民身份证和户口簿等有效法律证明文件之一。

2. 一般存款账户的开立

下列情况下，存款人可以申请开立一般存款账户：在基本存款账户以外的银行取得借款的；与基本存款账户的存款人不在同一地点的附属非独立核算单位。

存款人开立一般存款账户时应提出开户申请，同时提供借款合同或同意其附属非独立核算单位开户的证明。

3. 临时存款账户的开立

下列情况下，存款人可以申请开立临时存款账户：外地设立临时机构；外地临时经营活动需要；注册验资。

存款人开立临时存款账户时应提出开户申请，同时提供当地工商行政管理机关核发的临时执照或当地有权部门同意设立外来临时机构的批文。

4. 专用存款账户的开立

下列资金，存款人可以申请开立专用存款账户：基本建设资金；更新改造资金；财政预算外资金；粮棉油收购资金；证券交易结算资金；期货交易保证金；信托基金；金融机构存放同业资金；政策性房地产开发资金；单位银行卡备用金；住房基金；社会保障基金；收入汇缴资金和业务支出资金；党团工会设在单位的组织机构经费；其他需要专项管理和使用的资金。

存款人申请开立专用存款账户时，应提供经有权部门批准立项的文件或国家有关的文件规定。

(二) 个人储蓄存款账户的开立

个人储蓄存款账户的开立应由储户提出申请，同时提供有效身份证件，以真实姓名为储户开立，并根据存款期限长短、存款类型设置明细核算账户。

三、对存款账户的管理

中国人民银行负责监督、检查银行存款账户的开立和使用，对其实施监控和管理，对存款人、商业银行违反结算账户管理规定的行为予以处罚，负责存款账户开立登记证的管理。

商业银行负责所属营业机构存款账户开立和使用的管理，纠正违法行为，明确专人负责存款账户的开立、使用、撤销，建立银行存款账户管理档案，对已开立的单位存款账户实行年检制度。

银行机构为单位存款人开立存款账户，应与存款人签订结算账户管理协议，明确双方的权利与义务，保管好存款人预留的签章卡片及开户证明文件。开户实行双向选择，存款人可以自主选择银行，银行也可以自愿选择存款人，任何单位和个人不得干预存款账户的开立与使用。实行开户许可证制度和开户申报制度，存款人开立基本存款账户，应提交由中国人民银行当地分支机构核发的开户许可证，银行对存款人开立或撤销账户，必须向当地人民银行分支机构申报；存款人应保证账户内有足够资金以备支付，存款人账户只能办理本身的业务活动，不允许出租和转让他人，否则银行可按规定处以罚款。

第三节　单位存款业务的核算

单位存款是指存款人以企业、事业、机关、部队和社会团体或其他组织的名义在银行开立存款户而存入的款项。按存款期限长短可分为单位活期存款和单位定期存款。商业银行为核算此项业务，通常设置和使用以下会计科目：

(1)“活期存款”，属负债类科目，用以核算各类单位存入的活期存款。银行收到单位存入的活期存款时，贷记本科目；支取款项时，借记本科目，余额在贷方。本科目按存款种类和存款单位明细核算。

(2)“定期存款”，属负债类科目，用以核算各类单位存入的定期存款。银行收到单位存入的定期存款时，贷记本科目；支取款项时，借记本科目，余额在贷方。本科目按存款种类和存款单位明细核算。

(3)“利息支出”，属损益类科目，用以核算银行在吸收存款、发行金融债券等业务中，按国家规定的适用利率向债权人支付的利息。银行计提应付利息时，借记本科目，贷记“应付利息”、“活期存款”、“活期储蓄存款”等科目，期末结转利润时，借记“本年利润”，贷记本科目，结转后无余额。本科目按利息支出项目进行明细核算。

(4)“应付利息”，属负债类科目，用以核算银行吸收存款或发生借款的当期应付而未付的利息。银行计算利息时，借记“利息支出”，贷记本科目；实际支付利息时，借记本科目，贷记“活期存款”、“定期存款”等科目；余额在贷方。本科目按存款种类明细核算。

一、单位活期存款业务的核算

单位活期存款有现金存取和转账存取两种方式，其中，转账存取业务将在第八章支付结算业务的核算中讲解，本节只介绍现金存取业务的核算方法。单位活期存款按存取凭证不同又可分为支票户、存折户。

(一) 支票户存取现金的核算

1. 支票户存入现金

由存款人填制一式两联现金缴款单(见表 7－1)，连同现金一并送交开户银行出纳部门。银行出纳经审单、点收现金，登记现金收入日记账并复核签章后，将第一联加盖“现金收讫”章后作为回单退交存款人，第二联送会计部门代现金收入传票、登记单位存款分账户。会计分录如下：

借：现金

　贷：活期存款——××单位

2. 支票户支取现金

由存款人签发现金支票，并在支票上加盖单位预留印鉴、取款人背书后送交银行会计部门。会计接到支票后，重点审查大小写金额是否相符，是否超过付款期，预留印鉴是否相符，出票人账户是否有足够资金，是否背书等，审核无误后，将对号单交取款人，凭此到出纳部门取款。会计以支票代现金付出传票登记分户账，会计分录如下：

借：活期存款——××单位

贷:现金

然后将支票签章交予复核,经复核人员复核无误签章,再交予出纳,出纳据支票登记现金付出日记账,据对号单支付现金,最后将现金支票送回会计部门。

表 7-1　现金缴款单

现金缴款单(收入凭证)

年　月　日

<table>
<tr><td colspan="11"></td><td colspan="11">总　　字第　　号
现金日记账　　号</td></tr>
<tr><td colspan="2">款项来源</td><td colspan="6"></td><td colspan="2">全称</td><td colspan="12"></td></tr>
<tr><td colspan="2">缴款部门</td><td colspan="6"></td><td colspan="2">账号</td><td colspan="12"></td></tr>
<tr><td colspan="2" rowspan="2">人民币
(大写)</td><td colspan="9" rowspan="2"></td><td>亿</td><td>千</td><td>百</td><td>十</td><td>万</td><td>千</td><td>百</td><td>十</td><td>元</td><td>角</td><td>分</td></tr>
<tr><td></td><td></td><td></td><td></td><td></td><td></td><td></td><td></td><td></td><td></td><td></td></tr>
<tr><td>票面</td><td>张数</td><td>票面</td><td>张数</td><td>种类</td><td>百</td><td>十</td><td>元</td><td>角</td><td>分</td><td colspan="6" rowspan="5">(收款银行
盖 章)</td><td colspan="6" rowspan="5">会计分录:
(贷)
对方
科目(借)
会计　记账
复核　出纳</td></tr>
<tr><td>百元</td><td></td><td>五元</td><td></td><td>角票</td><td></td><td></td><td></td><td></td><td></td></tr>
<tr><td>五十</td><td></td><td>二元</td><td></td><td>分币</td><td></td><td></td><td></td><td></td><td></td></tr>
<tr><td>二十</td><td></td><td>一元</td><td></td><td>封包</td><td></td><td></td><td></td><td></td><td></td></tr>
<tr><td>十元</td><td></td><td></td><td></td><td></td><td></td><td></td><td></td><td></td><td></td></tr>
</table>

(二) 存折户存取现金的核算

1. 存折户存入现金的处理

存款户在第一次存入现金开立账户时,应将存入金额和款项来源等要素填入存款凭条,加盖预留印鉴连同现金交银行出纳部门。银行出纳审核无误,收妥款项并根据存款凭条登记现金收入日记簿后,转送会计部门。会计部门对存款凭条审查无误后,开立存折,编制账号,并加盖银行业务章后交给存款单位。以存款凭条代现金收入传票登记单位存款账。其会计分录为:

借:现金

贷:活期存款——××单位

以后续存时,须带存折来行办理,其余手续与开户时相同。

2. 存折户支取现金的处理

存折户向其开户银行支取现金时,应将支取金额和款项用途填入取款凭条,加盖预留银行印鉴,连同存折一并交银行会计部门。会计部门应按照规定审查存折和凭条,经审核无误后,将对号单或铜牌交取款人,然后以取款凭条代现金付出传票,登记单位存款账和存折。其会计分录为:

借:活期存款——××单位

贷:现金

经复核无误后,将取款凭条连同存折送出纳部门,凭以登记现金付出日记簿并叫号付款,然后由出纳将存折和现金交给取款单位。

二、单位定期存款业务的核算

单位定期存款指单位一次存入、约定存期、到期支取本息的存款。单位按规定提留暂时不用的资金及地方财政节余款项等，均可办理定期存款。单位定期存款起存金额1万元，多存不限。不得提前支取，不得直接提现。按照2005年5月27日公布的《中国人民银行关于人民币存贷款计结息问题的通知》规定，单位定期存款目前有3个月、6个月、1年、2年、3年、5年六种存期档次，单位可自行选择。

(一) 单位定期存款存入的核算

单位办理定期存款时，应按存款金额签发转账支票交开户银行。开户银行严格审查无误后，会计部门以转账支票代转账借方传票登记活期存款分户账，同时填写一式三联单位定期存单，经复核，第一联作转账贷方传票，第三联作定期存款卡片账，第二联加盖业务公章、经办人员名章交存款人作为存款凭据。会计分录如下：

借：活期存款——××单位

　贷：定期存款——××单位

(二) 单位定期存款支取的核算

单位支取定期存款时，持到期并加盖了银行预留印鉴的存单交银行。银行抽出卡片账与存单核对，户名、金额、预留印鉴等要素核对正确无误后，计算应付利息，填制利息清单并在存单上盖“结清”戳记，以其代定期存款转账借方传票，另编两联特种转账贷方传票，一联作贷方传票，一联作收账通知，办理转账及销户。会计分录如下：

借：定期存款——××单位

　利息支出——定期存款利息支出

　贷：活期存款——××单位

三、单位存款利息的计算及处理

(一) 存款利息计算的一般规定

1. 计息时间的规定

单位活期存款每日计息，按季结息，每季末月20日为结息日，计息时间从上季末月21日起至本季末月20日止。计息天数“算头不算尾”，即从存入日算至支取日前一天为止。单位定期存款的存期按对年、对月、对日计算，对年按360天计算，对月按30天计算，零头天数按实际天数计算。

2. 本金的规定

存款本金按存入款项金额计算，以元为单位，元以下不计息。利息计算保留到分位，分位以下四舍五入。

3. 利息计算的基本公式

利息＝本金(存款金额)×存期×利率

4. 利率的规定

我国现行人民币存款利率由国务院授权中国人民银行制定与公布，各金融机构遵照执行。日利率以‱表示，月利率以‰表示，年利率以%表示。它们之间的换算是年利率除以12为月利率，年利率除以360为日利率。存期以天数计算时，用日利率；存期以月计算时，用月利率；存期以年计算时，用年利率。

(二)单位活期存款利息的计算

由于活期存款存取频繁,本金经常变动,不便于逐笔计算利息,所以采用定期计息的方式。一般采用积数法计息,目前有运用计息余额表计算积数和在账页上计算积数两种办法。计息公式为:

利息=计息积数×日利率

计息积数=存款余额×日数(计息积数即每日存款余额的累加)

1. 余额表计息法

采用此法计息,银行会计部门于每日营业终了时,将各计息分户账的余额抄列在计息余额表(见表7-2)内,如果某账户当日余额当天未发生变化或遇节假日应照抄上一天的余额,余额表上逐日余额相加之和即为累计积数。如发生记账差错,除了更正错账外,也要调整积数。在结息日当天,将余额表上的各户余额,从上季度结息日(20日)后第一天起,加总至本季度结息日止,得出累计计息积数乘以日利率,即可得出各户本季应付利息额。该方法适用于存款余额变动频繁的单位存款账户。

表7-2 计息余额表

××银行计息余额表

年 月 共 页

科目名称: 利率:0.35% 第 页

余额 / 账号 / 户名 / 日期	221001 ××公司	221002 ××公司	221003 ××宾馆
至上月底累计积数	10 353 000		
1			
2			
3			
⋮			
⋮			
10天小计	2 936 800		
11			
⋮			
⋮			
20天小计	6 584 000		
21			
⋮			
⋮			
本月合计			
应加积数	50 000		
应减积数			
本期累计应计息积数	16 987 000		
利息	165.15		

会计: 复核: 记账:

利息＝16 987 000×0.35％÷360＝165.15(元)

2. 账页计息法

账页计息法也叫乙种账计息法，当发生存取款业务时，按上次最后存款余额乘以该余额实存天数计算出积数并记入“积数栏”，实存天数按“算头不算尾”原则处理。如更换账页应将累计积数过入新账页第一行内。到结息日，先算出截至当日的日数和积数，再加总本计息期的积数总和，乘以适用利率即可算出应付利息。该方法适用于存款余额变动不多的存款户（见表 7－3）。

表 7－3 活期存款户

活期存款分户账

账号： 户名： 利率：0.35％

××年		摘 要	借 方	贷 方	借或贷	余 额	日数	积 数
月	日							
3	1	承前页			贷	35 000	70 6	6 850 000 210 000
3	7	转账收入		200 000	贷	235 000	3	705 000
3	10	转账支付	100 000		贷	135 000	5	675 000
3	15	现金收入		800	贷	135 800	5	679 000
3	21	结息转存		85.66	贷	135 885.66		9 119 000

利息＝9 119 000×0.35％÷360＝85.66（元）

(三) 单位定期存款利息的计算

单位定期存款因本金较为固定，一般采取逐笔计息(利随本清)的方法。存期内如遇利率调整按原定利率计算利息。逾期支取，应分段计算利息，原定期限内的利息按约定利率计算利息，逾期部分按支取日挂牌活期存款利率计算利息。利息只能转账，不能支付现金。

计息期为整年(月)的计息公式为：

利息＝本金×年(月)数×年(月)利率

计息期有零头的计息公式为：

利息＝本金×年(月)数×年(月)利率＋本金×零头天数×日利率

【例 7－1】某公司存入银行一年定期存款 100 000 元，年利率为 3.25％，次年 8 月 20 日到期，该单位于次年的 9 月 5 日来行支取，支取日活期存款利率为0.35％。其利息计算为：

到期利息：100 000×1×3.25％＝3 250(元)

逾期利息：100 000×15×(0.35％÷360)＝14.58(元)

该笔定期存款应付利息为 3 264.58 元。

(四) 单位存款利息的转账处理

1. 活期存款利息转账

单位活期存款于结息日计算出各户的应付利息数后，应编制三联(两贷一借)利息清单，以一联贷方传票将利息转入存款单位账户内，另一联贷方传票作收账通知交存款单位。营业终了，根据借方传票填制利息支出科目汇总传票(借方传票作附件)，办理转账。其会计分录为：

借:利息支出——活期存款利息支出户

　贷:活期存款——××单位存款户

2. 定期存款利息转账

为了准确地反映各期的成本和利润水平,根据权责发生制原则,银行对单位定期存款应按期计算应付利息,一般为按季计算,单位支取定期存款时,再冲减应付利息。按季结息时,编制转账借、贷方传票各一联,办理转账。其会计分录为:

借:利息支出——定期存款利息支出户

　贷:应付利息——定期存款利息户

定期存款到期单位支取本息时,银行应先计算出到期利息额,以存单代转账借方传票,另编特种转账借方传票一联、贷方传票两联(一联作收账通知)办理转账。其会计分录为:

借:定期存款——××单位定期存款户

　利息支出——定期存款利息支出户

　应付利息——定期存款利息户

　贷:活期存款——××单位

四、对账与销户

(一) 对账

对账是指银行与开户单位对存款账户余额进行核对,以保证双方存款余额的一致。一般说来,银行同开户单位的存款余额应该是一致的。但银行和单位的相互往来中,因双方记账的时间有先后,凭证传递环节较多,加之双方在记账时可能发生差错,以致双方账目不符;另一方面,通过对账,也可以发现可能发生的不法行为。因此为了及时查清未达账项,保证内外账务相符和保护存款安全,银行必须与开户单位经常进行账务核对。银行同单位的对账,应根据不同的存款户采取不同的对账方式。

1. 支票户的对账

支票户的对账可采用随时对账与定期对账相结合的方法。

(1) 随时对账。银行对支票户采用两联式套写账页来记账,正页是银行的分户账,副页是给单位的对账单。平时每记满一页,便将副页撕下,及时交存款单位核对。

(2) 定期对账。银行应在每季度末及年末,向各单位填发一式两联"余额对账单",并在第一联上加盖业务公章后,交开户单位对账。单位核对无误后,将第一联留存,第二联加盖预留银行印鉴退回银行。如有不符,单位应在回单联注明未达账项的借、贷方金额,以便双方查明原因,及时处理。对于长期余额不符的单位,银行要采取措施,限期清查。银行应将对账回单按科目、账号顺序排列,装订保管,以备查考。

2. 存折户的对账

银行对存折户的对账主要采取随时对账的方法。银行对存折户办理每笔存取业务时,做到账折见面,即在结计余额时随时将存折余额同分户账余额核对相符,坚持账折相符,既能保证内外账务一致,又能保证存款安全,防止差错事故和余额涂改、冒领。采用这种对账方式,银行可不必再抄送对账单。

(二) 销户

存款单位因迁移、停产、合并等原因不再使用原来的存款账户时，应及时到银行办理销户手续。银行办理销户时，应首先与销户单位核对存款账户余额，结清利息。对支票存款户，应收回所有空白支票，对存折存款户应收回存折并注销。然后将原存款账户的余额转入其他存款账户或其他金融机构。

第四节 个人存款业务的核算

个人储蓄存款是指个人将属于其所有的人民币或外币存入储蓄机构而形成的存款，包括活期、定期、定活两便等多个储蓄品种。商业银行为正确核算此项业务，通常设置和使用下列会计科目：

“活期储蓄存款”属负债类科目，用以核算居民个人在银行存入的活期储蓄存款。收到储户存入款项时，贷记本科目；储户支取款项时，借记本科目，余额在贷方。按存款种类和储户明细核算。

“定期储蓄存款”属负债类科目，用以核算居民个人在银行存入的定期储蓄存款。包括整存整取、零存整取、整存零取、存本取息、个人通知存款等。收到储户存入时，贷记本科目；储户支取款项时，借记本科目，余额在贷方。本科目按存款种类和储户明细核算。

“其他应付款”属负债类科目，用以核算应付、暂收其他单位或个人的款项。包括应付、暂收上级和所属单位的款项，应交纳的教育费附加，应付退休职工的统筹退休金，职工未按期领取的工资，待处理出纳长款、错账、代收的税金等。发生应付、暂收时，贷记本科目；偿还转销时，借记本科目；余额在贷方。按经济事项内容明细核算。

一、活期储蓄存款业务的核算

活期储蓄存款也有存折户、支票户两种。因支票户的存取手续与单位支票户存款的存取手续相同，故本节只介绍存折户的核算手续。

(一) 开户与续存的核算

新开户储户应填“活期储蓄存款凭条”(见表 7－4)，连同现金、有效身份证件一并交银行经办员。经办员审查凭条，点收现金无误后，为储户开立并登记活期储蓄存款分户账，同时登记开销户登记簿，然后填写活期存折，以存款凭条代现金收入传票，登记分户账。会计分录如下：

借：现金

　　贷：活期储蓄存款——××户

如储户要求凭密码或印鉴支取，需在凭条、账折上注明“凭密码(印鉴)支取”。经复核各项内容无误，存折加盖业务公章及私章，交予储户。存款凭条加盖“现金收讫”章留存备查。存款分户账加盖复核名章后专夹保管。

储户续存的程序及核算与开户基本相同。只是应根据上次存款余额及存款天数计算出应计息积数，记入分户账积数余额栏。

表 7－4　储蓄存款凭条

科目(贷)　　　　　　　年　月　日　　　　存

<table>
<tr><td>机器
确认</td><td colspan="2"></td></tr>
<tr><td rowspan="2">储
户
填
写</td><td colspan="2">账号______户名______币种______存期______
存入金额:(大写)______ 千 百 十 万 千 百 十 元 角 分
种类:定期□　活期□　零整□　定活□　大额□　通知□　存本□　一折通□
其他______</td></tr>
<tr><td>新时
开填
户写</td><td>是否留密码:是□否□　电话号码:______证件种类:______
号码:______地址:______
是否约定转存:是□否□　代理人:______证件种类:______
号码:______</td></tr>
</table>

经办:　　　　　　　　复核:

(二) 支取与销户的核算

储户应填写“活期储蓄取款凭条”(见表 7－5),凭密码、印鉴支取的还要在凭条上加盖印鉴,输入密码,连同存折交银行经办员。经办员抽出相应账户核对,审核无误,按支取金额计算出计息积数余额填入积数栏内,以取款凭条代现金付出传票,登记存折和分户账、日记账,然后退折并付款。分录如下:

表 7－5　储蓄取款凭条

科目(借)　　　　　　　年　月　日　　　　取

<table>
<tr><td rowspan="3">储
户
填
写</td><td colspan="4">账号______户名______币种______存折序号______
笔次______密码:有□
无□
存入金额:(大写)______ 千 百 十 万 千 百 十 元 角 分
种类:定期□　活期□　零整□　定活□　大额□　通知□　存本□　一折通□
其他______</td></tr>
<tr><td rowspan="2">提前支取
时填写</td><td>存款人</td><td></td><td>证件号码:　　　　地址:</td></tr>
<tr><td>代取人</td><td></td><td>证件号码:　　　　地址:</td></tr>
<tr><td>机器
确认</td><td colspan="4"></td></tr>
</table>

经办:　　　　　　　　复核:

借:活期储蓄存款——××户

贷:现金

经复核账、折内容无误,付款,存折加盖名章交予储户。取款凭条加盖“现金付讫”章留存。

储户支取全部款项,不再续存时,称为销户。储户应按最后存款余额填写取款凭条,连同存折交银行经办员。经办员除按规定审核外,还应根据最后支取的金额计算出积数余额并计算出利息,填制一式两联利息清单,结平账折,并在存折和分户账上加盖“结清”戳记,销记“开销户登记簿”,存折作为取款凭条附件,清户账页另行保管。利息清单一联连同本息交储户,另一联由储户签名后,在营业终了时,据以汇总编制利息支出科目的传票。会计分录为:

借:活期储蓄存款——××户

利息支出——储蓄利息支出户

贷:现金

其他应付款——代扣缴利息税

(三)个人活期存款利息的计算与结清

按照《中国人民银行关于人民币存贷款计结息问题的通知》(银发〔2005〕129号)的要求,从2005年9月21日起,活期储蓄存款由原来每年结息一次改为按季结息,每季末月20日为结息日,按结息日挂牌公告的活期利率计算利息。不到结息日销户的,按销户日挂牌公告的活期储蓄存款利率计付利息。

1. 个人活期存款利息的计算

个人活期存款也采用积数计息法,包括在分户账上计算积数或用积数查算表加减积数计算两种方法。在分户账页上计算积数的方法与单位活期存款计息方法相同,即以存款余额乘以其实存天数,求出每笔余额的计息积数并加以累计,到结息期或销户时,以累计积数乘以活期存款日利率,得出应付利息。

活期储蓄积数查算表的计息方法,是根据“本金×时期”的公式编制积数查算表,按每次存取发生额,随时查算出计息积数,结出累计计息积数,结息日据以计算应付利息的方法。在商业银行普遍以计算机处理业务后,此法已基本不用。

2. 个人活期存款利息的结清

活期储蓄存款在两种情况下需要结息:一是结息日,二是销户日。

(1)结息日结息的处理。根据分户账上的累计积数余额,乘以当日挂牌活期储蓄日利率,计算出应付利息,编制传票,于次日办理转账。其会计分录为:

借:利息支出——活期储蓄利息支出户

贷:活期储蓄存款——××户

结息后,储户续存或支取时,经核对账折相符后,应先在存折上补登利息数,再办理存取手续。

(2)销户日结息的处理。中途清户时,以存款账上的累计积数余额乘以当日挂牌公告的活期储蓄存款利率,算出应付给储户的利息数。据以编制传票,办理转账,收回存折。会计分录如下:

借:利息支出——活期储蓄利息支出户

活期储蓄存款——××户

贷:现金

二、定期储蓄存款业务的核算

定期储蓄存款是一种约定存款期限，到期支付本金和利息的储蓄存款。定期储蓄存款按存取方式的不同分为整存整取、零存整取、存本取息、整存零取等几种形式。

(一) 整存整取定期储蓄存款的核算

整存整取定期储蓄存款是指一次存入本金，约定存期，到期一次支取本息的储蓄存款。一般 50 元起存，多存不限，存期分别为 3 个月、6 个月、1 年、2 年、3 年、5 年等六个期限档次。

1. 整存整取开户的处理

储户申请开户时，应填写"整存整取定期储蓄存款开户单"，开户单内容包括：姓名、存入金额、期限、合法证件的名称种类、联系方式等内容，填好后连同现金及身份证件交银行经办员，经办员点收现金并审核开户书无误后，填写一式三联"整存整取定期储蓄存单"，第一联代现金收入传票，第二联存单加盖业务公章后交储户收执，第三联作分户卡片账留存。会计分录为：

借：现金

　贷：定期储蓄存款——整存整取××户

凭印鉴(密码)支取的还应在卡片账上加盖预留印鉴或预留密码，并登记"定期储蓄存款开销户登记簿"。

2. 整存整取支付的处理

(1) 到期和过期的支取。储户持到期或过期存单取款时，银行经办人员应先抽出该户卡片账与存单核对。如凭印鉴(密码)支取的，还应核对印鉴(密码)，经审核无误后，加盖"结清"戳记，再按原定存期及利率计算出利息，填入存单及卡片账有关栏内，并抄列利息清单，然后以存单代现金付出传票，将所取本息及利息清单交储户，同时销记开户登记簿。其会计分录为：

借：定期储蓄存款——整存整取××户

　　利息支出——定期储蓄利息支出户

　贷：现金

(2) 提前支取。储户要求提前支取存款时，应提供本人身份证件，经银行审核无误，在存单背面注明证件名称及号码，以备查考，并在存单及卡片账上加盖"提前支取"戳记。按提前支取的规定计付利息，其余手续与到期支取相同。

3. 整存整取存款利息的计算

整存整取存款利息一般采用逐笔计息法计息。计息公式与本章第三节单位定期存款利息计算相同。凡 1993 年 3 月 1 日前存入的整存整取定期存款，在原定存期内如遇利率调整，当利率调低时按原定利率计息，当利率调高时，按新利率计息，即分段计息。对于 1993 年 3 月 1 日后存入的整存整取定期存款的利息计算按以下办法执行：

(1) 到期支取。整存整取定期储蓄存款在原定存期内，不论利率调高或调低，均按存单开户日公告的相应定期储蓄存款利率计付利息。

(2) 逾期支取。整存整取定期储蓄存款逾期支取的，其原定存期部分，按到期支取计息方法计息，其超过原定存期的部分，除约定自动转存外，按支取日挂牌公告的活期储蓄利率计付利息。

(3) 提前支取。未到期的整存整取定期储蓄存款，全部提前支取，按支取日挂牌公告的活期储蓄存款利率计付利息；部分提前支取的，提前支取部分按支取日挂牌公告的活期储蓄存款利率计付利息，其未提前支取部分，仍按原存单所定利率计付利息。

【例 7－2】 储户吴某于 2014 年 3 月 10 日持 2012 年 2 月 20 日存入的 2 年定期整存整取存单金额 10 000 元，来行办理支取业务。2 年期整存整取利率 4.15%，当日活期存款利率为 0.35%。计算应付利息及代扣缴利息税。

到期利息：10 000×2×4.15%＝830(元)

逾期利息：10 000×18×(0.35%÷360)＝1.75(元)

该笔定期存款应付利息为 831.75 元。

(二) 零存整取定期储蓄存款的核算

零存整取定期储蓄存款是每月存款金额固定，分次存入，到期一次支取本息的定期储蓄存款。5 元起存，存期分 1 年、3 年、5 年，要求每月存入一次，中途如有漏存，应在下月补存，未补存者，到期支付时按实存金额和实际存期计算利息。

1. 零存整取开户与续存的处理

零存整取储户申请开户时，应填写"零存整取定期储蓄存款凭条"，连同存入的现金及身份证件一并交经办员，经办员审查凭证并点收现金无误后，登记开销户登记簿，开立账户和存折，存折交储户收执。以存款凭条代现金收入传票，其会计分录为：

借：现金

　贷：定期储蓄存款——零存整取××户

储户按月续存时，经办员收款并以存折与分户账核对相符，登记账折，其余处理手续与开户时基本相同。

2. 零存整取支取的处理

(1) 到期或过期支取。储户将存折交经办员，经账折核对无误后，按规定计算利息，填列利息清单，在存折和分户账上加盖支付日期和"结清"戳记及名章，注销存折，销记开户登记簿。经复核无误后，按本息配款交储户，其余处理与整存整取定期储蓄存款到期支取相同。以存折代现金付出传票，其会计分录为：

借：定期储蓄存款——零存整取××户

　利息支出——定期储蓄利息支出户

　贷：现金

(2) 提前支取。储户应交验本人身份证，经办员审查无误，办理提前支取手续。按支取日挂牌公告的活期存款利率计付利息，其余处理手续与到期支取相同。零存整取只能全部提前支取，不能部分提前支取。

3. 零存整取利息的计算

零存整取储蓄存款利息计算一般采用以下两种方法：

(1) 月积数计息法。这种方法根据存款分户账每月余额累加计算出月积数，再用累计月积数乘以月利率，即为应付利息。适用于存期内有漏存的零存整取储蓄存款利息计算。

(2) 固定基数计息法。这种方法是以每月存入 1 元，存满所定期限，到期按规定月利率计算出应支付的利息作为基数，然后再乘以存款余额，即为应付利息。适用于每月存入固定金额，中途无漏存的零存整取储蓄利息计算。其计算公式如下：

固定基数应付利息＝1 元本金×平均存期×月利率

应付利息＝固定基数应付利息×存款金额

平均存期根据等差数列求平均值的方法计算，公式为：

平均存期＝(首月＋末月)÷2

(三) 整存零取定期储蓄存款的核算

整存零取定期储蓄存款是一次存入本金，约定存期及存期内支取本金的次数和金额，期满结清时一次付给利息的一种储蓄存款。1 000 元起存，存期分 1 年、3 年、5 年三档，支取期限分每月、每季、每半年一次，由储户与金融机构协商确定。

1. 整存零取开户的处理

开户时由储户填写开户申请书，经办员审核并清点现金后，根据储户姓名、存入金额、期限以及支取的次数和时间，填写一式三联"整存零取定期储蓄存单"，第一联代现金收入传票，第二联存单加盖业务公章及名章交储户，第三联为卡片账留存。在卡片账上注明每次支取的时间和金额，其余手续与整存整取相同。会计分录为：

借：现金

　贷：定期储蓄存款——整存零取××户

2. 整存零取支取的处理

储户按约定时间支取存款时，应填写"整存零取定期储蓄取款凭条"，连同存单一并交经办员，经办员核对卡片账无误后，在存单和卡片账上填写支取记录，以取款凭条代现金付出传票进行账务处理，其会计分录为：

借：定期储蓄存款——整存零取××户

　贷：现金

存单、卡片账和取款凭条经复核无误后，将存单退储户收执，并付给现金，待最后一次取款时，以存单作取款凭条附件一并支付利息。

3. 整存零取利息的计算

整存零取定期储蓄存款利息计算可采用本金存期等差级数平均值的方法，其计算公式为：

到期应付利息＝(全部本金＋每次支取本金)÷2×存期×相应利率

(四) 存本取息定期储蓄存款的核算

存本取息定期储蓄存款是开户时一次存入本金，约定存期内支取利息的次数及金额，到期一次支取本金的一种定期储蓄存款。5 000 元起存，存期分 1 年、3 年、5 年等档次，利息可一个月或几个月支取一次，由储户与金融机构协商确定。利息到期未取的，以后可随时支取，但不计算复利。

1. 存本取息开户的处理

开户时，由储户填写"存本取息定期储蓄开户书"，注明姓名、金额、存期、取息期次，连同现金交经办员，经办员审核无误后，填写一式三联"存本取息定期储蓄存单"，按规定计算每次应付利息的金额，填入存单卡片账的"取息金额"栏内。第一联代现金收入传票，第二联存单交给储户，第三联卡片账留存。其会计分录为：

借：现金

　贷：定期储蓄存款——存本取息××户

2. 存本取息支取利息的处理

储户按约定时间来行支取利息时应持存单，并填写"存本取息定期储蓄取息凭条"，经办员

审核无误后,凭以登记存单、卡片账并付款,以取息凭条代现金付出传票,其会计分录为:

借:利息支出——定期储蓄利息支出

贷:现金

3. 到期支取本息的处理

存款到期,储户支取最后一次利息(手续同上),对支取的本金,银行以存单代现金付出传票记账,并凭以付款。在存单及卡片账上加盖"结清"戳记并销记开销户登记簿。会计分录为:

借:定期储蓄存款——存本取息××户

利息支出——定期储蓄利息支出户

贷:现金

4. 存本取息利息的计算

存本取息利息计算应先按约定利率计算出应付利息总额,然后再根据取息次数计算出每次支取的利息数,其计算公式为:

每次支取利息数=(本金×存期×利率)÷支取利息的次数

储户如提前支取本金,应按照实际存期及规定的提前支取的利率计算应付利息,并扣除已支付的利息。

(五)定活两便储蓄存款的核算

定活两便储蓄是存入时不约定存期,可以随时支取,按实际存期确定利率的一种储蓄存款。它具有定期和活期双重性质。50元起存,存单分记名、不记名两种。记名的可以挂失,不记名的不能挂失。

储户来行办理定活两便储蓄存款及支取时的有关手续,基本上与整存整取定期储蓄相同。定活两便储蓄的利息计算,应根据不同存期来确定利率加以计算。存期不足3个月的,按支取日挂牌的活期储蓄利率计付利息;存期3个月以上(含3个月)不满半年的,整个存期按支取日定期整存整取3个月利率打六折计息;存期半年以上(含半年)不满1年的,按支取日定期整存整取半年期利率打六折计息;存期1年以上(含1年),无论存期多长,整个存期一律按支取日定期整存整取1年期利率打六折计息。但是如果打折后的计息利率低于活期储蓄存款利率时,则按活期储蓄存款利率计息,存期内不分段计息。

除上述储蓄存款品种外,目前各家商业银行还开办有教育储蓄、通知存款等品种,以满足储户多样化的需求。教育储蓄是一种特殊的零存整取储蓄品种,开户对象为在校小学四年级(含四年级)以上的学生,存期有1年、3年、6年三档。最低起存50元,本金合计最高限额2万元,利率与同档期定期利率相同。通知存款是存入时不约定存期,在支取前提前1天或7天通知银行,类似于定活两便的存款品种。最低起存5万元,利率高于活期存款利率。

三、储蓄存单(折)及印鉴的挂失

(一)储蓄存单(折)的挂失

储户存单(折)遗失,可向其开户行申请挂失。为保证银行财产安全,保护储户切身利益,银行必须审慎处理。具体方法是:①储户来行申请挂失时,必须出示本人身份证件,并填写一式三联挂失申请书。储户因特殊情况不能前来银行办理书面挂失手续时,可用电话、电报或信函要求挂失,但挂失申请人必须在口头挂失5天内来行补办书面挂失手续,否则口头挂失不再生效。银行经办员经查实该笔存款确未支付时，方可受理挂失申请。挂失申请书第一联留存备查，第二联加盖公章后交给挂失人作为补办新存单(折)的凭据，第三联凭以登记“储蓄挂失登记簿”。②在已挂失的卡片账上用红笔注明“×年×月×日挂失”字样，以防冒领。挂失申请7天后，经银行核实查对，没有发现其他问题和异议，储户方可持挂失申请书第二联来行办理补办新存单(折)或提取现金的手续。补发时，银行应注销旧户，重开新户。新存单(折)仍按原起息日计息，并在原账页及开销户登记簿上注明“挂失结清”字样，以便日后考查。

(二) 印鉴的挂失

储户遗失印鉴申请挂失时，应提交本人身份证件，填写一式三联挂失申请书，经银行核实查明存款确未被支取，即在原账卡的印鉴栏注明“×年×月×日印鉴挂失”字样，将原印鉴注销。如储户仍要求凭印鉴支取，可重新预留印鉴。

四、储蓄所的结账与管辖行事后监督

(一) 储蓄所的结账和对账

1. 储蓄所的结账

储蓄所是银行在基层办理储蓄业务的机构，并非独立核算单位，其账务处理隶属于管辖行。每天营业终了，储蓄所应及时办理结账。结账的主要工作是编制汇总传票、科目日结单、营业汇总日报表。

(1) 编制汇总传票。根据当日各类储蓄的存、取款凭证，利息清单，分科目编制汇总传票，汇总现金借方传票，汇总现金贷方传票，汇总转账借方传票，汇总转账贷方传票。

(2) 编制科目日结单。根据当日各类储蓄的存、取款凭证，利息清单，分别按科目和储蓄种类编制科目日结单。

(3) 编制营业日报表。营业日报表(见表7-6)是反映储蓄所当日全部业务活动情况的报表，也是轧平和核对账款的重要工具。其编制方法如下：①根据当日各科目日结单的借、贷方金额和传票张数，分别填入有关科目借、贷发生额栏和传票张数栏内，并结出本日各科目余额和本日传票张数。②根据各种储蓄当日开、销户数，填入本日开、销户栏，并结出本日结存户数。③根据现金收付数，分别填入现金科目发生额的借、贷方栏，并结出本日现金库存。④根据空白重要凭证和有价单证的领入数和付出数，按种类分别登记有关栏内，并结出本日结存数。营业日报表一式两份，一份留存，一份连同有关科目日结单、汇总传票及附件报送管辖行。

表7-6　××储蓄所营业日报表

年　月　日

业务种类	本日发生额		余　额	储　蓄　户　数		
	借　方	贷　方		本日开户	本日销户	结存户数
整存整取						
零存整取						
整存零取						
存本取息						
活期储蓄						
定活两便						

续表 7-6

<table>
<tr><td rowspan="2">业务种类</td><td colspan="2">本日发生额</td><td rowspan="2">余 额</td><td colspan="4">储 蓄 户 数</td></tr>
<tr><td>借 方</td><td>贷 方</td><td colspan="2">本日开户</td><td>本日销户</td><td>结存户数</td></tr>
<tr><td>各种储蓄合计</td><td></td><td></td><td></td><td colspan="2"></td><td></td><td></td></tr>
<tr><td>利息支出</td><td></td><td></td><td></td><td colspan="2"></td><td></td><td></td></tr>
<tr><td>合 计</td><td></td><td></td><td></td><td colspan="4">空白重要凭证</td></tr>
<tr><td>昨日库存现金</td><td></td><td></td><td></td><td>种类</td><td>本日收入</td><td>本日付出</td><td>本日结存</td></tr>
<tr><td>今日库存现金</td><td></td><td></td><td></td><td>整存整取</td><td></td><td></td><td></td></tr>
<tr><td colspan="4">传 票 张 数</td><td>零存整取</td><td></td><td></td><td></td></tr>
<tr><td>种 类</td><td>本日数</td><td colspan="2">本月累积数</td><td>整存零取</td><td></td><td></td><td></td></tr>
<tr><td>整存整取</td><td></td><td colspan="2"></td><td>存本取息</td><td></td><td></td><td></td></tr>
<tr><td>零存整取</td><td></td><td colspan="2"></td><td>定活两便</td><td></td><td></td><td></td></tr>
<tr><td>整存零取</td><td></td><td colspan="2"></td><td>活期存折</td><td></td><td></td><td></td></tr>
<tr><td>存本取息</td><td></td><td colspan="2"></td><td>支 票</td><td></td><td></td><td></td></tr>
<tr><td>定活两便</td><td></td><td colspan="2"></td><td colspan="4">未发行有价证券</td></tr>
<tr><td>活期储蓄</td><td></td><td colspan="2"></td><td>种 类</td><td>本日收入</td><td>本日付出</td><td>本日结存</td></tr>
<tr><td>合计</td><td></td><td colspan="2"></td><td></td><td></td><td></td><td></td></tr>
</table>

会计主管： 监督： 复核： 记账：

2. 储蓄所的账务核对

账务核对是及时发现工作错误，保证记账正确无误，明确工作责任，保护各方当事人合法权益的必不可少的工作，储蓄所的账务核对工作主要包括：

(1) 核对现金库存。储蓄所每日营业日报表中的今日库存数应与当日实际现金库存数核对相符。

(2) 核对余额。由于储蓄存款户较多，收付频繁，不可能每天核对所有账户的发生额和余额。为保证账务正确，通常采用计算变动户账户余额的方法：将储户本日变动数加上昨日结存户数，算出本日结存户数与营业表上的本日结存户数核对相符；将各种储蓄存款的昨日余额减去变动户昨日余额，加上变动户本日余额，算出的本日储蓄存款总余额应与储蓄所营业日报表上的各种储蓄合计余额核对相符。

(3) 核对开销户数。各种储蓄新开户和结清销户的账卡应与营业日报表上的开销户数核对相符。

(4) 核对有价单证及空白重要凭证。各种有价单证及空白重要凭证的实际收、付和结存数，应分别与营业日报表上的收付数和结存数核对相符。

(5) 定期将各种储蓄分户账的余额与储蓄有关科目的余额核对相符，确保账务处理的正确性。

(二) 管辖行的账务处理和事后监督

1. 账务处理

储蓄所业务是管辖行业务的一个组成部分。每日营业终了，应将储蓄所业务并入管辖行储蓄业务中。账务合并方式有并账式和并表式两种。

(1) 并账式处理。管辖行收到储蓄所报送的传票和营业日报表,经审核无误,对各储蓄存款科目应按储蓄所分别立账,并根据储蓄传票登记在有关账户内。管辖行轧账时,将储蓄传票视同本身传票一起处理。

(2) 并表式处理。对业务量较大,并账困难的储蓄所采用并表方式。并表式储蓄所的账务独立,有一套完整的账务体系,管辖行只须将储蓄所当日的营业日报表并入本身同日的日计表中。

2. 管辖行事后监督

管辖行事后监督是指管辖行对辖区内各个储蓄所报送的凭证、账表进行监督和检查,包括对凭证和营业日报表的审核,对每一笔具体业务的事后复核监督。事后监督虽然做法复杂,工作量大,但监督严密,对于提高储蓄核算质量,维护储蓄存款安全,具有积极的作用。

第五节　发行金融债券业务的核算

债券是发行主体为筹集长期使用资金而发行的一种书面凭证。通过凭证上所记载的利率、期限等,表明发行主体允诺在未来某一特定日期还本付息。根据《中华人民共和国商业银行法》规定,银行可以根据自身发展的需要,按照规定程序,申请发行时间、规模和发行方式,获管理当局批准后发行金融债券。银行发行债券的品种、期限、利率主要取决于国家的政策取向。银行必须执行国家的利率政策,不得擅自提高或变相提高利率以及付费标准,并适时合理调整负债结构,努力降低筹资成本。

商业银行发行债券的种类可按不同标志进行分类:按有无担保可分为信用债券和抵押债券;按记名与否分为记名债券和无记名债券;按偿还方式可分为一次还本债券和分期还本债券;按是否可转换为股票分为普通债券和可转换债券。

银行应设置"应付债券"科目,核算银行为筹措长期资金而发行的债券本金及应付利息,其科目属负债类科目。其下设置:债券面值、债券溢价、债券折价、应计利息四个明细科目。同时按债券种类设置明细账账户进行明细核算;期末贷方余额,反映银行尚未偿还的债券本息及尚未摊销的债券溢折价。

另外,银行发行的1年期及1年期以下的短期债券,应另设置"应付短期债券"科目核算。银行可以以面值、溢价和折价三种方式发行债券,相应的会计处理也存在一定的区别。

一、发行债券的账务处理

(一) 按面值发行债券

银行按面值发行债券时,其会计分录为:

借:存放中央银行款项(活期存款、现金)　　(发行时实际收到的金额)

　贷:应付债券——债券面值　　(债券票面价值)

(二) 溢价发行债券

银行溢价发行债券时,其会计分录为:

借:存放中央银行款项(活期存款、现金)　　(发行时实际收到的金额)

　贷:应付债券——债券面值　　(债券票面价值)

　　　　　　——债券溢价　　(实收金额超过面值的部分)

(三) 折价发行债券

银行折价发行债券时,其会计分录为:

借:存放中央银行款项(活期存款、现金)　　(发行时实际收到的金额)
　应付债券——债券折价　　(债券票面价值与实际收到金额之间的差额)
　贷:应付债券——债券面值　　(债券票面价值)

(四) 债券发行费用的核算

债券发行费用是借款费用的一部分,借款费用是指因借款而发生的利息、借款折价或溢价的摊销和辅助费用以及因外币借款而发生的汇兑差额等。除为构建固定资产而借入的专门款项所发生的借款费用外,其他借款费用均应于发生当期确认费用,直接计入当期损益。银行发行债券支付印刷费、宣传费及手续费时,直接计入当期损益,其会计分录为:

借:业务及管理费
　贷:存放中央银行款项(现金、活期存款、存放同业款项)

二、计提债券应付利息的账务处理

银行发行的债券应按期计提利息,银行溢价或折价发行的债券,其实际收到的金额与债券票面金额的差额,应在债券存续期间内分期平均摊销。分期计提利息及摊销溢价、折价时,应区别情况处理。

按面值发行的债券计提利息时,其会计分录为:

借:利息支出
　贷:应付债券——应计利息

按溢价发行的债券计提利息时,其会计分录为:

借:应付债券——债券溢价　　(应摊销的溢价金额)
　利息支出　　(应计利息与溢价摊销额的差额)
　贷:应付债券——应计利息　　(按面值乘以票面利率计算的应计利息)

按折价发行的债券计提利息时,其会计分录为:

借:利息支出　　(应摊销的折价金额和应计利息之和)
　贷:应付债券——债券折价　　(应摊销的折价金额)
　　应付债券——应计利息　　(按面值乘以票面利率计算的应计利息)

三、债券到期时的账务处理

债券到期,支付债券本息时,其会计分录为:

借:应付债券——债券面值
　　　　——应计利息
　贷:存放中央银行款项(活期存款、现金)

四、发行债券的借款费用资本化

(一) 发行债券发生的辅助费用的处理

银行为建造固定资产而发行债券时,在所构建的固定资产达到预定可使用状态前发生的辅助费用，如发生金额较大（减去发行期间冻结资金产生的利息），直接计入所购建固定资产的成本；如发生金额较小，则直接计入当期损益。在所构建的固定资产达到预定可使用状态后发生的辅助费用，直接计入当期损益。

（二）应计利息、折价或溢价的摊销的资本化处理

（1）当同时满足以下三个条件时，商业银行为建造某项固定资产而发行债券所发生的利息、折价或溢价的摊销应当开始资本化处理，计入所购建固定资产的成本。

① 资产支出已经发生（只包括为购建固定资产而以支付现金、转移非现金资产或承担带息债务形式发生的支出）；

② 借款费用已经发生；

③ 为使资产达到预定可使用状态所必要的购建活动已经开始。

（2）商业银行为购建固定资产而发行债券所发生的借款利息、折价或溢价的摊销，满足上述资本化条件的，在所购建的固定资产达到预定可使用状态前所发生的，应该予以资本化，计入所购建固定资产的成本；在所购建的固定资产达到预定可使用状态后发生的，应于发生当期直接计入当期利息支出。

（3）商业银行每期的利息和折价或溢价摊销的资本化金额不得超过当期为购建固定资产而专门发行债券实际发生的利息和折价或溢价的摊销金额。

（三）借款费用停止资本化

当商业银行所购建的固定资产达到预定可使用状态时，应当停止借款费用的资本化，以后发生的借款费用应于发生当期直接计入当期损益。

达到预定可使用状态，是指固定资产已达到购买方或建造方预定的可使用状态。当存在下列情况之一时，可认为所购建的固定资产已达到可使用状态：

（1）资产的实体购建（包括安装）工作已经全部完成或者实质上已经全部完成；

（2）已经过试生产或试运行，并且其结果表明资产能够正常运行或者能够稳定地生产出合格产品时，或者试运行结果表明能够正常运转或营业时；

（3）建造的固定资产上的支出金额很少或者几乎不再发生；

（4）建造的固定资产已经达到设计或合同要求，或与设计或合同要求相符或基本相符，即使有极个别地方与设计或合同要求不相符，也不足以影响其正常使用。

【例 7－3】某金融企业 2013 年 1 月 1 日开始建造一项固定资产，发行债券两项：

① 2013 年 1 月 1 日发行 5 年期债券 1 000 万元，年利率为 6%，按面值发行；

② 2013 年 1 月 1 日发行 3 年期债券 2 000 万元，票面年利率为 5%。债券发行价格为 1 700万元，折价 300 万元。（不考虑发行债券发生的辅助费用）

工程于 1 月 1 日施工。当天预付工程款 900 万元，4 月 1 日预付工程款 600 万元，债券折价采用直线法摊销。

计算 2013 年第一、第二季度应资本化的借款费用并作相应会计处理。

2013 年第一和第二季度的利息均为 (1 000×6%÷12×3)＋(2 000×5%÷12×3)＝40（万元）

2013 年第一季度和第二季度折价摊销均为 (2 000－1 700)÷(3×12÷3)＝25（万元）

2013 年第一季度和第二季度累计支出加权平均数：

假设第一季度只动用了第一笔债券款，且为 1 月 1 日支付，则第一季度累计支出加权平均数为 900 万元。由于 4 月 1 日又支付了 600 万元。第二季度累计支出加权平均数为 1 500 万元。

2013 年第一季度和第二季度适用的资本化率计算如下：

第一季度只动用了第一笔债券款，资本化率即为该债券的票面利率，即为

6%×(3÷12)＝1.5%

由于第二季度又支付了 600 万元，动用了第二笔债券款，适用的资本化率为两项债券的加权平均利率，加权平均利率计算如下：

加权平均利率＝(债券当期实际发生的利息之和±当期应摊销的折价或溢价)÷债券本金加权平均数＝[1 000×6%×3÷12 ＋ 2 000×5%×3÷12]÷(1 000＋1 700)×100%＝2.41%

第一季度应予资本化的利息金额：900×1.5%＝13.5（万元）

第二季度应予资本化的利息金额：1 500×2.41%＝36.15（万元）

账务处理如下：

发行债券时：

借：现金（活期存款、存放中央银行款项）　　27 000 000
　　应付债券——债券折价　　3 000 000
　贷：应付债券——债券面值　　30 000 000

第一季度末：

借：在建工程——借款费用　　135 000
　　利息支出　　515 000
　贷：应付债券——债券折价　　250 000
　　　　　　　——应计利息　　400 000

第二季度末：

借：在建工程——借款费用　　361 500
　　利息支出　　288 500
　贷：应付债券——债券折价　　250 000
　　　　　　　——应计利息　　400 000

五、可转换债券的核算

为了吸引投资者，发行债券的商业银行允许债券持有者在将来一定日期后将其债券转换为普通股票，这种债券称为可转换债券。可转换债券具有债券和股票两重性质：未转换前是债券，转换后是股票。转换期过后仍未转换的，发行银行对该种债券仍作为一般债券进行核算与管理，直至到期清偿。目前，我国上市公司和重点国有企业经批准发行可转换公司债券采取记名式无纸化发行方式，债券最短期限为 3 年，最长期限为 5 年。

《金融企业会计制度》规定，金融企业发行可转换债券的，可转换债券在发行以及转换为股份之前，应按一般债券进行处理。当可转换债券持有人行使转换权利，将其持有的债券转换为股份或资本时，应按其账面价值结转；可转换债券账面价值与可转换股份面值的差额，减去不

足转换成一股支付的现金后的余额，作为资本公积处理。

【例 7－4】某银行经批准于 2012 年 1 月 3 日以 209 万元价格发行面值 200 万元 3 年期的年利率为 5%的可转换债券一批，利息于债券到期时一起偿付。同时规定债券发行 2 年后，持有人可将其转换为普通股。假定 2014 年 1 月 3 日全部转换成股票，转换比例为面值 100 元的债券可转换面值为 1 元的普通股 8 股。会计处理如下：

(1) 银行发行债券后，其会计分录为：

借：现金　2 090 000

　贷：应付债券——可转换债券——债券面值　2 000 000

　　应付债券——可转换债券——债券溢价　90 000

(2) 第一年末计息及溢价摊销，其会计分录为：

借：利息支出　70 000

　应付债券——可转换债券——债券溢价　30 000

　贷：应付债券——可转换债券——应计利息　100 000

第二年末计息及溢价摊销同上。

(3) 可转换债券按照规定转换后，发行银行应将债券面值，未摊销的溢价或折价、应付利息注销，同时反映股东权益。其会计分录为：

借：应付债券——可转换债券——债券面值　2 000 000

　应付债券——可转换债券——债券溢价　30 000

　应付债券——可转换债券——应计利息　200 000

　贷：股本　160 000

　　资本公积——股本溢价　2 070 000

本章小结

吸收存款是银行重要的负债业务，也是银行信贷资金的主要来源。银行存款按对象可分为单位存款和个人存款；按期限不同可分为活期存款和定期存款。为适应办理业务和资金往来的需要，每个单位都必须在银行开立存款账户。银行存款账户分为基本存款账户、一般存款账户、临时存款账户和专用存款账户四种。

单位存款分为活期存款和定期存款。单位活期存款按存取方式不同，分为支票户和存折户。在业务处理时分别采用不同的凭证和对账方式。单位定期存款规定 1 万元起存，不得提前支取，支取本息必须转账。

个人储蓄存款分为活期储蓄存款和定期储蓄存款。定期储蓄存款又分为整存整取、零存整取、整存零取、存本取息、定活两便、教育储蓄等形式。

正确核算存款利息既是银行成本核算的要求，也是维护存款人利益的保障。活期存款采用定期结息的方式，结息日统一为每季末月 20 日，利息于次日转入存款人账户；定期存款采用逐笔结息的方法。

银行发行债券既是长期信贷资金的扩充渠道，又有利于财务杠杆作用的发挥。债券发行的账务处理需根据发行价格的不同而采取不同的处理方式；计提债券应付利息时，应同时摊销债券溢价和折价金额；银行为购建固定资产而发行债券所发生的利息、应摊销的溢折价金额，满足规定条件的应作资本化处理。

关键术语

活期存款　定期存款　单位存款　储蓄存款　发行债券

思考练习题

1. 银行存款账户的种类有哪些？各种账户开立的条件是什么？
2. 简述支票户存取现金的业务程序和核算方法。
3. 简述活期存款的计息方法和账务处理方法。
4. 简述定期储蓄存款的种类、业务处理及利息计算方法。
5. 简述债券发行、计提应付利息及支付本息的业务处理方法。

第八章 支付结算业务的核算

本章要点

1. 支付结算的概念及支付结算中的转账支付的重要意义
2. 支付结算的原则
3. 支票的概念及其核算方法
4. 银行本票的概念及其核算方法
5. 银行汇票及商业汇票的概念及核算方法;两个概念的区别和联系
6. 汇兑的概念及其核算方法;区分信汇和电子汇兑
7. 托收承付的概念及核算方法
8. 委托收款的概念及核算方法
9. 信用证的概念及我国信用证结算的发展过程;信用卡的核算方法
10. 电子银行的产生及其发展的重要意义

第一节 支付结算业务概述

一、支付结算的概念和作用

(一) 支付结算的概念

按《中华人民共和国票据法》和《支付结算办法》的规定,支付结算是指单位、个人在社会经济活动中,使用票据、信用卡和汇兑、托收承付、委托收款等结算方式进行货币给付及资金结算的行为。

随着社会主义市场经济的逐步建立,货币结算和商品交易发挥着日益重要的作用,在各种不同的经济成分之间,以及在国有经济各部门、各单位之间的经济往来都离不开货币结算。货币结算按其不同的支付方式,分为现金结算和转账结算两种。现金结算是指直接用现钞收付,是运用货币流通手段的职能;转账结算是通过银行划账的方式,将款项从付款单位账户划转到收款单位账户,实现资金在银行账户上的转移,充分运用了货币支付手段的职能。

(二) 转账结算的意义

根据《中华人民共和国商业银行法》规定:“企业事业单位可以自主选择一家商业银行的营业场所开立一个办理日常转账结算和现金收付的基本账户。”《中华人民共和国现金管理暂行条例》规定:“开户单位之间的经济往来,除按本条例规定的范围可以使用现金外,应当通过开户银行进行转账结算。”“国家鼓励开户单位和个人在经济活动中,采取转账方式进行结算,减少使用现金。”各部门、单位之间的经济往来,通过银行办理转账结算具有重要的现实意义,在实际的结算业务中发挥着重要的作用。

1. 有利于促进和加速物资与资金的周转，履行经济合同，遵守结算纪律

银行利用现代化通讯工具和遍及城乡的网点，通过转账结算，把各地区、各单位错综复杂的交易往来进行及时清算，以适应再生产资金周转的需要。同时，银行维护双方的权益，督促履约付款，执行结算纪律。

2. 节约现金使用，减少货币发行，稳定货币流通

转账结算代替现金收付，同样起到支付手段的作用，节约了现金使用，从而有助于减少货币投放，并相应节减了现金流通费用，为稳定货币流通创造了有利条件。

3. 为综合反映和调节经济提供信息

通过转账结算，可以从中了解各企业单位产、销和资金周转情况以及财务管理等有关问题，把微观经济的信息汇集成全面反映国民经济活动的综合情况，发挥经济"寒暑表"的作用，为国家进行宏观经济调控提供信息和依据。

4. 利用结算过程中的在途资金，支持生产和流通的扩大

结算过程中存在着空间和时间差，银行可利用款项汇划中的联行资金，支持工、农企业扩大生产和流通的需要。

二、支付结算的原则

《支付结算办法》规定，"银行、单位和个人办理结算都必须遵守下列结算原则：恪守信用，履约付款；谁的钱进谁的账，由谁支配；银行不垫款"。

（一）恪守信用，履约付款

恪守信用就是讲信誉，守信用。信用是商品交易和办理结算的前提条件。商业信用，必须以商品交易为基础，使资金运动与物资运动相结合，要求购销双方建立和加强自己的信用，保证按约定发货，到期付款。履约付款的核心是协议合约的规定，也就是照章办事，依法办理。市场经济也是法制经济，经济合同得到国家法律的保障，履约付款也是遵守法律的规定。

（二）谁的钱进谁的账，由谁支配

这是维护存款人权益的原则在结算过程中的体现。银行作为办理结算的中介，接受客户的委托，把资金划入有关存款账户。银行要把尊重维护客户的利益放在重要位置上，属谁的钱，就应进谁的账户，保障存款人的存款所有权和支配权，其他单位和个人不得侵犯。《中华人民共和国商业银行法》规定："对单位存款，商业银行有权拒绝任何单位或者个人查询，但法律、行政法规另有规定的除外；有权拒绝任何单位或者个人冻结、扣划，但法律另有规定的除外。"

（三）银行不垫款

这是一条重要原则。其作用是有助于划清银行资金和存款人资金的界限。银行作为清算机构，主要是为企业单位服务，准确、及时、安全地办理结算，只负责将款项从付款单位账户划转到收款单位账户，没有垫付资金的责任。如果银行为单位在结算过程中垫付资金，不仅影响信贷资金的合理使用，而且会助长单位套用银行信用，开出空头结算凭证，占用银行资金的不良风气；更为严重的是，还会造成信用泛滥，信贷规模被迫扩大，助长通货膨胀，给国民经济带来不良后果。

三、支付结算的纪律和责任

单位、个人和银行办理结算，必须依法进行。各有关方面应严明纪律，承担责任，维护结算秩序，保证资金及时清算。

(一) 结算纪律

结算纪律是国家财经纪律的一项重要内容，对维护社会经济秩序，正确处理各部门、单位经济关系具有重要意义，也是结算业务正常进行的保证。

《支付结算办法》规定，单位和个人办理结算，必须严格遵守银行结算办法的规定。不准出租、出借账户；不准签发空头支票和远期支票；不准套取银行信用。《中华人民共和国商业银行法》规定："商业银行办理票据承兑、汇兑、委托收款等结算业务，应当按照规定的期限兑现，收付入账，不得压单、压票或者违反规定退票。有关兑现、收付入账期限的规定应当公布。"

根据以上有关规定，办理结算的单位和个人以及经办的银行，都要遵守结算纪律。认真执行《支付结算办法》的规定。对结算承担支付责任的，应执行《中华人民共和国票据法》的有关规定，如"出票人签发汇票后，即承担保证票据承兑和付款的责任。""背书人以背书转让汇票后，即承担保证其所持汇票承兑和付款的责任。""付款人承兑汇票后，应当承担到期付款的责任。""被保证的汇票，保证人应当与被保证人对持票人承担连带责任。汇票到期后得不到付款的，持票人有权向保证人请求付款，保证人应当足额付款。""持票人依照前条规定提示付款的，付款人必须在当日足额付款。""付款人委托付款银行的责任，限于按照汇票上记载事项从付款人账户支付汇票金额。""本票的出票人必须具有支付本票金额的可靠资金来源，并保证支付。""支票的出票人所签发的支票金额不得超过其付款时在付款人处实有的存款金额。""出票人在付款人处的存款足以支付支票金额时，付款人应当在当日足额付款。"

(二) 支付结算的责任

单位、个人以及银行，如违反《中华人民共和国票据法》和结算规定，应承担责任，受到有关法律、法规的处罚。《中华人民共和国票据法》规定："票据的付款人对见票即付或者到期的票据，故意压票，拖延支付的，由金融行政管理部门处以罚款，对直接责任人员给予处分。票据的付款人故意压票，拖延支付，给持票人造成损失的，依法承担赔偿责任。"

《中华人民共和国商业银行法》规定，违反票据承兑等结算业务规定，不予兑现、不予收付入账，压单、压票或者违反规定退票的，应当承担支付迟延履行的利息以及其他民事责任。

《中华人民共和国票据法》规定，对伪造、变造票据，签发空头支票或者故意签发与其预留的签名等式样或者印鉴不符的支票骗取财物的，汇票、本票的出票人在出票时作虚假记载骗取财物的，签发无可靠资金来源的汇票、本票骗取资金的，应依法追究其刑事责任。

《支付结算办法》规定，对签发空头支票或印章与预留印鉴不符的支票，商业承兑汇票到期，付款人不足支付的，银行应按面额处以5%但不低于1000元的罚款。

单位和个人办理结算，由于填写结算凭证有误，影响资金使用，票据和印章丢失造成资金损失的，由其自行负责。

四、支付转账结算的方式

为了适应各部门、单位间经济往来的不同情况和资金清算的需要，《支付结算办法》规定了多种结算方式，以供单位和个人选择使用。我国支付结算方式主要有各种票据、汇兑、托收承付、委托收款、信用卡五种。按规定,现行支付结算常用的方式有:支票、银行汇票、商业汇票、本票、汇兑、托收承付和委托收款、信用证、信用卡等。

五、支付结算办法的主要规定

(一) 转账中介人的界定

银行是支付结算和资金清算的中介机构,未经中国人民银行批准的非银行金融机构和其他单位不得作为中介机构经营支付结算业务。

(二) 办理转账结算的资格

在银行开立存款账户的单位和个人办理支付结算时,账户内必须有足够的资金保证支付。没有开立存款账户的个人向银行交付款项后,也可以通过银行办理支付结算。

(三) 使用统一的结算凭证

票据和结算凭证是办理支付结算的工具。单位、个人和银行办理支付结算,必须使用按中国人民银行统一规定印刷的票据凭证和统一规定的结算凭证。

(四) 签章的规定

票据和结算凭证上的签章为签名、盖章或者签名加盖章。单位、银行在票据上的签章和单位在结算凭证上的签章,为该单位、银行的盖章加其法定代表人的签名或盖章。个人在票据和结算凭证上的签章,应为该个人本人的签名或盖章。

(五) 填写票据的规定

票据和结算凭证的金额、出票或签发日期,收款人名称不得更改,更改的票据无效;更改的结算凭证,银行不予受理。

(六) 金额的填写

票据和结算凭证金额以中文大写和阿拉伯数据同时记载,二者必须一致,二者不一致的票据无效,二者不一致的结算凭证,银行不予受理。(注意,票据与结算凭证不同)

第二节 支票的核算

一、支票的概念

支票是出票人签发的,委托办理支票存款业务的银行或其他金融机构在见票时向收款人或者持票人无条件支付确定的金额的票据。支票可分为现金支票、转账支票、普通支票、划线支票。转账支票和划线支票只能用于转账;现金支票、普通支票只能用于支取现金。

二、支票的业务操作程序

银行受理持票人送交支票提示付款的业务操作程序为:①出票人出票并提交支票给收款人;②收款人背书转让给持票人;③持票人在提示付款期内向其开户银行提示付款;④持票人开户银行审查支票,无误后受理支票并通过票据交换系统向付款银行提示支票,进行票据清算;⑤付款银行从出票人账户支付并向持票人开户银行划转票款;⑥持票人开户银行将收到的票款及时转入持票人指定账户。

付款银行受理出票人送交支票业务的业务操作程序为:①出票人出票并委托付款银行支付票款;②付款银行审查支票无误后,从出票人账户支付票款并通过票据交换系统向收款人开户银行划转票款;③收款人开户银行收到划来的票款,及时转入收款人指定账户。

三、支票的会计核算

(一) 现金支票的处理

出票人开户行接到收款人持现金支票支取现金时,应对支票记载的事项和与之有关的情况进行认真审查。审核无误后,从出票人账户付出,将支票送出纳凭以付款后作借方凭证。会计分录为:

借:××存款——出票人户

　贷:现金

(二) 转账支票的处理

1. 持票人、出票人在同一银行开户的处理

(1) 银行受理持票人送交支票的处理。银行接到持票人送来的支票和两联进账单时,应认真审查。审核无误后,支票作借方凭证,第二联进账单作贷方凭证。会计分录为:

借:××存款——出票人户

　贷:××存款——收款人或持票人户

支票和进账单各联上加盖转讫章,第一联进账单作收款通知退交持票人。

(2) 银行受理出票人送交支票的处理。银行接到出票人送来的支票和三联进账单时,应认真审查。经审核无误后,在支票和三联进账单上加盖转讫章,支票作借方凭证,第二联进账单作贷方凭证。会计分录为:

借:××存款——出票人户

　贷:××存款——收款人户

第一联进账单作回单交给出票人,回单只能作为受理支票的依据,第三联进账单作收款通知交给收款人。

2. 持票人、出票人不在同一银行开户的处理

(1) 持票人开户行受理持票人送交支票的处理。持票人开户行接到持票人送交的支票和两联进账单时,除按转账支票各项规定审查外,还应审查持票人是否在支票背面作委托收款背书。审核无误后在两联进账单上按票据交换场次加盖“收妥后入账”的戳记和经办人名章,将第一联加盖转讫章交给持票人。支票按照票据交换的规定及时提出交换,第二联进账单专夹保管。等到退票时间过后,第二联进账单作贷方凭证。会计分录为:

借:存放中央银行款项

　或:××往来

　贷:××存款——收款人或持票人户

出票人开户行收到交换提入的支票,并按有关规定审查无误后,没有退票的,支票作借方凭证。会计分录为:

借:××存款——出票人户

　贷:存放中央银行款项

或:××往来

如发生退票的,银行应填制两联特种转账凭证,出票人或持票人开户行应使用“其他应付款”科目或“其他应收款”科目核算。

(2) 出票人开户行受理出票人送交支票的处理。出票人开户行接到出票人交来的支票和三联进账单时,按上述有关规定审核无误后,支票作借方凭证。会计分录为:

借:××存款——出票人户

贷:存放中央银行款项

第一联进账单加盖受理凭证专用印章作回单交给出票人,其余两联进账单按票据交换规定及时提出交换。

收款人开户行收到交换提入的两联进账单,经审查无误后,在两联进账单上加盖转讫章,第二联进账单作贷方凭证。会计分录为:

借:存放中央银行款项

贷:××存款——收款人或持票人户

第三联进账单作收账通知交给收款人。

如收款人不在本行开户或进账单上的账号、户名不符,应使用“其他应付款”科目核算,然后将两联进账单通过票据交换退回出票人开户行。

(三) 划线支票和普通支票的处理

收款人或持票人、出票人开户行对划线支票的处理手续,比照转账支票的处理手续处理。出票人开户行收到收款人持普通支票支取现金的,比照现金支票的处理手续处理。

第三节　银行本票的核算

一、银行本票的概念

银行本票是由银行签发的,承诺自己在见票时无条件支付确定的金额给收款人或持票人的票据。银行本票包括不定额本票和定额本票两种。银行本票的持有者既可用其办理转账,亦可支取现金。

二、银行本票业务操作程序

银行本票的业务操作程序依次为:①申请人填写银行本票申请书,向出票银行申请签发银行本票,并向银行足额交存票款;②出票银行收妥票款后签发银行本票交给申请人;③申请人将银行本票交付给收款人,收款人可背书转让给持票人;④持票人在银行本票的提示付款期限内向代理付款银行提示付款;⑤代理付款银行收到持票人提示的本票,经审核无误后,代理出票银行付款;⑥代理付款银行通过票据交换系统与出票银行清算票款;⑦出票银行收到票据交换提入的银行本票,办理本票结清手续。

三、银行本票的会计核算

(一) 银行本票出票的处理

申请人需要使用银行本票,应向银行填写一式三联的“银行本票申请书”,第一联存根,第二联借方凭证，第三联贷方凭证。交现金办理本票的，第二联注销。出票银行审查无误后，转账交付的，以第二联作借方凭证，第三联作贷方凭证，编制下列会计分录：

借：××存款——申请人户

　贷：本票科目

现金交付的，以第三联作贷方凭证。会计分录为：

借：现金

　贷：本票科目

第一联申请书加盖受理凭证专用章作回单交给申请人，回单只能作为银行受理的依据。银行在办理转账或收妥现金后，签发银行本票。不定额本票一式两联，第一联卡片，第二联本票。定额本票分为存根联和正联。本票上未划区"现金"和"转账"字样的，一律按转账办理。

(二) 银行本票付款的处理

1. 办理转账的处理

代理付款行接到持票人交来的本票和两联进账单时，经审查无误后，第二联进账单作贷方凭证。会计分录为：

借：存放中央银行款项

　贷：××存款——持票人户

第一联进账单上加盖转讫章作收账通知交给持票人。在本票上加盖转讫章，通过票据交换向出票行提出交换。

2. 支付现金的处理

出票行接到持票人交来"现金"字样的本票时，首先须抽出专夹保管的本票卡片或存根进行核对。如核对相符，确属本行签发，再作进一步的审核。审核无误后，办理付款手续。本票作借方凭证，本票卡片或存根联作附件，另填制特种转账贷方、现金借方凭证各一联。会计分录为：

借：本票科目

　贷：现金

(三) 银行本票结清的处理

持票人、申请人不在同一行处开户的处理方式如下：

出票行收到票据交换提入的本票时，抽出专夹保管的本票卡片或存根，经核对相符，确属本行签发，以本票作借方凭证，本票卡片或存根联作附件。会计分录为：

借：本票科目

　贷：××存款——持票人户

　　或：现金

(四) 持票人超过提示付款期限的处理

持票人超过提示付款期限不获付款时，在票据权利时效内向出票行作出说明，并将本票交给出票行。持票人为单位的提供单位证明；持票人为个人的，应交验身份证件。出票行经与原专户保管的卡片或存根核对无误，在本票上注明"逾期付款"字样，办理付款手续。

持票人在本行开户的，填制二联进账单，第二联进账单作贷方凭证（如系退付现金，本联作借方凭证附件），本票作借方凭证，本票卡片或存根作附件。会计分录为：

借:本票科目

　贷:××存款——持票人户

　　或:现金

第一联进账单加盖转讫章作收账通知交给持票人。

持票人未在本行开户的,填制三联进账单,本票作借方凭证,卡片或存根作附件,第一联进账单加盖转讫章作回单交给持票人,第二、三联进账单按票据交换规定提出交换。有关账务处理程序与支票类似。

(五)申请人退款的处理

申请人因本票超过付款期限或其他原因要求出票行退款时,填制一式两联进账单连同本票交给出票行,并提供有关证件。申请人为单位,应出具该单位的证明;为个人,应出具个人身份证件。出票行经与原专夹保管的本票卡片或存根核对无误后,在本票上注明"未用退回"字样,第二联作贷方凭证(如系退付现金,本联作借方凭证附件),本票作借方凭证,本票卡片或存根联作附件。会计分录为:

借:本票科目

　贷:××存款——申请人户

　　或:现金

第一联进账单上加盖转账章作收账通知交给申请人。

第四节　银行汇票的核算

一、银行汇票的概念

银行汇票是出票银行签发的,由其在见票时按实际结算金额无条件支付给收款人或者持票人的票据。在银行汇票结算方式中,付款人为出票银行,代理付款人为代理本系统出票银行或跨系统签约银行审核支付汇票款项的银行。

二、银行汇票的业务操作程序

银行汇票的业务操作程序为:①申请人填写银行汇票申请书,向出票银行交存足额票款后申请签发银行汇票;②出票银行收妥票款后签发银行汇票,交给申请人;③申请人取得银行汇票后,持往异地结算,交付给收款人;④收款人背书转让给持票人;⑤收款人或持票人在银行汇票提示付款期内向代理付款银行提示付款;⑥代理付款行接到收款人或持票人提示的银行汇票,经审核无误后,代理出票行付款;⑦代理付款行通过资金汇划系统与出票行清算票款;⑧出票行收到异地资金汇划凭证与代理付款行清算票款,结清银行汇票款项。

三、银行汇票的会计核算

(一)银行汇票的出票处理

申请人需要使用银行汇票,应向银行填写汇票申请书。申请书一式三联,第一联存根,第二联借方凭证,第三联贷方凭证。交现金办理汇票的,第二联注销。出票行受理申请时,应认真审查申请书内容是否填写齐全、清晰,大小写金额有无涂改,签章是否为预留银行印鉴。申请书填明“现金”字样的，应审查申请人和收款人是否为个体经济户或个人，是否填明代理付款行名称。否则，出票行不得受理其签发现金银行汇票的申请。转账付款的，以第二联作借方凭证，第三联作贷方凭证。会计分录为：

借：××存款——申请人户

　贷：汇出汇款

现金交付的，以第三联作贷方凭证。会计分录为：

借：现金

　贷：汇出汇款

出票行在办好转账或收妥现金后，签发银行汇票。汇票凭证一式四联，第一联卡片，第二联汇票，第三联解讫通知，第四联多余款收账通知。

（二）银行汇票付款的处理

代理付款行接到在银行开立账户的收款人或持票人直接交来的汇票、解讫通知和两联进账单时，经审核无误，在第一联进账单上加盖转讫章作收账通知交给收款人，汇票作借方凭证（下同）；第二联进账单作贷方凭证，用于办理转账。会计分录为：

借：电子汇兑往账

　贷：××存款——收款人或持票人户

在解讫通知上加盖转讫章，并发送电子汇划信息给出票行。

代理付款行接到未在本行开立账户的收款人或持票人交来的汇票和解讫通知及二联进账单时，经审核无误后，办理付款手续，并一律通过应解汇款及临时存款科目核算，且在该科目分户账户填明汇票号码，以备查考。进账单第一联加盖转讫章及经办人员名章作收账通知交给持票人，第二联进账单作贷方凭证。会计分录为：

借：电子汇兑往账

　贷：应解汇款及临时存款——××户

收款人或持款人需要一次或分次办理转账支付的，应由其填制支款凭证，在支款凭证上注明身份证件名称、号码、发证机关并签章，由银行验证身份证件后办理转账手续。会计分录为：

借：应解汇款及临时存款——××户

　贷：存放中央银行款项

　　或：辖内往来

　　或：××存款——××户

收款人或持票人需要支取现金的，代理付款行经查看汇票上确已按规定填明“现金”字样，以及填写的代理付款行名称相符，可一次办理现金支付手续；未填明“现金”字样，需要支取现金的，由代理付款行按照现金管理规定审查支付，另填制现金借方凭证一联。会计分录为：

借：应解汇款及临时存款——××户

　贷：现金

银行接到持票人交来跨系统银行签发的汇票和解讫通知及二联进账单时，经审查无误后，应通过同城票据交换将汇票和解讫通知提交给同城有关的代理付款行审核支付后抵用；省、自治区、直辖市内和跨省、市的经济区域内，跨系统签发银行汇票的付款，按照有关的规定办理。

(三) 银行汇票结清的处理

(1) 出票行接到代理付款行发来电子汇划信息时,抽出专夹保管的汇票卡片,经核对确属本行签发,借方凭证与实际结算金额相符,多余金额结记正确无误后,分别作如下处理:

① 汇票全额付款,应在汇票卡片的实际结算金额栏内填入全部金额,以汇票卡片作借方凭证,在多余款收账通知的多余金额栏填写"—0—",连同解讫通知和多余款收账通知作借方凭证附件。会计分录为:

借:汇出汇款

　贷:电子汇兑来账

同时销记汇出汇款账。

② 汇票有多余款的,应在汇票卡片和多余款收账通知上填写实际结算金额,以解讫通知作多余款贷方凭证,汇票卡片作借方凭证。会计分录为:

借:汇出汇款

　贷:电子汇兑来账

　　××存款——申请人户

同时销记汇出汇款账,在多余款收账通知多余金额栏填写多余金额,并加盖转讫章,通知申请人。

③ 如果申请人未在银行开立账户,多余金额应先转入其他应付款科目,以解讫通知代其他应付款科目贷方凭证。会计分录为:

借:汇出汇款

　贷:电子汇兑来账

　　其他应付款

同时销记汇出汇款账,并通知申请人持通知及本人身份证件来行办理领取手续。领取时,以多余款收账通知代其他应付款科目借方凭证。会计分录为:

借:其他应付款

　贷:现金

(2) 出票行对专夹保管的汇票卡片及多余款收账通知,应当定期检查清理,发现有超过汇票付款期限(加上正常凭证传递期)的应当主动与申请人联系,查明原因及时处理。

(四) 银行汇票退款、挂失和超过付款期限的处理

1. 退款手续

申请人由于汇票超过付款期限或其他原因要求退款时,应当备函向出票行说明原因,并交回汇票和解讫通知。如系未开立存款账户的申请人,还应交验本人身份证件。出票行经与原专夹保管的汇票卡片核对无误,即在汇票和解讫通知的实际结算金额大写栏内填写"未用退回"字样,多余款收账通知的多余金额栏填入原出票金额,并加盖转讫章,作为退款收账通知交给申请人。解讫通知作贷方凭证(如系退付现金,即作为借方凭证的附件),汇票卡片作借方凭证,汇票作附件办理转账。会计分录为:

借:汇出汇款

　贷:××存款——申请人户

　　或:现金

同时销记汇出汇款账。多余款收账通知的多余金额栏填入原出票金额并加盖转讫章作

收账通知交给申请人。申请人由于汇票和解讫通知短缺了一联而不能在代理付款行办理结算时，应当备函向出票行说明短缺原因，并交回持有的一联凭证，出票行可比照退款手续办理退款。

2. 挂失手续

填明“现金”字样及代理付款行的汇票丢失，止付人到代理付款行或出票行挂失时，应当提交三联“挂失止付通知书”，分别作如下处理：

(1) 代理付款行接到失票人提交的挂失止付通知书，应审查挂失止付通知书填写是否符合要求，是否属本行代理付款的现金汇票，并查对确未付款的，方可受理。在第一联挂失止付通知书上加盖业务公章作为受理回单；第二、三联于登记汇票挂失登记簿后专夹保管，凭以掌握止付；如失票人委托代理付款行通知出票行挂失的，代理付款行应立即向出票行发出挂失通知，采用电报通知的，凭第三联拍发电报。

出票行接到代理付款行发来的挂失止付通知，应抽出原专夹保管的汇票卡片和多余款收账通知核对无误后，一并另行保管，凭以控制付款或退款。

(2) 出票行接到失票人提交的挂失止付通知书，应查挂失止付通知书填写是否符合要求，并查对汇出汇款账和汇票卡片系属指定代理付款行支取现金的汇票，并确未注销时方可受理。在第一联挂失止付通知书上加盖业务公章作为受理回单；第二、三联于登记汇票挂失登记簿后，与原汇票卡片和多余款收账通知一并另行保管，凭以控制付款或退款；如失票人委托出票行通知代理付款行挂失的，应立即向代理付款行发出挂失通知，采取电报通知的凭第三联拍发电报。

代理付款行接到出票行发来的挂失通知，查对确未付款后，挂失止付通知专夹保管，凭以掌握止付。

3. 超过付款期限付款手续

持票人超过付款期限不获付款的，在票据权利时效内请求付款时，应当向出票行说明原因，并提交汇票和解讫通知。持票人为个人的，还应交验本人身份证件。出票行经与原专夹保管的汇票卡片核对无误，多余金额结记正确无误，即在汇票和解讫通知的备注栏填写“逾期付款”字样，办理付款手续，并一律通过应解汇款及临时存款科目核算，分别作如下处理：

(1) 汇票全额付款，应在汇票卡片的实际结算金额栏内填入全部金额，在多余款收账通知的多余金额栏填写“－0－”，汇票卡片作借方凭证，解讫通知作贷方凭证，多余款收账通知作贷方凭证附件。会计分录为：

借：汇出汇款

　　贷：应解汇款及临时存款——持票人户

同时销记汇出汇款账，由持票人填写信(电)汇凭证或银行汇票申请书并签章，委托银行办理汇款或签发银行汇票。会计分录为：

借：应解汇款及临时存款——持票人户

　　贷：电子汇兑往账

　　　或：汇出汇款

(2) 汇票有多余款的，应在汇票卡片和多余款收账通知上填写实际结算金额，以解讫通知作多余款贷方凭证，汇票卡片作借方凭证。会计分录为：

借：汇出汇款

贷：应解汇款及临时存款——持票人户

××存款——申请人户

同时销记汇出汇款账，在多余款收账通知多余金额栏填写多余金额，并加盖转讫章，通知申请人。其余手续按全额付款的有关手续处理。

(3) 持票人提交填明“现金”字样的银行汇票，应作如下处理：属于汇票全额付款的，按转账的全额付款手续处理，同时按照汇兑的结算方式和银行汇票的规定在信(电)汇凭证或银行汇票上填明“现金”字样。属于汇票有多余款的，应将多余金额转入其他应付款科目申请人户，及时通知申请人来行办理取款手续，其余手续按转账的多余款付款有关手续处理，并按照汇兑结算方式和银行汇票的规定在信(电)汇凭证或银行汇票上填明“现金”字样。

(五) 丢失汇票付款或退款的处理

丢失了汇票在付款提示期限届满后1个月，失票人凭人民法院出具的其享有该汇票票据权利以及实际结算金额的证明，向出票行请求付款或退款时，银行经审查确未支付的，分别作如下处理：

(1) 出票行向失票人付款时，应根据人民法院证明的实际结算金额抽出原专夹保管的汇票卡片，经核对无误，按银行汇票结清的有关手续处理，并将款项付给失票人。

(2) 出票行向申请人退款时，抽出原专夹保管的汇票卡片核对无误后，办理退款手续。

(六) 有缺陷汇票的处理

银行发现收款人或持票人已经收受了有缺陷的汇票，在保证资金安全的情况下，可根据具体情况，适当处理。

如汇票上压数机压印的金额、签章模糊不清，漏盖、错盖规定印章，漏压压数机金额或印章，以及密押不符的，代理付款行应将汇票暂时收存不予付款，并及时向出票行发出查询。对于跨系统的应将情况及时通知持票人开户行，并以电报或电话查询出票行，俟出票行补来清晰的签章和压数机压印的金额或正确密押的查复书后，才能通知持票人到其开户银行办理付款手续。

第五节　商业汇票的核算

一、商业汇票的概念

商业汇票是出票人签发的，委托付款人在指定日期无条件支付确定的金额给收款人或持票人的票据。商业汇票的付款人为承兑人。根据承兑人不同，可以把商业汇票分为两种类型：由银行以外的付款人承兑的商业承兑汇票，由银行承兑的银行承兑汇票。

二、商业汇票的业务操作程序

(一) 银行承兑汇票业务操作程序

银行承兑汇票的业务操作程序为：①承兑申请人出票并向开户银行申请承兑。②承兑银行按规定审查同意后，即可受理承兑。办理承兑时应签署承兑协议并向申请人收取承兑手续费。③承兑申请人收到经银行承兑的汇票及时提交给收款人，收款人可背书转让给持票人。④持票人在汇票提示付款期内委托开户银行向承兑银行收款。⑤持票人开户银行受理汇票委托后，按委托收款结算的规定向承兑银行寄递汇票及有关结算凭证。⑥承兑银行接到持票人开户银行寄来的委托收款凭证及汇票后，于汇票到期日全额支付票款。款项从承兑申请人账户支付。⑦承兑银行按委托收款结算的规定向持票人开户银行划转票款。⑧持票人开户银行收到承兑银行划来的票款后，及时转入指定账户。

（二）商业承兑汇票业务操作流程

商业承兑汇票的业务操作程序为：①收款人向付款人提供商品以后，出票并提示付款人承兑。按规定，也可由付款人出票并承兑。②付款人承兑汇票后将汇票交付收款人，收款人可背书转让给持票人。③持票人在汇票提示付款期内委托开户银行向付款人付款。④持票人开户银行受理汇票委托后，按委托收款结算的规定向付款人开户银行寄递汇票及有关结算凭证。⑤付款人开户银行收到持票人开户银行寄来的委托收款凭证及汇票时，经审查无误后通知付款人付款。⑥付款人付款。⑦付款人开户银行按委托收款结算的规定向持票人开户银行划转票款。⑧持票人开户银行收到付款人开户银行划来的票款后，及时转入指定账户。

三、商业汇票的会计核算

（一）商业承兑汇票的处理

1. 收款人或持票人开户行受理汇票的处理

收款人或持票人对将要到期的商业承兑汇票，应估算至付款人开户行的邮程，提前委托开户行收款，并填制异地委托收款凭证，在“委托收款凭据名称”栏注明“商业承兑汇票”及其汇票号码，连同汇票，一并送交开户行。银行审查无误后，在委托收款凭证各联上加盖“商业承兑汇票”戳记。其余手续按照发出委托收款凭证的手续处理。第二联委托收款凭证单独保管，并登记发出委托收款凭证登记簿。

2. 付款人开户行收到汇票的处理

付款人开户行接到收款人或持票人开户行寄来的委托收款凭证及汇票时，应审查付款人是否在本行开户，审核无误后，将第五联委托收款凭证连同汇票交给付款人，通知其付款，然后进行会计处理。

（1）付款人通知银行支付款项的，按照委托收款付款的处理手续办理划款。会计分录为：

借：××存款——付款人户

　贷：电子汇兑往账

　或：××往来

（2）付款人未通知银行支付款项的，银行应于发出通知次日起第四天向收款人或持票人发出付款人未付票款通知书（用异地结算通知书代）。

（3）付款人拒绝支付的，银行在收到付款人的拒绝付款证明和汇票时，按照委托收款拒绝付款的手续处理。

3. 收款人或持票人开户行收到划回票款或退回凭证的处理

（1）收款人或持票人开户行收到付款人开户行发送来的电子汇划信息，按照委托收款的款项划回手续处理。会计分录为：

借：电子汇兑来账

　贷：××存款——收款人或持票人户

(2) 收款人或持票人开户行接到付款人开户行发来的付款人未付票款通知书或付款人的拒绝付款证明和汇票以及委托收款凭证,按照委托收款退回凭证或拒绝付款退回凭证或拒绝付款退回凭证的处理手续,将委托收款凭证、未付款项通知书或汇票退给收款人或持票人。

同时销记发出委托收款凭证登记簿。

(二) 银行承兑汇票的处理

1. 承兑银行办理汇票承兑的处理

(1) 出票人(或持票人)向银行承兑汇票(下称汇票)上记明的银行申请承兑时,承兑银行的信贷部门按有关规定和审批程序审查同意后,即可与出票人签署银行承兑协议,一联留存,另一联及其副本和有关汇票凭证一并交二级分行会计部门。出票人(或持票人)向银行交存保证金时,应提交转账支票和进账单,银行据以办理转账手续。会计分录为:

借:××存款——出票人户

  贷:保证金——出票人户

对出票人(或持票人)交存的保证金,应存入银行保证金专户,分笔立户,分别使用,不得挪作他用,并按规定计算利息。出票人提供抵押、质押的,应登记表外科目登记簿,有关单证专夹入库保管。

(2) 二级分行会计部门对信贷部门提交的协议等有关单证审核无误后,向申请承兑的出票人按份出售空白银行承兑汇票,由申请人现场填写,会计部门对申请人填写的汇票审核无误后登记备案。承兑申请人在汇票上签章交信贷部门复审,然后送开户行会计部门。

(3) 承兑申请人开户银行会计部门接到银行承兑汇票、银行承兑协议、合同复印件、不可撤销的承诺函等核对无误后,审查保证金是否入专户管理,汇票必须记载事项是否齐全,出票人的签章是否符合规定,出票人是否在本行开立存款账户等后,在第一、二、三联汇票上注明承兑协议编号,并在第二联汇票"承兑银行签章"处加盖汇票专用章和用总行统一制作的压数机在"汇票金额"栏小写金额的下端压印汇票金额后,由出票人申请承兑的,将第二联汇票连同一联承兑协议交给出票人。同时,按照承兑协议规定向出票人收取承兑手续费。会计分录为:

借:××存款——出票人户

  贷:手续费收入

然后根据第一联汇票填制银行承兑汇票表外科目贷方凭证,登记表外科目登记簿,并将第一联汇票卡片和承兑协议副本及其他凭证专夹保管。

承兑银行对银行承兑汇票登记簿的余额要经常与保存的第一联汇票进行核对,以保证金额相符。

2. 收款人或持票人开户行受理汇票的处理

收款人或持票人对将要到期的银行承兑汇票,应填制异地委托收款凭证,在"委托收款凭据名称"栏注明"银行承兑汇票"及其汇票号码,连同汇票,一并送交开户行。银行审核无误后,在委托收款凭证各联上加盖"银行承兑汇票"戳记。其余手续按照发出委托收款凭证的手续处理。第二联委托收款凭证单独保管,并登记发出的委托收款凭证登记簿。

3. 承兑银行对汇票到期付款的处理

承兑银行接到收款人或持票人开户行寄来的委托收款凭证或汇票,应于汇票到期日(遇法定休假日顺延)按照委托收款付款的处理手续办理划款。会计分录为:

借:××存款——出票人户

保证金——出票人户

贷:电子汇兑往账

出票人账户无款或不足支付时,应转入该出票人的逾期贷款户,每日按一定比例计收罚息。

账户无款支付时,应填制第二联特种转账凭证,在特种转账凭证"转账原因"栏和第五联委托收款凭证"备注"栏注明"××汇票无款支付转入逾期贷款户"。一联作借方凭证,一联作贷方凭证,第五联委托收款凭证加盖业务公章后给出票人。会计分录为:

借:××科目——出票人逾期开款户

贷:××存款——出票人户

借:××存款——出票人户

保证金——出票人户

贷:电子汇兑往账

账户不足支付时,应将不足支付的金额转入该出票人逾期贷款户,比照无款支付的手续办理。

另填制银行承兑汇票表外科目借方凭证,销记表外科目登记簿。

4. 收款人或持票人开户行收到汇票款项的处理

收款人或持票人开户行接到付款人开户行发送来的电子汇划信息,按照委托收款的款项划回手续办理。会计分录为:

借:电子汇兑来账

贷:××存款——收款人或持票人户

(三) 商业汇票贴现的处理

1. 银行受理汇票贴现的处理

收款人或持票人持未到期的汇票向银行申请贴现时,应根据汇票填制一式五联贴现凭证,在第一联上按规定签章后,连同汇票及解讫通知一并送交银行。银行信贷部门按照规定审查,符合条件的,在贴现凭证"银行审批"栏签注"同意"字样,并加盖有关人员名章后送交会计部门。

会计部门接到汇票和贴现凭证后,按照有关规定审查无误,贴现凭证的填写与汇票核对相符,按照规定的贴现率计算出贴现利息和实付贴现金额。计算方法是:

$$贴现利息=汇票金额\times贴现天数\times(月贴现率\div30)$$

$$实付贴现金额=汇票金额-贴现利息$$

然后在贴现凭证有关栏填上贴现率、贴现利息和实付贴现金额。

第一联贴现凭证作贴现科目借方凭证,第二、第三联分别作××科目和营业收入科目的贷方凭证,第四联加盖转讫章交给申请贴现的持票人作收账通知,第五联和汇票按到期日顺序排列,专夹保管。会计分录为:

借:贴现——××汇款户

贷:××存款——持票人户

利息收入——贴现利息收入户

2. 贴现、转贴现到期收回的处理

汇票到期，贴现银行作为收款人，应估算邮程，提前填制委托收款凭证向付款人收取票款。并将第五联贴现凭证作为第二联委托收款凭证的附件存放，其余处理手续可比照上述有关项办理。

贴现银行在收到款项划回时，处理手续可以按照上述有关项办理。会计分录为：

借：电子汇兑来账

　贷：贴现——××汇票户

3. 贴现、转贴现到期未收回的处理

贴现银行在收到付款人开户行返回委托收款凭证和汇票时，对已贴现的金额，即从申请贴现的持票人账户收取。填制二联特种转账凭证，在"转账原因"栏注明"未收到××号汇票款，贴现款已从你账户收取"，一联作为借方凭证，另一联加盖转讫章作支款通知随同汇票交给申请贴现的持票人，第五联贴现凭证作贴现科目贷方凭证。会计分录为：

借：××存款——持票人户

　贷：贴现——××汇票户

申请贴现的持票人账户余额不足时，应按照逾期贷款的规定处理。

转贴现到期，比照贴现到期收回的手续处理。

（四）商业汇票再贴现的处理

商业银行以未到期的贴现汇票向中国人民银行申请再贴现，应按中国人民银行的规定在票据上作成"转让背书"，在被背书人栏填写再贴现名称，在背书人栏加盖汇票专用章和法定代表人或授权经办人名章，填写一式五联再贴现凭证（用贴现凭证代替），在第一联上按照规定签章后，将已贴现的票据和商品发运单据以及增值税发票复印件一并交给中国人民银行审批。贴现行在收到中国人民银行交给的再贴现收账通知后，应填制二联特种转账借方凭证，一联特种转账贷方凭证，收账通知作存放中央银行款项借方凭证的附件。会计分录为：

借：存放中央银行款项

　贷：金融机构往来支出——中央银行往来支出

　　　贴现——再贴现票据户

再贴现的票据到期时，中国人民银行应通过委托收款方式主动向承兑行提示付款，在不获付款时从再贴现申请银行账户收取。再贴现申请银行收到中国人民银行退回的汇票和拒绝付款理由书时，可以向贴现申请人追索，其会计账务处理可以参照贴现到期未收回的处理手续办理。

第六节　汇兑业务的核算

一、汇兑的概念

汇兑是汇款人委托银行（汇出行）将款项汇给异地收款人的结算方式。汇兑分为信汇和电汇两种，汇款人可根据需要选用。前者是汇款人委托银行以邮寄凭证的方式，通过汇入行解付汇款的一种结算方式；后者是汇款人委托银行以发送电子汇划信息的方式通知汇入行解付汇款的结算方式。

此汇款方式便于汇款人向异地主动付款，适用于单位、个体经济户和个人的各种款项结算。个体经济户和个人需要在汇入行支取现金的，可凭填明“现金”字样的汇款凭证到汇入行支取现金。对于“留行待取”、“凭印鉴支取”、“分次支取”、“转汇”等都有明确的规定，以适应客户的不同要求。

二、汇兑业务的操作程序

汇兑业务的操作程序为：①汇款人向汇出行申请委托办理汇兑业务，并填写汇兑凭证；②汇出行受理和审查汇兑凭证；③汇出行审查无误，加盖印章，退还汇兑凭证回单联给汇款人；④汇出银行将汇兑凭证信息随资金汇划凭证信息通知汇入行；⑤汇入行收到汇兑凭证及资金汇划凭证信息，进行审核；⑥汇入银行通知收款人将款项入账。

三、汇兑业务的会计核算

(一)汇出行的处理手续

1. 汇兑业务的基本手续

汇款人委托银行办理汇兑时，应填制一式四联信汇凭证或一式三联电汇凭证。汇款人派人到汇入行领取汇款的，应在汇兑凭证各联“收款人账号或住址”栏注明“留行待取”字样；留行待取的汇款，需要指定单位的收款人领取汇款的，应注明收款人的单位名称；信汇凭收款人签章支取的，应在信汇凭证第四联上加盖预留的收款人签章。若汇款人和收款人均为个人，需要在汇入行支取现金的，应在汇兑凭证金额“人民币(大写)”栏先填写“现金”字样，后填写汇款金额。

2. 汇出行受理汇兑的处理

汇出行受理汇兑凭证时，应认真审查：①信(电)汇凭证必须填写的各项内容是否齐全，正确；②凭证的金额、委托日期、收款人名称是否更改，其他事项更改是否有原记载人签章证明；③大小写金额是否一致；④委托日期是否是当日；⑤汇款人账户内是否有足够支付的余额；⑥汇款人的签章与预留银行签章是否相符；⑦对填明“现金”字样的信汇凭证，还应审查汇款人和收款人是否均为个人。

审核无误后，对转账交付的，信(电)汇凭证第二联作借方记账凭证。会计分录为：

借：活期存款——汇款人户

　　贷：清算资金往来——电子汇划款项户

对现金交付的，以汇款人姓名开立应解汇款户，现金交款单第二联作贷方记账凭证。会计分录为：

借：现金——业务现金户

　　贷：应解汇款及临时存款——汇款人户

交付现金后，办理汇款时，其会计分录为：

借：应解汇款及临时存款——汇款人户

　　贷：清算资金往来——电子汇划款项户

转账后，在信(电)汇凭证第一联回单上加盖转讫单退给汇款人，第三联信汇凭证加盖联行专用章与第四联随同联行邮划贷方报单寄汇入行。采用电子汇划系统的，根据第三联电汇凭证进行电子汇划记账，然后加押，复核后通过汇划系统发送。

对跨系统银行汇款或本系统 50 万元以上汇款应通过中国人民银行转汇。第三联信汇凭证或第三联电汇凭证加盖业务公章，随附中国人民银行异地转汇清单，并通过同城票据交换提交中国人民银行办理转汇。

(二) 汇入行的处理手续

汇入行接到汇出行寄来的邮划贷方报单或本地区中国人民银行转来的转汇清单，以及第三、四联信汇凭证时，应审查第三联信汇凭证上的联行专用章与联行报单印章一致，如系中国人民银行通过票据交换提交的第三、四联信汇凭证或中国人民银行电汇贷方补充报单，应审查信汇凭证上有无中国人民银行票据审核章，汇入行是否是本行，收款人是否在本行开户。

通过电子汇划系统收到汇划来账，打印电划贷方补充报单，核押、审核无误后，按下列手续处理：

(1) 收款人在本行开立账户的，直接收账，并以第三联信汇凭证或第二联电划贷方补充报单或中国人民银行电汇贷方补充报单作贷方记账凭证，电子汇划凭证及有关往来凭证作借方记账凭证。会计分录为：

借：清算资金往来——电子汇划款项户

　贷：活期存款——收款人户

同时，需要在第四联信汇凭证或第三联电划贷方补充报单或一联中国人民银行电汇贷方补充报单上加盖转讫章，作收账通知，交收款人。

(2) 收款人为未在本行开立账户的个人，应以第三联信汇凭证或第二联电划贷方补充报单或中国人民银行电汇贷方补充报单作贷方记账凭证，联行汇划凭证及有关往来凭证作借方记账凭证。会计分录为：

借：电子清算资金往来——电子汇划款项户

　贷：应解汇款及临时存款——收款人户

同时，需登记应解汇款登记簿，第四联信汇凭证或第三联电划贷方补充报单或中国人民银行电汇贷方补充报单上编列应解汇款顺序号并留存保管，另通知收款人来行办理取款手续。

(3) 收款人持取款通知来行办理取款时，抽出第四联信汇凭证或第三联电划贷方补充报单或中国人民银行电汇贷方补充报单，并认真审查收款人身份证件，并将其证件名称、号码、发证机关批注在上述凭证空白处，并由收款人在“收款人盖章”处盖章或签字。

如果是凭签章支取款项的，收款人签章同预留收款人签章审查相符后，办理付款手续。需要支付现金的，必须在汇兑凭证或中国人民银行电汇贷方补充报单填明“现金”字样，可一次办理现金支付手续；未填明“现金”字样，需要支取现金的，由汇入银行按照现金管理规定审查支付。支取现金时，由收款人填制一联支款单作借方记账凭证，第四联信汇凭证或第三联电划贷方补充报单或中国人民银行电汇贷方补充报单作附件。会计分录为：

借：应解汇款及临时存款——收款人户

　贷：现金——业务现金户

第七节　托收承付的核算

一、托收承付的概念

托收承付结算是收款人根据经济合同发货后，委托银行向异地付款人收取款项，付款人按合同核对单证或验货后，向银行承认付款的一种结算方式。

托收承付结算每笔金额起点为1万元。承付货款分为验单付款和验货付款两种，由收付双方商量选用，并在合同中明确规定。

验单付款的方式下，承付期为3天，从付款人开户银行发出承付通知的次日算起（承付期内遇法定休假日顺延），付款人在承付期内，未向银行表示拒绝付款，银行即视作承付，并在承付期满的次日上午（法定休假日顺延）银行开始营业时，将款项主动从付款人的账户付出，按照收款人指定的划款方式，划给收款人。

验货付款承付期为10天，从运输部门向付款人发出提货通知的次日算起。对收付双方在合同中明确规定，并在托收凭证上注明验货付款期限的，银行从其规定。付款人收到提货通知后，应即向银行交验提货通知。付款人在银行发出承付通知的次日算起10天内，如未收到提货通知，应在第10天将货物未到的情况通知银行。付款人在第10天没有通知银行的，银行即视作已验货，于第10天期满的次日上午银行开始营业时，将款项划给收款人。在第10天付款人通知银行货物未到，而以后收到提货通知没有及时送交银行，银行仍按10天期满的次日作为划款日期，并按超过的天数，计扣逾期付款赔偿金。采用验货付款的，收款人必须在托收凭证上加盖明显的"验货付款字样"戳记。托收凭证未注明验货付款，经付款人提出合同证明是验货付款的，银行可按验货付款处理。

二、托收承付的会计核算

全额支付的托收承付结算，其处理过程可为四个阶段：收款人开户行受理并发出托收凭证；付款人开户行通知承付；付款人开户行划款；收款人开户行收款。

（一）收款人开户行受理托收承付的处理

收款人办理托收时，应填制一式五联托收承付凭证。第一联回单，第二联贷方凭证，第三联借方凭证，第四联发送电子汇划信息依据，第五联承付通知。

收款人在第二联托收凭证上签章后，将其托收凭证和有关单证提交开户行。

（1）托收款项是否符合托收承付结算方式规定的范围、条件、金额起点，以及其他规定。

（2）有无商品确已发运的证件。如提供的证件需要取回的，收款人在托收凭证上是否注明"发运日期"和"证件号码"。对提供发运证件有困难的，要审查其是否符合托收承付结算方式的其他条件。

（3）托收凭证必须记载的各项是否齐全和符合填写凭证的要求。

（4）托收凭证与所附单证的张数是否相符。

（5）第二联托收凭证上是否有收款人签章，其签章是否符合规定。必要时，还应查验收付款人签订的合同。

托收凭证应及时审查，审查时间不得超过次日。经审查无误后，对托收凭证作如下处理：

将第一联托收凭证加盖业务公章后退给收款人。对收款人向银行提供发运证件后需要取回保管或自寄的，应在各联凭证和发运证件上加盖"已验发运证件"戳记，然后将发运证件退给收款人。

将第二联托收凭证专夹保管并登记发出托收结算凭证登记簿。

将第三、四、五联托收凭证(在第三联上加盖带有电子汇划行号的结算专用章)连同交易单证,一并寄交付款人开户行。收款人开户行如不办理电子划汇业务,向付款人开户行直接发出托收凭证的,应在托收凭证的“备注”栏加盖“款项收妥请划收××(行号)转划我行”戳记,以便付款人开户行向指定的转划行填发报单。

(二) 付款人开户行的处理

付款人开户行收到收款人开户行寄来的邮划或电划第三、四、五联托收凭证及交易单证后,应认真审查以下内容:付款人是否在本行开户,所附单证张数与凭证是否相符,第三联凭证上是否盖收款人开户行“结算专用章”。审查无误后,在每联凭证上注明收到日期和承付期,根据邮划或电划凭证,逐笔登记“收到托收承付(委托收款)登记簿”。将邮划或电划第三、四联托收凭证专夹保管、将第五联托收凭证加盖“业务用公章”,连同交易单证一并及时通知付款人(根据双方协议,可由付款人来行自取,或派人送达,对距离较远的付款人可邮寄)。验单付款的方式承付期为 3 天,从银行对付款人发出承付通知日的次日(付款人来行自取的,为银行收到托收凭证日的次日)算起(承付期内遇法定假日顺延),必须邮寄的,应加邮寄时间;验货付款的承付期为 10 天,从运输部门向付款人发出提货通知日的次日算起。然后根据第三、四联托收凭证,逐笔登记定期代收结算凭证登记簿,将第三、四联托收凭证专夹保管,将第五联托收凭证加盖业务公章,连同交易单一并及时交给付款人。

对非付款人开户行开户的托收凭证误寄本行的应代为转寄,并将有关情况通知收款人开户行。如不能肯定付款人开户行,则退回原托收行。

(三) 付款人承付或拒绝付款的处理

1. 全额付款的处理

付款人在承付期满日开户行营业结束前,账户有足够资金支付全部款项的,付款人开户行应在次日上午(法定假日顺延)以第三联托收凭证作借方记账凭证,办理汇划,第四联填注支付日期后作贷方记账凭证附件;跨系统的托收承付,将第四联加盖“业务用公章”,随转汇清单提交转汇行。会计分录:

借:××活期存款——××付款人户

　贷:清算资金往来——电子汇划款项户

　　或:存中央银行存款——存××人行存款户

　　或:同城票据清算——人行同城票据清算户

　　或:××科目——××户

转账后,在“收到托收承付(委托收款)登记簿”上填注转账日期。根据第四联托收凭证编制电子汇划贷方报单,凭以向收款人开户行发送电子汇划信息。

2. 提前承付的处理

不论验单付款还是验货付款,付款人都可以在承付期内提前向银行表示承付,并通知银行提前付款,银行应立即办理划款;银行划款的处理与到期付款手续相同,但应在托收凭证和“收到托收承付(委托收款)登记簿”备注栏分别注明“提前承付”字样,付款人不得在承付货款中扣抵其他款项或以前托收的货款。

3. 多承付的处理

付款人如因商品的价格、数量或金额变动等原因,要求将多承付款项连同本笔托收款项一并划回时，应填制“多承付理由书”一式四联（以“拒绝付款理由书”代）提交开户行。开户行审查后，在托收凭证和“收到托收承付（委托收款）登记簿”备注栏注明多承付的金额，以第二联多承付理由书作借方记账凭证（第三联托收凭证作附件）办理汇划。会计分录：

借：××活期存款——××付款人户

　贷：存中央银行款项——存××人行存款户

　　或：清算资金往来——电子汇划款项户

　　或：同城票据清算——××人行同城票据清算户

转账后，在“收到托收承付（委托收款）登记簿”上填注转账日期，将第一联“多承付理由书”加盖“转讫章”作支款通知交给付款人，将第三、四联“多承付理由书”邮寄收款人开户行或通过清算系统的跟单方式录入后发送托收行。

4. 部分付款和逾期付款的处理

(1) 部分付款的处理。付款人在承付期满日开户行营业终了前，其账户只能部分支付的（即部分付款），付款人开户行应在托收凭证上注明当天可以扣收的金额、原托收号码及金额。填制两联特种转账借方凭证，以一联特种转账借方凭证作借方记账凭证，系统内的向收款人开户行办理电子汇划，跨系统的，将款项划转转汇行或人民银行。会计分录：

借：××活期存款——××付款人户

　贷：清算资金往来——电子汇划款项户

　　或：存中央银行存款——存××人行存款户

　　或：同城票据清算——××人行同城票据清算户

　　或：××科目——××户

转账后，另一联特种转账借方凭证加盖“转讫章”作付款通知交付款人，并在“收到托收承付（委托收款）登记簿”备注栏分别注明已承付和未承付金额，并注明“部分付款”字样，第三、四联托收凭证按付款人及先后日期单独保管。按照规定向收款人开户行发送电子汇划信息。

(2) 逾期付款的处理。付款人部分付款之后，其不足部分，即为逾期未付款项，按逾期付款处理。付款人开户行应在托收凭证和“收到托收承付（委托收款）登记簿”备注栏分别注明“逾期付款”字样。填制三联“托收承付结算到期未收通知书”（以“异地结算通知书”格式）。将第一、二联通知书寄收款人开户行转知收款人，第三联通知书留存。

托收经办人和会计记账员要随时掌握付款人账户余额，等到付款人账户存款可以一次扣款的，参照部分付款的有关手续办理，将逾期付款的款项和赔偿金一并划收款人，并销记“收到托收承付（委托收款）登记簿”。付款人分次付款的，付款人开户行要随时掌握付款人账户逾期未付的资金情况，俟账户有款时，必须将逾期未付款项和应付的赔偿金及时扣划给收款人，不得拖延扣划。手续与上述相同，同时应逐次扣收逾期付款赔偿金。俟最后清偿完后，应在托收凭证上注明“扣清”字样，托收凭证作借方记账凭证附件，并销记“收到托收承付（委托收款）登记簿”。在各单位的存款账户内扣付货款，要严格遵照国务院关于国有企业销货收入扣款顺序的规定。

(3) 计付逾期付款赔偿金。付款人开户行对付款人逾期支付的款项，应当根据逾期付款金额和逾期天数，按每天万分之五计算逾期付款赔偿金。逾期付款天数，按照支付结算办法的规定计算。

每月单独扣付赔偿金时，付款人开户行应填制两联特种转账借方凭证，并注明原托收号码及金额，在转账原因栏注明第×个月逾期付款的金额及相应扣付赔偿金的金额，以一联特种转账借方凭证作记账凭证，并办理电子汇划，另一联特种转账借方凭证加盖“转讫章”作支款通知交付款人。跨系统需要转汇的，填制特种转账贷方凭证并加盖“业务用公章”，将款项划交转汇行。会计分录：

借：××活期存款——××付款人户

　贷：清算资金往来——电子汇划款项户

　　或：存中央银行存款——存××人行存款户

　　或：同城票据清算——××人行同城票据清算户

　　或：××科目——××户

在“收到托收承付(委托收款)登记簿”备注栏注明第×个月扣付赔偿金的金额。

如付款人账户金额不足支付赔偿金时，应排列在销货收入“扣款顺序”的工资之前。并对该账户采取“只收不付”的控制办法，待付款人账户能足额支付该月赔偿金时，应及时办理扣付。

(4) 无款支付的处理。付款人开户行对逾期未付的托收凭证，负责进行扣款的期限为3个月(从承付期满日算起)。逾期付款期满，付款人账户不能全额或部分支付该笔托收款项，开户行应向付款人发出索回单证的通知(一式四联，以“支付结算通知查询查复书”代，一联给付款人)。付款人于银行发出通知的次日起两日内(到期日遇到法定假日顺延，邮寄的加邮程)必须将第五联托收凭证(部分无款支付的除外)及有关单证(单证已作账务处理或已部分支付的，可以填制“应付款项证明单”)退回开户行。银行核对无误后，在托收凭证和“收到托收承付(委托收款)登记簿”备注栏注明单证退回日期和“无款支付”字样，将一联通知书和第三联托收凭证一并留存备查，将两联通知书连同第四、五联托收凭证(部分无款支付系第四联托收凭证)及有关单证一并寄收款人开户行。

付款人开户行在退回托收凭证和单证时，须将应付的赔偿金一并划给收款人。如付款人账户当时不足支付应付的赔偿金，应在托收凭证和“收到托收承付(委托收款)登记簿”备注栏加注应扣付赔偿金的金额，待应扣付的赔偿金全部扣付时，销记“收到托收承付(委托收款)登记簿”。

付款人逾期不退回单证的，开户行按照托收尚未付清的金额自发出通知的第3天起，每天收取万分之五但不低于50元的罚款，并暂停付款人向外办理结算业务，直到退回单证时止。

5. 拒绝付款的处理

(1) 全部拒绝付款的处理。付款人在承付期内提出拒绝付款时，必须填写四联“拒绝付款理由书”，并加盖预留印章，注明拒绝付款理由，连同有关拒付证明、第五联托收凭证及所附单证一并送交开户行。

付款人开户行受理全部拒绝付款时，先由经办人审查，再交由会计主管人员复审，要严格按照支付结算办法有关托收承付拒绝付款的规定对付款人提出的拒绝付款理由进行认真审查。

审查后，对手续不全、依据不足、理由不符合规定和不属于支付结算办法有关托收承付中7种可以拒绝付款情况的，以及超过承付期拒付或将部分拒付提为全部拒付的，均不得受理。对不同意拒付的，要实行强制扣款。对无理的拒绝付款，而增加银行审查时间的，应从承付期满日起，为收款人计扣逾期付款赔偿金。

对符合规定同意拒付的，必须经会计主管人员审查，金额较大的要报经主管行长(主任)批准后方可办理拒付。受理拒付时，应在拒绝付款理由书上签注意见，由经办和会计主管人员签章，经行长（主任）审批的，应由其签章，并在托收凭证和“收到托收承付（委托收款）登记簿”备注栏注明“全部拒付”字样。将第一联“拒绝付款理由书”加盖“业务用公章”，作回单退付款人，将第二联连同托收凭证第三联一并留存备查，将第三、四联连同有关的拒付证明和托收凭证第四、五联及单证一并寄收款人开户行。

（2）部分拒绝付款的处理。付款人在承付期内向银行提出部分拒绝付款的，按上述“全部拒绝付款”的手续办理。

对付款人同意承付部分，以第二联“拒绝付款理由书”作借方记账凭证，第三联托收凭证作借方记账凭证附件，将第三、四联“拒绝付款理由书”连同拒付部分的商品清单和有关证明寄收款人开户行，并办理电子汇划；跨系统承付的应在第三联“拒绝付款理由书”上加盖“业务专用章”，连同第四联“拒绝付款理由书”、托收凭证第四联和拒付部分的商品清单和有关证明等，划交转汇行。“拒绝付款理由书”第一联加盖“转讫章”作支款通知交付款人。会计分录：

借：××活期存款——××付款人户

　贷：清算资金往来——电子汇划款项户

　　或：存中央银行存款——存××人行存款户

　　或：同城票据清算——××人行同城票据清算户

　　或：××科目——××户

（四）收款人开户行收到托收款划回的处理

1. 全额划回的处理

收款人开户行收到有关汇划凭证或中国人民银行的转汇贷方凭证，与留有的第二联托收凭证进行核对。经审查无误后，以有关划款凭证作借方记账凭证，以第一联“电子汇划收款补充报单”或第二联中国人民银行转汇凭证作贷方记账凭证，第二联托收凭证作贷方记账凭证附件。第二联“电子汇划收款补充报单”或第三联中国人民银行转汇凭证加盖“转讫章”作收款通知交给收款人，并销记“发出托收承付（委托收款）登记簿”。会计分录：

借：清算资金往来——电子汇划款项户

　或：存中央银行存款——存××人行存款户

　或：同城票据清算——××人行同城票据清算户

　或：××科目——××户

　贷：××活期存款——××收款人户

2. 多承付款划回的处理

收款人开户行收到有关汇划凭证或中国人民银行的转汇贷方凭证后，在留存的第二联托收凭证备注栏注明多承付金额，以第一联“电子汇划收款补充报单”或中国人民银行转汇贷方凭证第二联作贷方记账凭证，第二联托收凭证作贷方记账凭证附件。“电子汇划收款补充报单”第二联或中国人民银行转汇贷方凭证第三联加盖“转讫章”作收账通知交收款人。收到寄来的第三联“多承付理由书”留存备查，第四联“多承付理由书”交收款人。

其他手续参照全额划回处理。会计分录：

借：清算资金往来——电子汇划款项户

　或：存中央银行存款——存××人行存款户

　或：同城票据清算——××人行同城票据清算户

　贷：××活期存款——××存款人户

转账后，按原托收金额销记“发出托收承付（委托收款）登记簿”。

3. 逾期划回、无款支付退回凭证或单独划回赔偿金的处理

收款人开户行收到第一、二联“托收承付结算到期未收通知书”后，应在第二联托收凭证上加注“逾期付款”字样及日期，然后将第二联通知书交给收款人，第一联附于第二联托收凭证后一并保管，参照部分划回的有关手续处理。对于一次划回的，第二联托收凭证作贷方记账凭证附件，第四联作收款通知附件交收款人，并销记“发出托收承付（委托收款）登记簿”。对于单独划回赔偿金的，在第二联托收凭证和“发出托收承付（委托收款）登记簿”上注明第×个月划回的赔偿金的金额。会计分录与上述会计相反。

收款人开户行在逾期付款期满后收到第四、五联托收凭证（部分无款支付系第四联托收凭证）及两联“无款支付通知”和有关单证。经核对无误后，在第二联托收凭证备注栏注明“无款支付”字样，销记“发出托收承付（委托收款）登记簿”。然后将第四、五联托收凭证（部分无款支付系第四联托收凭证）及一联“无款支付通知”和有关单证退给收款人。收款人在另一联“无款支付通知”上签收，然后连同第二联托收凭证一并保管备查。

4. 部分划回的处理

收款人开户行收到部分划回的有关汇划凭证，以有关清算划款凭证作借方记账凭证，以“电子汇划收款补充报单”第一联或中国人民银行转汇贷方凭证第二联作贷方记账凭证，同时销记“发出托收承付（委托收款）登记簿”。会计分录：

借：清算资金往来——电子汇划款项户

　或：存中央银行存款——存××人行存款户

　或：同城票据清算——××人行同城票据清算户

贷：××活期存款——××单位收款人户

转账后，将“电子汇划收款补充报单”第二联或中国人民银行转汇贷方凭证第三联加盖“转讫章”，作收账通知交给收款人，托收凭证第二联和登记簿上注明部分划回的金额。

5. 全部拒绝付款的处理

收款人开户行收到第四、五联托收凭证及有关单证和第三、四联“全部拒绝付款理由书”及拒付证明，经核对无误后，抽出第二联托收凭证，并在该联备注栏注明“全部拒付”字样，销记“发出托收承付（委托收款）登记簿”。然后将第四、五联托收凭证及有关单证和第四联“拒绝付款理由书”及拒付证明退给收款人。收款人在第三联“拒绝付款理由书”上签收，然后连同第二联托收凭证一并保管备查。

6. 部分拒绝付款的处理

收款人开户行收到有关汇划凭证或中国人民银行的转汇贷方凭证后，在第二联托收凭证备注栏注明“部分拒付”字样，填明日期和部分拒付金额。以第一联“电子汇划收款补充报单”或第二联中国人民银行的转汇贷方凭证作贷方记账凭证，第一联托收凭证作贷方凭证附件。第二联“电子汇划收款补充报单”或第三联中国人民银行的转汇贷方凭证加盖“转讫章”作收账通知交收款人。如部分拒付将部分承付分次划回，在第二联托收凭证和登记簿上注明分次划回的金额，待最后清偿完毕在托收凭证上注明结算终了日期，将托收凭证作有关凭证的附件，并销记“发出托收承付（委托收款）登记簿”。会计分录：

借：清算资金往来——电子汇划款项户

　或：存中央银行存款——存××人行存款户

或:同城票据清算——××人行同城票据清算户

贷:××活期存款——××单位收款人户

俟收到第三、四联"拒绝付款理由书"及第四联托收凭证以及拒付部分的商品清单及证明后,第三联"拒绝付款理由书"留存备查,将第四联托收凭证和第四联"部分拒绝付款理由书"拒付部分的商品清单和证明一并交给收款人。

(五) 重办托收的处理

收款人对付款人无理拒绝付款的托收款项,如需委托银行重办托收,应备函说明重办托收的理由(三份),连同购销合同、有关证据和退回的原第四、五联托收凭证及交易单证一并送交开户行,开户行审查同意,应在原登记簿和第二联托收凭证上注明"重办"字样,将一联重办托收理由说明与第二联托收凭证一并专夹保管,然后将两份重办托收理由说明连同托收凭证第四、五联,交易单证和有关证据寄付款人开户行。

付款人开户行收到后,应在原登记簿和第三联托收凭证上注明"重办"字样,将一份重办托收理由说明与第三联托收凭证一并专夹保管,将另一份重办托收理由说明连同托收凭证第五联、交易单证和有关证据交给付款人。付款人在承付期内没有提出拒绝付款的,按照付款人开户行有关付款的手续处理;如付款人仍提出拒绝付款,按照付款人开户行有关拒绝付款的手续处理。

第八节　委托收款业务的核算

一、委托收款结算的概念

委托收款是收款人向银行提供收款依据,委托银行向付款人收取款项的结算方式。

单位和个人凭已承兑商业汇票、债券、存单等付款人债务证明办理款项的结算,均可以使用委托收款结算方式;它是适应我国经济体制改革和多种交易方式需要而产生的并适用于各单位和个体经济户的商品交易、劳务供应和其他款项的结算。委托收款在同城、异地均可以使用。便于单位主动付款,对于水电、邮电、电话等劳务款项的结算也可使用。在同城范围内,收款人收取公用事业费或根据国务院的规定,可以使用同城特约委托收款。收取公用事业费,必须具有收付双方事先签订的经济合同,由付款人向开户银行授权,并经开户银行同意,报经中国人民银行当地分支行批准。

二、委托收款结算的基本规定

(1) 委托收款结算按款项的划回方式,分为邮寄和电报两种,由收款人选用。

(2) 签发委托收款凭证必须按银行规定的格式要项记载:表明"委托收款"的字样;确定的金额;付款人的名称;收款人的名称;付款人开户银行的名称;收款人开户银行的名称;委托收款凭据名称及附寄单证张数;委托日期;收款人签章。欠缺所记事项之一的,银行不予受理。

委托收款以银行以外的单位为付款人的,委托收款凭证必须记载付款人开户银行名称;以银行以外的单位或在银行开立存款账户的个人为收款人的,委托收款凭证必须记载收款人开户银行名称;未在银行开立存款账户的个人为收款人的,委托收款凭证必须记载收款人开户银行名称;未在银行开立存款账户的个人为收款人,委托收款凭证必须记载被委托银行名称。欠缺记载的,银行不予受理。

(3) 委托。收款人办理委托收款应向银行提交委托收款凭证和有关的债务证明。

(4) 付款。银行接到寄来的委托收款凭证及债务证明,审查无误办理付款:①以银行为付款人的,银行应在当日将款项主动支付给收款人。②以单位为付款人的,银行应及时通知付款人,按照有关办法规定,需要将有关债务证明交给付款人的应交给付款人并签收。

付款人应于接到通知的当日书面通知银行付款。按照有关办法规定,付款人未在接到通知日的次日起 3 日内通知银行付款的,视同付款人同意付款。银行应于付款人接到通知日的次日起第 4 日上午开始营业时,将款项划给收款人。在办理划款时,如付款人存款账户不足支付的,应通过被委托银行向收款人发出未支付款项的通知。

按照有关办法规定,债务证明留存付款人开户银行的,应将其债务证明连同未付款项通知书邮寄被委托银行转交收款人。

(5) 拒绝付款。付款人审查有关债务证明后,对收款人委托收取的款项需要拒绝付款的,可以办理拒绝付款:①以银行为付款人的,应自收到委托收款及债务证明的次日起 3 日内出具拒绝证明连同有关债务证明、凭证寄给被委托银行,转交收款人。②以单位为付款人的,应在付款人接到通知日的次日起 3 日内出具拒绝证明,连同债务证明的,应将其送交开户银行,银行将拒绝证明,债务证明和有关凭证的一并寄给被委托银行,转交收款人。

三、委托收款结算的会计核算

(一) 收款人开户行受理委托收款的处理

收款人办理委托收款时,应填制一式五联邮划或电划"委托收款凭证",在第二联委托收款凭证上加盖预留银行印鉴后,将有关委托收款凭证和债务证明提交开户行。

收款人开户行收到上述凭证后,应按照规定和填写凭证的要求认真审查无误后,将第一联邮划或电划委托收款凭证加盖"业务用公章"后退收款人,第二联邮划或电划委托收款凭证专夹保管,并登记"发出托收承付(委托收款)登记簿"、将第三联邮划或电划委托收款凭证加盖"结算专用章",连同第四、五联委托收款凭证及有关债务证明,一并寄交付款人开户行。

(二) 付款人开户行收到委托收款的处理

付款人开户行收到邮划或电划第三、四、五联委托收款凭证及有关债务证明时,按有关规定审查无误后,在凭证上填明收到日期。根据邮划或电划第三、四联委托收款凭证逐笔登记"收到托收承付(委托收款)登记簿"。将邮划或电划第三、四联委托收款凭证及商业汇票或按照有关办法规定需要留存付款人开户行的有关债务证明一并专夹保管,并分别以下不同情况处理:

1. 付款人付款的处理

(1) 付款人为银行的处理。银行收到委托收款凭证和有关债务证明,按规定付款时,第三联委托收款凭证作借方记账凭证,有关债务证明作借方记账凭证附件,并办理电子汇划,属跨系统付款的,应通过中国人民银行电子联行办理汇划或将第四联委托收款凭证填明支付日期并加盖"业务用公章"后提交转汇行。会计分录:

借:应解汇款——××户

　贷:清算资金往来——电子汇划款项户

　　或:存中央银行存款——存××人行存款户

或:同城票据清算——××人行同城票据清算户

或:××科目——××户

(2) 付款人为单位的处理。银行在收到委托收款凭证和有关债务证明时,按照有关规定需要将有关债务证明留存的,应将第五联委托收款凭证加盖"业务用公章"及时交给付款人,并由付款人签收;按照有关规定需要将有关债务证明交给付款人的,应将第五联委托收款凭证加盖"业务用公章"连同有关债务证明一并及时交付款人,并由付款人签收。按以下两种手续处理:

付款人账户有足够支付款项的。付款人在接到银行通知日的次日起3日内未通知银行付款的,视同付款人同意付款,银行应于付款人接到通知日的次日起第4日上午开始营业时,将款项划给收款人。

付款人提前收到由其付款的债务证明,应通知银行于债务到期日付款。付款人未于接到通知日的次日起3日内通知银行付款,且付款人接到通知日的次日起第4日债务证明未到期的,银行应于债务证明到期日将款项划给收款人。付款时,以第三联委托收款凭证作借方记账凭证,如留存债务证明的,其债务证明和付款通知书作借方记账凭证附件,办理电子汇划,第四联委托收款凭证作贷方记账凭证附件。属于跨系统的委托收款付款后,应将第四联委托收款凭证填明支付日期并加盖"业务用公章"后提交转汇行。会计分录:

借:××活期存款——××存款人户

贷:清算资金往来——电子汇划款项户

或:存中央银行存款——存××人行存款户

或:同城票据清算——××人行同城票据清算户

转账后,在"收到委托收款凭证登记簿"上填明转账日期。

2. 付款人账户余额不足支付款项的

银行在划款日办理划款时,付款人账户余额不足支付全部款项的,在委托收款凭证和"收到托收承付(委托收款)登记簿"上注明退回日期和"无款支付"字样,并填制三联付款人"未付款项通知书"以"支付结算通知查询查复书"代,在第一、二联未付款项通知书加盖"业务用公章",交会计主管复审并在第一联未付款项通知书加盖个人名章后,将第一联通知书和第三联委托收款凭证留存备查,将第二、三联通知书连同第四联委托收款凭证邮寄收款人开户行。留存债务证明的,其债务证明一并邮寄收款人开户行。

3. 付款人拒绝付款的处理

(1) 付款人为单位的处理。银行在付款人接到通知日的次日起3日内,收到付款人填制的在第二联加盖预留银行印鉴的四联"拒绝付款理由书"以及付款人持有的债务证明和第五联委托收款凭证,经审核无误后,在委托收款凭证和"收到托收承付(委托收款)登记簿"备注栏注明"拒绝付款"字样。经会计主管复审并在第二联"拒绝付款理由书"签章后,将第一联"拒绝付款理由书"加盖"业务用公章"作回单退付款人,将第二联拒绝付款理由书连同第三联委托收款凭证一并留存备查。付款人开户行在第三联"拒绝付款理由书"加盖"业务用公章"后,连同第四联"拒绝付款理由书"和付款人提交或本行留存的债务证明,第四、五联委托收款凭证一并寄收款人开户行。

(2) 付款人为银行的处理。拒绝付款的手续参照上述(1)的有关手续处理。

(三) 收款人开户行办理委托收款划回的处理

1. 款项划回的处理

收款人开户行收到付款人开户行有关汇划凭证或人民银行转来的转汇贷方凭证,应与留存的第二联委托收款凭证进行核对。

经审查核对无误后,在有关凭证上填注转账日期,以第一联“电子汇划收款补充报单”或第二联中国人民银行转汇贷方凭证作贷方记账凭证,第二联“电子汇划收款补充报单”或第三联中国人民银行转汇贷方凭证加盖“转讫章”作收账通知交收款人,并销记“发出托收承付(委托收款)登记簿”。第二联委托收款凭证作贷方记账凭证附件。会计分录:

借:清算资金往来——电子汇划款项户

　　或:存中央银行存款——存××人行存款户

　　或:同城票据清算——××人行同城票据清算户

　　或:××科目——××户

　贷:××活期存款——××存款户

2. 无款支付的处理

收款人开户行收到第四联委托收款凭证和第二、三联付款人“未付款项通知书”以及有关债务证明,抽出第二联委托收款凭证,并在该联凭证“备注”栏注明“无款支付”字样。销记“发出托收承付(委托收款)登记簿”。然后将第四联委托收款凭证和第二联“未付款项通知书”以及收到的债务证明退给收款人。收款人在第三联“未付款项通知书”上签收后,收款人开户行将第二联“未付款项通知书”连同第二联委托收款凭证一并保管备查。

3. 拒绝付款的处理

收款人开户行收到第四、五联委托收款凭证及有关债务证明和第三、四联“拒绝付款理由书”,经核对无误后,抽出第二联委托收款凭证,并在该联凭证备注栏注明“拒绝付款”字样。销记“发出托收承付(委托收款)登记簿”。然后将第四、五联委托收款凭证及有关债务证明和第四联“拒绝付款理由书”一并退给收款人。收款人在第三联“拒绝付款理由书”签收后,收款人开户行将第三联“拒绝付款理由书”连同第二联委托收款凭证一并保管备查。

(四) 同城委托收款和特约委托收款的处理

同城委托收款的款项划转通过同城票据交换办理,其余手续参照异地邮划委托收款的手续处理。

同城特约委托收款的处理,按当地人民银行规定办理。

第九节　国内信用证业务

一、信用证结算的概念

信用证是指开证行依照申请人的申请开出的,凭符合信用证条款的单据支付的付款承诺。它是一种付款保证凭信。我国国内信用证为不可撤销、不可转让的跟单信用证。国内信用证结算就是国内商品交易买卖双方签订购销合同后,购买方向开户银行申请向国内供货方开立信用证,经过通知行通知供货方,根据信用证规定的条款,备货发运后将全套单据送交银行,由开证行承担付款责任的一种结算方式。

二、信用证业务的会计核算

（一）开证行的会计处理

1. 开立信用证

开证行根据申请人提交的开证申请书、信用证申请人承诺书及购销合同决定是否受理开证业务。开证行在决定受理该项业务时，应向申请人收取保证金和手续费、邮电费，办理转账。会计分录如下：

借：××存款——开证申请人户

　贷：保证金

　　手续费收入

　　营业费用

同时，用开出国内保证凭信表外科目反映开立信用证的情况，表外科目记账如下：

收入：开出国内保证凭信

2. 修改信用证

修改信用证金额，开证行调整表外科目账面金额，增收保证金及向申请人收取修改手续费、邮电费的会计分录按开证的方法处理。

3. 付款

对即期付款信用证，银行在审核无误后从申请人账户收取款项支付给受益人，办理转账。会计分录如下：

借：保证金——开证申请人户

　××存款——开证申请人户

　贷：联行往账

申请人交存的保证金和其存款账户余额不足支付的，开证行仍应在规定的时间内进行付款。对不足支付的部分作逾期贷款处理。会计分录如下：

借：保证金——开证申请人户

　××贷款——开证申请人户

　贷：联行往账

同时，销记表外科目：

付出：开出国内保证凭信

（二）受益人开户行的处理

1. 即期的付款信用证

银行收到信用证款项后，办理转账。会计分录如下：

借：联行来账

　贷：××存款——受益人存款户

2. 议付的信用证

银行经审核无误，办理议付时，会计分录为：

借：信用证议付

　贷：××存款——受益人户

　　利息收入

借:××存款——受益人户

贷:手续费收入

议付行议付后,应通过委托收款将单据寄开证行索偿资金。索偿金额不得超过单据金额。开证行应向议付行发出到期付款确认书,待到期日收到开证行划回的信用证款项,办理转账。会计分录加下:

借:联行来账

贷:信用证议付

第十节 信用卡业务的核算

一、信用卡概念及基本规定

信用卡是指商业银行向个人和单位发行的,凭以向特约单位购物、消费和向银行存取现金,且具有消费信用的特种载体卡片。它一般是塑料硬卡片,卡片上印有发行银行名称、银行代号、标记、持卡人签名、账号、有效期和用款限额等内容。信用卡作为一种有效的支付手段,经发卡行的允许,往往可以取得一定限额的透支款项,以方便用户。信用卡按使用对象一般分个人卡和单位卡(或公司卡)两种;按信誉等级分为金卡和普通卡。凡具备法人资格的单位和具有完全民事行为能力的公民,均可申请办理信用卡。

二、信用卡结算涉及的有关机构

信用卡作为一种融结算与信贷为一体的特殊结算方式,除涉及收付款双方当事人外,还有发卡行、代理行和特约商户三方。发卡行是指发行信用卡的商业银行。原则上以地市级以上分支行为发卡行,且须经总行审查批准。发卡行须设立专门信用卡业务部办理信用卡业务。因信用卡在同城或异地均可使用,所以发卡行还应委托一些其他商业银行机构(主要在系统内)代理其信用卡结算业务,如客户在代理行提现,以方便用卡。持卡人在本地或异地需用信用卡购物、消费或旅游,所以商业银行要与许多厂家、商店、宾馆饭店、旅游地约定,请其受理本行信用卡持卡人的款项、费用结算。接受发卡行协议约定的厂商即为特约商户。

三、信用卡业务的会计核算

(一) 发卡的会计处理

个人申请使用信用卡,应按发卡银行规定,向发卡银行填写申请表。发卡银行审查同意后,应及时通知申请人前来办理领卡手续,并按规定向其收取备用金和手续费。填制一联特种转账贷方凭证,作收取手续费贷方凭证。

(1) 申请人交存现金的,银行收妥后,发给其信用卡。其分录如下:

借:现金

贷:活期储蓄存款科目——××个人信用卡户

手续费收入科目——××手续费户

(2) 申请人转账存入的,银行接到申请人交来的支票及进账单后,应按照支付结算办法中有关个人卡账户资金来源的规定认真审查,比照下文相关手续处理。发卡银行在办理信用卡发卡手续时，应登记信用卡账户开销户登记簿和发卡清单，并在发卡清单上记载领卡人身份证号码，由领卡人签收。

(3) 采用其他方式转账存入的，按照有关手续处理。

(二) 信用卡付款的会计处理

1. 特约单位开户行的处理手续

特约单位办理信用卡进账时，应填制二联进账单和按发卡银行分别填制汇计单并提交签购单。汇计单一式三联，第一联为交费收据，第二联作贷方凭证附件，第三联为存根。签购单一式四联，第一联是回单，第二联是借方凭证，第三联作贷方凭证附件，第四联为存根。

特约单位开户行收到特约单位送来的二联进账单和三联汇计单及第二、三联签购单时，银行审核无误后，根据第二联签购单上压印的全国联行行号或填注的分辖行号和同城票据交换号及是否为跨系统银行发行的信用卡，分别不同情况处理。

特约单位与持卡人在同一城市不同银行机构开户和用异地跨系统银行发行的信用卡，第一联进账单加盖转讫章后作收账通知，第一联汇计单加盖业务公章后作交费收据，一并退给特约单位；第二联进账单作贷方凭证，第三联签购单作其附件，根据第二联汇计单的手续费金额填制一联特种转账贷方凭证后作其附件；将第二联签购单加盖业务公章后连同第三联汇计单向持卡人开户行或特约单位所在地的跨系统发卡银行通汇行提出票据交换，对跨系统银行发行的信用卡，需待款项收妥后办理转账。其分录如下：

借：存放中央银行款项
　或借：辖内往来
　贷：××科目——特约单位户
　　手续费收入科目——××手续费户

特约单位与持卡人不在同一城市的，第二联进账单作贷方凭证，第三联签购单作其附件，根据第二联汇计单的手续费金额填制一联特种转账贷方凭证后作其附件；第二联签购单加盖转讫章后连同第三联汇计单随联行借方报单寄持卡人开户行。其分录如下：

借：联行往账
　贷：××科目——特约单位户
　　手续费收入科目——××手续费户

第一联进账单加盖转讫章后作收账通知，第一联汇计单加盖业务公章后作交费收据，一并退给特约单位。

特约单位所在地的跨系统发卡银行通汇行接到特约单位开户的跨系统银行交换来的签购单和汇计单后，随联行借方报单寄持卡人开户行。其会计分录如下：

借：联行往账
　贷：存放中央银行款项

2. 信用卡支取现金的处理手续

(1) 参加同城票据交换和联行往来银行机构的处理手续。参加同城票据交换和联行往来的代理行，对持卡人持信用卡支取现金的，应要求其提交身份证件，并应审查：信用卡的真伪及有效期；持卡人身份证的照片或卡片上的照片是否与其本人相符，该信用卡是否被放列入止付名单。

审查无误后，在取现单上办理压(刷)卡。取现单一式四联，第一联回单，第二联借方凭证，第三联贷方凭证附件，第四联存根。在取现单上填写持卡人取现的金额、身份证号码、代理行名称和代号等内容，交由持卡人签名，然后核对其签名与信用卡的签名是否一致，是否与身份证的姓名相同。持卡人取现金额超过规定限额的，应办理索权手续，并将发卡银行所给的授权号填入取现单的有关栏目。

发现取现单内容不清或填写错误时，应在取现单上注明“作废”字样，经持卡人确认后重新办理。

根据第二联取现单上压印的全国联行行号或填注的分辖行号和同城票据交换号及是否为跨系统银行发行的信用卡，分别不同情况处理。

在同一城市和对异地跨系统银行发行的信用卡支取现金的，第一联取现单加盖现金付讫章作回单，连同信用卡交给持卡人；填制一联特种转账贷方凭证，第三联取现单作附件；将第二联取现单加盖业务公章后向持卡人开户地或代理行所在地的跨系统发卡银行通汇行提出票据交换，第四联取现单留存备查。其分录如下：

借：存放中央银行款项

或借：辖内往来

　贷：应解汇款及临时存款科目——××持卡人户

支付现金时另填制一联现金借方凭证。其分录如下：

借：应解汇款及临时存款科目——××持卡人户

　贷：现金

在异地支取现金的，比照以上在同一城市支取现金的有关手续处理，并将第二联取现单加盖转讫章后随联行借方报单寄持卡人开户行，另填制一联特种转账贷方凭证作收取手续费的贷方凭证。其分录如下：

借：联行往账

　贷：应解汇款及临时存款科目——持卡人户

借：应解汇款及临时存款科目——持卡人户

　贷：现金

　　其他应付款项科目——手续费户

代理行所在地的发卡银行通汇行接到跨系统代理行交换来的取现单，随联行借方报单寄持卡人开户行。其分录如下：

借：联行往账

　贷：存放中央银行款项

(2) 未参加同城票据交换的代理行的处理手续。未参加同城票据交换的代理行对持卡人持信用卡支取现金的，按照同城票据交换和联行往来银行机构的处理规定，审核并压(刷)卡，并按照该项的有关手续处理。将第三联取现单加盖转讫章后，连同第二联取现单在营业终了随内部往来凭证划付管辖行。

管辖行收到寄来的内部往来凭证及第二、三联取现单，审核无误后，同城的，将第二联取现单加盖公章后向持卡人开户行提出交换，第三联取现单作贷方凭证的附件；异地的，将第二联取现单加盖转讫章，随联行借方报单寄持卡人开户行；对异地跨系统银行发行的信用卡，将第二联取现单加盖业务公章后向本管辖行所在地的发卡银行通汇行提出票据交换，并清算资金。

3. 持卡人开户行的处理手续

持卡人开户行收到同城交换来的第二联签购单和第三联汇计单及第二联取现单、联行寄来的报单及第二联签购单和第三联汇计单或第二联取现单时，经审查无误后，第二联签购单或取现单作借方凭证，第三联汇计单留存。其分录如下：

借：××科目——××单位信用卡户

　或：活期储蓄存款科目——××个人信用卡户

　贷：联行来账

　　或：存放中央银行款项

　　或：辖内往来

(三) 信用卡授权的处理手续

持卡人在同城或异地支取现金或购物消费时，超过规定的支付金额的，应向发卡银行索权。大额支付可根据授权金额填制二联特种转账借方凭证和二联特种转账贷方凭证，将一联特种转账借方凭证和一联特种转账贷方凭证加盖转账章后作收、付款通知交给持卡人。其分录如下：

借：活期储蓄存款科目——××个人信用卡户

　或：××科目——××单位信用卡户

　贷：保证金科目——××个人或单位信用卡户

转账后，予以授权。

待收到寄来的签购单或取现单后，应以第二联签购单或取现单作借方凭证。其分录如下：

借：保证金科目——××个人或单位信用卡户

　贷：联行来账

　　或：存放中央银行款项

　　或：辖内往来

(四) 存入现金的处理手续

1. 收存现金银行的处理手续

(1) 参加同城票据交换和联行往来银行机构的处理手续。参加同城票据交换和联行往来的代理行对持卡人凭个人卡存入现金的，经审查无误后压制存款单。存款单一式四联，第一联回单，第二联贷方凭证，第三联贷方凭证附件，第四联存根。在存款单上填写持卡人存入的金额和本行的名称及其代号等内容，交由持卡人签名，然后核对其签名与信用卡签名是否相符。代理行对个人卡持卡人的代理人交存现金的，在接到代理人填明持卡人的卡号、姓名和存款金额等内容的存款单时，经审查无误，填写本行的名称及其代号等内容，并交由代理人签名。无误后办理收款手续，将第一联存款单加盖现金收讫章后作回单，连同信用卡交给持卡人，或将第一联存款单交给代理人。

根据第二联存款单上压印或填注的全国联行行号、分辖行号和同城票据交换号或是否为跨系统银行发行的信用卡，分别不同情况处理。

在同一城市和对异地跨系统银行发行的信用卡存入现金的，填制一联特种转账贷方凭证，第三联存款单作附件，第四联存款单留存备查。其分录如下：

借：现金

　贷：应解汇款及临时存款科目——××个人信用卡户

将第二联存款单加盖业务公章后向持卡人开户行或代理行所在地的跨系统发卡银行通汇行提出票据交换，另填制一联特种转账借方凭证。其分录如下：

借：应解汇款及临时存款科目——××个人信用卡户

贷：存放中央银行款项

或：辖内往来

在异地存入现金的，比照以上在同一城市存入现金的有关手续处理，另填制一联特种转账贷方凭证，作收取手续费的贷方凭证。其会计分录如下：

借：现金

贷：应解汇款及临时存款科目——××个人信用卡户

借：应解汇款及临时存款科目——××个人信用卡户

贷：联行往账

其他应付款项科目——××手续费户

代理行所在地的发卡银行通汇行接到跨系统代理行交换来的存款单，随联行贷方报单寄持卡人开户行。其分录如下：

借：存放中央银行款项

贷：联行往账

(2) 未参加同城票据交换的代理行的处理手续。未参加同城票据交换的代理行对持卡人或代理人存入现金的，按照参加同城票据交换和联行往来银行机构的有关手续处理。第三联存款单加盖转讫章后，连同第二联存款单于营业终了随内部往来凭证划管辖行。管辖行收到寄来的内部往来凭证及第二、三联存款单，审核无误后，同城的，将第二联存款单加盖业务公章后向持卡人开户行提出交换，第三联存款单作贷方凭证的附件；异地的，将第二联存款单加盖联行专用章，随联行贷方报单寄持卡人开户行；对异地跨系统银行发行的信用卡，将第二联存款单加盖业务公章后向本管辖行所在地的发卡银行通汇行提出票据交换。

2. 持卡人开户行的处理手续

持卡人开户行收到同城交换来的第二联存款单、联行寄来的报单及第二联存款单时，经审查无误后，第二联存款单作贷方凭证。其分录如下：

借：联行来账

或：辖内往来

或：存放中央银行款项

贷：活期储蓄存款科目——××个人信用卡户

(五) 信用卡注销的处理手续

发卡银行在确认持卡人具备销户条件时，应通知持卡人办理销户手续，并收回信用卡。有效卡无法收回时，应予以止付。发卡银行核对账务无误后，按以下情况处理：

(1) 个人卡销户时，银行填制转账单。转账单一式四联，第一联回单，第二联借方凭证，第三联贷方凭证，第四联收账通知或取现单。按规定计付利息，由持卡人签名后，结清账户。第一联转账单加盖转讫章后交给持卡人，第二联转账单作借方凭证，迳付现金的第三联转账单作其附件。另填制一联特种转账借方凭证作利息支出借方凭证，第四联转账单加盖现金付讫章或加盖转讫章后交给持卡人。其分录如下：

借：活期存款科目——××个人信用卡户

利息支出科目——××利息支出户

贷:现金

或贷:有关科目

(2) 单位卡销户时,持卡人应向发卡银行提交授权单位的销户证明和基本存款账户开户许可证及单位卡,银行审查无误后,压制转账单,并按规定计付利息,由持卡人签名后,结清账户。第一联转账单加盖转讫章后交给持卡人,第二联转账单作借方凭证,另填制一联特种转账借方凭证作利息支出借方凭证,第三联转账单作贷方凭证,第四联转账单加盖转讫章后交给申请人。其分录如下:

借:××科目——××单位信用卡户

利息支出科目——××利息支出户

贷:××科目——申请人基本存款户

申请人与持卡人不在同一银行开户的,应将第三、四联转账单通过辖内往来或同城票据交换划转申请人的基本存款户。

第十一节　电子银行支付结算

一、电子银行的产生

半个多世纪以来,计算机和通信技术被引入银行,使银行传统业务的处理开始实现电子化,银行从此开始了革命性的变革。接着,银行为充分发挥电子化处理的效率,开发出了大量新型的自助银行服务项目。在实现支付服务电子化的基础上,信息技术融入了银行业务之中。银行从交易数据中提取有用成分,开始向客户提供金融信息增值服务,强化了银行的经营管理,完善了银行的电子监控体系,银行因此从传统银行时代进入了电子银行(E - banking)时代。从 20 世纪 90 年代开始,因特网(Internet)的发展,电子商务的兴起,全球经济从传统经济向数字经济过渡,为电子银行的进一步发展开辟了又一个广阔的发展空间。电子银行与万维网(Web)技术的结合,推出了网上银行服务,并开始从实体银行向虚拟银行发展。

二、电子支付方式

不同的电子资金转账系统采用不同的支付方式。有的国家虽采用多种支付方式,但也是以其中的一种方式作为主要的支付方式。世界范围采用的电子支付方式主要有支票支付、贷记转账和直接借记三种。

(一) 支票支付

世界上的第一张支票(check)是 300 多年前出现的。在美同和加拿大等国家里,支票至今仍然是最流行的支付工具;用支票进行支付时,支票必须在付款者和收款者、付款银行和托收银行之间进行传递。由于邮政投递的耽搁和清算过程的延误等原因,每天都有大量的在途资金不能达账,未达账资金损失加大了企业的经营成本,降低了社会资金利用率。

为了加速大量支票和其他纸凭证的处理速度,自动票据清分机应运而生,实现了支票和其他纸凭证的自动阅读和清分,其中包括将物理支票(即纸质支票)转变为逻辑支票(即电子支票),然后经过计算机处理,最后通过电子资金转账系统进行资金转账。现在,所有的美国联邦储备银行都提供对支票的电子支付服务，大多数金融机构也都可接收和处理电子形式的支票，大大加快了支票支付的处理过程。

图像处理和条码技术是支票电子支付系统的两大关键技术。图像处理包括获得并识别物理支票的图像和存储其中的数据信息，然后将图像信息传送到支付机构。条码技术使支付机构能对拒付支票自动进行背书，并可识别背书，以加快退票处理。

(二) 贷记转账

贷记转账(credit transfer)支付方式允许付款人用电子贷记方式，将资金直接转到收款人开户的银行账户上。瑞士、瑞典、荷兰和德国等欧洲国家主要采用这种支付方式。

(三) 直接借记

直接借记(direct debit)方式授权(委托)银行以电子借记方式定期和不定期地支付各种费用。日本就是主要采用直接借记的国家。

三、联机电子支付

银行的支付处理是信息处理的一种特定形式。一次支付活动至少包含下述信息：付款人和付款银行、受益人和托收银行、付款金额、付款日期。

银行的工作，就是记录这些信息，并且快速而准确地将这些金融信息从一个地方传送到另一个地方，并且更新相应的客户文件和管理文件。

银行每年要处理这种往来支付交易的数量以数百亿笔计，采用信息技术可有效地完成这些工作。此外，金融机构还需要借助计算机、通信设备和其他信息技术，以增强其作为贷款人、金融咨询者以及与此有关的风险估计的能力。所有这些，都离不开联机事务处理(OLJP)这个主题。

在联机环境下，每一笔交易都要同银行的数据库打交道。客户(或代表他的出纳员)可以通过联机系统查询其账户余额，了解其最新的存款和转账资金，还可以命令支付。因此联机系统必须确保每笔交易的各个方面都得到正确的处理。

为实现金融交易处理，联机系统必须能做到：正确访问银行数据库中所需数据所在的文件；实时处理；整个操作过程必须在严格的授权控制下安全地进行；日志文件要记录每笔交易，以备日后查询；提供冲正过程，以便能删除一笔已做交易。

各种银行联机系统都具有如下共同特点：由人驱动；面向客户；高度的分散性；能吸引大量客户(注意：银行客户总是处于变化状态)。

开发电子银行系统时，不仅要分析该系统的功能和能力，还要认真估算系统的投资和运行费用，以及系统投入运行后可能获得的收益。

四、电子银行体系

经过半个多世纪的努力，银行界推出了各种电子银行系统，这些电子银行系统构成了完整的电子银行体系。无论是对银行还是对整个国民经济来说，电子银行体系的建设都是至关重要的。

(一) 电子银行的构成

早期建立的电子资金转账系统，是银行同其客户进行数据通信的一种电子系统，用于传输同金融交易有关的电子资金和相关的数据与信息，为客户提供支付服务。通过电子资金转账系统，银行可把支付服务从银行的柜台延伸到零售商店、超级市场、企事业单位以至家庭，总之可延伸到社会的各个角落。

电子资金转账系统是银行同下述5方客户之间的全共享的通信网络：国内外的行政管理机构；国内外的往来银行和其他金融机构；包括制造业和服务业在内的各类企业；包括从事零售业和批发业的商业部门；包括消费者和个体客户的银行大众。

采用银行卡和电子资金转账系统后，银行不必用传统的纸币和票证的办法，就可为其客户进行资金转账，还可将客户的资金从一个地方转汇到另一个地方。由于电子资金转账系统能为客户提供高质量的优质服务，因此一经推出，就以极快的速度获得发展。随着银行电子化的发展，电子资金转账系统逐步发展成了电子银行系统。

在电子银行里，运行着各种电子银行系统。每个电子银行系统都是一个庞大而复杂的社会系统，每个国家根据自己的国情和需要，建立各种电子银行系统。所有这些电子银行系统，构成了这个国家的电子银行体系。

现在全球正面临着进入数字经济新时代，数字经济蕴藏着惊人的机会，但同时也伴随着巨大的挑战。特别是在全球金融一体化的环境里，银行业内的竞争以及银行业与其他行业之间的竞争是很剧烈的。一个银行要能生存并有活力，应建立合理的金融信息和交易体系。该体系的核心是客户，第一层是会计结算，第二层是交易，最外层是信息。所有这些资料全部存于联机的分布式数据库和数据仓库中。这些银行数据库中的数据，可由所有经授权的各方进行存取。这些数据库都必须采用负责安全管理的软件和硬件来加以保护。

(二) 电子银行系统的特点

在电子银行体系中，存在着几种不同类型的系统。它们各具特色，具有不同的需求，因此在系统结构、运行方式、监控方式等诸多方面都存在差异。

在电子银行体系中，采用银行卡作为支付工具的自动柜员机系统、销售点电子资金转账系统和家庭银行系统，都是银行电子化后开发出来的新型便民第一线自助银行服务系统。这些系统主要面对社会公众，覆盖面要很广，界面要非常友好。这些系统非常繁忙，交易数非常大，但每笔的交易额小，实时性(也即系统的响应速度)却要求非常高，通常每半分，或1至2分钟就必须完成一笔金融交易。

与自助银行系统相对应的是面向企业用户的企业银行系统和面向往来银行的电子汇兑系统。电子汇兑系统的主要顾客是企业，其次是政府机构，社会大众很少使用。这类系统同自助银行系统相比，有如下显著的特点：

(1) 交易额大，风险性大。犯罪分子对电子银行作案的案例中，在电子汇兑系统里的作案比例很大，作案金额居各类案例之首。

(2) 对安全性要求很高，其次才是时效性要求。由于通过电子汇兑系统的汇款金额大，客户汇款时最关心的是安全，其次才是及时送到。因此，系统的响应时间不像自动柜员机系统和销售点电子资金转账系统那样严格。为了系统的安全，在设计电子汇兑系统时，几乎都采用先存后送的信息传输方式，以确保信息在传输过程中所通过的每个站点都有确切的记录，万一系统出现问题也能迅速找出出事点。

(3) 跨行和跨国交易所占比例较大。汇款的业务处理有巨额的国际支付，有行际间的资金调拨，有企业间的贸易往来，也有个人的小额汇款，还有各种托收和代付。这些业务中，跨行和跨国交易所占的比例很大。因此,电子汇兑系统要遵守国际上通行的各种标准、规格和要求,只有这样才能顺利进行国际汇款业务。

网上银行系统是一种全新的系统,自助银行系统、面向企业的企业银行系统、面向往来银行的电子汇兑系统都是通过银行专用网络运行的系统,是在严格监控下运行的,使用系统的客户都需要事先注册,因此身份检验和电文检验都相对简单可靠。而网上银行系统和网上银行服务的所有信息,是在完全公开的互联网上传送的,服务的对象也不确定,身份检验和电文检验都要复杂得多。

鉴于上述3类电子银行系统具有不同的特性和要求,需要采用不同的处理办法和监控机制。

本章小结

支付结算是指单位、个人在社会经济活动中,使用票据、信用卡和汇兑、托收承付、委托收款等结算方式进行货币给付及资金清算的行为。货币结算按其不同的支付形式,分为现金结算和转账结算两种。

国家鼓励开户单位和个人在经济活动中,采取转账方式进行结算,减少使用现金。各部门、单位之间的经济往来,通过银行办理转账结算具有重要的现实意义:有利于促进和加速物资与资金的周转,履行经济合同,遵守结算纪律;节约现金使用,减少货币发行,稳定货币流通;为综合反映和调节经济提供信息;利用结算过程中的在途资金,支持生产和流通的扩大。支付结算的原则:恪守信用,履约付款;谁的钱进谁的账,由谁支配;银行不垫款。

支付结算办法的主要规定包括:转账中介人的界定;办理转账结算的资格;使用统一的结算凭证;签章按规定;填写票据按规定。

本章分别详细介绍了常用的几种支付结算方法的概念及其核算方法。

(1) 支票是出票人签发的,委托办理支票存款业务的银行或其他金融机构在见票时无条件支付确定的金额给收款人或者持票人的票据。

(2) 银行本票是银行签发的,承诺自己在见票时无条件支付确定的金额给收款人或持票人的票据。

(3) 银行汇票是出票银行签发的,由其在见票时按实际结算金额无条件支付给收款人或者持票人的票据。

(4) 商业汇票是出票人签发的,委托付款人在指定日期无条件支付确定的金额给收款人或持票人的票据。

(5) 汇兑是汇款人委托银行(汇出行)将款项汇给异地收款人的结算方式。汇兑分为信汇和电汇两种,汇款人可根据需要选用。信汇是汇款人委托银行通过邮寄凭证通知汇入银行解付汇款的一种结算方式;电汇是汇款人委托银行以发送电子汇划信息通知汇入银行解付汇款的一种结算方式。

(6) 托收承付结算是收款人根据经济合同发货后,委托银行向异地付款人收取款项,付款人按合同核对单证或验货后,向银行承认付款的一种结算方式。

(7) 委托收款是收款人向银行提供收款依据,委托银行向付款人收取款项的结算方式。

(8) 信用证是指开证行依照申请人的申请开出的,凭符合信用证条款的单据支付的付款承诺。

(9) 信用卡是指商业银行向个人和单位发行的，凭以向特约单位购物、消费和向银行存取现金，且具有消费信用的特种载体卡片。它一般是塑料硬卡片，卡片上印有发行银行名称、银行代号、标记、持卡人签名、账号、有效期和用款限额等内容。信用卡作为一种有效的支付手段，经发卡行的允许，往往可以取得一定限额的透支款项，以方便用户。

经过 20 多年的发展，到 20 世纪 80 年代后期银行开始逐步进入电子银行时代。即当电子资金转账系统发展成了电子银行系统，银行也从手工操作的传统银行逐步发展成高度自动化和现代化的电子银行。在电子银行时代，银行同环境之间的关系，表现在进行金融交易和进行金融信息交换两个方面。前者是基础，后者是从前者派生出来的。现代化的电子银行系统，一般都具有支付服务和金融信息增值服务两种功能。

关键术语

支付结算　支票　银行本票　银行汇票　商业汇票　汇兑　托收承付　信用证　信用卡　电子银行

思考练习题

1. 简述支付结算的概念、支付结算的原则和方式，票据支付结算方式的种类、各类票据结算方式的概念。
2. 试比较现金支票和转账支票概念及其核算方法。
3. 简述银行本票出票、付款的处理方法。
4. 比较银行汇票及商业汇票的概念和核算方式的区分和联系。
5. 解释汇兑的概念，区分信汇和电子汇兑的概念和核算方式。
6. 简述托收承付的基本规定。
7. 简述委托收款的概念及核算方法。
8. 简述信用证的概念和种类。
9. 简述电子银行的产生及其发展历史，电子银行的建立和发展在经济高速发展的现代社会里的重要意义。

第九章　联行往来业务的核算

本章要点

1. 联行往来的基本概念和特点
2. 联行往来的风险防范
3. 全国联行往来的核算凭证、会计科目、会计核算方法
4. 全国电子联行往来的概念及账务处理方法

第一节　联行往来业务核算概述

一、联行往来业务基本概念概述

同一银行系统各行、处之间彼此互称联行。联行之间发生国内外支付结算业务，或内部资金调拨而引起的资金账务往来称之为联行往来。联行往来的实质，是银行系统内各行处之间的应收应付的关系。与联行相比，不同系统的各银行之间则互称代理行或同业，人们习惯上把国内不同系统的金融机构称为同业，把港、澳、台地区和国外（以下统称境外）不同系统的金融机构称为代理行；把它们之间发生的资金账务往来称为同业（代理行）往来。因银行业务有本币业务和外币业务之分，联行往来也就有本币联行往来和外币联行往来之别。外币联行往来是联行间因进行外汇资金划拨和办理境内外外汇支付结算而发生的资金账务往来。本章仅介绍人民币联行往来业务。

联行往来，是银行办理结算业务和内部划拨资金的重要工具。随着我国经济的发展和对外开放的深化，各项资金的清算增多，联行往来工作也相应增多。做好联行往来的核算工作，对于扩大和活跃商品经济、加速国民经济资金的周转有着重要的意义。

联行往来分为境内联行往来和港澳及国外联行往来；其中境内联行往来又分为全国联行往来、省辖联行往来和市辖（县辖）联行往来。境内联行往来包含了非电子联行往来（包含本系统联行往来和金融机构往来两种类型）和电子联行往来（包含人民银行电子联行往来和系统内电子联行往来两种类型）。第二节介绍电子联行往来。我国有6大联行系统：中国人民银行、中国工商银行、中国农业银行、中国建设银行、中国银行、交通银行。

二、联行往来的特点

联行往来业务量大，政策性强，涉及面广，管理体制特别，组织形式和核算方式多样，账务处理手续错综复杂，与其他业务比较，主要具有以下特点：

(一) 联行往来在银行各项业务中具有特殊的地位

联行往来是随着结算等有关业务的产生而产生的,直接关系到各行处的资金和账务。联行账务一方面是各行本身账务的重要组成部分,另一方面又相互联系地构成了一个完整的核算整体。因此,正确、及时地办理联行业务是正确处理其他业务,保证联行往来核算体系正确无误的重要条件。

(二) 既执行会计基本制度,又执行联行往来制度

因为联行往来的账务核算是银行会计核算的重要组成部分,是一个相互联系、相互制约的有机整体,必须与其他账务一样严格执行会计基本制度;同时,联行往来核算在报单使用、账务处理及管理办法等方面都具有其自身的一套完整的核算系统,应严格执行自身的联行往来制度。任何一个行、处或任何一个环节稍有疏忽,都会影响本行(处)账务的平衡和资金的正常周转,并影响到整个联行核算系统的最终平衡和客户资金的正常运转。

(三) 联行往来核算划分往账和来账两大系统

联行往来核算涉及的行处较多。为了简化手续,满足管理上的需要,在核算体系上设置往账和来账,并采用科学的账务核对方法,划分年度,清查未达账务。

(四) 联行往来关系的实质是联行之间的债权债务关系

由于各行处都是自主经营、独立核算的经济实体,相互之间占用资金不能是无偿的,因此,对办理联行往来而产生的汇差,必须及时轧计和清算。

(五) 联行往来核算与国内、国际支付结算及内部资金调拨结合进行

联行往来核算与银行支付结算和资金调拨等业务核算紧密联系。从支付结算业务角度看,银行只起到了收、付款人之间的媒介作用,但从银行的权责角度看,联行往来是银行办理支付结算业务的继续,是货币的无形运输,在付款人付给收款人每笔资金的同时,银行之间也同时、同步、同额、同向转移资金,实质上也就是付款银行付给了收款银行一笔等量资金。如甲地某客户需付给乙地某收款人的汇款业务,需通过甲地与乙地银行间的资金代收代付。实质是将客户之间的存欠关系转变为银行之间的定期清算的资金欠存关系。

(六) 联行往来核算有一套完善的安全控制措施和工具

银行的代收、代付业务,不论金额多寡,都仅凭一份委托书、报单或电报、电传办理,如有差错、失误,银行都将遭受损失。因此,为了保证银行资金的安全和汇路的畅通,银行要有一套行之有效的安全控制措施和工具,如联行报单、联行专用章、专用信封、联行密押、压数机等。而且,对这些印、押、凭证的保管、使用,都有严格的管理制度。

(七) 有独特的联行往来处理基本原理

一笔联行往来账务是在两个行、处间不同的时间、不同的地点进行的,使用最现代化的设置如电传、SWIFT(环球银行金融电信协会)等,仍有时间差、空间差和行际差,仍有未达账。在资金内部划拨上,一方代收,另一方代付,此收彼付,此付彼收,有来有往;在账务处理上,其主体是相对的,你借我贷,你贷我借,以相反的方向、相等金额分别记载联行账务,形成联行账务处理的基本原理。

三、联行往来的组织原则和管理体制

(一) 联行往来的组织原则

(1) 既要有助于畅通汇路,加速资金周转,又要有利于中央银行同商业银行资金分开,加强资金管理。

(2) 既要集中管理,又要分级管理。

(3) 既要简便适用,又要有利于严密监督。

(二) 联行往来的管理体制

1. 全国联行往来

全国联行往来适用于全国范围内跨省、自治区、直辖市、计划单列市各行之间的资金账务往来。凡由各行总行发给全国联行行号和联行专用章的行处均可参加。按中国人民银行总行制定的全国联行往来制度办理,由各行总行负责监督结清。

2. 分行辖内往来

分行辖内往来适用于同一省、自治区、直辖市、计划单列市内不同行处之间的资金账务往来。凡由分行发给分行辖内往来联行行号和分行联行专用章的行处均可参加。按分行辖内往来制度办理,由分行负责监督结清。

3. 支行辖内往来

支行辖内往来适用于县(市)内不同行处之间的资金账务往来。凡由县支行发给支行辖内往来联行行号和专用章的行处均可参加,按支行辖内往来制度办理,并由支行负责监督结清。

四、联行往来核算的基本形式

联行往来业务必须适应银行机构设置和业务发展需要,采取不同的核算形式,处理不同性质的往来账务。目前,主要采取集中制和分散制两种核算形式。

境内联行往来主要采取集中制核算形式,其特点是联行各行、处不以对方的名义开立账户,由总行集中开户,集中记账,集中对账、销账,对联行资金实行集中统一管理,账务由总行(或分行)监督管理。港、澳及国外联行往来主要采取分散制核算形式,其特点是各关系行之间,互以对方行的名义开立账户进行往来,直接寄送对账单对账、销账。

集中制适用于规模较大、网点较多的银行机构使用;而规模较小的商业银行以及信用社则采用分散制较合适些。

两种核算形式各有利弊,应采用哪种核算形式,是由管理要求和技术设备条件两大因素决定的。与管理要求有关的因素有:管理体制、参加往来机构的多少、业务量大小、人员素质等;与技术设备条件有关的因素有:是人工操作还是使用电子计算机或卫星通讯网络,有无开通SWIFT系统等。以上这些因素不是一成不变的,因此联行往来核算形式也不是长期固定的,各个环节的处理手续会不断改进和完善。如何设计好联行往来的核算体系与形式是银行当局研究的重要课题。

五、联行往来的风险防范措施

联行往来资金数额巨大,风险也大。主要风险点包括:单人操作;印、押(压)、证、机管理漏洞;账务核对不及时;盗用、挪用联行资金;大额资金汇划未办报批手续;错账、乱账。

防止联行往来风险发生的主要措施有：

①建立联行业务管理档案；②业务应由经办员、复核员、编押员三个岗位相互制约完成，不得混岗操作；③印、押(压)、证、机必须分管，并严格控制知押面；④业务清单等联行档案及数据备份应妥善保管；⑤定期、不定期对账，保证内外账一致；⑥准确使用会计科目；⑦严防客户账、联行往来账余额透支。

六、全国联行往来的凭证及会计科目

(一) 联行报单

联行报单是联行往来的专用凭证。按业务性质不同，联行报单可分为借方报单和贷方报单两大类；按划款方式不同，联行报单可分为邮划和电划两大类。联行报单可具体分为以下六类：邮划借方报单、邮划贷方报单、电划借方报单、电划贷方报单、电划借方补充报单、电划贷方补充报单。

报单采用一式三联凭证。每联均有规定的用途：邮划报单第一联寄收报行代来账卡片，第二联寄总行电子计算中心，第三联发报行代往账卡片；电划报单缺第一联，另外两联用途与邮划报单相同；电划补充报单第一联收报行代来账卡片，第二联代转账传票，第三联收(付)款通知。

(二) 联行会计科目

按新会计制度的规定，联行往来业务不分范围，只使用“存放联行款项”和“联行存放款项”两个科目进行核算。如果使用这两个科目暂时不能满足日常核算和监督的需要，各行仍可使用以下科目核算全国联行往来业务。

1. 联行往账

经办行办理异地划款业务时，作为填发报单的发报行，使用本科目核算联行款项。填发借方报单，记入本科目借方；填发贷方报单，记入本科目贷方。

2. 联行来账

接受发报行寄来报单的经办行为收报行。收报行将收到报单的款项转账时，使用本科目核算。收到贷方报单，记入本科目借方；收到借方报单，记入本科目贷方。

3. 已核对联行来账

收报行收到电子计算中心寄来的对账表，同收到的报单逐笔勾对后，用本科目办理转账。转账时将对账表由发生额全部转入本科目。其中核对相同部分同联行来账科目对转，未对上部分同“未核销报单款项”科目对转。

4. 未核销报单款项

收报行对账时，如对账表内所列报单尚未收到，或因报单有误尚未转账，用本科目进行核算。

七、联行往来的基本做法

全国联行往来的基本做法是直接往来；分别核算；逐笔核对；划分年度，查清未达，结平账务。

联行往来的基本做法即联行之间互相开户。设置“存放联行款项”和“联行存放款项”两个会计科目；经办行对签发的“联行往来借方报单”和受理的“联行往来贷方报单”款项，作为银行的资产，记入“存放联行款项”科目借方；对签发“联行往来贷方报单”和受理的“联行往来借方报单”款项，作为银行的负债，记入“联行存放款项”科目贷方。期末这两个账户按余额较小的一方的金额对转。在资产负债表中，按两科目对转后有余额的科目填列。各行总行统一领导，对联行资金进行清算。收到调拨资金的报单后，通过“存放中央银行款项”科目，待汇差资金汇出或收入。期末两科目按余额较小一方科目金额对转后，若出现贷方余额，应计算应付利息；若出现借方余额，则应计算应收利息。联行往来的具体做法，因各行系统电脑网络普及程度不同而不尽相同。

八、联行往来的核算

(一) 全国联行往来的核算

1. 发报行的核算

发报行是联行业务发生行，它的任务是正确及时地向收报行填发报单，按规定向电子计算中心编报往账报告表。做好发报行工作，是保证联行往来正确进行的基础。

(1) 正确编制联行报单。联行业务发生后，银行除应登记有关账户外，作为联行业务的发生行，还要根据代收、代付业务性质编制借方或贷方报单，并根据客户要求确定寄递方式是邮划还是电划。对于划出款项业务(代收业务)，需填写贷方报单，编写如下会计分录：

借：活期存款——付款人户

　贷：联行往账(联行存放款项)

划入业务(代付业务)，应填制借方报单，会计分录如下：

借：联行往账(存放联行款项)

　贷：活期存款——收款人户

【例9-1】某经办行接到开户单位交来的银行汇票及送款单，金额28 000元。审核无误后，第一联送款单退还客户。然后填制联行借方报单，并根据汇票及送款单办理转账手续，编制如下会计分录：

借：联行往账(存放联行款项)　　28 000

　贷：活期存款——收款人户　　28 000

若收到客户交来的信汇凭证一份，金额10 000元，审核无误后，填发邮划贷方报单，转账会计分录如下：

借：活期存款——汇款入户　　10 000

　贷：联行往账(联行存放款项)　　10 000

(2) 报单的审核和寄发。报单填毕，需严格审核每项具体内容是否正确、齐全。核对无误后，第一联报单及有关凭证和附件一并寄往收报行，如系电划则应及时拍发电报。

(3) 联行往账报告表的编制。作为发报行对总行电子计算中心的专用报表，发报行每日营业终了(或定期)，根据第二联报单按借方、贷方编制往账报告一式两份，一份连同第二联报单一并寄给各行总行电子计算中心，另一份往账卡片备存保管。

(4) 联行往账的结束工作。每日营业终了，发报行将留存的往账卡片(代分户账)按借方、贷方分别加计总数。编制往账科目转账借方、贷方传票，再根据传票编制往账科目日结单，据以登记总账，结出余额，同往账报告表余额相核对，并将往账卡片整理好，附往账报告表，定期装订保管。

2. 收报行的核算

收报行是联行报单的收受行，其任务主要是认真审核报单，迅速办理转账，切实核对服务，及时清查未达账项，做好收报行的工作，是处理好联行往来账务的关键，也是保证结算汇路畅通的重要环节。

(1) 完整报单的处理。收报行收到发报行寄来的报单及有关凭证和附件，应审查其有关内容是否齐全、正确。审查无误后，即可办理转账。收到贷方报单时，作如下会计分录：

借：联行来账（存放联行款项）

　贷：活期存款——收款人户（或其他有关科目）

收到借方报单时，转账的会计分录如下：

借：活期存款——付款人户（或其他有关科目）

　贷：联行来账（联行存放款项）

【例9-2】承前例。汇票的签发行收到兑付行寄来的联行借方报单及汇票解讫通知，审核无误后办理转账。会计分录如下：

借：汇出汇款　　28 000

　贷：联行存放款项　　28 000

信汇款的汇入行收到汇出行寄送的联行贷方报单及信汇凭证，审核无误后办理转账，会计分录如下：

借：存放联行款项　　10 000

　贷：活期存款——收款人户　　10 000

如属电划，则应填制电划补充报单转账。

每日营业终了，对所有转账后的来账卡片按借方、贷方分别加计汇总，编制来账科目转账借方、贷方传票，并登记"来账分户账"借方报单和贷方报单，各自结出余额。同时，根据传票编制来账科目日结单，凭以登记来账总账。对来账卡片要按借方和贷方分别放入卡片箱内专门保管，并区分开未核对和已核对两部分。

(2) 不完整报单的处理。收报行对收到发报行寄来的报单，发现报单内容与附件不符或内容填写有错误，这种报单称为不完整报单。凡收报行行号是本行的报单，不论其他内容是否相等，都先转入本行的来账科目。若根据报单附件能确定正确的收报行，则需使用往账科目划出，另填报单，连同附件寄至正确的收报行。对收报行行号不是本行的报单，若其附件内容是本行受理的，为了保证结算款项及时入账，可根据附件办理转账手续，同时向报单行所列行号的收报行填发反方向科目相互对转。

对于不能转账的错误报单，应向发报行发出查询书，待收到查复后分情况处理。

3. 总行电子计算中心的监督

中国人民银行总行电子计算中心，是集中监督系统以及大部分商业银行全国联行往来账务的部门，其主要工作是：

(1) 审查往账报告表。电子计算中心收到各发报行寄来的联行往账报告表及所附第二联报单，应审查往账报告表的顺序号前后是否衔接，上日余额是否相符；本日发生额同所附第二联报单合计金额是否相等，本日余额和自年初累计发生额计算是否正确。

(2) 将第二联报单按收报行顺序整理，以各收报行为对象，逐笔编制对账表一式两联，一份留存，另一份寄收报行用以对账。

4. 收报行对账的处理

收报行收到对账表，经审查无误后，从留存的第一联报单（来账卡片）中抽出，同对账表所列内容相同的报单进行逐笔勾对。对上后在报单上注明对账日期，汇总编制转账借方、贷方传票转账，并销记来账分户账。

贷方报单的会计分录如下：

借：已核对联行来账

　　贷：联行来账

　　　　未核销报单款项

借方报单的会计分录如下：

借：联行来账

　　未核销报单款项

　　贷：已核对联行来账

对账后的第一联报单，放回卡片箱的已核对来账卡片格保管，转入“未核销报单款项”的多为联行未达账项，待该账项到达并转账后，再予以冲销。

5. 划清年度和查清未达账项

全国联行往来，划分为往账和来账两个方面。就每一笔联行业务而言，有一笔往账，就应有一笔来账与之相对应。从全国范围来看，一定时期的往账发生数应与来账相同。但由于联行往账和来账发生的时间、地点各不相同，致使未达账项产生。这是影响全国联行往来账务平衡的主要原因。为了及时清理未达账务，验证一定时期内联行服务的平衡，需要划分年度，进行年终结转，及时解决未达账项造成的影响。

(1) 上年与本年联行账务的划分与处理。划清年度是查清联行未达账项的前提和条件。新年度开始时，各经办行应将上年度的联行往账、联行来账、已核对联行来账、未核销报单款项各科目的余额，不通过分录，直接过入各该科目的上年户。其中未核销报单款项应逐笔过入。借贷双方同时反映余额。还要将联行来账和已核对联行来账两科目自年初累计发生额在上年栏内注明，以便在新年度接到上年对账表时核对。

新年度开始所发生的联行往账，应在本年户内核算，发报行不再填发上年度的联行报单和往账报告表；收报行收到的报单，应以其编制日期为依据，分别在联行来账的本年户和上年户核算；收到总行电子计算中心发来的上年度对账表核对上年来账时，应当在已核对联行来账、联行往账和未核销报单款项各科目的上年户内结转。

总行电子计算中心在新年度开始时，收到发报行寄来的上年往账报告表和第二联报单，应编制上年度对账表寄收报行。其编号和累计发生额应同上年度对账表相衔接。对收到的新年度的往账报告表和报单，在编制对账表时应从头开始编号，不可同上年的编号及累计发生额相衔接。

发报行、收报行和总行电子计算中心按上述方法处理，可以使上下年度的联行账务分开，上年度的未达账项被局限在上年账务内，新年度开始后可迅速查清，及时结平上年联行账务。

(2) 查消未达的主要标志。经办行在新年度开始后，应及时处理联行账务中遗留的问题，补编有关报单，对未核销的来账卡片及时进行查询。待年度内所有联行未达账项均已查消并转账之后，经办行的联行账务会出现以下几个标志：

①上年最后一份往账报告表的余额和上年末联行往账科目总账余额相符。

②上年度的来账卡全部同电子计算中心寄来的对账表勾对相符，并全部转入“已核对联行来账”上年户，“联行来账”上年户已无余额。

③“已核对联行来账”上年户最后余额，同上年最后一份对账表余额核对相符。

④“未核销报单款项”上年户借贷方余额全部查清并转销完毕，余额为零。

⑤未转账错误报单登记簿内所记载的上年度错误报单全部处理完毕。至此，经办行上年联行账务即告查清。只有“联行往账”和“已核对联行来账”科目上年户还有余额。在总行电子计算中心表现为联行往账余额合计（即往账报告表余额合计）和联行来账余额合计（即对账表余额合计）相等。

(3) 上年联行账项上划和结清。联行未达账项查清后，经办行、管辖分行和总行还要进行一次全面、系统的核对工作。主要有以下几项：

①各基层经办行在上年联行未达账项查清后，应根据“联行往账”上年户和“已核对联行来账”上年户余额，编制“联行未达账项查清报告单”一式三份，两份留存，一份寄送管辖分行。

②总行电子计算中心在编好上年度最后一份对账表后，应按各管辖分行分别编制上年“全国联行往账最后余额通知单”和“全国联行来账最后余额通知单”一式两份，一份留存、一份寄送各分行。

③管辖分行将各经办行寄来的联行未达账项查清报告单，同电子计算中心寄来的“两单”核对相符后，编制“全辖汇总联行未达账项查清报告单”一式两份，一份留存，另一份连同所属经办行的查清报告单一并寄总行电子计算中心，同时通知辖内各经办行上划上年联行账项的余额。

④总行电子计算中心收齐各分行寄来的“全辖汇总联行未达账项清查报告单”，同本身编制的“两单”核对相符后，编制各分行上划上年度全国联行往来余额清单两份，一份留存，一份报告总行会计部门，由其通知各分行上划上年联行账项的余额。

各经办行将上年联行各科目的余额从相反的方向上划管辖行，管辖行汇总后，再从相反的方向上划总行。总行收齐全国范围内各分行上划上年联行账务报单并转账后，“联行往账”上年户和“已核对联行来账”上年户两科目余额必然相等，且方向相反，总行应对其借贷方向予以冲销结平，彻底结束上年的联行账务。

(二) 分行辖内往来的核算

为了缓解总行电子计算中心集中监督和结算的压力，充分发挥管辖分、支行就近监督和结算，及时发现和解决问题的作用，为缩短结算时间，加速社会资金周转，各管辖分、支行可参照全国联行往来的基本做法，组织辖内往来核算。

分、支行辖内往来的基本做法与全国联行往来基本一致，在账务上也划分为往账和来账两个系统。采用直接往来，分别核算，并由管辖行监督结平辖内往来账务，只是在对账环节上采用不同的方法。根据对账方式的不同，有逐笔核对法和总额核对法两种方法。

1. 逐笔核对方法的核算

发报行和收报行直接往来，应由管辖分行集中逐笔核对，由分行负责结平全年分辖往来账务。联行报单采用一式四联，第一联为往账卡片，第二联为往来报告卡，第三联为来账报告卡，第四联为来账卡片。在科目设置上，设立分辖往账、分辖来账科目，或在“分行辖内往来”科目下设往户和来户核算。具体核算方法如下：

(1) 联行业务发生时。发报行根据业务性质，填制省辖报单四联，来账卡片、来账报告卡和附件一并寄收报行，往账卡片用以转账，根据往账报告卡编制往账报告表，一并寄给管辖分行。

(2) 收报行收到报单时。收报行收到报单及附件，审查无误后予以转账，再根据来账报告卡编制来账报告表，一并寄送管辖分行。

(3) 管辖分行收到发报行寄来的报单时。管辖分行收到发报行寄来的往账报告表和所附报告卡，以及收报行寄来的来账报告表和所附报告卡后，应审查各报告表和报告卡的发生额、笔数、金额是否相符。核对无误后，分别登记在往账、来账总登记卡片上，据以控制辖内往账和来账，然后将往账报告卡同来账报告卡进行逐笔配对。

2. 总额核对方法的核算

总额核对，是由经办行、处之间直接往来，按月直接对账，年末由省分行汇总轧平。联行报单为三联式，第一联为来账卡片，第二联为对账卡，第三联为往账卡片。一般设置“分辖往账”、“分辖来账”和“已核对分辖来账”三个科目，分别反映发出、收到报单和账务核对的情况。此外，还要设月度对账单和年度对账单，用以核对对方账务。具体核算方法如下：

(1) 日常核算手续。联行业务发生后，发报行根据业务性质填写三联报单，来账卡片联随业务凭证及附件寄收报行。收报行收到报单和附件后转账，将来账卡片按发报行行号顺序，分别代收、代付整理，以备月终对账。

(2) 月度对账手续。月终，发报行根据留存的对账卡片，按收报行分别编制对账单一式三联，一份留存，另外两份连同对账卡，寄收报行进行月度对账。

收报行收到月度对账单后，应同事先统计好的该月收到的借方、贷方报单总笔数和总金额进行核对。核对相符后，留存一份对账单，以备年度对账，另一份盖章后退回发报行作为对账回单。

发报行收到对账回单，即可确认当月行账正确无误。

(3) 年度对账手续。年终时，发报行根据全年 12 份对账回单加计总额，按收报行分别编制年度对账单寄收报行，办理年度对账。

收报行收齐年度对账单，同每月留存的月度对账单核对无误后，填制分辖来账核对报告表一式两联，一份留存，另一份附发报行的年度对账单寄管辖分行。

分行收到所属各发报行寄来的往账核对报告表和各收报行寄来的来账核对报告表，审核无误后，分别加计总数。如两个数字相等，则证明分行辖内未达账项业已查清。

(4) 未达账项查清后的上划手续。分辖未达账项查清后，上划上年余额的手续则与全国联行往来基本相同，也是逐级上划，由管辖分行汇总轧平，结清全辖上年联行账务。

联行往来是同一银行系统辖内所属各行处之间，由于办理结算、资金调拨等业务，相互存入、存出款项而发生的资金账务往来。联行往来的实质，是银行系统内各行处的应收应付关系。中央银行和各商业银行分别建立各自的联行系统，便于实现资金分开、独立经营、各自占用和调拨汇差资金、清查联行账务，使联行往来成为办理货币结算和资金调拨的有力工具。

第二节　全国电子联行往来业务

一、电子联行往来的基本概念

全国电子联行往来(简称电子联行),主要是指经中国人民银行总行核准、发有电子联行行号的银行之间,通过电子计算机网络和卫星通信技术进行异地结算和资金划拨的账务往来。凡已经开通卫星通信的城市,参加同城票据清算的商业银行受理的异地汇划业务,均应在资金清算后,通过卫星通信办理;未参加同城票据清算的商业银行受理的异地汇划业务,应及时提交附近清算中心,尽量纳入电子联行往来处理;暂不具备条件进入电子联行往来处理的业务,仍使用现在的全国联行往来制度处理。各金融机构必须在中国人民银行存款账户中留足备付金,如资金不足,应及时主动调度资金,不得透支中国人民银行存款账户。

二、电子联行的基本做法

金融机构受理异地汇划业务的银行,分别称汇出行和汇入行。中国人民银行转汇时,办理电子联行往来的行处,分别称为发报行和收报行。清算中心称电子转发行。金融机构办理汇出和汇入的资金,由于中国人民银行当即清算,做到汇划款项与资金清算同步。

三、会计科目的设置

联行会计科目是核算参加电子汇兑系统的联行机构之间往来款项,反映联行往来账务的工具,主要采用以下科目核算:

(一)“电子联行往账”科目

代收业务记本科目的贷方,代付业务记本科目的借方;余额双方反映,不得轧差,同转发行核对后,在正常情况下,当日结平无余额。

(二)“电子联行来账”科目

代收业务记本科目的借方,代付业务记本科目的贷方;余额双方反映,不得轧差,同转发行核对后,在正常情况下,当日结平无余额。

(三)“电子清算资金往来”科目

各清算分中心和总中心之间清算资金存欠时,用本科目核算。每日电子联行往账和来账科目余额分别对清后,应全额转入本科目,余额轧差反映。凭累计积数计算联行存欠利息,本科目不分年度。年终不通过分录结转下年新账。在中国人民银行会计报表全国汇总后,本科目借贷余额应相等。

(四)会计凭证

(1)电子联行往账代收或代付清单各一式两联。第一联同有关的汇划凭证一起,作该金融机构往来科目凭证附件,第二联作电子联行往账科目凭证。

(2)电子联行来账代收或代付清单各一式三联。第一联收报行作电子联行来账科目凭证附件,第二联收报行作有关金融机构往来科目凭证附件,第三联交汇入行。

四、账务处理

(一) 汇出行的账务处理

汇出行根据开户单位提交应转汇的汇划凭证。经审核无误后,在第三联上注明汇入行行户,分别划收(或划付),并逐笔填制两联转汇清单。最后汇总编制两联划收(或划付)凭证,一联作转账借方传票,一联作转账贷方传票。代收业务的会计分录如下:

借:活期存款——汇款人户

　贷:存放中央银行款项

若系代付业务,会计分录方向相反。转账后,将第一联划收(付)凭证连同两联转汇清单和有关汇划凭证一并报开户的发报行。

(二) 发报行的处理

发报行是电子联行往来的发生行。当收到汇出行提交的划收(付)凭证和两联转汇清单及有关汇划凭证时,经审核无误,并确认汇出行存款户有足够资金支付,即可办理转账和清算资金。代收业务的会计分录如下:

借:××银行存款

　贷:电子联行往账

若系代付业务,会计分录方向相反。

按照电子邮包文件格式要求,在原始汇划凭证上的固定部位说明收报行行号,按汇出行分别划收、划付,将凭证以十笔为一原始数据包(不足十笔的零头数也算作一包)进行清分整理。按包加一式两联签发单,注明该包金额合计,并对包内原始汇划凭证加注流水号,凭以逐笔输入电子联行计算机系统。输入后按包打印出电子联行往账代收或代付清单各一式两联,分别作有关传票,录入计算机的往账信息。审核无误的,由计算机自动逐笔加编密押,通过通信网络发送转发行,并根据转发行发回的收电回执,累计已发妥往账、借贷方笔数与金额。每日营业结束,发报行通过往账结束包和转发行对清当日往账笔数及金额累计数后,即打印电子联行往账日结表。根据转账数编制转账凭证,将电子联行往账科目余额转入电子清算资金往来科目。代收业务的会计分录如下:

借:电子联行往账

　贷:电子清算资金往来

如系代付业务,会计分录方向相反。

(三) 转发行的处理

转发行是电子联行往来业务的转收转发银行。

办理电子联行转发业务的手续是:收到发报行送来的往账信息,经确认无误后,再向发报行发送收电回执,然后按收报行行号分类排列,分批将其连同借贷方笔数和金额合计数、累计数,转发收报行,并验证收报行发来的收电回执。每天营业终了,通过来(往)账结束包,转发行同收报行和发报行对清账务。轧平后打印电子联行往来平衡表,反映各行的联行资金存欠情况。电子联行的上存、借用资金余额合计数,每日应相等。转发行收到发报行电子联行往账信息,当日无法将该信息转达收报行时,转发行通过待转发户过渡。但该户余额年终时,必须查清结平,核对电子清算资金往来科目余额。每月由转发行同各收报行和发报行用电传或邮寄对账表方式进行核对。发现不符,应立即查明更正。

（四）收报行的处理

收报行是电子联行的受理行。当收到电子联行来账信息时，经审核无误，向转发行发送收电回执，并按汇入行打印电子联行来账清单或来账补充报单，一式三联，编制划收、划付凭证，或通过同城清算进行账务处理。代收业务的会计分录如下：

借：电子联行来账

　贷：××银行存款

如系代付业务，会计分录方向相反。

转账后，在清单第三联上加盖转讫章和有关人员名章，连同补充报单第二、第三联转交汇入银行，第一联作传票附件。每日营业终了，收报行通过转发行的来账结束包，对清当日来账后，即根据当日电子联行来账累计收到数和转账数，打印电子联行来账日结表。凭转账数编制转账传票，将电子联行来账科目余额转入电子清算资金往来科目。代收业务分录如下：

借：电子联行资金往来

　贷：电子联行来账

如系代付业务，会计分录方向相反。

（五）汇入行的处理

汇入行接到收报行转来的电子联行来账清单，审核无误后，自行编制传票进行账务处理。代收业务的会计分录如下：

借：存放中央银行款项

　贷：活期存款——汇款人户

如系代付业务，会计分录方向相反。

本章小结

同一银行系统各行、处之间彼此互称联行。联行之间发生国内外支付结算业务，或内部资金调拨而引起的资金账务往来称之为联行往来。

联行往来具有以下特点：在银行各项业务中具有特殊的地位；既执行会计基本制度，又执行联行往来制度；联行往来核算划分往账和来账两大系统；联行往来关系的实质是联行之间的债权债务关系；联行往来核算与国内、国际支付结算及内部资金调拨结合进行；联行往来核算有一套完善的安全控制措施和工具；有独特的联行往来处理基本原理。

联行往来业务必须适应银行机构设置和业务发展需要，采取不同的核算形式，处理不同性质的往来账务。目前，主要采取集中制和分散制两种核算形式。

全国联行往来的基本做法是直接往来；分别核算；逐笔核对；划分年度，查清未达，结平账务。

联行往来的核算分为全国联行往来的核算和分行辖内往来的核算。

全国电子联行往来（简称电子联行），主要是指经中国人民银行总行核准、发有电子联行行号的银行之间，通过电子计算机网络和卫星通信技术进行异地结算和资金划拨的账务往来。中国人民银行转汇时，办理电子联行往来的行处，分别称为发报行和收报行。清算中心称电子转发行。

关键术语

联行往来　发报行　收报行　总行电子计算中心　电子联行往来　汇入行　汇出行

思考练习题

1. 什么是联行往来？联行往来有哪些类型和特点？

2. 简述全国联行往来中发报行、收报行及总行电子计算中心的监督核算工作。

3. 阐述全国联行往来划清年度和查清未达账项的核算方法。

4. 分、支行辖内往来的基本做法与全国联行往来基本做法有什么异同之处？请分别阐述。

5. 简述电子联行往来的基本概念、基本做法和会计科目种类。电子联行往来与手工操作系统对比，有什么异同？

第十章　金融机构往来的核算

本章要点

1. 金融机构往来的核算要求
2. 同城票据交换的核算
3. 同业拆借中的拆出行和拆入行的核算
4. 同业往来业务的核算
5. 商业银行缴存财政性存款和一般存款的核算

第一节　金融机构往来概述

一、金融机构往来的概念

金融机构是国民经济资金运动的枢纽，国民经济中各单位、各部门和个人之间的资金划拨、结转与清算都必须通过金融机构来完成。我国的金融机构体系以中央银行为核心，商业银行为主体，其他金融机构并存。在资金运动过程中，中央银行与各金融机构，各金融机构之间必然存在频繁的资金往来。

金融机构往来是指各金融机构相互之间的资金账务往来，有广义和狭义之分。广义的金融机构往来指的是金融机构体系中各机构之间的往来，即：中央银行与商业银行的往来、各商业银行之间的往来、中央银行与其他金融机构之间的往来、商业银行与其他金融机构之间的往来、其他金融机构之间的往来。狭义的金融机构往来仅仅包括中央银行与商业银行的往来、各商业银行之间的往来。本章所涉及的金融机构之间的往来核算，主要指狭义的金融机构往来。

二、金融机构往来核算的基本要求

金融机构往来包含着各金融机构之间的债权债务关系，其核算基本要求如下：

(1)“资金分开、独立核算”的原则。各金融机构与中央银行、各金融机构之间的往来资金要严格分开并独立核算。

(2) 各金融机构在中央银行的存款账户要求保留足够的备付金存款，不得透支。如果备付金不足要及时拆借，补充资金，计划内借款不得超过中央银行核定的贷款额度。商业银行之间的拆借，应通过双方在中央银行的存款账户办理，不得支取现金。

(3) 各金融机构之间临时性的资金占用及时清算。如遇临时资金不足，可相互进行资金拆借，到期应及时还本付息；相互代收、代付款项的汇划和票据交换的差额也应及时办理资金划拨手续。

(4) 核算时必须做到及时、正确、迅速地传递结算凭证,及时办理转账手续。

第二节 同城票据交换

一、同城票据交换概述

商品经济的日益发展带来了同城结算业务的不断发展,各商业银行之间代收、代付票据等往来也必然日益增加,这就要求各商业银行要准确、及时地办理转账手续。由于各单位的开户银行不同,如采取逐笔送交对方转账、逐笔清偿存欠的做法,势必手续繁琐,影响及时入账。为了简化手续,加快凭证的传递速度,于是采取了同城票据交换清算的办法。

同城票据交换是指同城的各商业银行,将相互代收、代付的凭证、票据,按规定的时间、场次,集中到既定场所进行交换,轧计往来行之间应收、应付差额,由主办清算行以转账方式进行清算的同城银行间资金清算办法。

同城票据交换主办清算行一般为本市中国人民银行,由其设置票据交换所,并派出总清算员组织资金清算。参加同城票据交换的银行(称为清算行)须经中国人民银行批准并核发交换行号,方可在规定时间参加。一般每一营业日规定两场交换,上午和下午各一场。上午受理的票据可在当天下午进行交换,下午受理的票据可待次日上午进行交换(年终结算日除外)。

在票据交换中,凡是提出票据给他行的行处称提出行;凡是通过票据交换从他行提回票据的行处称提入行。参加票据交换的各清算行都可能在提出交换票据的同时,也收到对方提交的票据,因而既是提出行又是提入行,但对提出和提入的票据应分别进行核算。

各行提出交换的票据可以分为两类:一类为收到在本行开户的收款单位提交的应由他行开户单位付款的票据,称为借方凭证或代付票据,如同城委托收款结算凭证、银行本票等;一类为收到本行开户单位提交的委托本行向他行开户单位付款的票据,称为贷方凭证或代收票据,如付款人提交的转账结算凭证、签发人提交的支票等。对他行付款的票据,应遵循"他行票据,收妥抵用"的原则,即付款单位付妥款项后才能为收款单位入账。

商业银行应设置"待清算票据款项"科目,用以核算已提出交换尚未清算或已提入待记账或退票的票据款项,这是按交换场次设置的过渡性科目,为平衡各清算行当日账目。其借方反映提出待交换的借方票据款项,以及提入贷方票据款项;贷方反映提出待交换的贷方票据款项,以及提入后待记账或退票的借方票据款项。本场次清算交换后该科目余额为零。

二、同城票据交换的核算

参加票据交换的行应设置交换组或清算柜,配备专门的交换员对本行代收的他行票据集中办理交换。提出交换前,将应交换票据按提入行清理分类,并将提出交换的借方票据和贷方票据的业务数据分别输入计算机录成软盘,然后通过联网将软盘数据传给清算中心(或将录好的软盘交给清算中心),并由计算机按提入行(对方行)行号分别打印出"提出借方票据清单"和"提出贷方票据清单"一式二联,一联留存备查,另一联附待交换的票据,由交换员带至交换所进行交换。最后,将所有的借方票据清单和贷方票据清单分别汇总,编制"提出票据汇总记数单"代记账凭证办理转账。

(一) 提出行的核算

1. 提出贷方票据的核算

根据“提出票据贷方汇总计数单”和所附“提出贷方票据清单”作会计分录为：

借：活期存款——各付款人户

　　或：××科目

　贷：待清算票据款项

2. 提出借方票据的核算

根据“提出票据借方汇总计数单”和所附“提出借方票据清单”作会计分录为：

借：待清算票据款项

　贷：其他应付款——待清算户

退票时间已过，对他行未退回的借方票据为收款人进账。其会计分录为：

借：其他应付款——待清算户

　贷：活期存款——各收款人户

　　或：××科目

(二) 交换票据的处理程序

在交换所内，各行的交换员将提出的票据按票据清单上列明的提入行交换号码，分发到各交换行在交换所的固定位置上，然后回到本行所在的固定位置，点收他行送来的票据。其处理程序如下：

(1) 核对他行提交的借(贷)方票据清单的笔数、金额是否与所附票据相符，核对提入票据是否属于本行票据。

(2) 分别计算本场本行提入借方票据和贷方票据的笔数、金额合计，反方向填写“提入借(贷)票据汇总计数单”，然后计算本场本次交换本行应收金额和应付金额。其中，应收金额等于提出借方票据金额与提入贷方票据金额之和；应付金额等于提出贷方票据金额与提入借方票据金额之和。如果应收金额大于应付金额即为应收差额，反之为应付差额。

(3) 交换所收齐各行输(交)来的数据后，通过计算机进行分类汇总，并轧计出交换行本场票据交换中应收金额、应付金额及应收或应付差额，然后将有关数据打印出来交给各行的交换员进行复核。

(4) 本行交换员将已汇总的应收金额、应付金额及应收或应付差额与中国人民银行清算员打印的相应数据核对一致后，填写“同城票据清算划收(划付)专用转账凭证”一式四联。其中两联交票据交换所划拨转账清算差额，另两联带回本行进行账务处理。

(5) 中国人民银行清算员收齐各提出行交来的“同城票据清算划收(划付)专用转账凭证”后进行审查、平衡。计算公式为：

提出应付金额合计＝提回应付金额合计

提出应收金额合计＝提回应收金额合计

应付差额合计＝应收差额合计

审查、平衡无误后将转账专用凭证中的一联加盖转账专用章后退给提出行作转账回单，一联本所留存，一联转交本行会计部门据以进行资金清算。其会计分录为：

借：商业银行存款——××银行准备金户(应付差额行户)

　贷：商业银行存款——××银行准备金户(应收差额行户)

（三）提入行的核算

通过票据交换，通常提回两种票据：一种是提入借方票据，即付款单位在本行开户的票据；一种是提入贷方票据，即收款单位在本行开户的票据。根据提回的借、贷方票据以及“提入借（贷）票据汇总计数单”办理转账。

1. 提回借方票据的核算

若提回借方票据的付款单位有足够的存款支付，其会计分录为：

借：活期存款——各付款人户

　或：××科目

　贷：待清算票据款项

对于提回借方票据的付款单位的存款不足以支付或因票据要素错误无法办理支付的票据，则应办理退票，其会计分录为：

借：其他应收款——退票专户

　贷：待清算票据款项

并将待退票的票据专夹保管，以便下场交换时，退交原提出行。再提出交换时，冲销上述分录。

2. 提回贷方票据的核算

提回贷方票据时，一般不会发生退票，可以直接办理转账，其会计分录为：

借：待清算票据款项

　贷：活期存款——各收款人户

　或：××科目

对于提回的贷方票据，因票据要素错误或其他原因不能进账的票据，应列入退票处理。其会计分录为：

借：待清算票据款项

　贷：其他应付款——退票专户

并将待退票的票据专夹保管，以便下场交换时，退交原提出行。再提出交换时，冲销上述分录。

（四）清算差额的核算

当提出、提入的借方票据和贷方票据全部记入“待清算票据款项”科目后，该科目的余额应与本次通过中国人民银行划转存款的金额一致，应收、应付的方向也一致，以提回的“同城票据清算划收（划付）转账凭证”分别代替借方或贷方记账凭证办理转账，结清过渡性科目“待清算票据款项”的余额。

如果本次交换后本行为应收差额，其会计分录为：

借：存放中央银行存款——准备金户

　贷：待清算票据款项

如果本次交换后本行为应付差额，会计分录与上相反为：

借：待清算票据款项

　贷：存放中央银行存款——准备金户

中央银行根据参加票据交换各行应收、应付差额情况，进行转账，其会计分录如下：

借：××银行准备金存款——应付差额行

贷:××银行准备金存款——应收差额行

三、同城票据交换退票的处理

票据交换业务要坚持"先付后收,收妥抵用,银行不予垫款"的原则。当提入行提入有错误(如账号户名不符,大小写金额不符等)的票据或属于付款透支的票据,均要办理退票手续,将提入的有关票据退回原提出行。各行办理退票时,除要及时通知对方行外,应于下场交换时作为退票提出。其处理方法如下:

(一) 退出行的核算

退出行即提出退票的行(原提入行)。当提入的票据由于各种原因不能办理转账,需要退票时,应在规定的退票时间内电话通知退入行,并将待退票据视同提出票据列入下次清算。由于待退票据款项已列入本次清算差额,为保持本次"待清算票据款项"余额与清算差额一致,便于账务平衡和核查,对待退票款项应列入应收或应付科目清算。退票时,填制"退票理由书"一式三联。一联留存本行作应收或应付科目的转账凭证,另两联附退票票据于下次票据交换时退回原提出行。退回借方票据的会计分录为:

借:待清算票据款项

　贷:其他应收款——退票专户

退回贷方票据的会计分录为:

借:其他应付款——退票专户

　贷:待清算票据款项

(二) 退入行的核算

退入行(原提出行)接到退出行的电话通知或退回的票据后,根据票据交换登记簿查明确属本行提出的票据,在登记簿中注明退票的理由和时间,再作账务处理。退回的票据视同提入票据处理。根据退出行提交的"退票理由书"填制特种转账凭证办理转账。对于退回的借方票据,其会计分录为:

借:其他应付款——退票专户

　贷:待清算票据款项

对于退回的贷方票据,其会计分录为:

借:待清算票据款项

　贷:活期存款——原付款人户

各地同城票据交换的具体核算手续不尽相同,使用的会计科目也有区别,但是其基本原理都是一样的。

第三节　同业往来核算

同业往来又称商业银行之间的往来,是指商业银行之间由于办理跨系统结算、异地汇划款项、相互拆借等业务所引起的资金账务往来。由办理结算、代收代付引起的银行之间(有的是系统内的,有的是跨系统的)的往来是同业往来的主要内容。另外,各商业银行之间为了解决临时性资金短缺,进行资金融通、相互拆借,也是同业往来的重要内容。商业银行之间的往来是经济和金融发展的需要，按业务性质可以分为通过同业往来进行的同城票据交换、异地跨系统同业银行往来和同业拆借。

一、同业拆借的核算

同业拆借是指商业银行之间临时融通资金的一种短期资金借贷行为。《中华人民共和国商业银行法》规定：金融机构拆出的资金只能是交足法定准备金、留足备付金、归还中央银行贷款和上缴应缴联行汇差后的剩余资金；拆借的期限最长不超过4个月；拆入的资金只能用于弥补票据清算、联行汇差头寸不足和解决临时性周转资金的需要；禁止利用拆入资金弥补信贷收支缺口、扩大贷款规模和直接投资。商业银行之间通过相互融通资金，可以充分发挥横向调剂作用，有利于搞活资金，提高资金的使用效益。

同业拆借可以在中央银行组织的资金市场进行，也可以在同城商业银行间进行，也可在异地的商业银行间进行，但都必须通过中央银行划拨资金。拆借双方应商定拆借的金额、期限和利率等，并签订协议共同遵守履行。

（一）会计科目的设置

1. "拆放同业"科目

该科目属于资产类科目，核算银行拆借给其他银行的短期资金。资金拆出时记入借方，收回拆出的资金时记入贷方。余额在借方，表示尚未收回的拆出资金。该科目应按拆借的银行进行明细核算。

2. "同业拆入"科目

该科目属于负债类科目，核算银行向其他银行借入的短期或临时性资金。资金拆入时记入贷方，归还拆入的资金时记入借方。余额在贷方，表示尚未归还的拆入资金。该科目应按拆入银行进行明细核算。

（二）资金拆出的核算

1. 拆出行的核算

银行拆出资金时，首先由信贷部门与拆入行签订"拆借资金合同"，并提交给资金计划部门和会计部门。会计部门接到后应先对"拆借资金合同（代借据）"的第一联进行审查，再看"存放中央银行款项"账户中是否有足够的支付资金，然后凭合同书据以签发中央银行转账支票（或电、信汇凭证），加盖预留印鉴后，办理划款手续，以转账支票存根联（或电、信汇回单作附件），编制借、贷方转账凭证办理转账。其会计分录为：

借：拆放同业——××拆入行户

　　贷：存放中央银行款项

然后将转账支票交给借款行，由借款行根据支票内容填写进账单到中国人民银行办理资金划转的手续。

2. 中央银行的核算

中央银行收到拆出行的转账支票或汇兑转汇凭证及拆入行的进账单后，以拆出行的结算凭证及拆入行的进账单作借方、贷方记账凭证办理转账。会计分录如下：

借：××银行准备金存款——拆出行户

　　贷：××银行准备金存款——拆入行户

3. 拆入行的核算

以中央银行收款通知代转账借方传票，以拆出行的借据回单（第四联）代转账贷方传票办理转账。会计分录如下：

借：存放中央银行款项

　贷：同业拆入——××拆出行户

（三）拆借资金归还的核算

1. 拆入行的核算

拆借资金到期，拆入行应根据借款合同书计算出借款利息，根据本息开具中国人民银行转账支票（或电汇凭证），送交开户的中国人民银行，办理本息划转手续。会计分录如下：

借：同业拆入——××拆出行户

　金融企业往来支出——拆借资金利息支出户

　贷：存放中央银行款项

2. 中央银行的核算

中央银行收到拆入行归还借款的转账支票或汇兑转汇凭证，审核无误，将本息转入拆出行存款账户。会计分录如下：

借：××银行准备金存款——拆入行户

　贷：××银行准备金存款——拆出行户

办理转账后，通知拆出行。

3. 拆出行的核算

收到开户的中央银行收账通知，首先与合同书上归还日期核对，然后看本息是否正确再办理转账。会计分录如下：

借：存放中央银行款项

　贷：金融企业往来收入——拆借资金利息收入户

　　拆放同业——××拆入行户

二、异地跨系统转汇的核算

由于异地结算业务的收、付款单位不在同一地区，资金的划拨要通过两地的银行办理。有的业务发生在同一商业银行系统内，可通过本系统的联行往来处理，但也有大量的业务发生在不同的商业银行之间，属于跨系统结算。对于这种商业银行之间跨系统的汇划款项，根据中国人民银行《支付结算办法》规定：各商业银行跨系统汇划款项（10 万元以上含 10 万元）和系统内汇划款项（50 万元以上含 50 万元）的大额汇划应通过中央银行清算资金和转汇。在此限额以下的，可采取相互转汇的办法。根据各地商业银行机构设置情况，跨系统商业银行转汇主要有汇出地为双设机构地区、汇出地为单设机构地区和汇出地、汇入地均为单设机构三种情况。

（一）会计科目的设置

银行间资金清算由双方商定具体的清算方式，并通过设置“存放同业款项”和“同业存放款项”科目进行核算。

1. “存放同业款项”科目

该科目为资产类账户，反映金融企业与同业之间资金往来业务而存放于同业的资金。借方反映存入他行的款项，贷方反映本行支取的款项。余额在借方，表示本行在他行存款的实际结存数。该科目按往来银行设置明细账户。

2．“同业存放款项”科目

该科目为负债类科目，反映金融企业与同业进行资金往来而发生的同业存放于本企业的款项。贷方反映他行在本行存放的款项，借方反映他行支取的款项。余额在贷方，表示他行在本行存款的实际结存数。该科目按往来银行设置明细科目账户。

(二) 汇出地为双设机构地区的处理

汇出地为双设机构地区是指在同一地区设有汇入行系统的银行机构。在这种情况下，应采取“先横后直”的方式办理转汇。即由汇出行根据客户提交的汇款凭证，按照不同系统逐笔填制转汇清单，并根据转汇清单汇总编制划款凭证，通过同城票据交换划转汇入行在当地的联行机构(即转汇行)。转汇行收到汇出行转来的有关凭证，审核无误后，编制联行报单，通过本系统的联行往来将款项划往异地汇入行，由汇入行为收款(或付款)单位入账。其核算程序图如 10－1 所示。

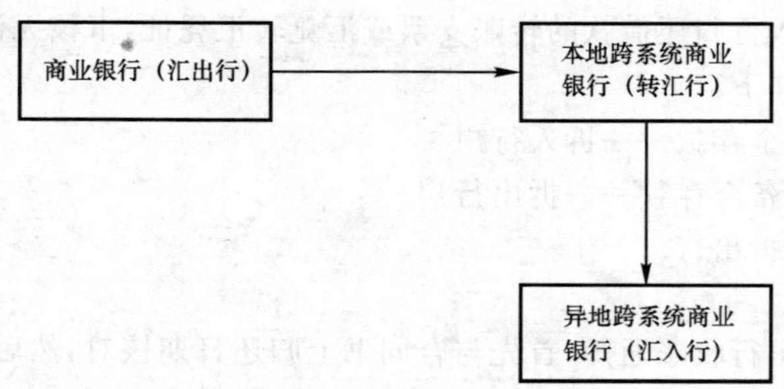

图 10－1 “先横后直”方式转汇程序图

1．汇出行的核算

汇出行根据客户提交的汇款凭证，按不同系统的汇入行逐笔填制转汇清单汇总后，通过同城票据交换提交同城跨系统行。划收款项的会计分录如下：

借：活期存款——付款人户

　贷：同业存放款项——××银行户

　或：同城票据清算（票据交换地区）

如系划付款项，会计分录相反。

2．转汇行的核算

转汇行收到汇出行转划的凭证与转汇清单经审查无误，通过本系统联行或电子汇划清算系统将款项划往异地的汇入行。划收款项的会计分录如下：

借：存放同业款项——××银行户

或：同城票据清算(票据交换地区)

　贷：清算资金往来(或本系统联行科目)

如系划付款项，会计分录相反。

3．汇入行的核算

汇入行收到本系统划来的联行报单及有关结算凭证，经审核无误，为收款单位入账。划收款项的会计分录如下：

借：清算资金往来（或本系统联行科目）

　贷：活期存款——收款人户

如系划付款项，会计分录相反。

（三）汇出地为单设机构地区的处理

汇出地为单设机构地区是指在同一地区没有汇入行系统的银行机构。在这种情况下，应采取“先直后横”的方式办理转汇，即由汇出行凭客户提交的结算凭证填制本系统联行报单，通过联行往来将款项转给汇入行所在地的本系统联行机构（即转汇行），转汇行收到汇出行划来的联行报单及结算凭证审核无误后，直接通过同城票据交换将款项划转汇入行，由汇入行为收款（或付款）单位户入账。其核算程序如图 10－2 所示。

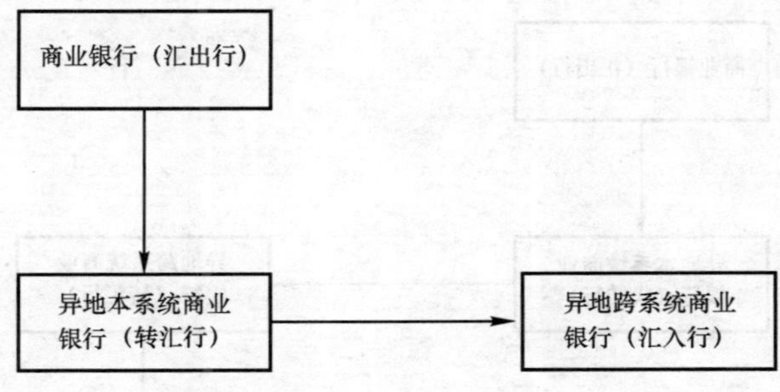

图 10－2　“先直后横”方式转汇程序图

1. 汇出行的核算

汇出行发生业务后凭客户提交的汇款凭证通过本系统联行或电子汇划清算系统将款项划转汇入地本系统的转汇行。划收款项的会计分录如下：

借：活期存款——付款人户

　贷：清算资金往来（或本系统联行科目）

如系划付款项，会计分录相反。

2. 转汇行的核算

汇入地本系统转汇行收到本系统汇出行划来的联行报单及结算凭证，经审查无误，直接通过同城票据交换，向跨系统汇入行办理转汇。划收款项的会计分录如下：

借：清算资金往来（或本系统联行科目）

　贷：同业存放款项——××银行户

　或：同城票据清算（票据交换地区）

如系划付款项，会计分录相反。

3. 汇入行的核算

汇入行收到本地区跨系统转汇行划转的款项，为收款单位入账。划收款项的会计分录如下：

借：同业存放款项——××银行户

或：同城票据清算（票据交换地区）

　贷：活期存款——收款人户

如系划付款项，会计分录相反。

(四) 汇出地、汇入地均为单设机构的核算

汇出地和汇入地均为单设机构地区是指汇出地和汇入地均未设其他系统的银行机构，一般是乡、镇所在地银行的基层处所。在这种情况下，办理异地跨系统汇划款项时，应采取"先直后横再直"的方式转汇。即要就近选择设有双系统银行机构的第三地为中转站，先由汇出行凭客户提交的结算凭证填制本系统联行报单，通过联行往来将款项划至中转站地区的本系统联行机构(代转行)，代转行收到并审核无误后，直接通过同城票据交换，将款项划转至中转站地区的汇入行系统的联行机构(转汇行)，转汇行收到本地区跨系统代转行划转的款项，审核无误后，填制本系统联行报单，通过联行往来将款项划转汇入行，由汇入行为收款(或付款)单位户入账。其核算程序图 10－3 所示。

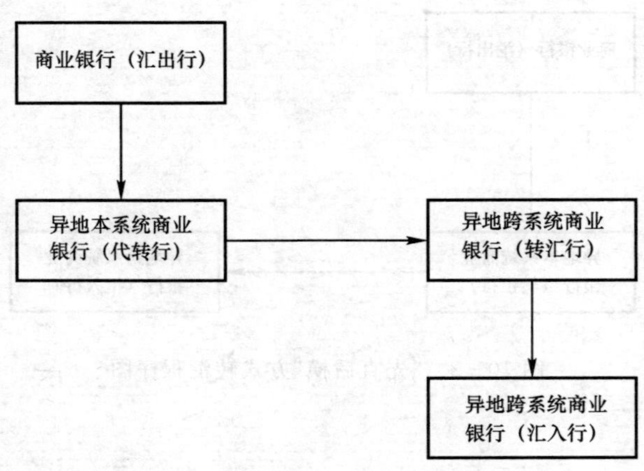

图 10－3 "先直后横再直"方式转汇程序图

1. 汇出行的核算

汇出行发生业务后，凭客户提交的汇款凭证填制本系统联行报单，通过本系统联行或电子汇划清算系统将款项划至转汇地区的本系统联行机构(代转行)。划收款项的会计分录如下：

借:活期存款——付款人户

　　贷:清算资金往来(或本系统联行科目)

如系划付款项，会计分录相反。

2. 代转行的核算

代转行收到本系统联行汇出行划来的联行报单及汇划凭证，经审查无误，直接通过同城票据交换，向转汇行办理转划。划收款项的会计分录如下：

借:清算资金往来(或本系统联行科目)

　　贷:同业存放款项——××银行户

　　或:同城票据清算(票据交换地区)

如系划付款项，会计分录相反。

3. 转汇行的核算

转汇行收到本地区跨系统代转行划转的汇划凭证，经审查无误，即通过本系统联行或电子汇划清算系统划转汇入行。划收款项的会计分录如下：

借:存放同业款项——××银行户

或:同城票据清算(票据交换地区)

　贷:清算资金往来(或本系统联行科目)

如系划付款项,会计分录相反。

4. 汇入行的核算

汇入行收到本系统联行报单和汇划凭证,经审核无误后办理转账。划收款项的会计分录如下:

借:清算资金往来(或本系统联行科目)

　贷:活期存款——收款人户

如系划付款项,会计分录相反。

三、通过同业往来进行同城票据交换的核算

通过同业往来进行的同城票据交换与清算是指对业务量不大的县城行处的跨系统票据交换,采取直接交换、当时清算资金的办法。县或者县以下的城镇,由于当地可能没有中央银行机构,各行相互间票据可以通过同业往来"存放同业款项"和"同业存放款项"等有关科目进行核算。通过同业往来进行同城票据交换的具体核算方式分为双向存放款项和单向存放款项两种。

(一) 双向存放款项业务的核算

双向存放款项是指往来的双方银行互相将资金存入对方行,即往来双方互为账户行,同时使用"存放同业款项"和"同业存放款项"科目。发生票据结算业务时,根据有关凭证编制借(贷)方记账凭证办理转账。

1. 存入备用金的核算

为了能够办理日常核算,按照双方的协议,各自要在对方银行开立准备金户,并按期结付利息。当本行在他行存入备付金时,应签开本行支票办理转账。其会计分录为:

借:存放同业款项——××行户

　贷:存放中央银行款项——准备金户

当收到他行在本行的存款时,根据中国人民银行的收账通知办理转账,其会计分录为:

借:存放中央银行款项——准备金户

　贷:同业存放款项——××行户

2. 本行提出票据的核算

本行提出票据时,通过"存放同业款项"科目核算。当本行提出贷方票据时,其会计分录为:

借:活期存款——付款人户

或:××科目

　贷:存放同业款项——××行户

当本行提出借方票据时,待对方银行签回转账回单后,再办理转账。其会计分录为:

借:存放同业款项——××行户

　贷:活期存款——收款人户

或:××科目

3. 本行提入票据的核算

属于本行提入票据时,通过"同业存放款项"科目核算。当本行提入贷方票据时,其会计分录为:

借:同业存放款项——××行户

贷:活期存款——收款人户

或:××科目

当本行提入借方票据且付款人有足够的存款支付时,向对方行签发转账回单并办理转账。其会计分录为:

借:活期存款——付款人户

或:××科目

贷:同业存放款项——××行户

若提入借方票据但付款人没有足够的存款支付时,则当即办理退票,将票据退回对方行。

(二) 单向存放款项业务的核算

单向存放款项是指往来的双方银行由一方将资金存入对方银行,双方为主客关系,所提出提入的票据结算资金从一个银行支付。发生票据结算收付业务时,根据有关凭证编制借(贷)方记账凭证办理转账。

(1) 本行在他行单向设户时,对方行为本行的账户行。当发生应由本行付款的票据时,其会计分录为:

借:活期存款——付款人户

贷:存放同业款项——××行户

属于本行收款的票据,分录相反。

(2) 他行在本行单向设户时,本行为对方银行的账户行。当发生应由本行付款的票据时,则会计分录为:

借:活期存款——付款人户

或:××科目

贷:同业存放款项——××行户

属于本行收款的票据,分录相反。

第四节 商业银行与中央银行往来核算

中国人民银行是我国的中央银行,是管理全国金融工作的国家机关,其性质相当于"银行的银行",各商业银行要接受其领导和管理。根据制度规定,各商业银行实行独立核算的行处均在中国人民银行开立备付金存款账户(即基本账户),办理与中央银行的各项资金往来。商业银行与中央银行之间的资金账务往来主要有:①商业银行向中国人民银行借、还款项;②商业银行向中国人民银行领取、解存现金;③商业银行向中国人民银行按比例缴存准备金;④商业银行通过中国人民银行办理系统内资金调拨和清算;⑤商业银行通过中国人民银行接受股东投入资本金和商业银行向财政上交利税;⑥通过中国人民银行清算商业银行各系统往来资金。

一、会计科目的设置

（一）"存放中央银行款项"科目

该科目是资产类科目，反映金融企业按规定存入中央银行的往来款项和各项准备金存款，如业务资金的存入、按规定缴存对财政性存款的一般性存款等。在中国人民银行的存款增加，记入借方；存款减少，记入贷方。余额反映在借方，表示尚可支用的款项。核算原则为先存后用，不得透支。

（二）"向中央银行借款"科目

该科目是负债类科目，反映金融企业从中央银行借入的款项，如业务资金的借入。向中国人民银行借入资金时记入贷方，归还借款时记入借方。余额反映在贷方，表示向中国人民银行借入的尚未归还的借款。该科目应按所发生的经济业务分别设置"存中央银行存款"、"存中央银行财政性存款"、"存中央银行一般性存款"等明细科目。

二、向中央银行存取款项的核算

存取中央银行款项是指各金融企业在中央银行开户而存入的用于支付清算、调拨款项、提取及缴存现金、往来资金结算以及按吸收存款的一定比例缴存于中央银行的款项和其他需要缴存的款项。存取中央银行的各种款项应分别性质进行明细核算。

（一）商业银行向中央银行存取现金的核算

根据货币发行制度的规定，商业银行库存限额超过业务库存限额，商业银行应交存中国人民银行，中国人民银行交入发行库作为货币回笼；相反，商业银行库存限额不足时，向中国人民银行提取。

1. 存入现金的核算

商业银行向中央银行缴存现金时，填制现金缴款单一式两联，连同现金一并送缴中央银行，中央银行经点收无误后，在现金缴款单上加盖现金收讫章和经办员名章一联退回给商业银行。商业银行根据退回的缴款单，填制现金付出传票进行账务处理。会计分录如下：

借：存放中央银行款项

　贷：现金

发行库将款项收妥后，将交款单的回单退交款的商业银行，同时填制发行基金入库凭证办理入库手续，其会计分录为：

借：发行基金往来

　贷：银行准备金存款

同时：收入：发行基金——本身库户

2. 支取现金的核算

商业银行向中央银行支取现金时，填制现金支票，经中央银行审查同意后办理取款手续，并填制现金收入传票，原现金支票存根作附件，进行账务处理。其会计分录为：

借：现金

　贷：存放中央银行款项

中央银行凭商业银行现金支票填制发行基金往来科目现金收入传票，一并交发行部门，中央银行账务处理会计分录为：

借:银行准备金存款

贷:发行基金往来

同时:付出:发行基金——本身库户

(二) 商业银行通过中央银行进行资金调拨、资金清算等业务的核算

商业银行除办理现金支取业务外,必须通过在中央银行开立的“准备金存款”账户进行系统内资金调拨、异地跨系统结算资金清算、再贷款、贴现以及同业拆借等业务的核算,不能通过联行往来办理。

(1) 将资金存入中央银行准备金存款账户是为了办理系统内资金调拨,跨系统结算资金清算、归还再贷款等业务。根据有关凭证,办理转账。其会计分录为:

借:存款中央银行准备金

贷:××科目

中央银行收到商业银行存入款项时,根据有关凭证,账务处理则为:

借:××科目

贷:××银行准备金存款

(2) 向中央银行支取款项的核算。

商业银行根据需要从准备金存款账户拨付资金时,根据有关凭证,办理转账。其会计分录为:

借:××科目

贷:存款中央银行准备金

中央银行受理商业银行支付调拨资金时,根据有关凭证,账务处理则为:

借:××银行准备金存款

贷:××科目

三、缴存存款的核算

(一) 缴存存款准备金的基本规定

缴存存款也称缴存存款准备金。存款准备金是指金融机构为保证客户提取存款和资金清算需要而准备的资金,金融机构按规定向中央银行缴纳的存款准备金占其存款总额的比例就是存款准备金率。存款准备金制度是在中央银行体制下建立起来的,世界上美国最早以法律形式规定商业银行向中央银行缴存存款准备金。商业银行的准备金包括支付准备金和法定准备金两种。支付准备金也称备付金,是保证日常资金支付的备用金。法定准备金是商业银行向中央银行缴存法定存款准备金,目的是为了充分发挥存款准备金作为货币政策工具的作用,理顺中央银行与商业银行之间的资金关系,增强商业银行资金平衡的能力。其主要作用是:反作用货币乘数,调节派生存款,调节和控制信用规模;提高商业银行风险准备,增强抵御风险能力;起到社会宣示效果。

1. 缴存存款范围

(1) 缴存财政性存款的范围:各商业银行吸收的财政性存款、部队存款、机关团体存款、财政发行期票款减应收期票款项、财政发行的国库券和各项债券款项减已兑付国库券和各项债券款项等,都是中国人民银行委托商业银行办理的存款,必须全额划缴中国人民银行。

（2）一般性存款的缴存范围：各商业银行吸收的企业存款、城乡储蓄存款、农村存款、基建单位存款、委托存款减委托贷款和委托投资后的结余等存款，虽然属于商业银行的信贷资金，但必须按中国人民银行规定比例缴存中国人民银行，由中国人民银行集中掌握使用。

2. 缴存存款比例

（1）财政性存款全部划归中国人民银行，其缴存存款的比例为100%。

（2）一般性存款的比例，根据放松和紧缩银根的需要，中国人民银行随时进行调整，所以，其缴存存款的比例不固定。

3. 缴存的行处和缴存时间

各商业银行向中国人民银行缴存存款的时间，除第一次按规定时间缴存以外，城市分、支行（包括县支行及同城所属部、处），每旬调整一次，于旬后五日内办理；县支行以下处、所，每月调整一次，于月后8日内办理。如遇调整，最后一天为节假日，可以顺延。

4. 调整缴存款的计算方法

对财政性存款，应按每旬增加（或减少）的实际数额，计算应缴存存款的数额；对于一般性存款按增加（或减少）的总额达10万元（含10万元）以上的进行调整，增加或减少不足10万元的不作调整。

对缴存的存款必须按照财政性存款、一般性存款账户余额总数（计至角、分）的全额，或分别按比例计算出应缴存存款金额，缴存金额以千元为单位的，千元以下四舍五入。

金融机构按法人统一存入中国人民银行的准备金存款低于上旬末一般存款余额的8%时，中国人民银行对其不足部分按每日万分之六的利率处以罚息。金融机构分支机构在中国人民银行准备金存款账户出现透支，中国人民银行按有关规定予以处罚。

（二）缴存存款准备金的核算

1. 首次缴存存款的核算

（1）商业银行的核算。商业银行按规定的时间向中央银行缴存存款时，应根据有关存款账户余额，填制“缴存存款各科目余额表”（见表10-1），一式两份，并按规定的比例计算出应缴存金额，分别填制“缴存（或调整）财政性存款划拨凭证”和“缴存（或调整）一般存款划拨凭证”，两种划拨凭证均一式四联，第一联贷方传票和第二联借方传票为商业银行代记账传票；第三联贷方传票和第四联借方传票为中国人民银行代记账传票，并以划拨凭证第一、第二联进行账务处理。其会计分录如下：

借：缴存中央银行财政性存款

　　贷：存放中央银行款项

借：缴存中央银行一般存款

　　贷：存放中央银行款项

转账后，商业银行将划拨凭证的第三、第四联连同缴存存款各科目余额表一份，一并交中国人民银行，另一份余额表留存。

（2）中央银行的核算。中国人民银行收到商业银行送来的缴存存款划拨凭证和科目余额表，经审核无误后，以第三、第四联划拨凭证分别代转账贷方、借方传票办理转账。其会计分录如下：

借：××银行存款

　　贷：××银行缴来财政性存款

借:××银行存款

　贷:××银行缴来一般存款

转账后,将缴存存款各科目余额表妥善保存备查。

表 10-1　缴存财政性存款科目余额表

科目代号	余额	科目代号	余额
	位数		位数
合计			

2. 调整缴存存款的核算

(1) 商业银行的核算。商业银行首次缴存存款以后,各商业银行支行(城市区办)于每旬(或每月)对缴存财政性存款和一般性存款进行调整。即将本旬(月)末各科目余额总数与上旬(月)末已办理缴存(或调整)的同类科目余额总数进行比较。如果本次调整时的余额总数大于上次调整时的余额总额,为应调加金额,反之为应调减金额。计算后,其差额为本次调整的金额,并按规定的比例,计算出本次调整应划缴的存款金额。

① 财政性存款按照增加(或减少)的实际数额计算应缴存金额,并办理调整;

② 一般性存款按照增加(或减少)达 10 万元(含 10 万元)以上的应予办理调整,不足 10 万元的不作调整。

然后将计算的金额分别填制缴存(或调整)财政性存款和一般性存款各科目余额表一式两份,也应根据有关存款科目余额,填制"缴存存款各科目余额表"一式两份,并计算出财政性存款和一般存款本次调整时应调增或调减的金额,填制一式四联的"缴存(或调整)财政性存款划拨凭证"和"缴存(或调整)一般存款划拨凭证",以第一、第二联划拨凭证代转账贷方、借方传票办理转账,如系调增补缴存款,其会计如下:

借:缴存中央银行财政性存款

　贷:存放中央银行款项

借:缴存中央银行一般存款

　贷:存放中央银行款项

如系调减缴存款,则分录相反。

转账后,商业银行将第三、第四联划拨凭证连同缴存存款各科目余额表一份送交中国人民银行,另一份余额表留存备查。

(2) 中央银行的核算。中央银行收到商业银行送来的缴存存款划拨凭证和科目余额表,经审查无误,以第三、第四联划拨凭证分别代转账贷方、借方传票办理转账。会计分录如下:

借:××银行准备金存款

　贷:××银行划来财政性存款

借:××银行准备金存款

贷：××银行划来一般存款

如为调减退回，则会计分录相反。转账后，对送来的缴存存款科目余额表妥善保存备查。

3. 欠缴、扣收欠缴、迟缴和少缴存款的核算

(1) 发生欠缴的核算。商业银行在调整应缴存款时，如果在中央银行存款账户余额不足，必须在规定的时间内及时筹集资金，办理调整缴存存款手续，如果在规定的期限内不能调入资金，其不足支付的部分即构成欠缴存款。

对欠缴存款应按如下有关规定进行处理：商业银行应首先足额缴存财政性存款，如有剩余再部分缴存一般性存款。商业银行对本次能实缴的金额，按正常缴存或调整的核算手续办理，只是在划拨凭证上的“本次应补缴金额”栏中填上本次实缴金额数，并在凭证备注栏内注明本次应补缴金额和本次欠缴的金额数，实缴部分的会计分录与调增补缴相同。对欠缴的金额，商业银行应另填财政性存款和一般存款欠缴凭证一式四联，第一、第二联留存备查，另按欠缴金额编表外科目收入传票，通过“待清算凭证”表外科目核算，登记“待清算凭证登记簿”。欠缴凭证第三、第四联连同“缴存存款各科目余额表”送交中国人民银行。

中国人民银行收到商业银行送交的实缴金额的划拨凭证，处理方法与调增缴存款时相同；对收到的欠缴凭证的第三、第四联应妥善保管，并按欠缴金额编制表外科目收入传票，登记“待清算凭证”表外科目登记簿。其分录为：

收入：待清算凭证

(2) 扣收欠缴款项的核算。中国人民银行的处理：对欠缴的款项，中国人民银行采取一次性主动扣收的方法办理。待商业银行存放在中国人民银行开立的准备金存款账户上有足够款项时，中国人民银行一面以保管的第三、第四联欠缴凭证为记账凭证，办理欠缴款项的主动收回，一面编制表外科目付出传票，销记“待清算凭证”表外科目及其登记簿。同时按规定，对欠缴的存款，按欠缴天数每天收取 6‰的罚款，编制特种转账借方、贷方传票各两联，以其中借、贷方各一联作罚款凭证办理转账，剩余两联加盖业务公章交商业银行。

商业银行的处理：商业银行收到中国人民银行转来的特种转账借方、贷方传票后，抽出原保管的欠缴凭证第一、第二联办理转账，同时编制表外科目付出传票，销记“待清算凭证”表外科目及其登记簿。

(3) 迟缴和少缴的核算。商业银行未在规定期限内办理缴存(调增)，即为迟缴。对迟缴存的金额应按天数，每日 5‰计收罚息。商业银行实际缴存金额小于根据各存款科目余额表计算出应缴的存款金额，即为少缴，对于少缴应予补缴，并按少缴金额及天数每日收取 6‰的罚款。

对迟缴、少缴的补缴手续，商业银行及中国人民银行处理时同正常调增手续相同；迟缴、少缴存款的罚款核算手续与欠缴的罚款核算手续相同。

四、再贷款的核算

向中央银行借款是指商业银行因资金短缺而向中央银行申请的借款。商业银行在执行信贷计划过程中，若遇有资金短缺，除了采取向上级行申请调入资金、同业间拆借和通过资金市场融通资金等手段外，还可以向中央银行申请借款，又称再贷款。中央银行通过对商业银行再贷款，一是用以弥补商业银行因向企业发放贷款而发生的计划内或临时性的资金短缺，以支持商业银行的业务发展；二是通过放松或紧缩再贷款的规模，以调节社会信用规模，影响市场货币的供应量，从而达到宏观调控金融的目的。

（一）再贷款的种类

现行的再贷款按时间不同可分为以下四类：

1. 年度性贷款

年度性贷款，是中央银行用于解决商业银行因经济合理增长引起的年度性信贷资金不足，给商业银行作为年度性使用的贷款。一般期限为 1 年，最长不超过 2 年。

2. 季节性贷款

季节性贷款，主要是中央银行为了解决商业银行因信贷资金先支后收或存款季节性下降、贷款季节性上升等原因引起的资金暂时不足，贷款给商业银行作为临时性资金使用。这种贷款称为短期贷款。其期限一般为 2 个月，最长不超过 4 个月。

3. 日拆性贷款

日拆性贷款，主要解决商业银行因汇划款项未达等因素，发生临时性资金短缺。这种贷款称为短期贷款，其时间一般为 10 天，最长不超过 20 天。

4. 再贴现

再贴现，是中央银行解决商业银行因办理票据贴现引起的暂时资金不足，贷款给商业银行使用的一种贷款方式。其期限从再贴现之日起至贴现票据到期日止，一般应掌握在 6 个月以内。

再贷款也可以按发放有无保障分为信用贷款和质押贷款。信用贷款是指以商业银行的信誉而对其发放的贷款。质押贷款是指以商业银行持有的有价证券作质押而对其发放的贷款。

（二）再贷款发放的核算

商业银行根据资金营运情况向中央银行申请再贷款时，应填制一式两份再贷款申请书，经中央银行计划部门批准后，办理借款手续。借款时，商业银行会计部门按照批准的再贷款申请书上有关内容及资金调拨通知单，填制一式五联借款凭证，在借款凭证上加盖预留印鉴后，提交中央银行。

1. 会计科目的设置

商业银行设置“向中央银行借款”科目，该账户是负债类账户，用以核算各商业银行向中央银行借入的款项。借入款项时，记入贷方；归还借款时，记入借方；余额在贷方，表示向中央银行借入款项的实际数额。

2. 中央银行的核算

按规定，商业银行向中央银行办理贷款时，应填写“中国人民银行贷款申请书”，并加盖有效印鉴。经中央银行审查同意后，填写借款凭证一式五联，并注明贷款种类。借款凭证经中央银行计划部门签批后，留存第四联贷款记录卡，其余四联转送会计部门。会计部门收到四联借款凭证并审查手续齐全，以借款凭证第一、第二联分别作转账借方和贷方传票，办理转账，并登记借款商业银行的存贷款分户账。会计分录如下：

借：××银行贷款——××行贷款户

　　贷：××银行准备金存款——准备金存款

第三联借款凭证盖章后，退还借款的商业银行。第五联借款凭证按到期日顺序排列妥善保管，并定期与贷款分户账核对，以保证账据一致。

3. 商业银行的核算

商业银行会计部门收到中央银行退回的第三联借款凭证，以此代转账借方传票，另编制转账贷方传票，办理转账。会计分录如下：

借：存放中央银行款项

　贷：向中央银行借款——××借款户

(三) 再贷款到期收回的核算

1. 中央银行的核算

中央银行会计部门应经常检查借据的到期情况，以监督商业银行按期偿还贷款。贷款到期，商业银行应主动办理贷款归还手续。由会计部门填制一式四联还款凭证，加盖预留印鉴后提交中央银行。

中央银行会计部门审查还款凭证上的印鉴无误，抽出原借款凭证第五联核对内容一致后，以第一、第二联还款凭证分别代转账借方、贷方传票，原借款凭证第五联作贷方传票附件，办理转账。会计分录如下：

借：××银行准备金存款——准备金存款

　贷：××银行贷款——××行贷款户

　　利息收入——金融机构利息收入户

转账后，分别登记借款的商业银行的存贷款分户账，并将第四联还款凭证退还借款的商业银行，第三联还款凭证送计划部门保管。

如果借款商业银行提前还款，有关手续与到期归还的核算相同。如果借款商业银行分次还款，需在借款凭证第五联填写结欠金额。待该笔贷款全部还清时，以第五联借款凭证作为传票的附件处理。

如果贷款到期，由中国人民银行主动扣款时，会计部门应填制特种转账借贷方传票各两联，作为归还贷款的借、贷传票。一联借方传票盖章后交借款银行作为支款通知，一联贷方传票送交计划或业务部门备查。

如果贷款到期，借款银行无力偿还时，会计部门要填制特种转账借贷方传票各两联，其中一联作为逾期贷款的转账传票。会计分录如下：

借：××银行——逾期贷款户

　贷：××银行——××贷款户

一联特种转账贷方传票注明“转入逾期贷款户”字样，盖章后通知借款银行；一联特种转账借方传票送交计划或业务部门备查，同时在原借款凭证第五联上用红字注明“逾期”字样，另由专夹保管。逾期贷款应按规定(目前每天为6‰)计收罚金。

2. 商业银行的核算

商业银行收到中央银行退回的还款凭证第四联，以及其代存放中央银行款项账户的贷方传票，同时另编制贷款账户的转账借方传票办理转账。会计分录如下：

借：向中央银行借款——××借款户

　金融企业往来支出——中央银行往来支出户

　贷：存放中央银行款项

五、再贴现业务的核算

再贴现是指商业银行因办理企业票据贴现而发生资金短暂困难，而将未到期的已贴现的商业汇票再向中国人民银行办理贴现的行为。它是商业银行融通资金的一种方式，是中央银行对商业银行再贷款的形式之一。商业银行因办理票据贴现而引起资金不足，可以向中央银行申请再贴现，贴现期一般不超过6个月，以从再贴现之日起至贴现票据到期日止。

（一）办理再贴现时的核算

商业银行持未到期的商业汇票向中央银行申请再贴现时，应根据汇票填制一式五联再贴现凭证，在第一联上按照规定签章后连同已贴现的商业汇票一并送交中央银行计划部门审查。

1. 中央银行的核算

中央银行会计部门接到计划部门转来审批同意的再贴现凭证和商业汇票，应检查再贴现凭证与所附汇票的面额、到期日等有关内容是否一致，确认无误后，按规定的贴现率计算出再贴现利息和实付再贴现金额，将其填入再贴现凭证之中，以第一、第二、第三联再贴现凭证代传票，办理转账。再贴现利息、实付贴现金额的计算公式如下：

再贴现利息＝再贴现汇票面额×实现贴现天数×(月再贴现利率÷30)

实付贴现金额＝汇票金额－再贴现利息

会计分录如下：

借：再贴现——××行再贴现户

贷：××银行存款——再贴现申请行户

金融企业往来收入——××银行利息收入

再贴现凭证第四联退还商业银行，第五联再贴现凭证和商业汇票按到期日顺序排列妥善保管，并定期与再贴现科目账户余额核对。

2. 商业银行的核算

商业银行收到中央银行第四联再贴现凭证，即填制特种转账借贷方传票，办理转账。会计分录如下：

借：存放中央银行款项——存款户

金融企业往来支出——人行往来利息支出

贷：向中央银行借款——再贴现借款户

（二）再贴现到期收回的核算

1. 中央银行的核算

再贴现票据到期时，中国人民银行抽出保存的第五联到期卡及票据，按照承兑人银行填制的特种转账借贷方传票办理转账。作如下会计分录：

借：××银行存款——再贴现行户

贷：再贴现——××行再贴现户

同时，中国人民银行将另一联转账贷方传票盖章，作为通知，连同再贴现票据退给申请再贴现的商业银行。

2. 商业银行的核算

商业银行在再贴现到期日收到中国人民银行按期办理再贴现还款通知时，作如下会计分录：

借:向中央银行借款——再贴现借款户

贷:存放中央银行款项——存款户

(三) 再贴现到期未收回的核算

再贴现中央银行收到付款人开户行或承兑银行退回的委托收款凭证、汇票和拒绝付款理由书或付款人未付票据通知书后,追索票款时,可从再贴现商业银行账户收取,并将汇票和拒绝付款理由书或付款人未付票款通知书交给再贴现银行。

1. 中央银行的核算

再贴现票据到期时,中国人民银行抽出保存的第五联到期卡及票据,将不能收回的部分转入逾期贷款账户。会计分录如下:

借:再贴现——××行再贴现逾期户

贷:再贴现——××行再贴现户

2. 商业银行的核算

商业银行收到再贴现逾期款项和利息扣收的通知时,作如下会计分录:

借:向中央银行借款——再贴现借款户

金融企业往来支出——人行往来利息支出

贷:存放中央银行款项——存款户

六、资金调拨业务的核算

商业银行在系统内各支行之间进行业务资金调拨,必须通过中央银行实调资金,不能通过联行往来办理。

调出行填制电汇凭证拨出时,其会计分录为:

借:信贷资金调拨

贷:存放中央银行款项——准备金户

调入行收到开户行收账通知时,其会计分录为;

借:存放中央银行款项——准备金户

贷:信贷资金调拨

七、大额资金转汇业务的核算

未建立联行资金清算系统的商业银行可以借助中央银行的联行系统进行异地结算。另外,按照中国人民银行的规定,各商业银行跨系统大额汇划款项(跨系统 10 万元以上,系统内 50 万元以上)要通过中国人民银行清算资金和转汇。

(一) 通过中央银行汇出款项的核算

商业银行需要通过中央银行进行资金汇划或转汇时,根据客户提交的结算凭证或自制转汇凭证,逐笔填制转汇清单,并汇总填制划款凭证,送交开户的中国人民银行营业机构,委托中国人民银行转汇并清算资金,其会计分录为:

借:活期存款——××付款人户

或:××科目

贷:存放中央银行款项——准备金户

（二）通过中央银行汇入款项的核算

收到异地商业银行通过中央银行转划的款项时，根据中央银行的到账通知单填制进账单办理转账：

借：存放中央银行款项——准备金户

　贷：活期存款——××收款人户

　或：××科目

本章小结

金融机构往来是指各金融机构相互之间的资金账务往来，有广义和狭义之分。金融机构往来核算要求遵循"资金分开，独立核算"的原则，核算必须做到及时、正确、快捷，迅速传递结算凭证，及时办理转账手续。

同城票据交换是指同城的所有商业银行机构，将相互代收、代付的凭证、票据，按规定的时间、场次，集中到既定场所进行交换，轧计往来行之间应收、应付差额，由主办清算行以转账方式进行清算的同城银行间资金清算办法。票据交换业务要坚持"先付后收，收妥抵用，银行不予垫款"的原则，核算时应对提出行和提入行分别核算。

同业往来按业务性质可以分为通过同业往来进行的同城票据交换、异地跨系统同业银行往来和同业拆借。异地跨系统同业银行往来转汇划转程序有"先横后直"、"先直后横"和"先直后横再直"三种流程。

商业银行与中央银行之间的资金业务往来主要包括：① 商业银行向其在中国人民银行开立的准备金存款账户存取现金；② 缴存存款；③ 再贷款；④ 再贴现；⑤ 资金调拨业务清算；⑥ 大额资金转汇业务。

关键术语

金融机构往来　同业拆借　跨系统转汇　缴存财政性存款　缴存一般存款　再贷款　再贴现

思考练习题

1. 简述缴存财政性存款和一般性存款的范围、基本规定、意义与核算手续。
2. 比较商业银行之间跨系统相互转汇三种做法的不同，其核算程序如何？
3. 简述同城票据交换中提出行、提入行和退票的处理。
4. 比较同城票据交换的核算与联行汇差的核算的异同。
5. 什么是同业拆借？商业银行拆出行、拆入行如何核算？
6. 简述同业往来和联行往来之间的区别。

第十一章　商业银行外汇业务的核算

本章要点

1. 外汇会计的内容及特征
2. 外汇买卖业务的核算
3. 外汇存贷款业务的核算
4. 联行外汇往来核算
5. 国际结算业务的核算
6. 进出口贸易融资业务的核算

第一节　外汇业务概述

外汇业务是商业银行业务的重要组成部分。外汇业务既涉及国内各单位和个人，又同国外银行发生关系；既要严格遵守国内银行的有关制度规定，又要尊重他国的有关规定，因此外汇业务核算有其自身的特点。

一、外汇与汇率

（一）外汇

外汇是国际汇兑(foreign change)的简称，是国际金融领域里最常见、最普遍使用的概念。国际货币基金组织(IMF)曾对外汇下过明确的定义："外汇是货币行政当局(中央银行、货币管理机构、外汇平衡基金组织及财政部)以银行券、国库券、长短期政府债券等形式所持有的在国际收支逆差时可以使用的债权。"

外汇的具体内容有：可以自由兑换的外国货币，包括纸币和铸币；外币有价证券，包括政府债券、公司债券、股票等；外币支付凭证，包括票据、银行存款凭证、邮政储蓄凭证等；特别提款权、欧洲货币单位(欧元现已取代欧洲货币单位)；其他外汇资产。日常生活中，人们所说的外汇是指一种用于国际间结算以外国货币表示的支付手段。

外汇可以按不同的标志进行分类。按交割期限分类，外汇可分为即期外汇和远期外汇；按其来源和用途分类，可分为贸易外汇和非贸易外汇；按照形态分类，可分为现钞和现汇。

外汇有两个特征：一是以外国货币表示；二是可自由兑换。目前全世界有 45 个国家和地区的货币是可自由兑换货币，主要的可自由兑换货币包括美元、英镑、日元、瑞士法郎、德国马克、法国法郎、加拿大元、港元等。从 2002 年 2 月起，欧元已取代瑞士法郎、德国马克和法国法郎成为欧洲主要的可自由兑换货币。

(二) 汇率

汇率又称汇价、兑换率,指一个国家的货币兑换成另一个国家货币的比率,即两国货币兑换时量的比例关系,或者说是以一种货币表示另一种货币的价格。它是外汇买卖业务货币折算的依据。折算两种货币的比率,首先要确定以哪一国货币作为标准,即汇率的标价方法。汇率的标价方法主要有两种:一是直接标价法,即以一定单位的外国货币为标准,折算为若干单位本国货币的表示方法;二是间接标价法,即以一定单位的本国货币为标准,折算为若干单位外国货币的表示方法。汇率有汇买价、汇卖价(钞卖价)、钞买价、中间价等四种。银行的钞买价比汇买价通常要低一些,这是因为外币现钞只有在支付一定的运输保险费运往货币发行国变成现汇后才能用于国际结算支付。我国商业银行与中央银行之间的外汇买卖有时使用中间价。现今国际上大多数国家的外汇汇价采取两档汇价制,即买入价和卖出价,买卖间的差价一般为5‰。

二、商业银行外汇业务

商业银行外汇业务是指商业银行经办的涉及外汇收支的业务,即以记账本位币以外的货币进行款项收付、往来结算等业务。在我国,国务院授权中国人民银行管理国家外汇业务,经中国人民银行核准的各金融机构,在核准经营的范围内开展外汇业务。各商业银行在中国人民银行管理下经营外汇业务,从事国际金融活动,保证国际收支均衡,增进国际间经济交流。

目前我国允许银行经营的外汇业务主要有:外汇存款、外汇贷款、外汇汇款、外汇借款;买卖或代理买卖股票以外的外币有价证券;外汇兑换、外汇同业拆借;外币票据的承兑和贴现;发行或代理发行股票以外的外币有价证券;贸易和非贸易结算;外汇担保业务;自营及代客外汇买卖业务;外汇信用卡的发行和代理国外信用卡的发行及付款业务;资信调查、咨询和见证业务;国家外汇管理局批准的其他外汇业务。

外汇业务,是国际间经济交流的重要手段。商业银行开展外汇业务,有利于扩大国际交往,促进国际贸易发展,引进外资和先进的技术设备;有利于与国际银行业务接轨,扩大银行的业务范围和客户面,促进海外分支机构的建立,适应各类客户的需要。随着中国加入世界贸易组织和国际贸易与投资的不断发展,我国商业银行与各国银行之间的业务往来与日俱增,外汇业务将逐渐成为各商业银行的主要业务之一。

三、商业银行外汇业务核算的特点

办理外汇业务涉及面广,内容复杂。在办理外汇业务时,既要严格遵守国内银行的有关规章制度,又要尊重他国有关制度,适应国际惯例,因此外汇业务核算形成了自己的特点。

(一) 记账方法实行外汇分账制

外汇业务涉及本位币和外币,它们的货币单位和币值都不相同。在会计核算上,要求除了以本币为计量单位外,还要以外币为计量单位,核算和监督各种不同货币业务的收付及结存情况。为适应这一需要,必须采用专门的核算方法,即外汇统账制和外汇分账制。

1. 外汇统账制

外汇统账制即本位币记账法,是以本国货币为记账单位,各种外国货币的收支均按照一定的标准折合为本位币再行入账。这一方法要求逐笔注明原币金额和折合率,不再专设外币账。

外汇统账制按照折合标准，可分为“时价法”和“定价法”两种。时价法要求按外汇业务发生时的汇率折合成人民币记账；定价法要求按事先规定的固定汇率折合成人民币记账。

在我国，有涉外业务的企业一般采用外汇统账制记账，商业银行因涉及的外汇币种多，核算要求高，一般采用外汇分账制记账。

2. 外汇分账制

外汇分账制，又称原币记账法，它要求除了以人民币为记账单位外，同时还分别使用各种外币记账。经营外汇业务的银行，以各种实际收付的外币(原币)为计量单位，对每种货币的收付，各设置一套明细账和总账，平时将所收到的外币，按照不同原币，分别填制凭证、记载账目、编制报表。

外汇分账制的主要内容为：

(1) 外汇业务分别按币种建立独立的账务系统，与人民币分账核算。分账是指平时各种外币自成一套独立的账务系统，各有一整套会计账簿和会计报表。每一种分账货币都按原币金额填制凭证、记载账簿、编制报表，国内银行间进行外汇划转，也应填制原币报单，记原币账。遇有买卖外汇涉及两种不同货币时，通过外汇买卖科目进行核算。

(2) 同一种货币，按其性质可分为现汇和记账外汇。现汇是指不需经货币发行国家的外汇管理当局批准，在国际金融市场上可以自由买卖，可以作为支付手段，在国际结算中广泛使用，并可以自由兑换成其他国家货币的外汇。记账外汇是指根据两国政府间签订的有关贸易协定，贸易双方都以本国政府名义分别在对方国家指定的银行开立记账清算账户下的外汇。这种外汇清算前不能自由流通，不能兑换成其他货币，也不能支付给第三国。记账外汇和现汇是在不同的清算方式下分别使用的，它们的性质不同，为了准确地反映外币资金的实际周转和存储的情况，必须将两者严格区分，分账核算。

(3) 年终决算时，应按货币种类对各种分账货币分别编制决算表，再根据各分账货币决算表，按年终决算牌价分别折成人民币后，汇总编制“汇总人民币决算表”。实行外汇分账制，各种不同货币分别设账务报表，可以完整真实地反映各种外汇资金的增减变化及余额，便于外汇头寸调拨，有利于外汇资金运用和管理。

(二) 单复凭证同时使用

外汇会计凭证以单式凭证为主，同时兼用复式凭证。我国商业银行业务量大、分工细，原则上都采用单式凭证进行核算。使用单式凭证，每一笔业务都按会计科目分别编制传票，使经办不同科目的人员可以同时办理审核、收付、记账等手续。单式凭证传递迅速，便于整理和保管。但是，对于反映某些“或有资产”、“或有负债”的业务其固定对应关系的会计科目，使用复式凭证可以确切反映权责关系的发生和解除，在同一凭证上完整地反映一笔业务，从而简化编制传票手续。因此，外汇会计核算中常常还会使用复式凭证。

(三) 设置“外汇买卖”科目

“外汇买卖”科目是外汇会计采用外汇分账制下产生的一个特定科目。为了保持账务的平衡，凡是发生外汇业务活动涉及两种或两种以上货币时，必须通过“外汇买卖”这个特定科目进行核算，并在本位币账和外币账上同时等值反映，这样可以联系和平衡不同货币之间的账务。

第二节 外汇买卖业务

外汇买卖，又称外汇兑换，是商业银行外汇业务的重要组成部分。商业银行在办理外汇业务时，由于使用货币种类不同，需要将一种货币兑换成另一种货币，这种按一定的汇率卖出一种货币，买入一种货币的业务，称为外汇买卖。

一、外汇买卖科目

外汇买卖科目属于资产负债共同类科目，核算货币之间的兑换及账务间的联系。在填制传票、编制分录、记载账务簿时，外汇和人民币均应完整地加以反映。

当买入外币时，以外币为记账单位记入(外币)“外汇买卖”账户的贷方及其相应的外币会计科目借方；同时以人民币为记账单位，以相应的人民币金额记入(人民币)“外汇买卖”账户的借方及其相应的人民币会计科目贷方。卖出外币时，记账科目与以上相同，但借贷方向相反。如果某种外币的买入大于卖出，其“外汇买卖”科目为贷方余额，俗称“多头”；反之，买入小于卖出，其“外汇买卖”科目为借方余额，俗称“空头”。

当某种外币对人民币汇率呈上升趋势，对银行来说，外币“多头”有利，“空头”将遭损失；相反，若汇率呈下降趋势，则“空头”有利，“多头”有损。因此，商业银行的会计人员必须密切关注“外汇买卖”账上各种外币账户的余缺情况，以便在遇到外汇汇率急剧变动时，采取必要措施，避免遭受损失。商业银行年度会计决算时，各种外币“外汇买卖”科目的外币金额按决算汇率折算为本币金额，然后将它与人民币“外汇买卖”科目余额(可视作外币金额的成本)进行比较，将其差额转入损益账户。

二、外汇买卖传票

银行发生外汇买卖业务时，均应填制外汇买卖传票。外汇买卖传票分为外汇买卖借方传票、外汇买卖贷方传票和外汇买卖套汇传票。银行通常使用的外汇买卖传票，都是多联套写的传票，即一套传票中包括了某一类外汇买卖业务所需的所有传票。对同一货币、同一牌价、同一借贷方向和同一结汇单位的多笔业务，汇总填制一套外汇买卖传票，既简化了手续，又有效避免了差错。外汇买卖借方传票和外汇买卖贷方传票一般由三联组成：一联是外币的外汇买卖传票，一联是人民币的外汇买卖传票，第三联是外汇买卖统计卡。外汇买卖套汇传票一般由五联组成：两联是外汇的外汇买卖传票，两联是人民币的外汇买卖传票，第五联是两种外汇套汇的统计卡。

三、外汇买卖账簿

外汇买卖科目设置总账和分户账两类账簿。

外汇买卖科目总账按各币种分别设置，通常采用三栏式。外币的外汇买卖总账应于每天营业终了，根据各货币的外汇买卖科目日结单借贷方发生额填制，人民币的外汇买卖总账则根据人民币的外汇买卖科目日结单借贷方发生额分别登记，然后根据上日余额分别求出本日外币和人民币的余额，记入余额栏。

外汇买卖科目分户账是一种特定格式的账簿，由买入、卖出、结余三栏组成，将人民币和外币金额记在同一张账页上。记账时，因外币与人民币外汇买卖科目传票系套写格式，每张传票上都有外币及人民币金额及汇率，记账时，凭外汇买卖科目传票记账。如果买入外币大于卖出外币数，则外币结余可以买入外币(贷)项数减去卖出外币(借)项数，余额为贷方外币结余数，人民币则将买入外币人民币借方数减去卖出外币人民币贷方数，等于人民币借方结余余额。目前银行外汇业务中，外汇买卖科目一般设三个分户账：额度户、结售汇户和调剂户。

四、外汇买卖业务的核算

(一) 结汇售汇的核算

在我国，企业通过指定银行收付外汇，必须按照国家外汇管理办法进行操作。企业按规定将外汇收入卖给银行，银行收取外汇，兑给人民币的行为，称为结汇。企业需要使用外汇时，需持有效凭证，到指定银行用人民币购买，银行卖给企业外汇的行为，称为售汇。

1. 结汇业务的核算

结汇业务包括买入外币现钞和买入现汇两种，其账务处理的方法是相同的。

借：现金——外币户　　　(外币)

　贷：外汇买卖　　　　　(外币)

同时按买入价折算后人民币等有关账户，作分录如下：

借：外汇买卖　　　　　(人民币)

　贷：现金——人民币户　(人民币)

处理时要注意区分钞买价和汇买价。

2. 售汇业务的核算

售汇业务包括卖出外汇现钞和卖出现汇，其账务处理方法是相同的。

借：现金——人民币户　(人民币)

　贷：外汇买卖　　　　(人民币)

借：外汇买卖　　　　(外币)

　贷：现金——外币户　(外币)

由于银行卖出外钞和外汇的价格是相同的，所以不用区分银行卖出外钞和外汇的价格。

(二) 套汇的核算

套汇是指将一种外汇兑换成另一种外汇的业务，原则上通过人民币核算。目前在我国允许交易的币种有 3 种，两种不同外币之间没有直接比价，必须将买入的外币按其买入价折合成人民币，然后将折合的人民币金额以另一种外币的卖出价套算出另一种外币的金额。套汇业务具体包括两种类型：一是不同外币之间的套算，即一种外币兑换为另一种外币，先买入一种外币，按买入价折成人民币数额，再卖出另一种外币，把人民币数额按卖价折算为另一种外币；二是同种货币之间的套算，包括现钞兑现汇或现汇兑现钞，因为同一外币体现在汇率上，现钞和现汇价值有所差异，所以也必须按套汇方法处理。

1. 不同币种之间套汇的核算

买进 A 种外币时：

借：××科目　　　　　　　　(A 种外币)

　贷：外汇买卖——汇买价　　　(A 种外币)

通过人民币折算：

借：外汇买卖——汇买价　　　　　　(人民币)

　贷：外汇买卖——汇卖价　　　　　　(人民币)

卖出B种外币时：

借：外汇买卖——汇卖价　　　　　　(B种外币)

　贷：××科目　　　　　　　　　　　(B种外币)

2. 同种货币之间的套汇核算

同种外币现钞兑现汇时：

借：现金　　　　　　　　　　　　　(外币)

　贷：外汇买卖——钞买价　　　　　　(外币)

借：外汇买卖——钞买价　　　　　　(人民币)

　贷：外汇买卖——汇卖价　　　　　　(人民币)

借：外汇买卖——汇卖价　　　　　　(外币)

　贷：汇出汇款　　　　　　　　　　　(外币)

(三) 自营及代客进行的外汇买卖交易

自营外汇买卖是指经国家外汇管理部门批准，银行以自有和筹措的外汇资金，在国际金融市场上买卖外汇的活动，包括银行从事资金管理所进行的外汇买卖交易活动。自营外汇买卖集中在总行办理，一般由总行国际资金部门委托交易室买进或卖出，总行清算中心负责记录其借贷账户。

代客外汇买卖是总行接受分(支)行或企业单位的委托，买入或卖出外汇，并根据交易金额收取一定比例的手续费的交易经营活动，包括银行代客从事资金管理所进行的外汇买卖交易活动。

第三节　联行及代理行外汇往来业务

银行办理外汇业务，不可避免地要与其他银行进行外汇资金往来，由此而产生的资金收付、划转、清算的账务处理，称为联行外汇往来。外汇业务比人民币业务涉及的地域范围广，往来双方既可能是国内行，也可能是国内行与外国银行，或国内行与国外联行，处理时必须区别不同的情况，采取不同的方法清算外汇资金。目前商业银行外汇资金收付、划转和清算主要有以下三个层次。

一、全国联行外汇往来业务

全国联行外汇往来是国内银行总、分、支行之间的外汇资金往来，是银行办理外汇资金划转和异地外汇结算的重要工具，也是银行外汇资金清算的重要内容之一。设置资产负债共同类账户“全国联行外汇往来”账户用以核算全国联行行号的总、分、支行之间办理异地外汇资金划转往来。发报行发出借方报单、收报行收到贷方报单时，记入借方；发报行发出贷方报单、收报行收到借方报单时，记入贷方；余额由借贷双方共同反映。

全国联行外汇往来业务采用总行集中销账制，将账务划分为往户和来户两系统，两个关系行直接往来，通过划款报单进行核算，由总行凭发报、收报两行寄送的报单销账联集中办理对账，进行管理和监督。全国联行外汇往来的基本凭证为联行报单，共有六种：邮划借方报单和贷方报单、电划借方报单和贷方报单、电划借方补充报单和贷方补充报单。外汇邮划借方报单和贷方报单为六联，其余四种均为三联，由发报行和收报行分别填制。

外汇业务发生时，由发报行填写报单。邮划报单在第一联报单上加盖联行专用章，连同第二、第三联及附件，用联行专用信封寄收报行，第四联暂留存，第五联作往户卡片账，第六联作往户传票；电划报单则根据填制报单内容向收报行拍发电文，对一式三联报单的处理如邮划报单四至六联的处理。收报行收到邮划报单第一、二、三联及附件后，以第一联代来户传票，第二联作为户卡片账，第三联留存；收到电文，则凭电文填制电划借方或贷方补充报单，处理方法与邮划报单一致。

每日营业终了，各行应根据当日本行填制留存的第四联报单及发报行寄来的第三联报单，分别币种、借贷方进行整理，并填制全国联行外汇往来报告表一式两份，一份随报单第三联、第四联寄总行，一份留底。总行对各行寄来的全国联行外汇往来报告表及报单第三联、第四联审查核对无误后，加盖日期戳记，办理逐笔销账，对超过一般处理日期未销讫联，应填制未达查询书及时查询处理。

二、港澳及国外联行往来

港澳及国外联行往来指国内分、支行和海外分支机构（包括港澳地区）间的外汇资金账务往来，它是国内联行间办理外汇结算和资金调拨的重要工具。凡是与国外联行及我国港澳地区联行开立账户、一切业务往来通过该账户进行收付时，国内银行用资产负债共同类账户“我国港澳及国外联行往来”账户核算；我国港澳及国外联行使用“联行往来”账户核算。相关银行应严格按照账户开立的审批权限及使用范围执行。国内联行发出借方报单、收到贷方报单时，记入借方；国内联行发出贷方报单、收到借方报单时，记入贷方；余额借贷双方共同反映。

我国港澳及国外联行往来，如在我方开立人民币账户，应以国外联行为申请开户行，国内联行为接受开户行；如在对方银行开立账户，则以国内联行为申请开户行，国外联行为接受开户行。开户时，双方都以对方行名开户；开户后，相互寄发报单直接往来。我国港澳及国外联行往来报单分为借方和贷方报单两种，根据发报行的会计分录决定填制借贷方报单。如果发报行的会计分录为借记“我国港澳及国外联行往来”账户，则填制借方报单；如果发报行的会计分录为贷记“我国港澳及国外联行往来”账户，则填制贷方报单。报单均为一式两联，一联寄对方行，一联作传票凭以记账。接受开户行填制报单时，应注明“已借记”或“已贷记”字样；申请开户行在填制报单时，应注明“请借记”或“请贷记”字样以示区别。定期对账时，由接受开户行寄送对账单，申请开户行核对销账，并按期向接受开户行填发对账回单，表示认可。

三、代理行往来

代理行往来是指国内外汇银行与建立代理行关系的国外代理行间由于代理国际金融业务而发生的外汇资金往来。随着世界经济的迅猛发展，国际结算业务不断增长，国外代理行往来非常频繁。国家外汇银行总行有选择地与外国银行互订契约，在国外银行开立账户或国外银行在我总行开立账户，用于办理相互间的外汇资金账务往来。目前，国外代理行往来主要分存放国外同业、国外同业存款和国外协定银行往来三种类型。

(一) 存放国外同业

存放国外同业是指银行存放在境外账户行的外汇款项和往来业务。我国银行可根据业务和资金管理的需要，选择在资信可靠的国外代理行开立现汇往来账户。日常往来款项设置资产类账户“存放国外同业”，按国外代理行设分账户，用以核算本行存放在国外代理行的款项及收付情况。存入外汇资金时，记入借方；支用外汇资金时，记入贷方。余额在借方，表示存放在国外代理行的现汇款项结存数。开户时，由总行集中对外办理开户手续，开户后，有关分支行可共同使用该账户。具体核算有以下几种：

1. 总行集中记账

经办行与国外代理行仅有较少的业务往来，且无账户关系时，经办行通过“全国联行外汇往来”账户，逐笔划转账款，由总行办理记账业务。

2. 分散记账

经办行与国外代理行有印押关系，有一定的业务量，但无账户关系时，经总行同意，经办行可以以国外代理行的名义立户记账，并根据账户的收付情况，通过“全国联行外汇往来”账户，将头寸按规定比例拨交总行或向总行领用。

3. 开立分户记账

经办行与国外代理行有账户关系，且日常业务量频繁时，分户的每日余额根据总行与国外账户行的约定，由国外账户行按余额全数或大数拨入总行户，经办行接到国外账户行转拨头寸通知书时，通过“全国联行外汇往来”账户上划总行转入总行户。

(二) 国外同业存款

国外同业存款是指银行接受国外代理行的外汇款项存放和往来业务，它是银行筹集资金、增加资金来源的重要渠道。日常往来款项可设置负债类账户“国外同业存款”，用以核算国外代理行以自由兑换货币存入的款项及收付情况。国外代理行存入外汇资金时，记入贷方；支取外汇资金时，记入借方；余额在贷方，表示国外银行存入现汇款项的结存数。

“国外同业存款”账户按国外银行设立分账户，其开户与记账由总行统一掌握，有关分支行可共同使用总行账户。经办行如与国外银行在总行开立的账户发生收付款项时，应按款项划转的有关规定通知总行，由总行逐笔通过“全国联行外汇往来”账户划转。总行应按月或按旬向对方行寄送对账单，经对方行寄回对账单回单，表示双方账户核对无误。年终对“国外同业存款”账户，应按照账户管理的有关规定计算利息，并及时通知国外开户行。

(三) 国外协定银行往来

国外协定银行往来是指缔约国双方银行根据双方政府签订的贸易和支付协定或贸易议定书所开立的双边或单边清算货币账户，办理协定项下贸易和非贸易账务处理和资金结算的业务。对协定项下的日常往来款项可设置资产负债共同类账户“国外协定银行往来”，用以核算协定记账结算的资金。发生应收债权时，记入借方；发生应付债务时记在贷方；余额在借贷双方分别反映。本账户使用记账外汇，不能自由支付使用，不能转让给第三国使用，只能用于双边结算。

协定账户又称清算账户，包括清算甲账户和清算乙账户两种。清算账户应按照双方签订的有效协议，统一由国家指定的清算银行和对方国家银行或指定的银行开立，并由清算银行集中记账。清算银行在开户时，应通知国内各有关银行；账户结束时，清算银行应通知对方银行确认，还应及时通知国内有关银行。经办行需要使用该账户收付款项时，应填写报单逐笔通过“国外协定银行往来”账户进行核算。协定银行往来业务使用的报单有“已借记请贷记通知书”和“已贷记请借记通知书”两种。对于协定账户的资金清算，应严格按照有关协定的规定，通过结转其他协定（协议）或使用现汇结清等形式办理。

第四节　外汇存贷款业务的核算

一、外汇存款业务

（一）外汇存款的种类

外汇存款是指单位或个人将其所持有的外汇资金存入银行，并在以后随时或约定期限存取，银行按约定支付一定利息的业务。外汇存款是银行聚集外汇资金的主要来源。外汇存款按存款对象和管理要求不同，分为甲种存款、乙种存款和丙种存款三类。

甲种存款是单位存款，一般只开立外汇户。单位外汇存款的主要对象是境内机构及驻华机构，包括：各国驻华外交代表机构、领事机构、商务机构、驻华国际组织机构和民间组织机构；侨资、外资、中外合资经营企业；在中国境内的机关、团体、学校、国有企事业单位、部队以及部分城乡集体经济组织、私营企业以及经央行批准可以经营外汇业务的金融机构等。

甲种存款有活期存款和定期存款两种。活期存款按支取方法的不同分为存折户和往来户，起存金额为人民币 1 000 元的等值外汇。定期存款为记名式存单，机关单位存款期限分为 3 个月、6 个月、1 年和 2 年四档，三资企业及国内金融机构存款分为 7 天、1 个月、3 个月、6 个月和 1 年五档。定期存款起存金额为不低于人民币 10 000 元的等值外汇。存款的货币种类，根据现行的规定，有美元、英镑、欧元、日元、港币等货币，其他可自由兑换的外币可在存款日按当日牌价折算成上述之一货币办理外汇存款。

乙种外币存款对象是居住在国外或港澳地区的外国人、外籍华人、华侨、港澳同胞和短期来华人员，居住在中国境内的外国人，以及按国家规定允许将外汇留存给居住在国内的中国人。丙种外币存款的对象是中国境内的居民，包括归侨、侨眷和港澳台同胞的亲属。乙种和丙种外汇存款，有活期存款和定期存款两种。活期存款为存折户，可随时支取，起存金额为不低于人民币 100 元的等值外汇。定期存款为记名式存单，有 1 个月、3 个月、6 个月、1 年和 2 年五档，起存金额为不低于人民币 500 元的等值外汇。存款的货币种类与甲种相像。乙种存款和丙种存款都可开立外汇户，也可开立外钞户。银行可根据存款人存入的资金形态及存款人的要求，开立现汇账户或现钞账户。

（二）外汇存款的核算

外汇存款的核算分存入、支取和计息三个环节。

1. 外汇存款的开户及存入的核算

外汇存款开户时，应由开户单位或个人填写“开户申请书”提交银行，将有关证明文件送交开户银行申请开户。开立存折户，需填制存款凭条；开立往来账户，需填制送款单。申请外汇定期存款时，定期存款的开户申请书上应填明户名、地址、存款种类、存款期限等内容，连同外汇或外钞一并提交银行。银行经审核无误后，办理开户及存入手续，存款人书面约定存取方式，要求凭印鉴支取的应预留银行印鉴。

存入外汇现钞时，按存入日的现钞买入价和同种货币现汇卖出价折算入账，会计分录如下：

借：现金　　　　　　　　　　　　　（外币）
　贷：外汇买卖——钞买价　　　　　　　（外币）
借：外汇买卖——钞买价　　　　　　（人民币）
　贷：外汇买卖——汇卖价　　　　　　（人民币）
借：外汇买卖——汇卖价　　　　　　（外币）
　贷：外汇定期存款　　　　　　　　　（外币）

2. 外汇存款支取的核算

支取外汇存款时，外汇活期存款往来户应凭签发的支票支取；外汇活期存款存折户应凭加盖预留印鉴的存折支取；外汇定期存款应凭存单及预留印鉴或其他约定方式，到期将定期存单提交银行，经银行审核无误后予以办理支取手续。

取款时的会计分录为：

借：外汇定期存款　　　　　　　　　（外币）
　贷：外汇买卖——汇买价　　　　　　（外币）
借：外汇买卖——汇买价　　　　　　（人民币）
　贷：外汇买卖——钞卖价　　　　　　（人民币）
借：外汇买卖——钞卖价　　　　　　（外币）
　贷：现金　　　　　　　　　　　　　（外币）

3. 外汇存款利息的核算

外汇活期存款分支票户和存折户两种，支票户不计息，存折户计息。活期存款采用余额表按季计息，每季末 20 日为结息日，结息后以原币主动入账。12 月 21 日至 31 日的利息并入下半年。活期存款是浮动利率，若利率变动，采取分段计息。

计息分录如下：

借：利息支出　　　　　　　　　　　（外币）
　贷：活期外汇存款　　　　　　　　　（外币）

外汇定期存款到规定日期支取本金与利息。定期存款利息，按对年对月计息，不足 1 年或 1 月的零头天数折算成日息计算。存款到期，利随本清，一次计付利息。如遇利率调整，调整后的利率，只有在定期日满日后，方可采用，在定期日内仍以原利率计算利息。存款到期续存，按续存当日利率计算利息；存款到期未办理支取，逾期部分按取款日外汇活期存款利率计算利息。定期存款未到期不能提前支取。若银行同意客户提前支取，则利息以活期存款利息计算。

计息时会计分录如下：

计息时：

借：利息支出　　　　　　　　　　　（外币）
　贷：应付利息　　　　　　　　　　　（外币）

存款到期付息时，存户提取本息时的会计分录如下：

借：应付利息　　　　　　　　　　　（外币）
　　外汇定期存款　　　　　　　　　（外币）
　贷：现金　　　　　　　　　　　　　（外币）

二、外汇贷款业务的核算

外汇贷款是以外币为计算单位的放款业务，是银行外汇资金运用的主要方式。商业银行将其在境外筹集的资金、在国内吸收的外汇存款以及国家拨付的外汇资金贷放给具备贷款条件、需要外汇资金、能创造外汇收入和具有偿还能力的企业单位。外汇贷款对于扩大进出口贸易，支持生产和流通，提高企业创汇能力，加速我国经济的发展，都有着重要的意义。

外汇贷款按照贷款期限划分，可分为短期外汇贷款、中期外汇贷款和长期外汇贷款三种。短期外汇贷款的期限一般为1～3年，中期外汇贷款的期限一般为3～5年，5年以上的为长期贷款。外汇贷款中一般以短期贷款为主。在此主要介绍短期外汇贷款的核算。

1. 贷款的发放

单位申请外汇贷款，应填具外汇贷款申请书。银行信贷部门根据程序，进行评估，按规定权限审批后，双方签订借款合同，注明贷款的金额、期限、利率等，明确银行与企业应负担的经济责任，然后开立外汇贷款账户。

借款单位一般委托外贸公司代办进口并使用信用证或进口代收等方式进行结算。当发生实际付汇时，借款单位填制短期外汇贷款借款凭证一式五联，提交银行。第一联为短期外汇贷款借方传票；第二联为备查卡片，由经办银行留存；第三联为支款通知，交借款单位；第四联为支款通知副本，交负责归还外汇额度的有关单位；第五联为支付通知副本，交代办进口的外贸公司。银行审核借款凭证有关内容与借款契约规定结果相符时进行账务处理，其会计分录如下：

借：短期外汇贷款　　　　　　　　　（外币）
　贷：外汇活期存款　　　　　　　　　（外币）

2. 贷款的计息

短期外汇贷款因利率的不同，分为优惠利率贷款和浮动利率贷款。优惠利率贷款是按低于正常利率所发放的贷款，按优惠利率计息。浮动利率贷款则是以国际金融市场现行利率加一定利差构成的利率，浮动计息，由银行不定期公布利率，有1个月、3个月、6个月及1年浮动四种。企业按贷款合同规定的浮动利率档次向银行贷款，在该档次内无论利率有无变动，都按贷款日确定的该档次利率计算利息，该档次期满后再按新利率计算。

短期外汇贷款，每季结息一次。结息日填制短期外汇贷款结息凭证联，一联作借方传票，一联作结息通知单交借款单位，会计分录如下：

借：短期外汇贷款　　　　　　　　　（外币）
　贷：利息收入——外汇贷款利息收入（外币）

3. 贷款的收回

短期外汇贷款应按期归还，也可以提前全部或分批偿还。借款单位如使用现汇偿还，直接减少其外汇存款即可。如不直接以外汇偿还，而用人民币购买外汇归还，借款单位必须将外贸公司签发的"还汇凭证"和填制的"短期外汇贷款还款凭证"一并提交银行。还汇凭证是外贸公司为借款单位偿还外汇额度的证明文件。借款单位归还贷款后，还汇凭证由经办银行留存，一份作短期外汇贷款贷方传票附件，一份银行签章后交外贸公司作为已扣外汇额度的通知。短期外汇贷款还款凭证由一式七联组成，其中一联为贷款收账通知交借款单位，一联为卖出外汇统计联由银行留存，其余五联为下列会计分录的传票。最后一个结息期至还款日尚未计算的利息与本金一并收回。会计分录如下：

借:外汇活期存款　　　　　　　　(外币)

　　贷:外汇买卖　　　　　　　　(外币)

借:外汇买卖　　　　　　　　　　(外币)

　　贷:短期外汇贷款　　　　　　(外币)

　　　　利息收入——外汇贷款利息收入　(外币)

第五节　国际结算业务的核算

国际结算业务是指不同国家(地区)的企业之间,通过银行办理相互间由于商品交易而引起的外汇收付或债权债务的结算。国际贸易结算可分为现汇结算和记账清算两类。目前进出口贸易业务的结算,一般以现汇结算为主,主要采用信用证、汇款、代收及托收等三种结算方式。

一、信用证结算方式

(一) 信用证业务

信用证是一种银行有条件保证付款的凭证,是进口商所在地银行根据进口商的要求,向出口商开出一定金额、在一定期限内凭议付行寄来规定的单据付款或承兑汇票的书面承诺,进出口双方利用银行信用担保进行发货与结算,由银行承担一定风险和进行资金融通的结算方式。汇款方式和托收方式都属于商业信用性质,风险的负担过于偏重一方。这种由单方面承担风险的支付方式,不能促进对外贸易的开展。信用证结算方式以买卖双方的交易合同为基础,是我国对外贸易结算中主要采用的结算方式。

一笔信用证业务,大体要经过六个环节,即进口商申请开证、进口方银行开证、出口方银行通知信用证、出口商受证出运、出口方银行议付及索汇、进口商赎单提货。

在进出口贸易中,进出口双方经过询价、发价、还价、反还价,直到确认接受,一笔业务最后成交,进出口商订立贸易合同。进口商根据合同的规定,向银行申请开立信用证。银行开出信用证,实际上是银行对进口商的一种授信行为,是资金融通的一种方式,是一种"进口押汇"。

开证银行开出的信用证,可直接寄给出口商,或经进口商寄给出口商,也可通过作为开证行国外代理的出口地银行通知或转递信用证给出口商。出口方银行收到信用证后,首先,做好信用证上签字(或密押)核对工作。因为通知行必须使信用证表面真实、可靠。待通知行与开证行交涉后,证实印鉴相符时,再进行正式通知受益人。出口商收到信用证,根据信用证条款与买卖双方所确认的合同内容进行核对,核对无误,把货物装上运输工具,并编制和取得信用证所规定的装运单据,连同签发的汇票和信用证正本、修改通知书,送交信用证规定的议付行或付款行,或保兑行。出口商在货物出运后,在信用证有效期内,将全套单据送交议付行议付。议付银行根据单证一致、单单一致的原则,对信用证项目单进行审核。然后分别情况,对外贸公司进行出口押汇或收妥结汇。议付行在对外贸公司办理结汇的同时,向有关方索汇。议付行付款后,开证行应立即通知进口商备款赎单。进门商将开证行所垫票款及发生的费用一并付清,开证行和进口商之间开立信用证所构成的权利、义务关系即告终结。进口商付款废单后,即可凭装运单据提货。

(二) 信用证业务核算

信用证结算方式可分为出口信用证结算和进口信用证结算。

1. 出口信用证业务核算

信用证项下出口结算是指出口方银行根据国外进口方银行开来的信用证，按照其条款的有关规定，审查出口商交来的单据，为出口商办理审单、寄单和收汇的一种结算方式。出口信用证结算，包括受理国外开来信用证、交单议付、结出汇三个环节。

(1) 受理信用证。商业银行接到国外开来的信用证时，首先应对开证行的资信、资金、实力、进口商的偿付能力和保证条款等进行全面审查，并明确表示信用证能否接受或如何修改。当确认可以接受时，即编制信用证通知流水号，将信用证正本交有关出口公司，公司据以发货，同时根据信用证副本编制"国外开来保证凭信"表外账户传票，登记表外账户，以备查考。

受理信用证后，如接到国外银行通知要求修改信用证金额或信用证受益人因故申请将信用证金额的一部分或全部转往其他行时，除办理信用证的修改通知或转让手续外，其增减金额均通过"国外开来保证凭信"表外账户核算。

开证行如果预先汇入信用证项下押金，并授权银行在议付单据后加以扣抵的，议付银行可在收到汇款后作如下分录：

借：存放国外同业　　(外币)

　贷：存入保证金　　(外币)

(2) 交单议付。议付银行应对出口公司交来的办理议付的信用证和全套单证，按信用证条款逐项认真审查，保证单证一致、单单相符。银行审单无误后，应在信用证上批注议付日期及运输方式，并编列银行出口押汇编号，填制"出口寄单议付通知书"随同全套单据寄往国外银行，按一定的索汇方法向国外银行收取货款及有关费用。每天营业终了时，对当天议付笔数，同寄发索汇电信笔数进行核对，防止漏寄议付单据和索汇电信，以保证向国外银行索汇工作的顺利进行。

银行议付寄单后，即对国外银行拥有了收款权益(或有资产)，同时对出口公司也承担了付款的责任(或有负债)。在账务上销记"国外开来保证凭信"表外账户，同时作分录如下：

借：应收即期信用证出口款项　　(外币)

或：应收远期信用证出口款项　　(外币)

　贷：代收即期信用证出口款项　　(外币)

　或：代收远期信用证出口款项　　(外币)

(3) 出口结汇。出口结汇是银行办理出口信用证业务的最后环节，是银行收到国外银行收账通知书时，按规定的汇价买入外汇，同时折算成人民币，并支付给出口公司的结算过程。

出口方议付行在接到国外银行的"已贷记"或"请借记"通知书时，办理出口结汇手续。作如下分录：

借：代收即期信用证出口款项　　(外币)

或：代收远期信用证出口款项　　(外币)

　贷：应收即期信用证出口款项　　(外币)

　或：应收远期信用证出口款项　　(外币)

借：存放国外同业　　(外币)

贷:活期外汇存款 (外币)

营业收入——国外银行费用收入 (外币)

如该出口商仅有本币账户,则应按当日牌价折成本币结汇入账。作分录如下:

借:存放国外同业 (外币)

贷:营业收入——国外银行费用收入 (外币)

外汇买卖 (外币)

再按汇买价折算后作分录:

借:外汇买卖 (人民币)

贷:外汇活期存款 (人民币)

2. 进口信用证业务核算

进口信用证结算方式,是银行根据经批准的进口单位的申请,向国外出口商开立信用证或信用保证书,凭国外寄来信用证规定的单据,按照信用证条款规定对外付款并向进口公司办理结汇的一种结算方式。

具体核算如下:

(1) 开立信用证。进口公司根据合同规定,填写开证申请书,向银行提出申请。银行收到进口商的开证申请书及相关文件,经审核同意后,根据开证申请人的自身情况,酌情收取保证金,并选择信誉高、资本实力雄厚和经营能力强的国外银行作为代理行签发信用证。信用证签发后,银行即对外承担了第一性付款责任。

信用证一式六联,第一联信用证正本;第二联信用证副本;第三联信用证副本,开证行代统计卡;第四、第五联信用证副本由开证行加盖进口业务专用章后退给进口单位;第六联随附开证申请书作为卡片账,同时填制转账传票进行账务处理。其会计分录如下:

借:外汇活期存款——开证人户 (外币)

贷:保证金——开证人户 (外币)

同时登记表外科目:

收:开往国外保证凭证

(2) 修改信用证。银行开出信用证后,进口商因故要求修改信用证时,应向银行提出申请。银行应认真审核印鉴。经审核同意后,应及时通知国外联行或代理行修改信用证的金额。对信用证金额增加或减少的修改,都应填制"开往国外保证凭信"传票,并在信用证留底联上批注、结出余额。当信用证到期后,应将逾期失效金额同有关合同联系确认后,填制传票予以冲销,并将信用证留底卡余额结平。

(3) 审单付款。收到国外寄来的信用证项下单据,应及时送进口公司审查。经审查同意后,由银行根据信用证规定,办理付款或承兑,并对进口公司办理进口结汇。信用证项下审单付款,分为即期信用证审单付款和远期信用证审单付款两种。

即期信用证审单付款,分为国内审单付款和国外审单付款两种,大多采用单到国内审单付款。单到国内,经进口方审核相符确认承付后,开证行按信用证规定条款,以电汇或信汇方式付款,并编制付款报单寄议付行或拍发电报,同时与进口单位办理结汇。对没有现汇账户的公司,则通过人民币结汇。其会计分录如下:

借:外汇活期存款——开证人户 (外币)

保证金——开证人户 (外币)

贷：港澳及国外联行往来　　　　　　　　（外币）

进口付款后，转销表外科目：

付：开往国外保证凭证

远期信用证实际上是进口商对出口商提供银行担保，获得远期支付款项的方式。远期信用证审单付款的核算手续，分承兑和到期付款两个阶段。当开证行接到议付行寄来单据，经审核与信用证相符，应承担信用证到期付款的责任，承兑后开证行发出"承兑通知书"，说明承兑日期、付款到期日及付款方式。承兑信用证到期日，抽出"承兑汇票"，在信用证留底注明销账日期并办理转账。到期付款时其会计分录如下：

借：保证金——开证人户　　　　　　　　（外币）

　外汇活期存款——开证人户　　　　　　（外币）

　贷：存放国外同业　　　　　　　　　　（外币）

二、汇款结算方式的核算

汇款是指汇出行应汇款人的要求，以一定的方式，把一定金额的款项划转到国外汇入行，交与收款人的一种结算方式。在国际贸易中，汇款结算方式主要用于支付贸易从属费用或某些先款后货的贸易结算，单位、个人均可委托银行办理。

根据汇款选用的方式不同，可分为信汇、电汇和票汇三种。汇款结算涉及的当事人包括汇款人、收款人、汇出行、汇入行（付款行）。但如款项由汇款人自己收取，则汇款人和收款人为同一人。

（一）汇出国外汇款

汇出国外汇款是指商业银行接受汇款人的委托，签发信用工具，委托境外代理行或异地银行解付汇款的一种结算方式。汇款人填写汇款申请书、银行接受汇款人的申请后，应按汇款人的要求填写汇款凭证，进行有关的账务处理。如果商品进口货款通过汇款的方式结算，这种汇款一般称为汇出进口货款。

1. 汇出时

借：活期外汇存款　　　　　　　　　　（外币）

　贷：外汇买卖　　　　　　　　　　　（外币）

借：外汇买卖　　　　　　　　　　　　（外币）

　贷：汇出汇款　　　　　　　　　　　（外币）

2. 解付时

借：汇出汇款　　　　　　　　　　　　（外币）

　贷：存放国外同业　　　　　　　　　（外币）

（二）汇入国外汇款

汇入国外汇款是指汇入行根据境外代理行和国内联行的电汇、信汇委托，以及受益人（收款人）提示的汇票，把汇入的汇款解付给收款人的过程。如果国外进口商以汇款的形式，将出口货款汇给我国出口商，其货款流转一般有两个过程：一是从国外进口地银行汇入我国银行，二是由我外汇银行将汇入款项解付给出口单位。汇入汇款一般以收妥解付为原则，如双方有协定或代理合约规定，也可垫付头寸解付。

(1) 汇入时。

借:存放国外同业(或其他) (外币)

贷:汇入汇款 (外币)

(2) 解付时。

借:汇入汇款 (外币)

贷:外汇买卖 (外币)

借:外汇买卖 (外币)

贷:活期外汇存款 (外币)

三、托收和代收结算方式的核算

托收是指出口商为向国外进口商收取销售货款,开出汇票委托出口地银行通过其在进口地的联行或代理行,向进口商代收货款后汇给出口商的一种结算方式。托收按是否附有出口货运单据,分为跟单托收和光票托收两种。根据交单条件的不同,又分为付款交单和承兑交单两种方式。托收业务的核算包括进口代收和出口托收两个方面。

(一) 出口托收业务核算

出口托收是出口单位根据买卖双方签订的贸易合约,在规定期限内备货出运后,将货运单据连同以进口买方为付款人的汇票一并送交银行,由银行委托境外代理行向进口买方代为交单和收款的一种出口贸易结算方式。托收出口款项,一般经过两个过程:一是托收过程,二是收妥结汇过程。

1. 托收

出口商根据合同备妥出口托收单据,填写“出口托收申请书”,交开户银行办理托收。托收银行对出口单位交来的有关单据及托收申请书,经审核无误后,编列顺序号,填制“出口托收委托书”,寄国外代收银行委托收款。

发出托收时:

借:应收出口托收款项 (外币)

贷:代收出口托收款项 (外币)

2. 收妥结汇

出口托收款项一律实行收妥进账的做法,即根据国外银行的贷记报单或授权借记通知书办理收汇或结汇。会计分录为:

借:代收出口托收款项 (外币)

贷:应收出口托收款项 (外币)

借:存放国外同业 (外币)

贷:外汇买卖 (外币)

借:外汇买卖 (人民币)

贷:外贸外事企业存款 (人民币)

营业收入——手续费 (人民币)

(二) 进口代收业务核算

进口代收是指国外出口商根据贸易合同规定,装运货物后,通过国外托收银行寄来单据,委托我国银行向进口单位收取款项的一种结算方式。若进口业务通过代收方式进行,则银行一般在收到国外银行寄来的单据时,代进口单位办理对外付款业务。

(1) 收到国外单据时:

借:应收进口代收款　　　　　　　　(外币)
　贷:进口代收款　　　　　　　　　　(外币)

(2) 代公司办理对外付款时:

借:进口代收款　　　　　　　　　　(外币)
　贷:应收进口代收款　　　　　　　　(外币)
借:外贸外事企业存款　　　　　　　(人民币)
　贷:外汇买卖　　　　　　　　　　　(人民币)
借:外汇买卖　　　　　　　　　　　(外币)
　贷:存放国外同业　　　　　　　　　(外币)

第六节　进出口贸易融资业务的核算

进出口贸易融资是指进出口商在商品的采购、生产、打包、仓储、出运以及结算等各个环节,从不同渠道获得资金融通的便利,以加速商品流通,促进进出口贸易的顺利完成。进出口贸易融资建立在国际结算基础上,是国际结算业务的延伸。

一、进出口贸易融资的种类

进出口贸易融资是商业银行有效运用资金的一种方式,它的风险小,利润高,符合银行资产盈利性、安全性和流动性的原则。国际贸易融资业务集中间业务与资产业务于一身,无论对银行还是对进出口企业均有着积极的影响,已成为许多国际性银行的主要业务之一。进出口贸易融资,可分为进出口押汇、票据贴现、打包贷款、出口信贷和银团贷款等。

进口押汇是指进口商以进口货物物权作抵押,向银行申请短期资金融通,银行接受国外银行开来信用证项下的出口跟单汇票,经本行或付买单向进口单位的融资贷款。打包放款是出口地银行在出口商备货过程中因出口商头寸不足而向出口商提供的一种短期资金。银行向出口商提供的这种短期贸易贷款是支持出口商按期履行合同义务、出运货物。由于早先该贷款解决受益人包装货物之需,故俗称打包放款。

国际银团贷款是由一家或几家银行牵头,多家国际商业银行或商人银行作为贷款人,向某个企业或政府提供一笔金额较大的中期贷款,期限一般为 7～10 年。这种融资方式的优点是使借款人在相对较快的时间内筹到金额较大的、单位成本较低的资金,使贷款人在每笔业务中共享权益,分担风险。

出口信贷指发达国家为了支持和扩大本国资本货物的出口,通过提供信贷担保给予利息补贴的办法,鼓励本国银行对本国出口商和外国进口商或进口方银行提供利率较低的中长期贸易融资。出口信贷的金额大、期限长、风险大,利率一般低于相同条件下的市场利率,利率差额由出口国政府以各种形式给予补贴。出口信贷有指定用途,即该项融资限于购买贷款国家的商品。出口信贷可分为买方信贷、卖方信贷、福费廷、混合信贷等。买方信贷是出口信贷的一种形式,出口国政府支持出口方银行直接向进口商或进口商银行提供贷款,支付有关的费用。福费廷业务是一种以无追索权形式为出口商贴现远期票据的金融服务。福费廷票据一般是以国际正常贸易为背景的,不涉及军事产品。在福费廷业务中,出口商必须放弃对所出售债权凭证的一切权益,贴现银行也必须放弃对出口商的追索权。本节将主要介绍进出口押汇、买方信贷、银团贷款。

二、进出口押汇的处理

根据结算方式的不同,进口押汇可分为信用证项下进口押汇和托收项下进口押汇两种,均是在银行收到有关单据后,根据进口商的押汇申请,先行垫款对外支付,转而向进口商办理付款赎单手续,收回贷款,提交单据的过程。

出口押汇是本行开出信用证后,接到国外议付行的议付通知,需要立即付款,由本行垫付款项(先从出口单位应收货款扣除一定外币利息,将货款交出口单位,然后向开证行索偿)。出口押汇是银行预先垫款买入一笔尚未收妥的外汇,有一定的收汇风险。因此,应确保押汇项下单据做到单证、单单完全相符;开证行、付款行资信良好,所处国家政局、经济稳定,外汇充裕;收汇条件合理,不受限制。根据结算方式的不同,出口押汇可分为信用证项下出口押汇及托收项下出口押汇。

银行应设进出口押汇科目并按进口、出口押汇及客户设明细账。

银行办理进口押汇时,会计分录如下:

借:进口押汇——××户　　　　(外币)

　贷:存放国外同业　　　　　　(外币)

进口单位偿还本息时,其会计分录如下(假定以外汇偿还):

借:外汇活期存款　　　　　　(外币)

　贷:进口押汇——××户　　　(外币)

　　利息收入　　　　　　　　(外币)

进口押汇利息=押汇金额×押汇天数×日利率

如需要结汇处理,还应通过外汇买卖科目。银行办理出口押汇时,其会计分录如下:

借:进口押汇——××户　　　　(外币)

　贷:利息收入　　　　　　　　(外币)

　　外汇买卖　　　　　　　　(外币)

借:外汇买卖(汇买价)　　　　(人民币)

　贷:外汇活期存款　　　　　　(人民币)

收到国外议付行划收头寸报单,收回出口押汇款,其会计分录如下:

借:存放国外同业　　　　　　(外币)

　贷:进口押汇——××户　　　(外币)

出口押汇的会计核算可以参考进口押汇的核算。

三、买方信贷

买方信贷的特点是期限较长,利率较低,但一般只限于购买提供贷款国家的资本货物(如机器设备)及与贷款项目相关联的商品。进口买方信贷要事先与国外签订协议,总协议由总行统一对外谈判签订,通知各分行或有关部门执行。总协议项下各个项目的具体分协议可由总行对外签订,也可以总行授权分行谈判签订。不论是总行或是分行签订,均由总行按协议商定的金额,集中使用"买方信贷用款限额"表外科目进行控制。

根据协议,买方信贷一般需要用现汇支付,没有现汇的,经外汇管理局审批后,可用人民币向银行购汇支付定金。

借款单位以现汇支付定金时,会计分录如下:

借:外汇活期存款　　　　　　　(外币)

　贷:存放国外同业　　　　　　　(外币)

借款单位用人民币购买外汇支付定金时按卖出价折算,分录如下:

借:活期存款　　　　　　　(人民币)

　贷:外汇买卖　　　　　　　(人民币)

借:外汇买卖　　　　　　　(外币)

　贷:存放国外同业　　　　　　　(外币)

(一) 贷款的使用

买方信贷下的进口支付方式,一般使用信用证,各地分行接到国外银行寄来信用证项下有关单据,经审核无误,对外办理支付时,填制全国联行外汇往来贷方报单划收总行。

进口商银行总行收到出口商银行贷款起息通知时作如下分录:

借:全国联行外汇往来　　　　　　　(外币)

　贷:借入买方信贷款　　　　　　　(外币)

同时应按支款金额销记买方信贷用款限额登记簿。

进口商银行分行收到总行买方信贷起息通知时其会计分录如下:

借:买方信贷外汇贷款——××户　　　(外币)

　贷:全国联行外汇往来　　　　　　　(外币)

(二) 贷款本息的偿还

买方信贷项下借入款的本息,由总行统一偿还,总行按照协议计算利息。对国外贷款行寄来的计息清单,要认真核对,及时偿还。会计分录如下:

借:借入买方信贷款　　　　　　　(外币)

　　利息支出——借入款利息支出　(外币)

　贷:存放国外同业　　　　　　　(外币)

国内借款单位,应按照借款契约规定计算利息并按期收回。借款单位如以自有外汇偿还贷款本息,则不通过外汇买卖,直接以现汇偿还。如借款单位不能按期归还,按规定于到期日将本息转入"短期外汇贷款"科目核算,并采取有效措施催收。各口岸分行收回贷款本息,如借款单位有外汇额度或交来外贸还汇凭证以人民币办理结汇,其会计分录如下:

借:外汇活期存款　　　　　　　(外币)

　贷:外汇买卖　　　　　　　(外币)

借:外汇买卖　　　　　　　(外币)

　贷:买方信贷外汇贷款——××户　　(外币)

利息收入——买方信贷外汇贷款利息 (外币)

四、银团贷款的核算

参加银团贷款的银行,按其在银团中发挥的作用,可分为牵头行、副牵头行、代理行、参加行。参加行的账务处理比较简单,可比照一般贷款核算手续处理。商业银行作为牵头行或代理行时,为单独反映银团贷款资金往来的资金收付,应开设"银团贷款资金往来"和"银团贷款收益"两个账户。凡办理银团贷款的资金往来用前者核算,该科目借方余额反映银行对借款单位的债权,贷方余额反映银行对参加银团贷款各存款行的负债。该科目按银团贷款协议规定的借款单位和参加银团贷款各存款行分设账户。凡银行办理银团贷款所得的利息手续费、承担费等均用"营业收入——银团贷款收益"科目核算。收到借款单位的利息及费用时贷记此科目,支付参加银团贷款各存款行利息和费用时,借记此科目。

银团贷款的转账步骤及会计分录如下:

(一) 收到参加银团贷款各存款行拨来的资金

借:存放国外同业 (外币)

贷:银团贷款资金往来——××行 (外币)

(二) 费用收取和支付

银团贷款费用包括管理费、代理行费、安排行费、法律费、杂费、承担费、利息等,除管理费、安排费、法律费、杂费一次性支付外,其余均按协议规定收取和支付。

收取银团贷款手续费、承担费等,按份额分配给参加银团贷款各存款行时:

借:外汇活期存款 (外币)

贷:营业收入——银团贷款收益 (外币)

借:营业收入——银团贷款收益 (外币)

贷:存放国外同业 (外币)

(三) 按贷款合约发放银团贷款给借款单位

借:银团贷款资金往来——××户 (外币)

贷:外汇活期存款 (外币)

(1) 收回贷款本金时:

借:外汇活期存款 (外币)

贷:银团贷款资金往来——××户 (外币)

收回贷款本金后应将其中部分拨还参加银团贷款各银行:

借:银团贷款资金往来——××行 (外币)

贷:存放国外同业 (外币)

(2) 收取贷款利息时:

借:外汇活期存款 (外币)

贷:营业收入——银团贷款收益户 (外币)

借:营业收入——银团贷款收益户 (外币)

贷:存放国外同业 (外币)

本章小结

外汇业务是银行业务的重要组成部分，是国家开展对外政治、经济联系的重要手段。外汇业务涉及面广，内容复杂，其核算有自身特点。外汇业务主要实行分账制，设置外汇买卖科目，有利于保持人民币与外币金额的平衡性。

外汇买卖科目是实行外汇分账制的一个特定科目。外汇买卖业务主要有结售汇、套汇和自营及代客进行的外汇买卖交易三种，它们的核算有各自的特点。

外汇业务比人民币业务涉及的地域范围更广，必须区别不同的情况，采取不同的方法清算外汇资金。目前商业银行外汇资金收付、划转和清算主要有全国联行外汇往来业务、港澳及国外联行往来、代理行往来。

外汇存款是银行聚集外汇资金的主要来源。外汇存款可按存款对象划分为：甲种外币存款、乙种外币存款和丙种外币存款三种。外汇贷款是银行外汇资金的主要运作形式，对于扩大进出口贸易，支持生产和流通有着重要的意义。

国际贸易结算一般以现汇结算为主，主要采用信用证、汇款、代收及托收等三种结算方式。信用证结算方式以买卖双方的交易合同为基础，是我国对外贸易结算中主要采用的结算方式。

进出口贸易融资是外汇银行围绕着国际结算的各个环节为进出口商提供的资金便利的总和，它的收益率高，利润丰厚，可以密切银企关系。进出口贸易融资主要有进出口押汇、票据贴现、打包贷款、出口信贷和银团贷款等。

关键术语

外汇和汇率　外汇买卖　外汇存贷款　进出口押汇　买方信贷　信用证

思考练习题

1. 什么是外汇？什么是汇率？
2. 什么是外汇买卖？外汇买卖业务如何核算？
3. 什么是国外代理行往来？试述联行及国外代理行往来的类型。
4. 什么是外汇存款？什么是外汇贷款？
5. 什么是买方信贷？买方信贷有什么特点？
6. 什么是信用证结算方式？在进出口业务中使用时主要有哪些核算环节？

第十二章　所有者权益的核算

本章要点

1. 所有者权益的概念和分类
2. 投入资本的核算
3. 留存收益的核算

第一节　所有者权益的含义和分类

一、所有者权益的含义

所有者权益是指企业投资者对企业净资产的所有权，它表明企业的资产总额在抵偿了一切现存债务后的差额部分，包括企业所有者投入资金以及留存收益等。金融企业的所有者权益，主要包括实收资本（或股本）、资本公积、盈余公积和未分配利润等。从事存贷款业务的金融企业计提的一般准备、从事保险业务的金融企业计提的总准备金、从事证券业务的金融企业计提的一般风险准备，以及从事信托业务的金融企业计提的信托赔偿准备也是所有者权益的组成部分。会计制度规定，从事存贷款业务的金融企业，必须计提一般准备。一般准备，是指从事存贷款业务的金融企业按一定比例，从净利润中提取的一般风险准备。因此，一般准备也是金融企业所有者权益的组成部分。

商业银行所有者权益是指银行所有者在银行资产中享有的经济利益，等于银行全部资产减去全部负债后的余额，主要包括银行投资人对银行投入的实收资本或股本，以及形成的资本公积、盈余公积、未分配利润等。所有者权益充分表明银行的产权关系，即银行归谁所有，属于谁投资。一般而言，实收资本是由所有者直接投入的，如所有者的投入资本等。资本公积则是由所有者直接投入的资本本身所引起的各种增值，与银行正常经营活动没有直接关系，并非银行的经营成果，如资本溢价等；而盈余公积是从银行税后利润中提取的。

虽然所有者权益和负债是对银行资产的要求权，但所有者权益与负债在性质上是有区别的。所有者权益是银行投资人，如国家、股东对银行扣除负债后净资产的求偿权；负债是债权人对银行资产的求偿权。银行投资人具有法定管理银行和委托他人管理的权利。债权人与银行只有债权、债务关系。所有者权益随银行共存，在经营期间无须偿还，银行只分给投资人利润；而负债银行必须按期偿还，还必须按规定的时间和利率向债权人支付利息。

二、商业银行所有者权益与实收资本的区别

银行所有者权益等于股份制银行股东权益，也等于净资产，但不等于实收资本，也不等于

注册资本。实收资本只是所有者权益中的一个组成部分，是投资者实际投入银行的资本。而银行所有者权益，包括投资者投入银行的资本、投资者投入超过注册资本的溢价部分、接受捐赠的部分和法定资产重估增值的部分。同时，还包括按规定从银行净利润中提取的法定盈余公积金、任意盈余公积金和法定公益金及从银行净利润中提取的一部分准备金。

三、所有者权益的分类

在我国现行的会计核算中，为了反映所有者权益的构成，将所有者权益分为实收资本、资本公积、盈余公积及未分配利润四个部分，分别设置总账科目（或明细科目）进行核算，在资产负债表上，单列项目予以反映。

（一）实收资本

银行的实收资本是指投资者按照企业章程或合同、协议的规定，实际投入银行的资本。实收资本包括现金、实物、无形资产、有价证券等，是银行所有者权益的重要组成部分。实收资本可以通过资本公积、盈余公积转增，也可以通过未分配利润增加。

（二）资本公积

资本公积是银行由投入资本本身所引起的各种增值，其形成通常与银行正常经营活动没有直接联系，并非银行的经营成果，而与资本交易本身带来的盈余有关。资本公积不同于投资人实际投入的资本，它是来自银行所有者超额的投入，可供银行无偿地无限期地运用。资本公积主要包括：

1. 资本（或股本）溢价

资本（或股本）溢价是指银行投资者投入的资金超过其在注册资本中所占份额的部分。

2. 接受非现金资产捐赠准备

接受非现金资产捐赠准备是指银行因接受非现金资产捐赠而增加的资本公积。

3. 接受现金捐赠

接受现金捐赠是指银行因接受现金资产捐赠而增加的资本公积。

4. 股权投资准备

股权投资准备是指银行对被投资单位的长期股权投资采用权益法核算时，因被投资单位接受捐赠等原因增加的资本公积，银行按其持股比例计算而增加的资本公积。

5. 外币资本折算差额

外币资本折算差额是指银行接受外币投资因所采用的汇率不同而产生的资本折算差额。

6. 关联交易差价

关联交易差价是指上市的银行与关联方之间的交易，对显失公允的交易价格部分而形成的资本公积。这部分资本公积不得用于转增资本或弥补亏损。

7. 其他资本公积

其他资本公积是指除上述各项资本公积以外所形成的资本公积，以及从资本公积各准备项目转入的金额。债权人豁免的债务，也在本项目核算。资本公积各准备项目不能转增资本（或股本）。

（三）盈余公积金

盈余公积金是指银行从税后利润中提取并形成的公积金，主要包括以下三类：

1. 法定盈余公积

法定盈余公积是指银行按照规定的比例从净利润中提取的盈余公积。

2. 任意盈余公积

任意盈余公积是指银行经股东大会或类似机构批准按照规定的比例从净利润中提取的盈余公积。

3. 法定公益金

法定公益金是指银行按照规定的比例从净利润中提取的用于职工集体福利设施的公益金。法定公益金用于职工集体福利时,应当将其转入任意盈余公积。银行的盈余公积可以用于弥补亏损、转增资本(或股本)。符合规定条件的银行,也可以用盈余公积分派现金股利。

(四)未分配利润

未分配利润是银行税后净利润的留存形式。未分配利润有两层含义:一是指留于以后年度分配的利润,二是未指定用途的待分配利润。

按照以上的划分,可以清晰地反映出商业银行所有者权益的构成。投资者投入商业银行的初始资金,是银行经营的原动力,是银行生存和发展的基础。在原始投资基础上连带产生的资本公积与原始投资共同形成银行经营的运作资金。盈余公积和未分配利润,是银行在经营过程中的资本增值。在所有者权益中,投入资本的大小,反映了银行所有者对银行权利的大小;而资本增值的多少,则从根本上反映出银行经营状况的好坏。将资本增值与投入资本进行比较,可以表明银行在经营期间的经济效益高低和经营水平高低,也可以表明银行是否具有强的竞争能力。

第二节 投入资本的核算

一、会计制度对金融企业实收资本的规定

金融企业的实收资本是指投资者按照企业章程,或合同、协议的约定,实际投入金融企业的资本。根据会计制度,不同类型金融企业实收资本的核算原则如下:

(一)股份制金融企业

股份制金融企业的股本应当在核定的股本总额及核定的股份总额的范围内发行股票或股东出资取得。公司发行的股票,应按其面值作为股本,超过面值发行取得的溢价,作为股本溢价,计入资本公积。

境外上市公司以及在境内发行外资股的上市公司,按确定的人民币股票面值同核定的股份总额的乘积计算的金额,作为股本入账,按收到股款当日的汇率折合的人民币金额与按人民币计算的股票面值总额的差额,作为资本公积处理。

(二)非股份制金融企业

投资者以现金投入的资本,应当以实际收到或者存入企业开户银行的金额作为实收资本入账。实际收到或者存入企业开户银行的金额超过其在该金融企业注册资本中所占份额的部分,计入资本公积。

投资者以非现金资产投入的资本,应按投资各方确认的价值作为实收资本入账。首次发行股票而接受投资者投入的无形资产,应按该项无形资产在投资方的账面价值入账。

投资者投入的外币，合同没有约定汇率的，按收到出资额当日的汇率折合；合同约定汇率的，按合同约定的汇率折合，因汇率不同产生的折合差额，作为资本公积处理。

金融企业实收资本（或股本），不得随意变动；符合增资条件，并经有关部门批准增资的，在实际取得股东的出资时，登记入账。

金融企业按法定程序报经批准减少注册资本的，在实际发还投资时登记入账；采用收购本企业股票方式减资的，在实际购入本企业股票时，登记入账。金融企业应当将因减资而注销股份、发还股款，以及因减资需更新股票的变动情况，在股本账户的明细账及有关备查簿中详细记录。股东按规定转让其出资的，金融企业应当于有关的转让手续办理完毕时，将出让方所转让的出资额，在实收资本（或股本）账户的有关明细账户及各备查登记簿中转为受让方。

二、商业银行资本组成及实收资本数额的一般规定

（一）国有商业银行资本金组成

1. 国家投资

国家投资指有权代表国家投资的政府部门或机构以国有资产投入银行所形成的资本金。

2. 单位投资

单位投资指其他法人单位以其依法可以支配的资产投入银行所形成的资本金。

3. 个人投资

个人投资指社会个人或银行内部职工以个人合法财产投入银行所形成的资本金。

4. 外商投资

外商投资指外国投资者以及我国香港、澳门、台湾地区投资者以其资产投入银行所形成的资本金。

上述投入资本，应按实际投资数额入账。

（二）股份制商业银行的股本组成

在股份制商业银行中，投入资本就是股权。按照股份制企业的做法，把股权分为国家股、法人股、个人股和外资股。

1. 国家股

国家股由国务院授权的部门或机构持有，或者由国务院决定、由地方政府授权的部门或机构持有，并委派股权代表。

2. 法人股

法人股是指企业法人以其依法可支配的资产投入的股份，或具有法人资格的事业单位、社会团体以国家允许用于经营的资产投入的股份。

3. 个人股

个人股是指社会个人或银行内部职工以个人合法资产投入的股份。

4. 外资股

外资股是指外国和我国香港、澳门、台湾地区投资者购买人民币特种股票而投入的股份。

（三）商业银行实收资本数额的一般规定

我国中央银行对设立银行及非银行金融性公司提出了最低资本限额的要求，其中：全国性商业银行的最低实收资本金为10亿元人民币；城市商业银行的最低实收资本金为1亿元人民

币;农村商业银行的最低实收资本金为 5 000 万元;外资银行总行或中外合资银行的注册资本不得少于 3 亿元人民币等值的自由兑换货币;外国银行分行应当由其总行无偿拨给不少于 1 亿元人民币等值的自由兑换货币的营运资金。

实收资本可以等于注册资本,也可以不等于注册资本。我国目前实行的是注册资本制度,要求银行的实收资本与注册资本保持一致,当银行的实收资本比原来的资本增减超过 20% 时,应持资金使用证明或验资证明向原登记机关申请变更登记,使企业"实收资本"科目金额与注册资本一致。

三、投入资本的核算

投入资本是指出资人作为资本实际投入企业的资金数额,进一步划分为资本金与资本公积。

为了准确地反映投资者投入资本的情况,应设立"实收资本"或"股本"科目进行核算,前者适用非股份制银行,后者适用于股份制银行。该科目属于权益类科目,用于核算商业银行实际收到的投资者投入的资本。

(一) 以现金、银行存款作为投入资本的账务处理

当国家、企业、外商、社会个人等以现金或银行存款作为资本投资时,银行应以实际收到投资者投入的现金或以其实际缴入其开户银行的数额入账。借记"现金"、"银行存款"或"存放中央银行款项"账户,贷记"实收资本"账户。若投资人以外币投资,则应以合同约定的汇率或收到外币当日市场汇价折合成记账本位币的数额作为投入资本的价值入账。

【例 12-1】某银行收到职工集资款 70 万元,当即入账。则应作如下账务处理:

借:现金 700 000
　贷:实收资本——个人资本 700 000

【例 12-2】某商业银行收到国家投入资本 800 万元。则应作如下账务处理:

借:银行存款(存放中央银行款项) 8 000 000
　贷:实收资本——国家资本 8 000 000

【例 12-3】某合资银行收到某外商企业投入 500 万美元。款项已存入银行,当日市场汇价为 1 美兑 7.92 元人民币,则作如下账务处理:

借:银行存款美元户 39 600 000
　贷:实收资本——外商资本 39 600 000

(二) 以实物作为投入资本的账务处理

当银行收到实物资产投资,办理实物转移手续后,须按照评估确认的价值或合同、协议约定的价值入账。当收到投资者投入的固定资产时,按投资人账面原始价值借记"固定资产"账户,按评估确认的价值贷记"实收资本"账户;当账面原值大于评估确认价值时,其差额贷记"累计折旧"账户;当固定资产评估确认的价值大于投出单位的账面原价时,应按评估确认的价值借记"固定资产"账户,贷记"实收资本"账户。

【例 12-4】某工商银行收到某公司投入的运钞车一辆,投资人账面原始价值为 20 万元,经重新评估确认为 16 万元,应作如下账务处理:

借:固定资产 200 000

贷:实收资本——某公司资本　160 000
　　累计折旧　40 000

【例 12-5】如上例,若经重新评估确认的价值为 21.5 万元,则应作如下账务处理:

借:固定资产　215 000
　贷:实收资本——某公司资本　215 000

(三) 以无形资产作为投入资本的账务处理

投资者投入的无形资产,应当按照投资合同或协议约定的价值作为成本,但合同或协议约定价值不公允的除外。首次发行股票而接受投资者投入的无形资产,应借记"无形资产"账户,贷记"实收资本"账户。

【例 12-6】某建设银行收到某公司沿街 300 平方米的土地使用权作为投资,经评估作价为 9 万元,则应作如下账务处理:

借:无形资产——土地使用权　90 000
　贷:实收资本——法人资本　90 000

(四) 资本公积、盈余公积转增资本的账务处理

1. 以资本公积转增实收资本的账务处理

资本公积经批准后,转增为实收资本,应借记"资本公积"账户,贷记"实收资本"账户。

【例 12-7】某银行决定将"资本公积"70 万元,转增资本,则应作如下账务处理:

借:资本公积　700 000
　贷:实收资本　700 000

2. 以盈余公积转增实收资本的账务处理

盈余公积经批准后,转增为实收资本,应借记"盈余公积"账户,贷记"实收资本"账户。

【例 12-8】某银行决定将"盈余公积"30 万元,转增资本,则应作如下账务处理:

借:盈余公积　300 000
　贷:实收资本　300 000

【例 12-9】某银行决定将"资本公积"70 万元、"盈余公积"30 万元,转增资本,则应作如下账务处理:

借:资本公积　700 000
　　盈余公积　300 000
　贷:实收资本　1 000 000

四、资本公积的核算

资本公积是指银行在经营过程中由投资者或他人投入到银行而所有权属于投资者的资本,并且在金额上超过法定资本或者资产。资本公积不同于投资人实际投入的资本,它是来自银行所有者超额的投入,可供银行无偿地无限期地运用。

为了核算和监督企业资本公积的增减变动,应设置"资本公积"总分类科目。该科目属所有者权益,贷方登记资本公积的增加额,借方登记资本公积的减少额,余额在贷方,表示企业资本公积的实有数额。由于资本公积的形成来源比较复杂,而且不同来源的资本公积,其账务处理有所不同。为此,资本公积一般应当设置以下明细科目:①资本(或股本)溢价;②接受现金捐赠；③接受捐赠非现金资产准备；④股权投资准备；⑤拨款转入；⑥外币资本折算差额；⑦关联交易差价；⑧资本重估增值；⑨其他资本公积。以下重点介绍资本(或股本)溢价、接受捐赠非现金资产准备以及其他资本公积中法定财产重估增值和外币资产折算差额的账务处理。

(一) 资本(或股本)溢价的账务处理

对有限责任制银行而言，在银行初创时，出资者认缴的出资额应全部记入"实收资本"账户。但当银行进入正常经营期后，新加入的投资者的出资额不一定全部作为实收资本处理。这是因为银行正常经营期间的资本利润率一般要高于初创期间的资本利润率。此外，经过一段时间的经营运转，银行会结余一部分没有分配的利润，为了维护原有投资者的权益，新加入的投资者要付出大于原投资者的出资额，才能取得与原投资者相同的投资比例。因此，新投资者实际缴付资本时，应按实际收到的出资额，借记"银行存款"、"固定资产"等科目，按新投资者在注册资本中应占的份额，贷记"实收资本"账户，借贷方的差额贷记"资本公积"账户。

对股份制银行而言，在采用溢价发行股票的情况下，银行发生的股票取得的收入，相当于股票面值部分记入"股本"科目，超过股票面值的溢价收入记入"资本公积"科目。

【例 12-10】某有限责任银行 A,B 两位股东各出资 5 亿元设立，经过 3 年的经营，该银行的盈余公积和未分配利润合计为 2 亿元，这时有 C 投资者愿意出资 5.15 亿元，占该银行股份的三分之一。在接受 C 企业的投资时，应作如下账务处理：

借：银行存款(存放中央银行款项)	515 000 000	
贷：实收资本		500 000 000
资本公积——资本溢价		15 000 000

【例 12-11】某股份制银行以公开募集方式成立，发行 1 亿股，每股面值 10 元，按每股 10.1 元的价格认购，应作如下账务处理：

借：银行存款(存放中央银行款项)	1 010 000 000	
贷：股本		1 000 000 000
资本公积——股本溢价		10 000 000

(二) 接受捐赠非现金资产准备的账务处理

接受捐赠是指银行从外部无偿取得资产。捐赠人向银行捐赠资产，也是一种对银行投入资产的行为，但捐赠人的投入并不谋求对银行资产的要求权，也不会由于其捐赠行为对银行承担责任。所以捐赠人不是银行所有者，这种资金投入也不形成银行的实收资本。

【例 12-12】某交通银行接受某公司捐赠的监控系统一套，价值 3.5 万元，应作如下会计处理：

借：固定资产	350 000	
贷：资本公积——接受捐赠非现金资产准备		234 500
递延税款		115 500

【例 12-13】如上例，1 年后，该银行出售该套监控系统，除按固定资产清理程序外，应将该套监控系统的入账价值从资本公积中转出，应作如下会计处理：

借：资本公积——接受捐赠非现金资产准备	234 500	
贷：营业外收入——捐赠资产转入		234 500

(三) 法定财产重估增值的账务处理

法定财产重估增值是指银行根据有关规定对自身的资产进行重估后确认的资产价值高于资产原有的账面价值的差额，应借记“固定资产”科目，贷记“资本公积”科目。

【例 12－14】 某商业银行因故对营业用房进行重估，账面原值为 50 万元，重估价为 100 万元，其增值额为 50 万元，应作如下账务处理：

借：固定资产　500 000

　贷：资本公积——资本重估增值　500 000

(四) 外币资产折算差额的账务处理

当银行采用合同约定的汇率折算外币出资时，实际收到出资，应当按照出资当天的市场汇率进行折算，借记“银行存款”等账户，按合同约定的汇率折算后，贷记“实收资本”账户，因借贷方所用的汇率不同而产生的折合记账本位币差额，借记或贷记“资本公积”账户。

【例 12－15】 某合资银行按合同约定，外方投入现汇 600 万美元，约定汇率 1 美元等于 6.3 元人民币，接受外汇投资当日的市场汇率为 1 美元等于 6.5 元人民币，则应作如下会计处理：

借：银行存款——美元户　39 000 000

　贷：实收资本——外商投资　37 800 000

　　资本公积——外币资本折算差额　1 200 000

第三节　留存收益的核算

一、留存收益概述

留存收益是通过企业的生产经营活动形成的，是经营所得净收益的积累。它可分为指定用途的留存收益和未指定用途的留存收益，即盈余公积和未分配利润。

二、盈余公积的核算

盈余公积，是指银行按照规定从净利润中提取的积累资金。盈余公积提取比例的具体规定如下：一是法定盈余公积，按净利润的 10％提取，但此项公积金已达到注册资本的 50％时不再提取；二是任意盈余公积，各银行可根据自身情况决定，既可多提，也可少提，还可不提。为了反映和监督盈余公积的提取、运用和结存情况，应设置“盈余公积”科目。

(一) 银行按规定从税后利润中提取盈余公积金

当银行按规定从税后利润中提取盈余公积金时，应借记“利润分配——提取法定盈余公积、提取任意盈余公积”科目，贷记“盈余公积——法定盈余公积、任意盈余公积”科目。

【例 12－16】 某商业银行 2014 年度税后利润 300 万元，提取法定盈余公积金和任意盈余公积金，应作如下账务处理：

借：利润分配——提取法定盈余公积　300 000

　　　　　——提取任意盈余公积　150 000

　贷：法定盈余公积　300 000

　　任意盈余公积　150 000

(二) 外资银行提取储备基金、企业发展基金

外资银行提取储备基金、企业发展基金时，应借记“利润分配——提取储备基金、提取企业

发展基金"账户，贷记"盈余公积——储备基金、企业发展基金"账户。

【例 12－17】某外资银行提取储备基金 30 万元，企业发展基金 20 万元，应作如下账务处理：

借：利润分配——提取储备基金　　300 000
　　　　　　——提取企业发展基金　　200 000
　贷：盈余公积——储备基金　　300 000
　　　　　　　——企业发展基金　　200 000

(三) 银行用盈余公积弥补亏损

银行经股东大会或类似机构决议，用盈余公积弥补亏损时，借记"盈余公积"科目，贷记"利润分配——盈余公积补亏"科目。

【例 12－18】某农业银行用盈余公积弥补以前年度的亏损 50 万元，应作如下账务处理：

借：盈余公积　　500 000
　贷：利润分配——盈余公积补亏　　500 000

(四) 银行用盈余公积分配股票股利或转增资本

银行用盈余公积分配股票股利或转增资本时，借记"盈余公积"科目，贷记"实收资本"或"股本"科目。

【例 12－19】某商业银行经研究决定，在本期将盈余公积 110 万元用于转增资本。应作如下账务处理：

借：盈余公积——一般盈余公积　　1 100 000
　贷：实收资本　　1 100 000

三、未分配利润的核算

未分配利润是企业留待以后年度进行分配的结存利润，由实现的净利润和涉及损益的会计差错更正形成。未分配利润是指未分配的净利润，有两层含义：一是这部分净利润没有分给投资者；二是这部分净利润未指定用途。

为了核算银行历年累积的未分配利润情况，在"利润分配"科目中，专门设置了"未分配利润"明细科目。各年度末，商业银行将本年实现的各项收入与各项支出科目归集到"本年利润"科目。计算当年收支差额，如果余额出现在借方，为本年亏损；如果余额出现在贷方，为本年盈余。然后，将"本年利润"结转到"利润分配——未分配利润"科目。同时在年终，企业还应将"利润分配"科目下其他明细科目，即弥补以前年度亏损、提取盈余公积、应付利润、盈余公积补亏等转入"未分配利润"明细账的借方，结转后，"未分配利润"明细账的贷方余额为未分配利润，借方余额为未弥补的亏损。

【例 12－20】某物业管理企业本年实现净利润 3 万元，按税后利润提取盈余公积 4 500 元，向投资者分派利润 5 000 元。根据利润分配明细账，作如下账务处理：

借：利润分配——未分配利润　　9 500
　贷：利润分配——提取盈余公积　　4 500
　　　　　　　——应付利润　　5 000

同时结转"本年利润"账户：

借:本年利润 30 000

贷:利润分配——未分配利润 30 000

本章小结

所有者权益又称为净资产,体现了商业银行的经营实力和竞争能力,同时也体现了商业银行对债权人利益的保障程度。本章重点介绍了银行所有者权益的含义和分类,并在此基础上分别阐述了投入资本、资本公积、盈余公积和未分配利润的核算。

所有者权益是指所有者在企业资产中享有的经济利益,其金额为资产减去负债后的余额。所有者权益,主要包括实收资本(或股本)、资本公积、盈余公积和未分配利润等。

银行的实收资本是指投资者按照企业章程或合同、协议的规定,实际投入银行的资本。

资本公积是指银行在经营过程中由投资者或他人投入到银行而所有权属于投资者的资本,并且在金额上超过法定资本或者资产。

盈余公积金是指银行从税后利润中提取并形成的公积金,主要包括法定盈余公积、任意盈余公积两类。

未分配利润是银行税后净利润的留存形式。未分配利润有两层含义:一是指留于以后年度分配的利润,二是未指定用途的待分配利润。

留存收益是通过银行的生产经营活动而形成的,是经营所得净收益的积累。它可分为指定用途的留存收益和未指定用途的留存收益,即盈余公积和未分配利润。

关键术语

所有者权益　实收资本　资本公积　盈余公积　未分配利润

思考练习题

1. 简述所有者权益的构成。

2. 简要说明中国人民银行对我国银行在实收资本最低数额方面所作的规定。

3. 资本公积和盈余公积的会计核算包括哪几个部分?

4. 2013 年,华美银行新设立时发生有关的经济业务如下:

(1) 1 月 5 日,黄海银行投入房屋 1 幢,验收使用,按投资各方确认的 5 000 万元入账。

(2) 1 月 6 日,收到黄海银行的转账支票 2.5 亿元,存入本行存款户。

(3) 2 月 10 日,收到美国大通银行汇入的 2 300 万美元,存入本行存款户,当日美元的人民币汇率是 6.26 元。而投资合同规定以合同签订日美元汇率6.25作为投资者额的折合汇率。

(4) 2 月 15 日,美国大通银行投入管理专有技术,按投资各方确认的 25 万元入账。

要求:根据以上资料编制会计分录。

第十三章　收入、成本费用与利润的核算

本章要点

1. 收入的概念和核算
2. 成本费用的概念和核算
3. 营业外收支的概念和核算
4. 利润的概念和核算

商业银行作为从事资金商业性买卖的金融法人，以股东价值最大化为经营目标，以效益性、安全性、流动性为经营原则，按照会计原则和行业会计制度的要求，正确地进行财务损益(收入、成本、利润等)的核算，是准确、及时地披露一定时期银行财务状况和经营成果的前提，也是银行内外各决策群体的重要决策依据。

第一节　收入的核算

一、收入概述

(一) 收入的含义

收入，是指企业在销售商品、提供劳务及让渡资产使用权等日常活动中所形成的经济利益的总流入。金融企业提供金融商品服务所取得的收入，主要包括利息收入、金融企业往来收入、手续费收入、贴现利息收入、保费收入、证券发行差价收入、证券自营差价收入、买入返售证券收入、汇兑收益和其他业务收入。收入不包括为第三方或者客户代收的款项，如企业代垫的工本费、代邮电部门收取的邮电费。金融企业应当根据收入的性质，按照收入确认的条件，合理地确认和计量各项收入。

(二) 收入的确认

1. 收入的确认条件

金融企业提供金融产品服务取得的收入，应当在以下条件均能满足时予以确认：

(1) 与交易相关的经济利益能够流入企业。

(2) 收入的金额能够可靠地计量。

2. 不同类型收入的确认

(1) 金融企业发放的贷款，应按期计提利息并确认收入。发放贷款到期(含展期)90 天后尚未收回的，其应计利息停止计入当期利息收入，纳入表外核算；已计提的贷款应收利息，在贷款到期 90 天后仍未收回的，或在应收利息逾期 90 天后仍未收到的，冲减原已计入损益的利息收入，转作表外核算。

(2) 手续费收入，应当在向客户提供相关服务时确认。

(3) 证券发行差价收入，应于发行期结束后，与发行人结算发行价款时确认。

(4) 证券自营差价收入，应在与证券交易所清算时按成交价扣除买入成本、相关税费后的净额确认。

(5) 利息收入、金融企业往来收入等，应按让渡资金使用权的时间和适用利率计算确定。

二、收入核算

(一) 利息收入的核算

1. 利息收入核算内容

利息收入是指银行在经营存款、贷款、贴现等业务时所取得的利息收入。对利息收入的核算应遵循权责发生制原则，即不论款项是否在当期收到，都应按规定计提应收利息，计入当期损益。逾期 3 年以上的贷款不再计算应收未收利息，但应加强管理，做好账外备查登记。

2. 利息收入科目及其明细科目

"利息收入"科目属损益类科目，专门用于核算银行各类贷款的利息收入的增减变动情况。"利息收入"科目贷方反映到期实收的利息和到期应收未收到的利息。其明细科目包括：①短期贷款利息收入；②中长期贷款利息收入；③抵押贷款利息收入；④质押贷款利息；⑤担保贷款利息收入；⑥贴现利息收入；⑦逾期贷款加息；⑧贷款罚息收入；⑨银行存款利息收入等。

3. 利息收入的账务处理

当期收到利息时，借记有关科目，贷记"利息收入"科目；若当期未收到利息，计提应收利息时，借记"应收利息"科目，贷记"利息收入"科目；实际收到应收未收利息时，则借记有关科目，贷记"应收利息"科目；期末结转利润时，借记"利息收入"科目，贷记"本年利润"科目。"利息收入"科目期末应该无余额。现举例如下：

【例 13-1】 某工商银行向市电视机厂贷款，2014 年第一季度贷款利息 14 万元，季末收到利息，应作如下账务处理：

借：活期存款——市电视机厂　　140 000

　　贷：利息收入——短期贷款利息收入　　140 000

【例 13-2】 如上例，若第一季度末没有收到利息，此时应计提应收未收的利息。

借：应收利息——市电视机厂　　140 000

　　贷：利息收入——短期贷款利息收入　　140 000

收回该笔利息时予以冲销：

借：活期存款——市电视机厂　　140 000

　　贷：应收利息——市电视机厂　　140 000

(二) 金融企业往来收入的核算

1. 金融企业往来收入的核算内容

金融企业往来收入是银行与其他金融企业发生业务往来而形成的利息收入,即指在同一银行内部的联行之间以及与中央银行或其他金融机构之间的资金往来所发生的利息收入、存贷款利差补贴收入、邮政汇兑业务往来利息收入等。与利息收入相比,金融企业往来收入具有数额较大、利率较低、定期结息、被动收息等特点,它在营业收入中占有较大份额,必须加强管理。

2. 金融企业往来收入明细科目设置

金融企业往来收入的明细科目包括:①缴存存款利息收入;②中央银行往来利息收入;③同业往来利息收入;④系统内往来利息收入;⑤省辖联行往来利息收入;⑥全国联行往来利息收入;⑦其他往来利息收入;等等。

3. 金融企业往来收入的账务处理

金融企业往来收入的核算同样应遵循权责发生制原则,按季定期结息,考虑到金融企业往来收入的稳定性和低风险性,对定期计收的金融企业往来收入进行变通处理,发生收入时直接记入当期损益,会计记录为借记"存放中央银行款项"科目,贷记"金融企业往来收入"科目。计提应收利息时,应借记"应收利息"科目,贷记"金融企业往来收入"科目,到期实际收回利息时,应借记"存放中央银行款项"科目,贷记"应收利息"科目。期末结转利润时,则借记"金融企业往来收入"科目,贷记"本年利润"科目。现举例如下:

【例 13-3】某建设银行 2014 年二季度收到存放人民银行款项利息 120 万元,应作如下账务处理:

借:存放中央银行款项——人民银行 1 200 000

贷:金融企业往来收入——存放中央银行款项利息收入 1 200 000

【例 13-4】如上例,该行 2014 年二季度应收全国联行利息 160 000 元,应作如下会计处理:

借:应收利息——全国联行 160 000

贷:金融企业往来收入——存入联行款项利息收入 160 000

收回转销时,应作如下账务处理:

借:联行往来账 160 000

贷:应收利息——全国联行 160 000

(三) 手续费收入的核算

1. 手续费收入的核算内容

手续费收入是指银行在办理各项业务时由所取得的手续费而形成的收入。即银行提供金融服务之后,应该取得一定的收入,以补偿劳务的付出。

2. 手续费收入的种类和科目

手续费收入包括:①结算业务手续费收入;②委托贷款业务手续费收入;③拆借资金手续费收入;④信用卡签购手续费收入;⑤代发债券等代理业务手续费收入;⑥商业银行提供金融服务应收的手续费收入等。

手续费收入的明细科目包括:①结算手续费收入;②委托业务手续费收入;③代发行和代兑付债券手续费收入;④代保管费收入;⑤担保费收入;⑥其他手续费收入等。

3. 手续费收入的账务处理

对于手续费的核算，银行应设置“手续费收入”科目，并按其种类分设明细账。发生各项手续费收入时，应借记“现金”等有关科目，贷记“手续费收入”科目。期末结转利润时，借记“手续费收入”科目，贷记“本年利润”科目。

【例 13-5】某华夏银行 2014 年 3 月以现金收取为客户办理结算业务手续费 260 元，应作如下账务处理：

借：现金　260

　贷：手续费收入——某客户　260

(四) 其他营业收入的核算

1. 其他营业收入的核算内容

其他营业收入是指银行除存款、贷款、投资、证券买卖和代理业务以及金融企业往来以外的其他业务的营业收入，主要包括咨询服务收入、无形资产转让收入等。

2. 其他营业收入的种类和科目

其他营业收入种类包括：①租赁收入；②补贴收入；③中途转让投资收入；④追偿款收入；⑤房地产开发收入；⑥金银买卖收入；⑦无形资产转让净收入；⑧抵押物、质物的拍卖；⑨变卖净收入(在取得抵押物、质物次日起 1 年内处分)等。

对于其他营业收入的核算，银行应设置“其他营业收入”科目，并按其他营业收入的种类设置明细账。其他营业收入明细科目包括：①补贴收入；②租赁收入；③无形资产转让净收入；④房地产开发收入；⑤追偿款收入；⑥金银买卖收入；⑦其他服务收入等。

3. 其他营业收入的账务处理

发生其他营业收入时，应借记“现金”、“银行存款”、“应收账款”等有关科目，贷记“其他营业收入”科目。期末结转利润时，则借记“其他营业收入”科目，贷记“本年利润”科目。

【例 13-6】某建设银行 2014 年 4 月以现金收取客户的咨询服务费 1 200 元，应作如下账务处理：

借：现金　1 200

　贷：其他营业收入——咨询收入　1 200

【例 13-7】如上例，该建设银行同月应收市新兴商贸公司有价单证代保管收入 1 700 元，应作如下账务处理：

借：应收账款——市新兴商贸公司　1 700

　贷：其他营业收入——代保管收入　1 700

实际收回转销时，应作如下账务处理：

借：活期存款——市新兴商贸公司　1 700

　贷：应收账款——市新兴商贸公司　1 700

(五) 汇兑收益的核算

汇兑收益是指银行进行外汇买卖和外币兑换等业务而产生的收益。银行应设置“汇兑收益”科目予以反映，同时按外汇买卖币种分设明细账。发生汇兑收益时，应借记“外汇买卖”科目，贷记“汇兑收益”科目；期末结转利润时，则借记“汇兑收益”科目，贷记“本年利润”科目。

【例 13-8】某交通银行 2014 年 5 月在美元兑换业务中形成汇兑收益9 000元，应作如下账务处理：

借:外汇买卖——美元 9 000

贷:汇兑收益——美元 9 000

(六) 投资收益的核算

投资收益是指银行在进行长、短期投资时,按照合同或协议的规定,从受资方分回的利润、股利、利息等投资收入,主要包括股利收入、债券利息收入和买卖债券价差收入等。银行应设置“投资收益”科目予以反映,同时按投资种类和接受投资单位设置明细账。应收及收到投资收益时,借记“应收利息”、“银行存款”等科目,贷记“投资收益”科目。期末结转利润时,借记“投资收益”科目,贷记“本年利润”科目。

【例 13-9】某工商银行 2014 年 1 月 1 日购入某市化工厂发行的 3 年期债券,利息按年支付,本金到期一次支付,年末应收取利息 4 500 元,应作如下账务处理:

借:应收利息——某市化工厂 4 500

贷:投资收益——某市化工厂 4 500

第二节 成本费用的核算

商业银行开展业务必然会发生相应的成本和费用的支出,准确地组织成本和费用的核算,将收入和费用进行适当的配比既是对外进行报告的需要,也是商业银行加强内部成本控制的要求。

一、成本费用概述

费用是指企业为销售商品、提供劳务等日常活动所发生的经济利益的流出;成本是指企业为提供劳务和产品而发生的各种耗费,不包括为第三方或客户垫付的款项。成本和费用是两个并行的概念,成本是对象化了的费用,是指一定对象所发生的耗费,而费用是与一定的会计期间相联系的,无法与特定对象相联系。

金融企业的营业成本,是指在业务经营过程中发生的与业务经营有关的支出,包括利息支出、金融企业往来支出、手续费支出、卖出回购证券支出、汇兑损失、赔款支出、死伤医疗给付、满期给付、年金给付、分保赔款支出、分保费用支出、未决赔款准备金提转差、未到期责任准备金提转差、长期责任准备金提转差等。

营业费用,是指金融企业在业务经营及管理工作中发生的各项费用,包括固定资产折旧、业务宣传费、业务招待费、电子设备运转费、安全防卫费、企业财产保险费、邮电费、劳动保护费、外事费、印刷费、公杂费、低值易耗品摊销、理赔勘查费、职工工资、差旅费、水电费、租赁费(不包括融资租赁费)、修理费、职工福利费、职工教育经费、工会经费、房产税、车船使用税、土地使用税、印花税、会议费、诉讼费、公证费、咨询费、无形资产摊销、长期待摊费用摊销、待业保险费、劳动保险费、取暖费、审计费、技术转让费、研究开发费、绿化费、董事会费、上交管理费、广告费、银行结算费等。

二、成本费用的确认

(一) 费用确认的基本原则

费用本质上是经济资源的耗费,但并非所有的经济资源的耗费都可以作为费用。因为费用的发生都是为了取得收入，因此费用的确认应当与收入的确认相联系，费用的确认必须坚持以下基本原则：

1. 划分收益性支出与资本性支出原则

如果某项支出的效益及于几个会计年度，则该项支出应该予以资本化，不能作为当期的费用；相反如果某项支出的效益仅及于本会计年度，则应当作为本期的费用。正确地划分资本性支出与收益性支出，可以保证正确地计量资产的价值和计算各期的劳务成本和期间费用。

2. 配比原则

按照配比原则，凡是为了当期取得收入而发生的费用，都应当确认当期费用。相反不以取得收入为目的的支出都不能作为费用。当收入已经实现，某些业务已经发生，则应当在确认收入的同时确认相关的成本和费用。如果收入要到未来才能够实现，则与之相关的费用要递延分配于未来实际受益期间。因此要根据与收入的相关程度，确定哪些资产的耗费或负债的增加应当从本期收入中抵减。如果耗费不能产生一定的收入，则应当作为损失处理而不能作为费用。

3. 权责发生制原则

凡是当期已经实现的收入和已经发生或应当负担的费用，不论款项是否收付，都应当作为当期的收入和费用；凡是不属于当期的收入和费用，即使款项已在当期收付，也不应当作为当期的收入和费用。

只有根据以上的原则才能准确地划分本期营业成本、营业费用和下期营业成本和营业费用，不得任意预提和摊销费用来调节利润。

（二）成本费用的内容

银行的成本费用按照与经营业务的关系，可分为营业支出、营业税金及附加、营业外支出等三大类。

1. 营业支出

(1) 利息支出。利息支出是指银行向社会、个人、其他企事业单位，以负债形式筹集各类资金，按国家规定支付的利息。

(2) 金融企业往来支出。金融企业往来支出是指银行系统内联行、商业银行与中央银行及同业之间资金往来发生的利息支出。

(3) 手续费支出。手续费支出是指银行在委托其他企事业单位或个人办理金融业务过程中所发生的手续费支出。

(4) 汇兑损失。汇兑损失是指银行进行外汇买卖和外币兑换等业务发生的各种损失。

(5) 营业费用。营业费用是指银行在经营管理中发生的各项费用。

(6) 其他营业支出。其他营业支出是指除了利息支出、手续费支出、金融企业往来支出、汇兑损失、营业费用以外的其他营业支出。

2. 营业税金及附加

营业税金及附加是指银行根据国家税法的规定，按适当税率或费率交纳的各种税收或附加费。它包括营业税、城市维护建设税、教育费附加。

3. 营业外支出

营业外支出是指银行发生的与业务经营无直接关系的各项支出。

三、成本费用核算

(一) 利息支出的核算

利息支出，是指银行在进行存款、贷款业务中发生的利息支出。利息支出在银行全部支出中占较大的比重，基本上是随相关业务量的增减变化而变化。同时，利息支出的多少还受存期和利率因素影响。利息支出的核算应按权责发生制的原则进行，以实现各期利息收支的正确配比。

为反映利息支出的增减变动情况，银行设置“利息支出”科目进行核算。“利息支出”科目用于核算银行在进行存款、借款业务中发生的利息支出。预提应付利息时，借记本科目，贷记“应付利息”科目；实际支付各项利息时，借记本科目或“利息支出”或“应付利息”科目，贷记“现金”等有关科目；期末本科目的余额结转利润时，借记“本年利润”科目，贷记本科目。“利息支出”科目属于损益类科目，余额应反映在借方。期末结转利润后，“利息支出”科目应无余额。

【例 13-10】某招商银行在 2014 年第一季度计算出应付本市 A 企业定期存款利息 2 360 元，应作如下账务处理：

借：利息支出——定期存款利息支出　　2 360
　贷：应付利息——应付 A 企业利息　　2 360

【例 13-11】如上例，在定期存款到期日，将应付 A 企业定期存款利息总额 8 470 元转入 A 企业存款户，应作如下账务处理：

借：应付利息——应付 A 企业利息　　8 470
　贷：定期存款——A 企业定期存款　　8 470

(二) 金融企业往来支出的核算

金融企业往来支出，是指银行与有关金融企业往来而发生的利息支出，即指同一银行内部以及与中央银行或其他金融机构之间的资金往来的利息支出。金融机构往来支出的增减变动，直接涉及银行损益变动，从变动中可以分析银行负债的结构是否合理，即拆借、占用联行资金等所占负债的比例是否合理，有无偏高的情况存在。为了加强对银行往来支出的核算，需设置“金融企业往来支出”科目，并按往来单位设置明细账。

银行发生金融机构往来支出一般有两种情况：①占用系统内联行汇差资金发生的利息支出。银行占用系统内联行汇差资金，按规定应计付利息。一般来说，银行按计算的利息额借记“金融企业往来支出——联行往来利息支出”科目，同时，把相关资金划入联行存放资金户，贷记“联行存放款项”科目。②向同业支付拆入资金利息。向同业拆入资金是通过中央银行进行的，向同业支付拆入资金利息，同样也必须经过中央银行办理支付手续，按手续凭证做账时一般借记“金融企业往来支出”科目，贷方通过“存放中央银行款项”科目转出。

【例 13-12】某交通银行把占用联行 B 行汇差资金应付利息 4 520 元转入联行 B 行存款户。

借：金融企业往来支出——联行往来利息支出　　4 520
　贷：联行存放款项——B 行存款　　4 520

(三) 手续费支出的核算

手续费支出，是指银行委托其他单位代办金融业务而支付的手续费。比如按规定支付的储蓄代办费、办理其他业务应支付的手续费等。

"手续费支出"科目属于损益类科目,用于核算银行委托其他单位代办业务而支付的手续费。为了反映手续费支出的增减变化情况,银行设置"手续费支出"科目。发生各项手续费支出时,借记本科目,贷记有关科目;期末本科目余额结转利润时,借记"本年利润"科目,贷记本科目。期末结转利润后,本科目应无余额。

【例 13-13】某工商银行以现金形式支付某街道储蓄代办点手续费 1 200 元,应作如下账务处理:

借:手续费支出 1 200

贷:现金 1 200

(四)营业费用的核算

营业费用是银行在业务经营及管理工作中发生的各项费用。银行营业费用的支出与银行利息支出、金融机构往来支出及手续费支出有很明显的区别,是因为这种支出与银行金融业务处理过程没有直接联系,但这种支出又是银行经营及管理中必不可少的,为银行进行金融活动提供了条件。

银行应设置"营业费用"科目归集各种种类繁多的费用支出,同时按费用项目进行明细核算。发生各项费用时,应借记"营业费用——业务宣传费",贷记"现金"等有关科目。期末将营业费用结转利润,则借记"本年利润"科目,贷记"营业费用"科目。

【例 13-14】某建设银行 2014 年 5 月为了宣传住房贷款业务,发生业务宣传费 5 000 元,用现金支付,应作如下账务处理:

借:营业费用——业务宣传费 5 000

贷:现金 5 000

(五)营业税金及附加的核算

根据国家税法的规定,银行应向国家税务机关缴纳应由经营收入负担的各种税金,包括营业税、城市维护建设税、教育费附加等。银行于季度末,按当季实现计税收入计算应交营业税。关于计税收入的范围,国家税法有明确规定,主要包括利息收入、手续费收入、其他营业收入三项。在确定当季应交的营业税后,按当季应纳营业税的一定比例交纳城市维护建设税和教育费附加。

营业税及依其比例缴纳的城市维护建设税和教育费附加通过"营业税金及附加"科目核算。当银行发生纳税义务时,应借记"营业税金及附加"科目,贷记"应交税金(其他应交款)"科目。当期末结转利润时,则借记"本年利润"科目,贷记"营业税金及附加"科目。

(六)其他营业支出的核算

其他营业支出,是指除利息支出、金融企业往来支出、手续费支出、营业费用、营业税金及附加和汇兑损失以外的其他营业支出,如咨询服务支出、诉讼费、律师费、无形资产转让支出等。

其他营业支出作为一个独立的费用项目,单设"其他营业支出"科目核算,按具体费用项目设明细科目。发生其他营业支出时,应借记"其他营业支出"科目,贷记"现金"等科目。期末其他营业支出结转利润时,则借记"本年利润"科目,贷记"其他营业支出"科目。

【例 13-15】某支行 2014 年发生以下业务:

(1)本行按年初放款余额比例规定,提取贷款呆账,准备金 120 万元。

借：其他营业支出　　1 200 000

　贷：贷款呆账准备　　1 200 000

(2) 本行按年末收账款(应收利息)余额比例，提取坏账准备50万元。

借：其他营业支出　　500 000

　贷：坏账准备　　500 000

(3) 本行按规定比率计提固定资产折旧3万元。

借：其他营业支出　　30 000

　贷：累计折旧　　30 000

(七) 汇兑损失的核算

汇兑损失是指银行进行外汇买卖和外币兑换业务时产生的汇兑损失。银行需设置"汇兑损失"科目单独核算，并按买卖外汇币种立户进行明细核算。发生汇兑损失时，应借记"汇兑损失"科目，贷记"外汇买卖"科目。期末将汇兑损失结转利润时，则借记"本年利润"科目，贷记"汇兑损失"科目。

【例13-16】工商银行上海市分行某支行6月30日发生外汇买卖损失108元，应作如下账务处理：

借：汇兑损失　　108

　贷：外汇买卖　　108

第三节　营业外收支的核算

营业外收入和营业外支出，是指金融企业发生的与其经营业务活动无直接关系的各项收入和各项支出。营业外收入包括固定资产盘盈、处置固定资产净收益、处置无形资产净收益、处置抵债资产净收益、罚款收入等；营业外支出包括固定资产盘亏、处置固定资产净损失、处置无形资产净损失、抵债资产保管费用、处置抵债资产净损失、债务重组损失、罚款支出、捐赠支出、非常损失等。营业外收入和营业外支出应当分别核算，并在利润表中分别反映。

一、营业外收入的核算

"营业外收入"科目属于损益类科目。银行应设置"营业外收入"科目，同时按营业外收入项目进行明细核算。发生各项营业外收入时，借记"现金"、"待处理财产损溢"、"固定资产清理"等有关科目，贷记"营业外收入"科目；期末结转利润时，借记"营业外收入"科目，贷记"本年利润"科目。现举例如下：

【例13-17】某商业银行2014年末清理运钞车一辆，发生固定资产清理净收益6 000元，应作如下账务处理：

借：固定资产清理　　6 000

　贷：营业外收入　　6 000

二、营业外支出的核算

为了核算反映实际发生的与业务经营没有直接关系的各项支出，银行设置"营业外支出"

科目。该科目属于损益类科目。发生各项营业外支出时，借记“营业外支出”，贷记“现金”等有关科目，期末本会计科目结转利润时，借记“本年利润”科目，贷记“营业外支出”。结转利润后，本科目应无余额。

【例 13-18】某银行经批准报废汽车一辆，原价 20 万元，已提折旧 18 万元，清理费用 500 元，残值收入 800 元，通过银行存款收支，该项固定资产清理完毕。

(1) 借：固定资产清理	20 000	
累计折旧	180 000	
贷：固定资产		200 000
(2) 借：固定资产清理	500	
贷：银行存款		500
(3) 借：银行存款	800	
贷：固定资产清理		800
(4) 借：营业外支出——处理固定资产净损失户	19 700	
贷：固定资产清理		19 700

第四节　利润及利润分配的核算

一、利润及其构成

(一) 利润的概念

利润是指企业在一定会计期间的经营成果，包括营业利润、利润总额和净利润。

(二) 利润的构成

1. 营业利润

营业利润是企业从事生产经营活动所产生的利润，是企业的主要经营成果，在数量上等于营业收入减去营业成本、期间费用和各种流转税及附加税费后的余额。

2. 利润总额

利润总额是指营业利润减去营业税金及附加，加上营业外收入，减去营业外支出后的金额。

3. 资产损失

资产损失，是指金融企业按规定提取(或转回)的贷款损失和其他各项资产损失。

4. 扣除资产损失后利润总额

扣除资产损失后利润总额，是指利润总额减去(或加上)提取(或转回)的资产损失后的金额。

5. 所得税

所得税，是指金融企业应计入当期损益的所得税费用。

6. 净利润

净利润，是指扣除资产损失后利润总额减去所得税后的金额。

二、利润分配的核算

(一) 利润分配的顺序

商业银行应该按照下列顺序分配利润：

(1) 抵补已交纳的在成本和营业外支出中无法列支的有关惩罚性支出或赞助支出。

(2) 弥补连续 5 年税前利润未弥补完的亏损。

(3) 按照所得税后利润减去以上两项后的余额的 10%提取法定盈余公积。

(4) 提取一般准备金。

(5) 向投资者分配利润。

(二) 利润分配的核算

为了反映利润分配的过程和结果，应设置"利润分配"科目。该科目核算银行按规定分配的利润或应弥补的亏损和历年分配(或弥补亏损)后的结余情况。该科目应设置"盈余公积补亏"、"提取盈余公积"、"应付利润"、"未分配利润"四个明细科目组织对不同分配内容的核算。

商业银行在期末将"本年利润"科目的余额转入"利润分配——未分配利润"科目，按照规定的顺序分配利润。

银行从税后利润中提取盈余公积时，应借记"利润分配——提取法定盈余公积、提取任意盈余公积"科目，贷记"盈余公积——法定盈余公积、任意盈余公积"科目；商业银行提取的贷款损失准备一般准备金作为利润分配处理，同时一般准备金记入所有者权益，应借记"利润分配——提取一般准备金"科目，贷记"贷款损失准备——一般准备金"科目；商业银行按照董事会或其他权力机构指定的利润分配方案向投资者分配利润时，应借记"利润分配——应付利润(或应付股利)"科目，贷记"应付利润(或应付股利)"科目，最后将当期的利润分配转入未分配利润科目，则借记"利润分配——未分配利润"科目，贷记"利润分配——提取法定盈余公积、提取任意盈余公积、提取法定一般准备、应付利润(或应付股利)"科目。如果未分配利润科目有贷方余额即为当期的未分配利润，留待以后年度进行分配。

【例 13－19】2014 年 6 月 30 日，某银行按税后利润 588 020 元的 10%提取法定盈余公积金 58 802 元，应作如下账务处理：

借：利润分配——提取法定盈余公积　　58 802

　贷：盈余公积——法定盈余公积　　58 802

本章小结

商业银行在办理各项资产、负债业务过程中，必然要发生各项收入和成本费用的支出。而利润又反映了一定会计期间的经营成果，反映了商业银行的经济效益、经营水平和竞争能力。本章重点介绍了商业银行的收入、成本费用、营业外收支和利润的基本概念及其核算问题。

收入，是指企业在销售商品、提供劳务及让渡资产使用权等日常活动中所形成的经济利益的总流入。金融企业提供金融商品服务所取得的收入，主要包括利息收入、金融企业往来收入、手续费收入、贴现利息收入、保费收入、证券发行差价收入、证券自营差价收入、买入返售证券收入、汇兑收益和其他业务收入。收入不包括为第三方或者客户代收的款项。

费用是指企业为销售商品、提供劳务等日常活动所发生的经济利益的流出。

成本是指企业为提供劳务和产品而发生的各种耗费，不包括为第三方或客户垫付的款项。

营业外收入和营业外支出，是指金融企业发生的与其经营业务活动无直接关系的各项收入和各项支出。营业外收入包括固定资产盘盈、处置固定资产净收益、处置无形资产净收益、处置抵债资产净收益、罚款收入等。营业外支出包括固定资产盘亏、处置固定资产净损失、处置无形资产净损失、抵债资产保管费用、处置抵债资产净损失、债务重组损失、罚款支出、捐赠支出、非常损失等。营业外收入和营业外支出应当分别核算，并在利润表中分别反映。

利润是指企业在一定会计期间的经营成果，包括营业利润、利润总额和净利润。

关键术语

收入　成本　费用　营业外收支　利润

思考练习题

1. 简述商业银行成本费用的核算内容。
2. 简述营业外收支核算的主要内容。
3. 简述商业银行利润分配的顺序。
4. 简述商业利润分配核算的主要内容。

第十四章　年度决算与财务报告

本章要点

1. 年度决算日的工作
2. 资产负债表的编制
3. 利润表的编制方法
4. 直接法编制现金流量表

第一节　年度决算的基本要求与组织

银行的年度决算是在会计年度终了时，根据会计资料，运用财务报表形式，对银行一年来的业务经营和财务成果进行全面系统的数字总结和文字说明，是考核银行经营活动及其成果的一项重要工作。

商业银行每年自 1 月 1 日起至 12 月 31 日(公历)止为一个会计年度，以 12 月 31 日为年度决算日，无论是否节假日，均不得提前或延后。凡是实行独立核算的行处，都要办理年度决算，附属会计核算单位则通过并账或并表的方式，由管辖行合并办理年度决算。各独立核算单位决算完毕后，要逐级汇总报上级行，最后由总行汇总，办理全行的汇总年度决算。

一、年度决算的基本要求

银行的年度决算是银行的一项重要工作，是会计工作的全面总结，涉及面广，政策性强，工作量大，质量要求高。银行的各级领导要重视年度决算工作，加强领导和合理安排，成立年度决算领导机构，保证年度决算工作高质量完成。

(一) 坚持集中统一领导，各方密切配合的原则

银行的年度决算虽然表现为会计部门的工作总结，但因涉及信贷、计划、出纳、行政等各职能部门，是银行的一项综合性工作，需要各部门通力配合。因此应以银行主要领导统一领导，以会计部门为主，在各有关职能部门等密切配合下，统筹安排人力，制定具体措施，共同完成年度决算工作。

(二) 保证会计资料的真实性、准确性和可靠性

严格执行各项财务制度和准确使用会计科目是保证会计资料真实可靠的基本前提。年终决算前，应对所有会计科目的使用情况进行一次彻底检查，若发行科目使用错误，应立即进行调整。保证日常核算真实、准确、可靠，是正确编制财务报表的基础。

（三）保证会计资料编制的完整性、及时性和统一性

年度财务报表是年度决算的数字说明，必须按照会计制度的规定进行编制，坚持规范性、统一性。凡是银行对外提供的财务报表都要按规定编报，并在规定时间内完成，及时报送；银行内部报表由银行自行规定，不强求一致。

银行年度决算时，要由总行颁发办理当年决算工作的通知，提出当年决算中应注意的事项和相应的处理原则和要求，上级行负责对下级行年度决算的领导、指导、解释、检查等工作，下级行按照上级行布置的工作，具体办理年度决算工作。

二、年度决算的准备工作

年度决算的准备工作，一般在第四季度就开始着手进行，除上级部门对当年决算工作的布置外，主要是办理业务的基层会计机构所进行的准备。业务基层机构处于业务活动的第一线，直接办理各项业务及其引起的财务收支活动，它们的年度决算工作的质量直接关系到全行整体的工作，是银行年度决算的关键。基层单位的决算准备工作主要有以下几个方面：

（一）清理资金

1. 清理贷款资金

贷款是商业银行的主要资产，为了保证信贷资产不受损失，会计部门应与信贷部门密切配合，落实各项贷款。对到期贷款，应当争取如期收回；对逾期贷款，应转入“逾期贷款”科目并积极催收。按照五级分类标准对贷款进行分类调整，符合核销条件的呆坏账按照规定范围、审批程序和审批权限报经批准后，由损失准备予以核销；对于收不回的抵押贷款，应根据贷款抵押合同对抵押品依法处置，以保证贷款的流动性、收益性。

2. 清理存款资金

对各类存款资金进行全面清查，向开户单位发出对账单核对双方账务。对长期未发生资金收付的存款账户，应逐户与存款人联系，若确实无法联系的，将其转入“不动户”处理。不动户若经多年联系仍无着落的，应按规定清理转入有关账户。

3. 清理结算资金

对各种待结算资金和款项进行全面清理，包括委托收款、托收承付、商业汇票、汇出汇款、应解汇款等，应划出的款项及时划出，应收回的款项要积极催收。超过期限的逾期托收款、无法解付的应解汇款，应按规定退回票据或退汇。

4. 清理内部资金

银行的内部资金主要指其他应收、其他应付等过渡性款项。在年度决算前，银行要在日常严格控制的基础上逐笔清理该类资金，按其性质分别上缴、划转、收回、报损等，将该部分资金压缩到最低限度。

（二）清理财产

年度决算前应对各项财产物资进行全面清查盘点，保证账实相符。其主要内容有：现金、贵金属、有价单证、贷款抵押品、低值易耗品、固定资产、账外物资等。对发生的资产盘盈、盘亏，查明原因，根据有关规定进行处理。

（三）核对账务

1. 检查会计科目的使用情况

会计科目是各项业务分类核算的依据，必须正确使用，才能保证年度决算报表数字的真实

有效。因此在年度决算前要根据科目的使用说明,对科目使用情况进行全面清查。如果科目归属和使用不当,应及时调整,以提供真实可靠的经济数据。

2. 全面核对内部账务

虽然商业银行会计坚持每天结账并核对账务,但在年度决算前仍须对会计账务进行全面核对,包括:综合核算科目与对应明细核算科目的核对,贷款科目账与贷款借据的核对,会计固定资产账与行政部门固定资产账的核对,现金收付日记簿与出纳现金库存簿的核对,有关业务的卡片与相关科目账的核对,表外业务的核对等。发现差错或问题应及时更正或解决,保证银行账账、账实、账款、账卡、账表、账据、账簿、内外账相符。

(四) 核实损益

认真检查各项损益账户,按权责发生制原则核实当年收支,主要审核以下内容:利息收入、支出的计息范围、利率使用、利息计算是否正确,费用开支有无超范围提高标准,费用列支项目是否正确,待摊费用摊销是否合理,各项资产减值准备是否按规定列支,营业外收支有无以收抵支,等等。

(五) 试算平衡

在上述几项准备工作完成的基础上,为进一步检查日常账务的正确性,保证年度决算报表编制的准确,商业银行还应根据总账编制 1 至 11 月份的试算平衡表,进行试算平衡。若不平衡,应查明原因,及时调整,为年度决算日的工作奠定基础。

三、年度决算日的工作

年度决算日 12 月 31 日,银行除了处理当日业务、轧平账务外,还要着重做好以下工作:

(一) 全面核对账务

12 月 31 日银行照常营业,该天发生的账务应于当日全部处理完毕,收到的联行报单或同城交换的票据在当日处理完毕,核实本年及第四季度应交税金,于当日办理转账手续;与中央银行、同业银行及系统内各行的各种往来划款须当日结清,不得跨年。在全面处理账务后,应将各科目总账与明细账、登记簿进行全面核对,做到账账相符,以确保年度决算报表数字的准确性。

(二) 检查各项库存

决算日对外营业终了,各行处主管领导和有关人员应对现金、金银、外币以及其他重要有价单证等各项库存,进行全面检查盘点,保证账实、账款相符。

(三) 计算外汇汇兑损益

在决算日,应将各种外币买卖账户余额,按照决算日外币牌价折成人民币,并计算出外汇汇兑损益。

(四) 结转本年利润

根据损益类各收入科目的分户账余额,按户编制借方传票,与"本年利润"科目的贷方对转;根据各支出类科目的分户账余额,按户编制贷方传票,与"本年利润"的借方对转。各收入科目和各支出科目结转完毕,除"本年利润"科目外,损益类各科目年末无余额。如果"本年利润"科目余额在贷方,即为全年的利润,否则为全年的亏损。然后再将"本年利润"科目余额转入"利润分配——未分配利润"科目。

(五) 办理新旧账簿的结转

决算日全部账务核对相符并结转损益后,应办理新旧账簿的结转,结束旧账,另立新账,保证新年度银行业务的正常进行。

1. 总账的结转

总账每年更换一次。年度终了,总账各科目全部结转新账。新账页的日期应写新年度 1 月 1 日,摘要栏加盖"上年结转"戳记,旧账余额过入新账的"上年余额"栏内。

2. 一般分户账的结转

一般分户账指甲种账和乙种账。在结转时,应先在旧账页的最后一行余额下加盖"结转下年"戳记,然后将旧账余额过入新账页。并在新账页的日期栏写新年度 1 月 1 日,摘要栏加盖"上年结转"戳记。对旧账已结清的账户,在该账页最后一行的下面划一道红线,并加盖结清戳记。

3. 销账式分户账的结转

销账式分户账指银行的丙种账。先在旧账页未销各笔的销账日期栏内加盖结转下年戳记,然后将未销各笔逐一过入新账页,并结出余额,在摘要栏内加盖上年结转戳记,并注明原发生日期,记账日期栏内一律填写新年度 1 月 1 日。

4. 各种登记簿的结转

银行的各种表外科目及其他业务登记簿,年终结转时要区别不同情况来办理。按年度设立的各种登记簿需要比照分户账的结转方法结转,不需要划分年度的流水账性质的登记簿不需要结转,下年度可以继续使用。

第二节　财务报告概述

一、财务报告的概念

财务报告是指企业对外提供的反映企业某一特定日期的财务状况和某一会计期间的经营成果、现金流量等会计信息的书面文件,体现了会计工作的最终成果,是企业向利益相关者提供财务会计信息的主要手段。财务报告包括财务报表和其他应当在财务报告中披露的相关信息和资料。

二、财务报表

(一) 构成

财务报表是对企业财务状况、经营成果和现金流量的结构性表述,至少包括下列组成部分:资产负债表、利润表、现金流量表、所有者权益(或股东权益)变动表、附注。

(二) 分类

1. 按财务报表编报期间的不同,可以分为中期财务报表和年度财务报表

中期财务报表是以短于一个完整会计年度的报告期间为基础编制的财务报表,包括月报、季报和半年报等。中期财务报表至少包括资产负债表、利润表、现金流量表和附注,其中,资产负债表、利润表、现金流量表应当是完整报表,其格式和内容应当与年度财务报表相一致;与年度财务报表相比，中期财务报表中的附注披露可适当简略。

2. 按财务报表编报主体的不同，可以分为个别财务报表和合并财务报表

个别财务报表是由企业在自身会计核算基础上对账簿纪录进行加工而编制的财务报表，主要用以反映企业自身的财务状况、经营成果和现金流量。合并财务报表是以母公司和子公司组成的企业集团为会计主体，根据母公司和所属子公司的财务报表，由母公司编制的综合反映企业集团财务状况、经营成果和现金流量的财务报表。

三、财务报表列报的基本要求

（一）以持续经营为基础

持续经营是会计的一个基本前提，它是会计确认、计量以及编制财务报表的基础。本章所指财务报表是持续经营条件下银行编制的财务报表。如果银行经营出现了非持续经营，就应该编制非持续经营条件下的财务报表，并披露财务报表的编制基础以及不能持续经营的原因。

（二）附注披露不能代替在财务报表中的确认和计量

银行对发生的经济业务事项应该首先进行确认和计量，不得用附注披露的方式来替代确认和计量。经济业务事项一旦确认计量，必然包含在财务报表中。若用披露代替财务报表中的确认和计量，势必导致会计信息的遗漏和不完整。

（三）一致性

项目列报各期应保持一致，除非准则要求改变或主要经营业务发生重大变化。一致性是会计信息质量的一项重要质量特征，目的是使会计信息在同银行的不同时期可以比较。

（四）重要性

性质或功能不同的项目应当在财务报表中单独列报，不具有重要性的项目除外；性质或功能类似的项目，一般要合并列报，但对重要的类别应该单独列报。

（五）不能互相抵消

财务报表中所列示的项目不能抵消，但以扣除减值后的净额列报资产不属于抵消。总量可以反映业务规模，财务报表使用者可以据以判断银行的总量水平，若相互抵消，则提供的信息就不再完整。因此财务报表应以总额列报，不得以净额列报。

（六）可比性

银行列报当期报表时至少应当列报上一可比期间的比较数据，目的是向信息使用者提供对比数据，以反映银行财务状况、经营成果和现金流量的发展趋势，提高信息使用者的判断决策能力。财务报表项目发生变化时，应当对上期比较数据按照当期的列报要求进行调整。

（七）相关披露

银行应当在财务报表的显著位置披露银行的名称、资产负债表日或财务报表涵盖的会计期间、人民币金额单位和财务报表是否为合并报表。

第三节　资产负债表的编制

一、资产负债表

资产负债表是反映银行在某一特定日期所拥有或控制的经济资源、所承担的现时义务和所有者对净资产的要求权，以"资产＝负债＋所有者权益"的会计平衡公式为依据而编制的会计报表，是商业银行的主要会计报表。

资产负债表是反映特定日期的报表即时点报表，这个特定日期通常选择在财务报表期末。作为时点报表，资产负债表反映的数据是商业银行资产、负债的存量，也就是财务报表期末保持的数字，这些资产和负债代表商业银行目前拥有的、未来可以使用的资产和目前所承担的、未来需要偿还的债务。由于时点报表中每一个数字都是某个时刻的数字，它会随经营业务而发生增减变化，过了这个时刻就是另一种情况，所以资产负债表的日期具体到日，它只反映到这一天为止的财务状况。

二、资产负债表的格式

目前国际上流行的主要有报告式和账户式两种：

报告式资产负债表，又称垂直式资产负债表，它是将资产负债表的项目，自上而下排列，首先列示资产的数额，然后列示负债，最后列示所有者权益的情况。报告式资产负债表使用的是"资产－负债＝所有者权益"的会计平衡公式。

账户式资产负债表，又称平衡式资产负债表，它是将资产项目按流动性强弱列在报表的左方，列示各类资产的分布使用状态；负债和所有者权益项目列在报表的右方，列示各项负债和所有者权益的构成，负债按偿还期限从短到长排列。资产负债表左右两方平衡。我国银行业的资产负债表采用账户式，其基本格式参见表 14－1。

表 14－1　资产负债表

会商银 01

编制单位：　　　　年　月　日　　　　单位：元

资　产	期末余额	年初余额	负债和所有者权益	期末余额	年初余额
资　　产：			负　　债：		
现金及存放中央银行款项			向中央银行借款		
存放同业款项			同业及其他金融机构存放款项		
贵金属			拆入资金		
拆出资金			交易性金融负债		
交易性金融资产			衍生金融负债		
衍生金融资产			卖出回购金融资产款		
买入返售金融资产			吸收存款		
应收利息			应付职工薪酬		
发放贷款和垫款			应交税费		
可供出售金融资产			应付利息		

续表 14－1

资　产	期末余额	年初余额	负债和所有者权益	期末余额	年初余额
持有至到期投资			预计负债		
长期股权投资			应付债券		
投资性房地产			递延所得税负债		
固定资产			其他负债		
无形资产			负债合计		
递延所得税资产			所有者权益：		
其他资产			实收资本(或股本)		
			资本公积		
			减：库存股		
			盈余公积		
			一般风险准备		
			未分配利润		
			所有者权益合计		
资产总计			负债和所有者权益总计		

三、资产负债表的编制方法

(一) 资产负债表年初余额的填列方法

资产负债表中每一项目均需填列“年初余额”和“期末余额”。“年初余额”根据上期资产负债表的“期末余额”填列。如果由于某些原因,本年度资产负债表各项目的名称和内容同上年度不相一致,则应对上年末资产负债表相应项目的名称和内容按本年度的规定进行调整,然后填入本表“年初余额”栏内,以便比较。

(二) 资产负债表期末各项目的填列

1. 资产项目的填列

(1)“现金及存放中央银行款项”项目,反映银行库存现金及银行按规定存入中央银行的往来款项和各项准备金存款,应根据“库存现金”、“存放中央银行款项”等科目的期末余额合计填列。

(2)“存放同业款项”项目,反映银行与同业之间资金往来业务而存放于同业的款项,应根据“存放同业款项”的期末余额填列。

(3)“贵金属”项目,反映银行在国家允许的范围内买入的黄金、白银等贵重金属,应根据“贵金属”科目的期末余额填列。

(4)“拆出资金”项目,核算银行拆借给境内、境外其他银行等金融机构的款项,反映银行与其他金融企业之间进行的资金拆借业务,应根据“拆出资金”科目的期末余额,减去“贷款损失准备”科目所属相关明细科目期末余额后的金额分析计算填列。

(5)“交易性金融资产”项目,核算银行为交易目的所持有的、以公允价值计量且其变动计入当期损益的债券投资、股票投资、基金投资等金融资产,应根据“交易性金融资产”科目的期末余额填列。

(6)“衍生金融资产”项目,反映银行期末持有的衍生工具、套期工具、被套期项目中属于衍生金融资产的金额,应根据“衍生工具”、“套期工具”、“被套期项目”等科目的期末借方余额分析计算填列。

(7)“买入返售金融资产”项目,反映银行按照返售协议约定先买入再按固定价格返售的票据、证券、贷款等金融资产所融出的资金,应根据“买入返售金融资产”科目的期末余额,减去计提的坏账准备期末余额后的金额填列。

(8)“应收利息”项目,反映银行交易性金融资产、持有至到期投资、可供出售金融资产、发放贷款、存放中央银行款项、拆出资金、买入返售金融资产等应收取的利息,应根据“应收利息”的期末余额,减去计提的坏账准备期末余额后的金额填列。

(9)“发放贷款和垫款”项目,反映银行按规定发放的各种客户贷款,包括质押贷款、抵押贷款、保证贷款、信用贷款等。银行按规定发放的具有贷款性质的银团贷款、贸易融资、协议透支、信用卡透支、转贷款以及垫款等,在本科目核算;也可以单独设置“银团贷款”、“贸易融资”、“协议透支”、“信用卡透支”、“转贷款”、“垫款”等科目。本科目应根据“贷款”、“贴现资产”等科目的期末借方余额合计,减去“贷款损失准备”科目所属明细科目期末余额后的金额分析计算填列。

(10)“可供出售金融资产”项目,反映银行持有的可供出售金融资产的公允价值,包括划分为可供出售的股票投资、债券投资等金融资产。本项目应根据“可供出售金融资产”科目的期末余额,减去计提的减值准备期末余额后的金额填列。

(11)“持有至到期投资”项目,反映银行持有至到期投资的账面价值。应根据“持有至到期投资”科目的期末余额,减去计提的减值准备期末余额后的金额填列。

(12)“长期股权投资”项目,反映银行持有的采用成本法和权益法核算的长期股权投资。应根据“长期股权投资”科目的期末余额,减去“长期股权投资减值准备”科目期末余额后的金额填列。

(13)“投资性房地产”项目,反映银行投资性房地产的成本。银行采用成本模式计量投资性房地产的,本项目应根据“投资性房地产”科目的期末余额,减去计提的累计折旧和减值准备期末余额后的金额填列;银行采用公允价值模式计量投资性房地产的,本项目应根据“投资性房地产”科目的期末余额填列。

(14)“固定资产”项目,反映银行持有的固定资产价值,应根据“固定资产”科目的期末余额,减去“累计折旧”和“固定资产减值准备”科目期末余额后的金额填列。

(15)“无形资产”项目,反映银行持有的无形资产,包括专利权、非专利技术、商标权、著作权、土地使用权等,应根据“无形资产”科目的期末余额,减去“累计摊销”和“无形资产减值准备”科目期末余额后的金额填列。

(16)“递延所得税资产”项目,反映银行确认的可抵扣暂时性差异产生的递延所得税资产,应根据“递延所得税资产”科目的期末余额填列。

(17)“其他资产”项目,反映银行除上述资产外的其他资产项目,根据有关科目的期末余额填列。

2. 负债项目的填列

(1)“向中央银行借款”项目,反映商业银行向中央银行借款而尚未归还的余额,应根据“向中央银行借款”科目的期末余额填列。

(2)“同业及其他金融机构存放款项”项目，反映其他银行及非银行金融机构在本行的存放款项，应根据“同业及其他金融机构存放款项”科目的期末余额填列。

(3)“拆入资金”项目，反映银行从境内、境外金融机构拆入的款项，应根据“拆入资金”科目的期末余额填列。

(4)“交易性金融负债”项目，反映银行承担的交易性金融负债的公允价值，应根据“交易性金融负债”科目的期末余额填列。

(5)“衍生金融负债”项目，反映衍生工具、套期项目、被套期项目中属于衍生金融负债的金额，应根据“衍生工具”、“套期项目”、“被套期项目”等科目的期末贷方余额分析计算填列。

(6)“卖出回购金融资产款”项目，反映银行按照回购协议先卖出再按固定价格买入的票据、证券、贷款等金融资产所融入的资金，应根据“卖出回购金融资产款”科目的期末余额填列。

(7)“吸收存款”项目，反映银行吸收的除同业存放款项以外的其他各种存款，包括单位存款(企业、事业单位、机关、社会团体等)、个人存款、信用卡存款、特种存款、转贷款资金和财政性存款等，应根据“吸收存款”科目的期末余额填列。

(8)“应付职工薪酬”项目，反映银行根据有关规定应付给职工的各种薪酬，包括“工资”、“职工福利”、“社会保险费”、“住房公积金”、“工会经费”、“职工教育经费”、“非货币性福利”、“辞退福利”、“股份支付”明细科目，应根据“应付职工薪酬”的期末余额填列。

(9)“应交税费”项目，反映银行按照税法等规定计算应交纳的各种税费，包括营业税、所得税、土地增值税、城市维护建设税、房产税、车船使用税、教育费附加等。本科目贷方余额，反映银行尚未交纳的税费；期末如为借方余额，反映银行多交或尚未抵扣的税费。本项目应根据“应交税费”科目的期末贷方余额填列；若“应交税费”科目期末为借方余额，应以“—”号填列。

(10)“应付利息”项目，反映银行按照合同约定应支付的利息，包括吸收存款、发行金融债券等应支付的利息，应根据“应付利息”科目的期末余额填列。

(11)“预计负债”项目，反映银行确认的对外提供担保、未决诉讼等预计负债，应根据“预计负债”科目的期末余额填列。

(12)“应付债券”项目，反映银行为筹集(长期)资金而发行债券的本金和利息，应根据“应付债券”科目的期末余额填列。

(13)“递延所得税负债”项目，反映银行确认的应纳税暂时性差异产生的所得税负债，应根据“递延所得税负债”科目的期末余额填列。

(14)“其他负债”项目，除反映上述项目外，银行的其他负债，包括存入保证金、应付股利、其他应付款、递延收益等负债的账面余额，应根据有关科目的期末余额填列。

3. 所有者权益项目的填列

(1)“实收资本(或股本)”项目，反映银行实收资本或股本总额，应根据“实收资本(或股本)”科目的期末余额填列。

(2)“资本公积”项目，反映银行收到投资者出资额超出其在注册资本或股本中所占份额的部分和直接计入所有者权益的利得和损失，应根据“资本公积”科目的期末余额填列。

(3)“盈余公积”项目，反映银行从净利润中提取的盈余公积，应根据“盈余公积”科目的期末余额填列。

(4)“一般风险准备”项目，反映银行按规定从净利润中提取的一般风险准备。一般准备是根据全部贷款余额一定比例计提的，用于弥补尚未识别的可能性损失的准备，应根据“一般风险准备”科目的期末余额填列。

(5)“未分配利润”项目，反映银行盈利尚未分配的部分。本项目根据“本年利润”科目和“利润分配”科目的余额计算填列。未弥补的亏损应在本项目内用“－”号表示。

第四节　利润表的编制

一、利润表

利润表是反映银行在某一会计期的经营成果的会计报表，是一种动态报表。利润表可以提供银行在一定期间利润(或亏损)的形成和实现情况，主要包括以下内容：营业收入的来源；营业支出的情况；营业税金的情况；营业利润的形成；利润(或亏损)总额的情况。

二、利润表格式

利润表根据表体列示收入、费用和利润项目时的排列方式不同，可分为单步式利润表和多步式利润表。

(一) 单步式利润表

单步式利润表，是将本期所有的收入项目加在一起，然后将所有的费用支出项目加在一起，最后用全部收入减去全部支出，通过一次计算求出银行的利润(或亏损)总额。

(二) 多步式利润表

多步式利润表的损益是通过多步计算求出的，以反映收入与费用之间的内在联系。我国《企业会计准则》规定，利润表应采用多步式格式。

利润表格式见表14－2。

表14－2　利润表

会商银02表

编制单位：　　　　年　月　　　　单位：元

项　目	本期金额	上期金额
一、营业收入		
利息净收入		
利息收入		
利息支出		
手续费及佣金净收入		
手续费及佣金收入		
手续费及佣金支出		
投资收益(损失以“－”号填列)		
其中：对联营企业和合营企业的投资收益		
公允价值变动收益(损失以“－”号填列)		
汇兑收益(损失以“－”号填列)		
其他业务收入		
二、营业支出		

续表 14－2

项　　目	本期金额	上期金额
营业税金及附加		
业务及管理费		
资产减值损失		
其他业务成本		
三、营业利润(亏损以“－”号填列)		
加:营业外收入		
减:营业外支出		
四、利润总额(亏损总额以“－”号填列)		
减:所得税费用		
五、净利润(净亏损以“－”号填列)		
六、每股收益:		
(一)基本每股收益		
(二)稀释每股收益		

三、利润表的编制方法

(一)“本期金额”、“上期金额”栏的填列

“本期金额”栏反映各项目的本期实际发生数;“上期金额”栏应根据上期利润表的“本期金额”填写,如果上年度利润表与本年度利润表的项目名称和内容不相一致,应对上年度利润表项目名称和数字按本年度的规定进行调整,填入本表的“上期金额”栏。

(二)利润表各项目的内容和填列方法

(1)“营业收入”项目,反映银行经营业务各种收入的总额,其中,利息、手续费及佣金两项目按收入减支出后的净额列报。本项目根据“利息收入”、“利息支出”、“手续费及佣金收入”、“手续费及佣金支出”、“投资收益”、“公允价值变动收益”、“汇兑收益”、“其他业务收入”等项目汇总计算填列。

(2)“营业支出”项目,反映银行各项营业支出的总额。本项目根据“营业税金及附加”、“业务及管理费”、“资产减值损失”、“其他业务成本”等项目汇总计算填列。其中,“营业税金及附加”反映银行按规定缴纳应由经营收入负担的各种税金及附加费,包括营业税、城市维护建设税、教育费附加等。

(3)“营业利润”项目,反映银行当期的经营利润,发生经营亏损也在本项目,用“－”号表示。计算公式为:营业利润＝营业收入－营业支出。

(4)“利润总额”项目,反映银行当期实现的全部利润(或亏损)总额。如为亏损,则以“－”号在本项目内填列。计算公式为:利润总额＝营业利润＋营业外收入－营业外支出。

(5)“净利润”项目,反映利润总额减去所得税费用后的余额。

(6)“每股收益”项目。普通股或潜在普通股已公开交易的银行以及正处于公开发行普通股或潜在普通股过程中的银行还需要分别列示基本每股收益和稀释每股收益。

第五节　现金流量表的编制

一、现金流量表

现金流量表是指反映银行在一定会计期间现金和现金等价物流入和流出的报表。商业银行的现金,是指库存现金以及存入本行营业部的银行存款、存放中央银行款项、存放同业款项、存放联行款项;现金等价物,是指银行持有的期限短、流动性强、易于转换为已知金额现金、价值变动风险很小的投资。

按照经济活动发生的性质,可以将现金流量分为三类:

(一) 经营活动现金流量

经营活动是指商业银行投资活动和筹资活动以外的所有交易和事项。经营活动现金流量是经营活动产生的现金流入量和现金流出量,如银行对外发放的贷款和收回的贷款本金,吸收的存款和支付的存款本金等。在现金流量表上,经营活动的现金流量按照其经营活动特点分项列示。

(二) 投资活动现金流量

投资活动是指商业银行长期资产的购建和不包括在现金等价物范围内的投资及其处置活动。投资活动现金流量是投资活动产生的现金流入量与流出量。在现金流量表上,投资活动的现金流量应当按照其投资活动的现金流入和流出的性质分项列示。

(三) 筹资活动现金流量

筹资活动是指导致商业银行资本及债务规模和构成发生变化的活动。筹资活动现金流量是筹资活动产生的现金流入量和流出量。在现金流量表上,筹资活动的现金流量应当按照其筹资活动的现金流入和流出的性质分项列示。

现金流量表应分别经营活动、投资活动和筹资活动来报告商业银行的现金流量。通过编制现金流量表,便于报表使用者了解商业银行现金和现金等价物的增减变动情况及原因,评价商业银行获取现金和现金等价物的能力,并据以预测未来的现金流量。

现金流量表格式见表 14－3。

表 14－3　现金流量表

会商银 03 表

编制单位:　　　　　　　　　　＿＿＿年＿＿＿月　　　　　　　　　　单位:元

项　　目	本期金额	上期金额
一、经营活动产生的现金流量:		
客户存款和同业存放款项净增加额		
向中央银行借款净增加额		
向其他金融机构拆入资金净增加额		
收取利息、手续费及佣金的现金		
收到其他与经营活动有关的现金		
经营活动现金流入小计		

续表 14－3

项　　目	本期金额	上期金额
客户贷款及垫款净增加额		
存放中央银行和同业款项净增加额		
支付手续费及佣金的现金		
支付给职工以及为职工支付的现金		
支付的各项税费		
支付其他与经营活动有关的现金		
经营活动现金流出小计		
经营活动产生的现金流量净额		
二、投资活动产生的现金流量：		
收回投资收到的现金		
取得投资收益收到的现金		
收到其他与投资活动有关的现金		
投资活动现金流入小计		
投资支付的现金		
购建固定资产、无形资产和其他长期资产支付的现金		
支付其他与投资活动有关的现金		
投资活动现金流出小计		
投资活动产生的现金流量净额		
三、筹资活动产生的现金流量：		
吸收投资收到的现金		
发行债券收到的现金		
收到其他与筹资活动有关的现金		
筹资活动现金流入小计		
偿还债务支付的现金		
分配股利、利润或偿付利息支付的现金		
支付其他与筹资活动有关的现金		
筹资活动现金流出小计		
筹资活动产生的现金流量净额		
四、汇率变动对现金及现金等价物的影响		
五、现金及现金等价物净增加额		
加：期初现金及现金等价物余额		
六、期末现金及现金等价物余额		

二、现金流量表的编制方法

在具体编制现金流量表时，银行可根据业务量的大小及复杂程度，采用工作底稿法、T形账户法，或直接根据有关科目的记录分析填列。

(一) 工作底稿法

工作底稿法是以工作底稿为手段,以资产负债表和利润表数据为基础,结合有关科目的记录,对现金流量表的每一项目进行分析并编制调整分录,从而编制出现金流量表的一种方法。采用工作底稿法编制现金流量表的具体步骤是:

第一步,将资产负债表的期初数和期末数过入工作底稿的期初数栏和期末数栏。

第二步,对当期业务进行分析并编制调整分录。调整分录大致有以下几类:第一类,通过调整,将权责发生制下的有关收入和费用转换成现金基础;第二类,涉及资产负债表和现金流量表中的投资、筹资项目,反映投资和筹资活动的现金流量;第三类,将利润表中有关投资和筹资方面的收入和费用列入现金流量表投资、筹资现金流量中去。此外,为了核对资产负债表项目的期末数变动情况,虽不涉及现金收支,也需编制调整分录。

在调整分录中,有关现金及现金等价物的事项,并不直接借或贷记现金,而是分别计入"经营活动产生的现金流量"、"投资活动产生的现金流量"、"筹资活动产生的现金流量"等项目,借记表明现金流入,贷记表明现金流出。

第三步,将调整分录过入工作底稿中的相应部分。

第四步,核对调整分录,借贷合计应当相等,资产负债表项目期初数加减调整分录中的借贷金额以后,应当等于期末数。

第五步,根据工作底稿中的现金流量表项目部分编制正式的现金流量表。

(二) T 形账户法

T 形账户法是以资产负债表和利润表为基础,结合有关科目的记录,对现金流量表的每一项目进行分析并编制调整分录,通过"T 形账户"编制出现金流量表的一种方法。具体步骤为:

第一步,为所有的非现金项目(包括资产负债表项目和利润表项目)分别开设 T 形账户,并将各自的期末期初变动数过入各该科目。

第二步,开设一个大的"现金及现金等价物"T 形账户,每边分为经营活动、投资活动和筹资活动三个部分,左边记现金流入,右边记现金流出。与其他账户一样,过入期末期初变动数。

第三步,以利润表项目为基础,结合资产负债表分析每一个非现金项目的增减变动,并据此编制调整分录。

第四步,将调整分录过入各 T 形账户,并进行核对,该账户借贷相抵后的余额与原先过入的期末期初变动数应当一致。

第五步,根据大的"现金及现金等价物"T 形账户编制正式现金流量表。

(三) 分析填列法

分析填列法是直接根据资产负债表、利润表和有关会计科目明细账的记录,分析计算出现金流量表各项目的金额,并据以编制现金流量表的一种方法。

三、现金流量表的填列

现金流量应当分别按照现金流入和现金流出总额列报,但下列各项可以按照净额列报:短期贷款发放与收回的贷款本金、活期存款的吸收与支付、同业存款和存放同业款项的存取、向其他金融企业拆借资金以及证券的买入与卖出等。下面是商业银行现金流量表的基本项目的填列方法。各商业银行可以根据本行现金流量实际情况,合理确定现金流量项目。

(一) 经营活动产生的现金流量

经营活动产生的现金流量一般用直接法编制。直接法是银行根据当期有关现金流量的会计事项,对经营活动的现金流入与流出逐项进行确认,以反映经营活动产生的现金流量。直接法下又有直接分析填列法、工作底稿和T型账户法之分。

直接法的主要特点是对银行经营活动中的具体项目的现金流入量进行详细列报,所以这种列报方式的优点是直观,经营活动中各种途径取得的现金和各种用途流出的现金在按照直接法编制的现金流量表上一目了然,便于报表使用者了解银行在经营活动过程中的现金进出情况,有助于对银行未来的现金流量作出估计。因此,直接法是现金流量表编制的主要方法。

(1)"客户存款和同业存放款项净增加额"项目,反映商业银行本期吸收的境内外金融机构以及非同业存放款项以外的各种存款的净增加额。

(2)"向中央银行借款净增加额"项目,反映商业银行本期向中央银行借入款项的净增加额。

(3)"向其他金融机构拆入资金净增加额"项目,反映商业银行本期从境内外金融机构拆入款项所取得的现金,减去拆借给境内外金融机构款项所支付现金后的净额。

(4)"收取利息、手续费及佣金的现金"项目,反映商业银行本期收到的利息、手续费及佣金。

(5)"收到其他与经营活动有关的现金"项目,反映商业银行经营租赁收到的租金等其他与经营活动有关的现金流入,金额较大的应当单独列示。

(6)"客户贷款及垫款净增加额"项目,反映商业银行本期发放的各种客户贷款,以及办理商业票据贴现、转贴现融出及融入资金等业务款项的净增加额。

(7)"存放中央银行和同业款项净增加额"项目,反映商业银行本期存放于中央银行以及境内外金融机构的款项的净增加额。

(8)"支付给职工以及为职工支付的现金"项目,反映商业银行本期实际支付给职工的工资、奖金、各种津贴和补贴等职工薪酬(包括代扣代缴的职工个人所得税)。

(9)"支付手续费及佣金的现金"项目,反映商业银行本期支付的手续费及佣金。

(10)"支付的各项税费"项目,反映商业银行本期发生并支付、以前各期发生本期支付以及预交的各项税费,包括所得税、增值税、营业税、消费税、印花税、房产税、土地增值税、车船使用税、教育费附加等。

(11)"支付其他与经营活动有关的现金"项目,反映商业银行经营租赁支付的租金,支付的差旅费、业务招待费、保险费、罚款支出等其他与经营活动有关的现金流出,金额较大的应当单独列示。

(二) 投资活动产生的现金流量

(1)"收回投资收到的现金"项目,反映商业银行出售、转让或到期收回除现金等价物以外的对其他企业的权益工具、债务工具和合营中的权益。

(2)"取得投资收益收到的现金"项目,反映商业银行除现金等价物以外的对其他企业的权益工具、债务工具和合营中的权益投资分回的现金股利和利息等。

(3)"购建固定资产、无形资产和其他长期资产支付的现金"项目,反映商业银行购买及建造固定资产、取得无形资产和其他长期资产所支付的现金(含增值税款等),以及用现金支付的应由在建工程和无形资产负担的职工薪酬。

(4)“投资支付的现金”项目,反映商业银行取得除现金等价物以外的对其他企业的权益工具、债务工具和合营中的权益所支付的现金以及支付的佣金、手续费等附加费用。

(5)“收到其他与投资活动有关的现金”、“支付其他与投资活动有关的现金”项目,反映商业银行除上述1至4项目外收到或支付的其他与投资活动有关的现金流入或流出,金额较大的应当单独列示。

(三) 筹资活动产生的现金流量

(1)“吸收投资收到的现金”项目,反映商业银行以发行股票、债券等方式筹集资金实际收到的款项,减去发行手续费、宣传费、咨询费、印刷费等发行费用后的净额。

(2)“发行债券收到的现金”项目,反映商业银行以发行债券方式筹集资金实际收到的款项,减去直接支付给其他金融企业的佣金、手续费、宣传费、咨询费、印刷费等发行费用后的净额。

(3)“偿还债务支付的现金”项目,反映商业银行以现金偿还债务的本金。

(4)“分配股利、利润或偿付利息支付的现金”项目,反映商业银行实际支付的现金股利,支付给其他投资单位的利润或用现金支付的借款利息、债券利息。

(5)“收到其他与筹资活动有关的现金”、“支付其他与筹资活动有关的现金”项目,反映商业银行除上述1至4项目外,收到或支付的其他与筹资活动有关的现金流入或流出,金额较大的应当单独列示。

(四) 汇率变动对现金及现金等价物的影响

编制现金流量表时,需要将银行外币现金流量以及境外子公司的现金流量折算成记账本位币,折算时采用的汇率为现金流量发生日的即期汇率或按照系统合理的方法确定的、与现金流量发生日即期汇率近似的汇率(编制合并现金流量表时还包括折算境外子公司的现金流量,应当比照处理);而“现金及现金等价物净增加额”中外币现金净增加额是按期末汇率折算的。相同的外币金额采用不同的汇率折算造成的差额即为汇率变动对现金及现金等价物的影响。

四、现金流量表补充资料的编制

现金流量表补充资料以间接法编制。间接法是银行以利润表上的本期净利润为起算点,调整不涉及现金的收入、费用、营业外收支以及应收应付等有关项目的增减变动,将权责发生制下的收益转换为现金收付实现制下的收益。我国《企业会计准则》规定,现金流量表采用直接法编制,同时在现金流量表补充资料中披露将净利润调节为经营活动现金流量的信息,即现金流量表的补充资料以间接法编制。

间接法的基本原理是:银行由于经营活动而产生的与经营损益有关的现金流量与净利润有着非常密切的联系,其现金流入主要是营业收入现金,而现金流出主要是营业支出(包括各种营业费用)、营业税金、所得税等,这与银行净利润的形成非常类似。但是,经营活动产生的现金流量并不等于净利润,这是因为二者的计算基础不同:净利润的计算是以权责发生制为基础的,只要发生了收款的权利或付款的义务,就作为收入或费用,并以此计算利润;而经营活动产生的现金流量的计算,则是以收付实现制为基础,无论收入或费用,均要以收到或者付出现金为准。这样,二者必然出现差额,而间接法就是要根据差额形成的不同原因对其分别进行调整,将净利润调节为经营活动产生的现金流量。

其中,补充资料中"将净利润调节为经营活动的现金流量"应该与主表内第一部分的最后结果"经营活动产生的现金流量净额"相等;补充资料中根据现金及现金等价物的期末余额和期初余额计算的当期"现金及现金等价物净增加额"应该与主表内最后一行"现金及现金等价物净增加额"相等。现金流量表补充资料格式见表14－4。补充资料中各项目的编制方法如下:

表 14－4 现金流量表补充资料

补充资料:	本期金额	上期金额
1. 将净利润调节为经营活动现金流量:		
净利润		
加:资产减值准备		
固定资产折旧、油气资产折耗、生产性生物资产折旧		
无形资产摊销		
长期待摊费用摊销		
处置固定资产、无形资产和其他长期资产的损失(收益以"－"号填列)		
固定资产报废损失(收益以"－"号填列)		
公允价值变动损失(收益以"－"号填列)		
财务费用(收益以"－"号填列)		
投资损失(收益以"－"号填列)		
递延所得税资产减少(增加以"－"号填列)		
递延所得税负债增加(减少以"－"号填列)		
存货的减少(增加以"－"号填列)		
经营性应收项目的减少(增加以"－"号填列)		
经营性应付项目的增加(减少以"－"号填列)		
其他		
经营活动产生的现金流量净额		
2. 不涉及现金收支的重大投资和筹资活动:		
债务转为资本		
一年内到期的可转换公司债券		
融资租入固定资产		
3. 现金及现金等价物净变动情况:		
现金的期末余额		
减:现金的期初余额		
加:现金等价物的期末余额		
减:现金等价物的期初余额		
现金及现金等价物净增加额		

1. "将净利润调节为经营活动的现金流量"项目

(1)"资产减值准备"项目,反映银行本期计提的坏账准备、存货跌价准备、长期股权投资减值准备、持有至到期投资减值准备、投资性房地产减值准备、固定资产减值准备、在建工程减值准备、无形资产减值准备、商誉减值准备、生产性生物资产减值准备、油气资产减值准备等各项资产减值准备。

(2)“固定资产折旧”、“油气资产折耗”、“生产性生物资产折旧”项目，分别反映银行本期计提的固定资产折旧、油气资产折耗、生产性生物资产折旧。“固定资产折旧”项目应根据“累计折旧”账户的贷方发生额分析计算填列，应剔除出售、毁损固定资产的转销数，不能简单地以“累计折旧”账户的期末余额减期初余额后的差额，或根据其贷方发生额合计数填列，应根据该账户贷方发生额中的本期发生额即本期计提数填列。

(3)“无形资产摊销”、“长期待摊费用摊销”项目，分别反映银行本期计提的无形资产摊销、长期待摊费用摊销。

(4)“处置固定资产、无形资产和其他长期资产的损失”项目，反映银行本期处置固定资产、无形资产和其他长期资产发生的损失。

(5)“固定资产报废损失”项目，反映银行本期固定资产盘亏发生的损失。

(6)“公允价值变动损失”项目，反映银行持有的采用公允价值计量，且其变动计入当期损益的金融资产、金融负债等的公允价值变动损益。

(7)“财务费用”项目，反映银行本期发生的应属于投资活动或筹资活动的财务费用。

(8)“投资损失”项目，反映银行本期投资所发生的损失减去收益后的净损失。

(9)“递延所得税资产减少”项目，反映银行资产负债表“递延所得税资产”项目的期初余额与期末余额的差额。

(10)“递延所得税负债增加”项目，反映银行资产负债表“递延所得税负债”项目的期初余额与期末余额的差额。

(11)“存货的减少”项目，反映银行资产负债表“存货”项目的期初余额与期末余额的差额。

(12)“经营性应收项目的减少”项目，反映银行本期经营性应收项目(包括应收票据、应收账款、预付款项、长期应收款和其他应收款中与经营活动有关的部分及应收的增值税销项税额等)的期初余额与期末余额的差额。

(13)“经营性应付项目的增加”项目，反映银行本期经营性应付项目(包括应付票据、应付账款、预收款项、应付职工薪酬、应交税费、应付利息、应付股利、长期应付款、其他应付款中与经营活动有关的部分及应付的增值税进项税额等)的期初余额与期末余额的差额。

2. “不涉及现金收支的重大投资和筹资活动”项目

该项目反映银行一定期间内影响资产或负债但不形成该期现金收支的所有投资和筹资活动的信息：

(1)“债务转为资本”项目，反映银行本期转为资本的债务金额。

(2)“一年内到期的可转换公司债券”项目，反映银行一年内到期的可转换公司债券的本息。

(3)“融资租入固定资产”项目，反映银行本期融资租入固定资产的最低租赁付款额扣除应分期计入利息费用的未确认融资费用的净额。

3. “现金及现金等价物净变动情况”项目

“现金及现金等价物净增加额”项目与现金流量表中的“现金及现金等价物净增加额”项目的金额应当相等。

五、现金流量表其他附表

现金流量表附表除现金流量表补充资料外，还有“当期取得或处置子公司及其他营业单位的有关信息”和“现金和现金等价物变动表”，其格式分别见表14－5、表14－6。

表14－5 当期取得或处置子公司及其他营业单位的有关信息

项 目	金额
一、取得子公司及其他营业单位的有关信息：	
1. 取得子公司及其他营业单位的价格	
2. 取得子公司及其他营业单位支付的现金和现金等价物	
减：子公司及其他营业单位持有的现金和现金等价物	
3. 取得子公司及其他营业单位支付的现金净额	
4. 取得子公司的净资产	
流动资产	
非流动资产	
流动负债	
非流动负债	
二、处置子公司及其他营业单位的有关信息：	
1. 处置子公司及其他营业单位的价格	
2. 处置子公司及其他营业单位收到的现金和现金等价物	
减：子公司及其他营业单位持有的现金和现金等价物	
3. 处置子公司及其他营业单位收到的现金净额	
4. 处置子公司的净资产	
流动资产	
非流动资产	
流动负债	
非流动负债	

表14－6 现金和现金等价物变动表

项 目	本期金额	上期金额
一、现金		
其中：库存现金		
可随时用于支付的银行存款		
可随时用于支付的其他货币资金		
可用于支付的存放中央银行款项		
存放同业款项		
拆放同业款项		
二、现金等价物		
其中：三个月内到期的债券投资		
三、期末现金及现金等价物余额		
其中：母公司或集团内子公司使用受限制的现金和现金等价物		

第六节　所有者权益变动表和附注

一、所有者权益变动表

(一) 所有者权益变动表的内容及结构

所有者权益变动表，是指反映构成所有者权益各组成部分当期增减变动情况的报表。当期损益、直接计入所有者权益的利得和损失，以及与所有者的资本交易导致的所有者权益的变动，应当分别列示。

在所有者权益变动表中，银行至少应当单独列示反映下列信息的项目：净利润；直接计入所有者权益的利得和损失项目及其总额；会计政策变更和差错更正的累积影响金额；所有者投入资本和向所有者分配利润等；提取的盈余公积；实收资本、资本公积、盈余公积、未分配利润的期初和期末余额及其调节情况。

所有者权益变动表的格式见表 14－7。

表 14－7　所有者权益变动表

会商银 04 表

编制单位：　　　　　　　　　____年度　　　　　　　　　单位：元

项　目	本年金额							上年金额						
	实收资本	资本公积	减：库存股	盈余公积	一般风险准备	未分配利润	所有者权益合计	实收资本或股本	资本公积	减：库存股	盈余公积	一般风险准备	未分配利润	所有者权益合计
一、上年年末余额														
加：会计政策变更														
前期差错更正														
二、本年年初余额														
三、本年增减变动金额（减少以“－”号填列）														
（一）净利润														
（二）直接计入所有者权益的利得和损失														
1. 可供出售金融资产公允价值变动净额														
(1) 计入所有者权益的金额														
(2) 转入当期损益的金额														
2. 现金流量套期工具公允价值变动净额														
(1) 计入所有者权益的金额														
(2) 转入当期损益的金额														

续表 14－7

项目	本年金额							上年金额						
	实收资本	资本公积	减：库存股	盈余公积	一般风险准备	未分配利润	所有者权益合计	实收资本或股本	资本公积	减：库存股	盈余公积	一般风险准备	未分配利润	所有者权益合计
（3）计入被套期项目初始确认金额中的金额														
3. 权益法下被投资单位其他所有者权益变动的影响														
4. 与计入所有者权益项目相关的所得税影响														
5. 其他														
上述(一)和(二)小计														
（三）所有者投入和减少资本														
1. 所有者投入资本														
2. 股份支付计入所有者权益的金额														
3. 其他														
（四）利润分配														
1. 提取盈余公积														
2. 提取一般风险准备														
3. 对所有者(或股东)的分配														
4. 其他														
（五）所有者权益内部结转														
1. 资本公积转增资本(或股本)														
2. 盈余公积转增资本(或股本)														
3. 盈余公积弥补亏损														
4. 一般风险准备弥补亏损														
5. 其他														
四、本年年末余额														

（二）所有者权益变动表的填列方法

1. “上年年末余额”项目

“上年年末余额”项目反映银行上年资产负债表中实收资本（或股本）、资本公积等所有者权益项目等年末余额。

2. “会计政策变更”、“前期差错更正”项目

这两个项目分别反映银行采用追溯调整法处理的会计政策变更的累积影响数和采用追溯重述法处理的会计差错更正的累积影响金额。

3. “本年增减变动额”项目

(1) “净利润”项目,反映银行当年实现的净利润(或净亏损)金额。

(2) “直接计入所有者权益的利得和损失”项目,反映银行当年直接计入所有者权益的利得和损失金额,包括“可供出售金融资产公允价值变动净额”、“现金流量套期工具公允价值变动净额”、“权益法下被投资单位其他所有者权益变动的影响”、“与计入所有者权益项目相关的所得税影响”、“其他”五个项目。

(3) “所有者投入和减少资本”项目,反映银行当年所有者投入的资本和减少的资本,包括“所有者投入资本”、“股份支付计入所有者权益的金额”、“其他”三个项目。

(4) “利润分配”项目,反映银行当年的利润分配金额,包括“提取盈余公积”、“提取一般风险准备”、“对所有者(或股东)的分配”、“其他”四个项目。

(5) “所有者权益内部结转”项目,反映银行构成所有者权益的组成部分之间的增减变动情况,包括“资本公积转增资本(或股本)”、“盈余公积转增资本(或股本)”、“盈余公积弥补亏损”、“一般风险准备弥补亏损”、“其他”五个项目。

二、附注

附注是指对财务报表的编制基础、编制依据、编制原则和方法及主要项目等所作的解释,是对会计报表的数字信息所作的补充和说明,有助于报表使用者理解和使用会计信息。商业银行会计报表附注应至少包括以下内容:

(一) 银行的基本情况

(1) 银行注册地、组织形式和总部地址。

(2) 银行的业务性质和主要经营活动。

(3) 母公司以及集团最终母公司的名称。

(4) 财务报表的批准报出者和财务报表批准报出日。

(二) 财务报表的编制基础

银行应当说明财务报表是否根据持续经营基础编制,如果未按持续经营编制,应说明不能持续经营的原因。

(三) 遵循企业会计准则的声明

银行应当声明编制的财务报表符合企业会计准则的要求,真实、完整地反映了银行的财务状况、经营成果和现金流量等有关信息,明确编制财务报表所依据的制度基础。如果编制的财务报表只是部分遵循企业会计准则,附注中不得包含类似表述。

(四) 重要会计政策和会计估计的说明

银行应当披露采用的重要会计政策和会计估计,不重要的会计政策和会计估计可以不披露。在披露重要会计政策和会计估计时,应当披露重要会计政策的确定依据和财务报表项目的计量基础,以及会计估计中所采用的关键假设和不确定因素,包括下一会计期间内很可能导致资产和负债账面价值重大调整的会计估计的确定依据等。主要应说明以下事项：

(1) 说明贷款的种类和范围。具体说明划分短期贷款和中长期贷款的标准，确认逾期贷款、呆滞贷款和呆账贷款的方法，并说明如何按照行业和地区划分贷款的具体组成。

(2) 说明计提贷款损失准备的范围和方法。根据个别贷款实际情况认定的准备，应说明认定的依据，如根据对借款人还款能力、财务状况、抵押担保充分性等的评价。

(3) 回售证券的计价方法、收益确认方法。

(4) 收入确认原则。

(5) 对于外汇交易合约、利率期货、远期汇率合约、货币和利率套期、货币和利率期权等衍生金融工具，应说明其计价方法。

(6) 会计年度、记账本位币、记账基础和计价原则、外币业务折算方法、外币报表折算方法、现金等价物的确定标准、合并会计报表的编制方法、短期投资核算方法、坏账核算方法、存货核算方法、长期投资核算方法、固定资产计价和折旧方法、在建工程核算方法、委托贷款计价以及委托贷款减值准备的确认标准及计提方法、无形资产计价及摊销政策、长期待摊费用的摊销政策、借款费用的会计处理方法、应付债券的核算方法、收入确认的方法、所得税的会计处理方法等。

(五) 会计政策和会计估计变更以及差错更正的说明

发生会计政策和会计估计变更、重大前期差错更正时，应披露以下内容：

(1) 会计政策变更的性质、内容和原因。

(2) 当期和各个列报前期财务报表中受影响的项目名称和调整金额。

(3) 无法进行追溯调整的，说明该事实和原因以及开始应用变更后的会计政策的时点、具体应用情况。

(4) 会计估计变更的内容和原因。

(5) 会计估计变更对当期和未来期间的影响数。

(6) 会计估计变更的影响数不能确定的，披露这一事实和原因。

(7) 前期差错的性质，各个列报前期财务报表中受影响的项目名称和更正金额。

(8) 前期差错无法进行追溯重述的，说明该事实和原因以及对前期差错开始进行更正的时点、具体更正情况。

(六) 或有事项和承诺事项

1. 或有事项

或有事项，是指过去的交易或者事项形成的，其结果须由某些未来事项的发生或不发生才能决定的不确定事项。有些或有事项和承诺事项虽然不符合有关确认条件不能在资产负债表中予以确认，但从一定程度上它可能意味着商业银行在未来期间将要发生的经济利益流出的潜在义务。商业银行应当在附注中披露与或有事项有关的下列事项：

(1) 预计负债。须披露以下事项：①预计负债的种类、形成原因以及经济利益流出不确定性的说明；②预计负债的期初、期末余额和本期变动情况；③与预计负债有关的预期补偿金额和本期已确认的预期补偿金额。

(2) 或有负债(不包括极小可能导致经济利益流出银行的或有负债)。须披露以下事项：①或有负债的种类及形成原因，包括已贴现商业承兑汇票、未决诉讼、未决仲裁、对外提供债务担保(如开立信用证、开立保函、签发银行承兑汇票等)等形成的或有负债；②经济利益流出不确定性的说明；③或有负债预计产生的财务影响，以及获行补偿的可能性，无法预计的，应当说明原因。

(3) 银行通常不应当披露或有资产。但或有资产很可能会给银行带来经济利益的，应当披露其形成的原因、预计产生的财务影响等。

(4) 在涉及未决诉讼、未决仲裁的情况下，若披露全部或部分信息预期对银行造成重大不利影响的，银行无须披露这些信息。但应当披露该未决诉讼、未决仲裁的性质，以及没有披露这些信息的事实和原因。

2. 承诺事项

商业银行应披露其承诺事项。对信贷承诺应计算并披露本期和上期信贷风险加权金额，存在经营租赁承诺、资本支出承诺、证券承销及债券承兑承诺的，还应披露其有关情况。信贷承诺的披露格式如表 14-8 所示。

表 14-8　信贷承诺的披露

项　目	期末合同金额	年初合同金额
贷款承诺		
其中：1. 原到期日在 1 年以内		
2. 原到期日在 1 年或以上		
开出信用证		
开出保函		
银行承兑汇票		
其　　他		
合　　计		

(七) 资产负债表日后非调整事项的说明

资产负债表日后事项，是指资产负债表日至财务报表批准报出日之间发生的有利或不利事项。财务报表批准报出日，是指董事会或类似机构批准财务报表报出的日期。

资产负债表日后事项包括两种类型：

1. 资产负债表日后调整事项

该类事项是指对资产负债表日已经存在的情况提供了新的或进一步证据的事项，通常包括下列事项：

(1) 资产负债表日后诉讼案件结案，法院判决证实了银行在资产负债表日已经存在现时义务，需要调整原先确认的与该诉讼案件相关的预计负债，或确认一项新负债。

(2) 资产负债表日后取得确凿证据，表明某项资产在资产负债表日发生了减值或者需要调整该项资产原先确认的减值金额。

(3) 资产负债表日后进一步确定了资产负债表日前购入资产的成本或售出资产的收入。

(4) 资产负债表日后发现了财务报表舞弊或差错。

该类事项因为在资产负债表日已经存在，资产负债表日后有了新一步进展，所以应当根据该类事项的进展或结果调整资产负债表日的财务报表。

2. 资产负债表日后非调整事项

该类事项是指表明资产负债表日后发生的情况的事项，通常包括下列事项：

(1) 资产负债表日后发生重大诉讼、仲裁、承诺。

(2) 资产负债表日后资产价格、税收政策、外汇汇率发生重大变化。

(3) 资产负债表日后因自然灾害导致资产发生重大损失。

(4) 资产负债表日后发行股票和债券以及其他巨额举债。

(5) 资产负债表日后资本公积转增资本。

(6) 资产负债表日后发生巨额亏损。

(7) 资产负债表日后发生重大会计政策变更。

(8) 资产负债表日后发生银行合并或处置子公司。

(9) 资产负债表日后,银行利润分配方案中拟分配的以及经审议批准宣告发放的股利或利润。

虽然非调整事项是在资产负债表日后才发生的事项,不涉及资产负债表日的财务状况,但为了对外提供更有用的会计信息,商业银行必须适当披露资产负债表日后非调整事项的性质、内容及其对财务状况和经营成果的影响。无法作出估计的,应当说明原因。

(八) 关联方关系及其交易的说明

一方控制、共同控制另一方或对另一方施加重大影响,以及两方或两方以上同受一方控制、共同控制或重大影响的,构成关联方。

控制,是指有权决定一个企业的财务和经营政策,并能据以从该企业的经营活动中获取利益。

共同控制,是指按照合同约定对某项经济活动所共有的控制,仅在与该项经济活动相关的重要财务和生产经营决策需要分享控制权的投资方一致同意时存在。

重大影响,是指对一个企业的财务和经营政策有参与决策的权力,但并不能够控制或者与其他方一起共同控制这些政策的制定。

在存在控制关系的情况下,关联方如为企业时,不论他们之间有无交易,都应当在会计报表附注中披露企业类型、名称、法定代表人、注册地、注册资本及其变化、企业的主营业务、所持股份或权益及其变化。

银行与关联方发生关联方交易的,应当披露关联方交易的总量及重大关联方交易(交易金额在 3 000 万元以上或占商业银行净资产总额 1%以上的关联方交易)的情况,包括该关联方关系的性质、交易类型及其交易要素。关联方关系的性质是指银行与关联方的关系,如关联方为本银行的子公司、合营企业、关键管理人员等。披露的交易要素包括交易的金额、未结算项目的金额、条款和条件,以及有关提供或取得担保的信息,未结算应收项目的坏账准备金额、定价政策等。

关联方交易应当分别关联方以及交易类型予以披露。类型相似的关联方交易,在不影响财务报表阅读者正确理解关联方交易对财务报表影响的情况下,可以合并披露。

(九) 会计报表重要项目的说明

会计报表中重要项目的明细资料需要加以披露。

(1) 分类列示现金及存放中央银行款项的年初余额与期末余额。

(2) 分别同业、其他金融机构列示"拆出资金"的年初余额与期末余额,并列示"拆出资金"提取的贷款损失准备,结出"拆出资金"的账面价值。

(3) 按债券、基金、权益工具和其他四类列示“交易性金融资产”年初公允价值与期末公允价值。

(4) 列示金融衍生工具的年初金额和期末余额，包括各类套期工具和各类非套期工具的名义金额和公允价值。

(5) 列示“买入返售金融资产”的年初余额与期末余额(按证券、票据、贷款和其他四类)以及提取的坏账准备，结出买入返售金融资产的账面价值。

(6) 披露“卖出回购金融资产款”年初余额与期末余额(按证券、票据、贷款和其他四类)。

(7) 披露“发放贷款和垫款”。分别披露贷款和垫款按个人和企业分布情况、行业分布情况、地区分布情况、担保方式分布情况，以及逾期贷款和贷款损失准备。

(8) 列示“可供出售金融资产”、“交易性金融负债”(不含衍生金融负债)的年初公允价值、期末公允价值。

(9) 披露“持有至到期投资”的年初账面余额、期末账面余额、期末公允价值。

(10) 按活期、定期、其他期限列示“吸收存款”的期末账面余额和年初账面余额。

(11) 披露发行债券的发行日、到期日、利率、期初账面余额、本期增加、本期减少、期末账面余额。

(12) 披露一般风险准备的期末、年初余额及计提比例。

(13) 披露利息净收入、手续费及佣金净收入、投资收益、公允价值变动收益、业务及管理费各项明细的本期发生额和上期发生额。

(14) 有助于理解和分析会计报表的其他事项。

(十) 风险管理

描述风险，包括风险敞口及其形成原因，风险管理目标、政策和过程以及计量风险的方法等。如与上期相比，本期的这些信息发生改变的，应作出相应说明。分析、披露信用风险、流动风险、外汇风险、套期保值、公允价值等风险。

本章小结

银行的年度决算是在会计年度终了时，根据会计资料，运用财务报表形式，对银行一年来的业务经营和财务成果进行全面系统的数字总结和文字说明，是考核银行经营活动及其成果的一项重要工作。年度决算的准备工作，一般在第四季度就开始着手进行。年度决算日为每年12月31日，银行除了处理当日业务、轧平账务外，还要全面核对账务，检查各项库存，办理新旧账簿结转等工作。

商业银行的财务报表至少包括资产负债表、利润表、现金流量表、所有者权益(或股东权益)变动表四张报表和附注。

资产负债表是反映银行在某一特定日期所拥有或控制的经济资源、所承担的现时义务和所有者对净资产的要求权，以“资产＝负债＋所有者权益”的会计平衡公式为依据而编制的会计报表，是商业银行的主要会计报表。我国银行业的资产负债表用采用账户式编制。

利润表是反映银行在某一会计期的经营成果的会计报表，是一种动态报表。利润表可以提供银行在一定期间利润(或亏损)的形成和实现情况，主要包括以下内容：营业收入的来源；营业支出的情况；营业税金的情况；营业利润的形成；利润(或亏损)总额的情况。

现金流量表是指反映银行在一定会计期间现金和现金等价物流入和流出的报表。我国商业银行采用直接法编制现金流量表,采用间接法编制现金流量表补充资料。

所有者权益变动表,是指反映构成所有者权益各组成部分当期增减变动情况的报表。附注是指对财务报表的编制基础、编制依据、编制原则和方法及主要项目等所作的解释,是对会计报表对数字信息所作的补充和说明,有助于报表使用者理解和使用会计信息。

关键术语

年度决算　财务报表　资产负债表　利润表　现金流量表　所有者权益(或股东权益)变动表　附注

思考练习题

1. 什么是资产负债表?其结构是怎样的?如何编制?
2. 什么是利润表?其结构是怎样的?如何编制?
3. 什么是现金流量表?其结构和格式是怎样的?
4. 现金流量表和其补充资料的编制方法与表示的结果是否相同?为什么?
5. 什么是附注?附注要求披露哪些内容?

第十五章　会计调整

本章要点

1. 会计政策变更的条件、规则和会计处理方法
2. 会计估计变更的处理规则和会计处理方法
3. 前期差错及更正方法

第一节　会计政策及其变更

一、会计政策概述

(一) 会计政策的含义

会计政策是指企业在会计确认、计量和报告中所采用的原则、基础和会计处理方法。它包含了会计的基本假设、会计的一般原则和具体原则、会计处理方法等。其中，会计的基本假设、会计的一般原则是由国家统一的会计制度规定的；具体原则是指企业根据所处环境，按照国家统一的会计制度规定的原则所制定的、适合本企业使用的特定的会计原则；会计处理方法是指企业在诸多可选择的会计处理方法中所选择的、适合于本企业的会计处理方法。

(二) 会计政策的选择

1. 会计政策是在允许的会计原则和会计方法中作出的选择

企业在具体选用会计政策时，必须在国家统一的会计制度所规定的允许选用的会计政策中选择，而不得超出国家统一会计制度所允许选用的会计政策范围。例如，固定资产折旧方法有直线法、工作量法、双倍余额递减法、年数总和法等。企业应从可选用的会计原则和会计处理方法中选出适合企业实际情况的会计政策。

2. 会计政策的选择的确能最恰当地反映企业财务状况和经营成果

管理当局对会计政策的选择和制定需要就那些最能恰当反映企业财务状况和经营成果的原则、基础、惯例、规则、程序和方法充分理解，并进行一定的比较，在此基础上作出合理判断和相应选择。会计政策一经选用，一般情况下不能也不应该随意变更，以保持会计信息的可比性；只有符合会计政策变更条件时方可变更。

(三) 会计政策选择的信息披露项目

根据《企业会计准则》的要求，企业在会计核算中所采纳的会计政策应在会计报表附注中加以披露，需要披露的项目主要有以下几项：

1. 合并政策

合并政策是指企业集团在编制合并会计报表时所采用的政策。如会计报表所涉及的合并范围及确定合并范围的原则；母子公司的会计年度、会计政策是否一致等。

2. 外币折算方法

外币折算方法是指外币折算采用的方法及汇兑损益的处理。如外币报表折算是采用时态法，还是采用现行汇率法或其他方法。

3. 收入确认的原则

如，利息收入一般采用按期计提的办法核算。

4. 所得税的会计处理方法

如，是采用应付税款法，还是纳税影响会计法；如果采用纳税影响会计法，是采用债务法还是递延法。

5. 长期投资的具体会计处理方法

如，企业对外长期股权投资是采用成本法，还是权益法；长期债权投资的溢折价摊销是采用直线法，还是实际利率法。

6. 坏账损失的核算方法

如，企业在坏账发生时是采用直接转销法，还是采取备抵法分期摊销。

7. 借款费用的处理方法

如，企业发生借款费用时，是作为资本性支出还是作为费用性支出。

8. 其他

其他是指无形资产的计价及摊销方法、财产损溢的处理、研究与开发费用的处理方法等。

二、会计政策变更

会计政策变更是指企业对相同的交易或事项由原来采用的会计政策改用另一种会计政策的行为，也就是说，在不同的会计期间执行不同的会计政策。

根据《企业会计准则》规定，企业会计处理方法前后各期应当一致，不得随意变更。如确有必要变更，应当将变更的情况、变更的原因及其对企业财务状况和经营成果的影响，在财务报告中说明。

（一）会计政策变更必须符合下列条件之一

1. 法律、行政法规或者国家统一会计制度要求变更

这是指原有的会计准则或会计制度被修订，要求企业采用新的会计政策，则应按照法规、规章的规定，改变原会计政策，按新的会计政策执行。如《企业会计制度》要求企业对固定资产、无形资产等计提减值准备。

2. 会计政策变更能够提供更可靠、更相关的会计信息

这是指由于经济环境、客观情况的改变，使原用的会计政策不能保证会计信息的可靠性和相关性时，应改变原有会计政策，按变更后新的会计政策进行核算。如，为适应科技进步资产折旧加快的现实，将计提折旧方法由直线法改为加速折旧法。

（二）下列情况不属于会计政策变更

（1）本期发生的交易或事项与以前相比具有本质差别而采用新的会计政策。

(2) 对初次发生的或不重要的交易或事项采用新的会计政策。

三、会计政策变更的会计处理规则

会计政策变更的会计处理应视具体情况不同而区别对待。

(一) 企业必须依据法律或会计准则等行政法规、规章的要求变更会计政策

(1) 如果国家发布相关的会计处理办法,则按照国家发布的相关处理规定进行处理。《企业会计制度》和有关会计制度在发布时,都会同时规定新旧制度的衔接办法,企业应按照衔接办法的有关规定进行会计处理。

(2) 如果国家没有规定相关的会计处理办法,则采用追溯调整法进行会计处理。

(二) 企业会计政策变更时应采用追溯调整法或未来适用法

(1) 如果由于环境条件的变化,会计政策变更后反而能提供有关企业财务状况、经营成果和现金流量更可靠、更相关的会计信息,则应采用追溯调整法。

(2) 对会计政策变更确定累计影响数不切实可行的,则不论发生会计政策变更的原因是由于国家有关法规的规定,还是由于环境、条件的变化,会计政策变更应采用未来适用法处理。例如,会计凭证、账簿由于超过法定保存期限而销毁;由于意外情况如火灾、洪水等不可抗力而毁坏;由于保管不善而损坏,致使会计政策变更无法运用追溯调整法时,只能采用未来适用法。

四、会计政策变更的会计处理方法

(一) 追溯调整法

追溯调整法是指对某项交易或事项变更会计政策时,如同该交易或事项初次发生时就开始采用新的会计政策,并以此对相关项目进行调整的方法。

运用追溯调整法的步骤是:①计算确定会计政策变更的累积影响数;②进行相关的账务处理;③对会计报表相关项目进行调整;④会计报表附注说明。

会计政策变更的累积影响数,是假设与会计政策变更相关的交易或事项在初次发生时即采用新的会计政策,而得出的变更年度期初留存收益应有的金额与现有金额之间的差额。企业会计准则所指的会计政策变更的累积影响数,是变更会计政策所导致的对净损益的累积影响,以及由此导致的对利润分配及未分配利润的累积影响金额,不包括由于损益变化而应当补分的利润或股利。企业会计准则所指的留存收益,包括法定盈余公积、任意盈余公积和未分配利润各项目。

计算会计政策变更的累积影响数的步骤是:①根据新的会计政策重新计算受影响的前期交易或事项;②计算两种会计政策下的差异;③计算差异的所得税影响金额;④确定前期中的每一期的税后差异;⑤计算确定会计政策变更的累积影响数。

【例 15-1】甲公司于 2001 年 1 月 1 日对乙公司投资 100 万元,占乙公司有表决权资本的 30%,按照当时会计制度规定,甲公司采用成本法核算。按照现行会计制度规定,从 2004 年 1 月 1 日起改按权益法核算。并要求对这项会计政策变更按追溯调整法进行会计处理。

假设乙公司 2001 年、2002 年、2003 年实现的净利润分别是 20 万元、25 万元和 30 万元,甲公司在 2002 年、2003 年分得现金股利 2 万元和 2.5 万元。已知甲、乙两家公司均适用 33% 的所得税税率。甲公司所得税按照应付税款法核算。根据税法规定,企业应对其他单位投资

而分得的利润和股利，以被投资单位宣告分派利润和股利时计入应纳税所得额。甲公司按净利润的10%提取法定盈余公积，按净利润的5%提取法定公益金。

根据上述资料，甲公司应做如下会计处理：

第一步，计算会计政策变更对长期股权投资和投资收益的累积影响数。见表15－1。

表15－1 甲公司对乙公司的投资收益及长期股权投资

年度	账户	权益法	成本法
2001	长期股权投资	200 000×30%＝60 000	0
	投资收益	200 000×30%＝60 000	0
2002	长期股权投资	250 000×30%－20 000＝55 000	0
	投资收益	250 000×30%＝75 000	20 000
2003	长期股权投资	300 000×30%－25 000＝65 000	0
	投资收益	300 000×30%＝90 000	25 000

汇总上表可知，甲公司在三年间，按成本法和按权益法核算对乙公司的投资收益及长期股权投资的账面价值税前差异为180 000元，已知两家公司所得税率相同，乙公司派发的现金股利已纳税，甲公司无需补纳所得税，按权益法核算与按成本法核算的所得税影响为零，税后差异也为180 000元。即甲公司会计政策变更的累积影响数为180 000元。

第二步，做相关的账务处理。

调整会计政策变更的累积影响数：

借：长期股权投资——乙公司（损益调整） 180 000

贷：利润分配——未分配利润 180 000

调整分配利润：

借：利润分配——未分配利润 27 000（180 000×15%）

贷：盈余公积 27 000

第三步，调整会计报表相关项目。

企业在会计政策变更当年，应当调整资产负债表年初留存收益数，以及利润及利润分配表上年数栏的有关项目。

甲公司在编制2004年度会计报表时，应当调增资产负债表年初留存收益数、长期股权投资数，即调增盈余公积、未分配利润、长期股权投资。同时调增利润及利润分配表中相关项目的期初数。见表15－2、表15－3。

表15－2 资产负债表(局部)

编制单位：甲公司　　2004年12月31日　　单位：元

资产	年初数		负债和所有者权益	年初数	
	调整前	调整后		调整前	调整后
长期股权投资	1 000 000	1 180 000	盈余公积	435 000	462 000
			未分配利润	322 000	475 000

表 15－3　利润表(局部)

编制单位:甲公司　　2004 年度　　单位:元

项　目	上年数	
	调整前	调整后
营业利润	550 408	550 408
加:投资收益	25 000	90 000
营业外收入	5 000	5 000
减:营业外支出	15 000	15 000
利润总额	565 408	630 408
减:所得税	186 585	186 585
净利润	378 823	443 823
加:年初未分配利润		97 750
可供分配利润	378 823	541 573
减:提取法定盈余公积	37 882	44 382
提取法定公益金	18 941	22 191
可供股东分配的利润	322 000	475 000
减:应付普通股股利		
未分配利润	322 000	475 000

第四步:财务报表附注说明。

甲公司按照会计制度的规定,对乙公司的长期股权投资原按成本法核算,自 2004 年起改为按权益法核算,该项会计政策变更已采用追溯调整法,调整了长期股权投资期初数和留存收益期初数。利润及利润分配表的上年数栏,已按调整后的金额填列。该项会计政策变更的累计影响数为 18 万元。按追溯调整法的要求,2003 年度甲公司利润及利润分配表上的留存收益应调增 6.5 万元,所以 2003 年度的净利润应调增 6.5 万元。而 2003 年的期初留存收益应按 2001 年度和 2002 年度两种方法的差异反映,即期初未分配利润调增 97 750 元,盈余公积调增 17 250 元。

(二) 未来适用法

未来适用法是指对某项交易或事项变更会计政策时,新的会计政策适用于变更当期及未来期间发生的交易或事项的方法。即不需要计算会计政策变更产生的累积影响数,也无须调整变更当年年初的留存收益。也就是说,企业会计账簿记录及会计报表上反映的金额,变更之日仍然保留原有金额,不因会计政策变更而改变以前年度的既定结果,企业应在现有金额的基础上按新的会计政策进行核算。

五、会计政策变更的披露

(一) 会计政策变更的性质、内容和理由

会计政策变更的内容包括对会计政策变更的简要阐述、变更的日期、变更前采用的会计政策和变更后所采用的新会计政策。会计政策变更的理由是指企业当期发生的会计政策变更是由于国家有关法律法规新的规定,还是由于企业会计政策存在的环境、条件已经变化。

(二) 会计政策变更的影响

会计政策变更的影响是指当期和各个列报前期财务报表中受影响的项目名称和调整金额,具体包括:①采用追溯调整法计算出的会计政策变更的累积影响数;②会计政策变更对当期以及比较会计报表所列其他各期净损益的影响金额;③比较会计报表最早期间期初留存收益的调整金额。

(三) 累积影响数不能合理确定的理由

无法进行追溯调整的,说明该事实、原因及开始应用变更后会计政策的时点、具体应用情况。

会计政策变更信息披露如上例甲公司会计报表附注说明。

第二节　会计估计及其变更

一、会计估计变更的概念

会计估计是指企业对其结果不确定的交易或事项以最近可利用的信息为基础所作出的判断。会计估计是由于经济活动中内在的不确定性因素的影响,造成某些会计报表项目不能精确地计量,而只能加以估计。企业在进行会计估计时,通常应根据当时的情况和经验,以最近可利用的信息或资料为基础进行。会计估计变更,是指由于资产和负债的当前状况及预期经济利益和义务发生了变化,从而对资产和负债的账面价值或者资产的定期消耗金额进行调整。对会计估计进行修订并不表明原来的估计方法有问题或不是最适当的,只表明会计估计已经不能适应目前的实际情况,在目前已经失去了继续沿用的依据。

常见的需要进行估计的项目有:坏账;固定资产的耐用年限与净残值;无形资产的受益期;递延资产的分摊期间;或有损失;收入确认中的估计;等等。

二、会计估计变更的处理规则

会计估计变更时采用未来适用法,具体处理规则为:

(1) 如果会计估计变更仅影响变更当期,有关估计变更的影响应于当期确认,并计入变更当期与前期相同的项目中。

例如,企业原来按照应收账款期末余额的5%提取坏账准备,但目前看来,企业至少有8%的应收账款不能收回,因此,本期应按照8%的比例提取坏账准备。该项会计估计的变更由于仅影响当期,所以应将变更的影响数计入与前期相同的项目中,即管理费用和坏账准备。

(2) 如果会计估计变更既影响变更当期又影响未来期间,有关会计估计变更的影响在当期及以后各期确认,并计入变更当期和未来期间与前期相同的项目中。

例如,企业发现前期购入的一台设备,按目前情况对其可使用年限进行估计,比当初估计的年限短两年,对其残值的估计也有变化,所以从本期开始,对该设备计提折旧时应按新的剩余使用年限和新的预计净残值进行计算,该项会计估计变更的影响将在本期和将来期间的相关费用和累计折旧科目中体现。

三、会计估计变更的会计处理方法

会计估计变更时，不需要计算变更产生的累计影响数，也不需要重编以前年度的会计报表，即采用未来适用法。

【例 15－2】 D 公司于 2002 年 1 月 1 日起计提折旧的管理用设备一台，价值 8.4 万元，估计使用年限为 8 年，净残值为 4 000 元，按直线法计提折旧。至 2006 年初，由于新技术的发展等原因，需要对原估计的使用年限和净残值作出修正，修改后该设备的耐用年限为 6 年，净残值为 2 000 元。对该项会计估计变更的处理方式如下：

(1) 不调整以前各期折旧，也不计算累积影响数。

(2) 变更日以后发生的经济业务改按新估计使用年限提取折旧。

按原估计，每年折旧额为 1 万元，已提折旧 4 年，共计 4 万元，固定资产净值为 4.4 万元，则第五年相关科目的期初余额为：固定资产 8.4 万元；累计折旧 4 万元；固定资产净值 4.4 万元。

改变估计使用年限后，2006 年起每年计提的折旧费用为 21 000 元[(44 000－2 000)÷(6－4)]。2006 年不必对以前年度已提折旧进行调整，只需按重新预计的使用年限和净残值计算确定年折旧费用，编制会计分录如下：

借：管理费用　　21 000

　贷：累计折旧　　21 000

为了保证不同期间的会计报表具有可比性，会计估计变更的影响如果以前包括在企业日常经营活动的损益中，则以后也应包括在相应的损益类项目中。如果会计估计变更的影响数以前包括在特殊项目中，则以后也相应作为特殊项目反映。

(3) 财务报表附注说明。

本公司一台管理用设备，原始价值 8.4 万元，原估计使用年限为 8 年，预计净残值 4 000 元，按直线法计提折旧。由于新技术的发展，该设备已不能按原估计使用年限计提折旧，本公司于 2006 年初变更该设备的耐用年限为 6 年，预计净残值为 2 000 元，以反映该设备的真实耐用年限和净残值。此估计变更影响本年度净利润减少数为 7 370 元[(21 000－10 000)×(1－33%)]。

此外，如果很难区分会计估计变更和会计政策变更，企业会计准则规定均视为会计估计变更，按会计估计变更的会计处理方法进行处理。如，某企业原按应收账款余额的 5%计提坏账准备，假如按国家新发布的会计制度规定改按账龄分析法计提坏账准备，逾期 3 年以上尚未收回的应收账款按 20%计提坏账准备，逾期 2～3 年尚未收回的应收账款按 10%计提坏账准备，逾期 2 年以下未收回的应收账款按 5%计提坏账准备。对于这一事项如果从会计政策变更角度考虑，坏账准备由应收账款余额百分比法改为账龄分析法，属于会计政策变更，但从计提比例看，计提坏账准备的比例发生了变化，属于会计估计变更。

四、会计估计变更的披露

企业应按企业会计准则的规定，在会计报表附注中披露如下会计估计变更的事项：

(1) 会计估计变更的内容和理由。

(2) 会计估计变更的影响数。

(3) 会计估计变更的影响数不易确定的理由。

会计估计变更的信息披露如上例 D 公司财务报表附注说明。

第三节　前期差错及其更正

一、前期差错的概念

前期差错是指由于没有运用或错误运用下列两种信息而对前期财务报表造成省略或错报。一是编报前期财务报表时预期能够取得并加以考虑的可靠信息；二是前期财务报表批准报出时能够取得的可靠信息。前期差错通常包括计算错误、应用会计政策错误、疏忽或曲解事实、舞弊产生的影响以及存货、固定资产盘盈等。

二、前期差错更正的会计处理方法

（一）企业应当采用追溯重述法更正重要的前期差错

重要的前期差错是指企业发现的使公布的会计报表不再具有可靠性的会计差错。前期差错的重要程度，应根据差错的性质和金额加以具体判断，例如，对企业的存货盘盈应计入当期损益；而对于固定资产盘盈则应采用追溯重述法更正。对重要前期差错，如影响损益，应将其对损益的影响数调整发现当期的期初留存收益，会计报表其他相关项目的期初数也应一并调整；如不影响损益，应调整会计报表相关项目的期初数。

【例 15－3】C 公司于 2014 年发现 2013 年公司漏记一项固定资产折旧费150 000元，但在所得税申报表中扣除了该项折旧。已知 2013 年所得税率为 25%，采用递延法处理。该公司按照净利润的 10%提取法定盈余公积。

该项差错属于本期发现的重要前期差错，而且影响损益，因此在更正时应将其对损益的影响数调整发现当期的期初留存收益，同时调整财务报表相关项目的期初数。

1. 分析该项差错对 2013 年相关项目的影响数（见表 15－4）

表 15－4　对相关项目的影响数

单位：元

项目	金额
少提累计折旧	150 000
多计所得税	37 500
多计净利润	112 500
多提法定盈余公积	11 250

2. 会计处理

补提折旧费用：

借：以前年度损益调整　　150 000

　贷：累计折旧　　150 000

调整递延税款：

借：递延税款　　37 500

　贷：以前年度损益调整　　37 500

将“以前年度损益调整”科目的余额转入利润分配：

借：利润分配——未分配利润　　112 500

　　贷：以前年度损益调整　112 500

调整利润分配有关数字：

借：盈余公积　11 250

　　贷：利润分配——未分配利润　11 250

3. 报表调整（略）

4. 财务报表附注说明

本年度发现2013年漏记固定资产折旧15万元，在编制2013年与2014年的比较会计报表时，已对该项差错进行了更正。由于此项错误的影响，导致2013年虚增所得税37 500元，虚增净利润及留存收益112 500元，少计累计折旧15万元。

（二）对于不重要的且非故意造成的前期差错可采用未来适用法

不重要前期差错，是指不足以影响财务报表使用者对企业财务状况、经营成果和现金流量作出正确判断的会计差错。如果影响损益，应直接计入本期净损益，其他相关项目也应一并调整；如不影响损益，应调整本期相关项目。

【例15-4】2013年12月31日，B公司发现一台经营用固定资产2012年度漏提折旧8 000元。B公司发现该项前期差错时，应补提固定资产折旧，会计分录为：

借：管理费用　8 000

　　贷：累计折旧　8 000

三、前期差错更正的披露

为了增加会计报表使用者对前期差错的理解和认识，准确反映出企业财务状况、经营成果和现金流量，按照企业会计准则的规定，前期差错更正应在财务报表附注中披露如下事项：前期差错的性质；各个列报前期财务报表中受影响的项目名称和更正金额；无法进行追溯重述的，说明该事实、原因以及对前期差错开始进行更正的时点、具体更正情况。

前期差错更正信息披露如15-3例C公司会计报表附注说明。

本章小结

会计政策变更是指企业对相同的交易或事项由原来采用的会计政策改用另一种会计政策的行为。会计政策变更必须符合规定条件，企业必须依据法律或会计准则等行政法规、规章的要求变更会计政策；企业会计政策变更时应采用追溯调整法或未来适用法。

会计估计变更是指随着时间的推移、环境的变化，原来进行会计估计的基础发生了变化，而不得不对估计进行修订的行为。会计估计变更时采用未来适用法，具体处理规则应视会计估计变更产生的影响加以确认和计量。

前期差错是指由于没有运用或错误运用能够取得并加以考虑的可靠信息而对前期财务报表造成省略或错报。前期差错通常包括计算错误、应用会计政策错误、疏忽或曲解事实、舞弊产生的影响以及存货、固定资产盘盈等。企业应当采用追溯重述法更正重要的前期差错。

关键术语

会计政策变更　追溯调整法　未来适用法　会计估计变更　会计差错

思考练习题

1. 会计政策变更的条件是什么？
2. 如何计算会计政策变更的累积影响数？
3. 会计估计变更的处理规则是什么？
4. 简述前期差错更正的会计处理方法。

第十六章　商业银行财务分析

本章要点

1. 财务分析的方法
2. 资产负债表分析的内容及指标计算
3. 盈利能力分析的指标及计算
4. 现金流量表分析的指标

第一节　商业银行财务分析概述

商业银行财务分析，是指以财务报表和其他资料为依据，采用专门的分析方法，对商业银行的财务能力和各种财务关系进行评价、衡量、预测和协调的管理活动。

一、财务分析的必要性

商业银行在经营活动过程中，为了实现利润(股东财富)最大化目标，就必须分析研究反映银行经营活动的各项指标的完成情况，查找影响各指标的因素，揭示各项指标间存在的内在联系，为研究制定经济目标、加强经营管理、提高经济效益指明方向，因此，商业银行进行财务分析十分必要。

(一) 有利于挖掘潜力，提高经济效益

通过对银行经营活动及其成果进行分析和研究，揭示影响经营状况和财务状况的重要因素，找出有效利用现有经济资源和增收节支的办法措施，发掘和动员银行内部的一切潜在力量，确保存贷款的结构、投向以及资产的组合、运用更加合理，从而优化银行经营活动，以最小的成本耗费获取最佳的经济效益。

(二) 有利于揭示差异成因，提高经营管理水平

银行的经济指标体系可以全面反映银行的经营过程及其结果。通过对指标的分析，掌握银行各项经济指标的完成情况及其内在联系，找出影响和制约经济指标的各项因素，揭示形成差异的原因，采取措施积极改进，提高银行经营管理水平。

(三) 为银行信息使用者进行决策提供依据

通过财务分析，可以了解银行经营管理的过去、现状和发展趋势，掌握经营活动规律，特别是通过对有关经济指标及它们之间的关系进行分析，可以将数据转换成对特定决策有用的信息，为银行内外信息使用者提供决策依据。

二、财务分析的重点

商业银行经营管理的目标是实现股东财富最大化。与一般的企业相比，商业银行作为特殊的金融企业具有自己的特点。商业银行股东财富最大化目标的实现程度取决于持有的资产的盈利水平和风险程度的大小。一般说来，资产的盈利水平越高，相对应的风险也越大。因此商业银行在一定盈利水平上的风险越低，其股票的价值就越大；在一定风险水平上的盈利水平越低，其股票的价值越小。因此，盈利能力和风险水平是商业银行财务分析的重点内容。另外，商业银行的盈利能力和风险水平是从事各种经营管理活动的结果，从财务指标入手分析商业银行经营活动，有助于深入了解盈利能力和风险形成的原因，为改进经营管理活动提供指南，因此经营特点分析也是商业银行财务分析的重点内容。

(一) 盈利能力分析

盈利能力是商业银行综合运用各类资产获取利润的能力，是商业银行经营是否成功的重要标志。稳定的、较强的盈利能力是管理良好、经营有方的重要表现。盈利能力分析为投资者、债权人和其他相关利益集团的投资、经营决策提供重要的参考。

(二) 风险水平分析

作为金融企业，商业银行的经营活动容易受到国家、地区和国际宏观经济、金融政策、环境和法规等多种因素的影响，商业银行的资产价值也可能随着利率、汇率和客户经营条件环境的变化而变化。分析商业银行的风险水平，可以帮助商业银行管理层、所有者、债权人及时了解风险管理能力和成效，及时采取有力措施控制风险，在一定的盈利水平上努力降低风险。同时，也可以帮助商业银行监管机构及时采取监管措施，避免商业银行陷入经营困难，引发金融危机。

(三) 经营情况分析

商业银行传统的经营活动主要是资产业务和负债业务。商业银行通过负债业务吸收公众和单位存款，为资产业务提供资金来源。同时办理资产业务向各类企业、机构、个人发放各类贷款，形成商业银行主要收入来源。近年来商业银行加大了中间业务等新兴业务的关注和投入。从财务指标的角度分析商业银行的经营特点，可以定量地分析商业银行资产、负债和中间业务发展现状和规律，了解商业银行经营管理活动与盈利水平和风险水平的逻辑关系，有助于商业银行提高和完善经营管理水平。

三、财务分析的类型

(一) 按照分析主体分类

1. 内部分析

内部分析是商业银行的经营管理者对商业银行财务状况、盈利水平、风险水平以及现金流量等进行的分析，其主要目的是帮助经营管理者及时了解商业银行经营活动和财务状况，把握经营活动中的矛盾和规律，以便有针对性地开展经营管理活动。

2. 外部分析

外部分析是商业银行外部利害关系人，如股东、债权人、政府监管机构、社会中介咨询机构等根据各自需要而进行的分析。其主要目的是为投资、信用、监管决策和制定国家经济政策等提供信息支持。

(二) 按照分析的方法分类

1. 纵向分析

纵向分析是通过对一个报告期的各种财务指标间的依存关系、各项目在总体中的比重进行的分析。通过纵向分析,可以评估一定时期内各项财务指标在总体中的比重及其结构的合理性。

2. 横向分析

横向分析是对同一财务指标的多个报告期的资料进行的趋势分析。通过横向分析,可以动态地评估商业银行的财务发展趋势,为进一步改善商业银行的经营管理工作提供目标和依据。

四、财务分析的方法

(一) 比较分析法

比较分析法是对彼此有联系的经济指标直接进行对比,测试它们之间的差异,用以评价财务活动好坏的方法。比较分析法是最基本的分析方法,没有比较,分析就无法进行。比较分析法具体有如下几种:

1. 按比较对象分类

(1) 与本行历史数据比较。即将本期的实际数据与前期数据比较,也称"趋势分析"。该比较方法有利于总结经验,挖掘潜力,改进工作。在分析过程中,通常将作为对比标准的基础时期称为"基期",将需要比较的时期称为"报告期"(或"本期")。基期与报告期的比较一般通过增长速度进行反映,其计算公式为:

增长速度=(报告期数值－基期数值)÷基期数值×100%

若计算结果为正,表示正增长;若计算结果为负,表示负增长。

(2) 与计划预算比较。即将报告期实际数与计划数进行比较,也称"差异分析"。通过比较可以检查经营管理计划的执行进度和完成情况,考核计划执行者的绩效。计算公式为:

计划完成程度=实际数÷计划数×100%

(3) 与同行业平均水平相比较。即与行业平均数或竞争对手比较,也称"横向比较"。通过比较可以找出差距,更清楚认识到本行的优势与不足,取长补短,促进银行经营活动的不断发展。

2. 按比较内容分类

(1) 比较会计要素的总量。总量是指报表项目的总金额,如总资产、总负债、净资产等。总量比较主要用于时间序列分析,例如研究利润的逐年变化趋势,看其增长潜力;也用于银行间的比较,看本行的相对规模和竞争地位。

(2) 比较结构百分比。结构百分比又称比重,是指某项指标各组成项目占总体指标的百分比。结构百分比的计算均是以财务指标总体数值作为共同的比较基础,因此也称共同比。结构百分比分析是指通过分析指标结构变化,来反映该指标的特征和变化规律的分析方法。分析资产负债表、利润表、现金流量表的结构变动状况时,通常将其报表转换成结构百分比报表。例如,共同比利润表,就是将两期或者两期以上的利润表按相同项目进行排比,以收入为

100%,分别计算利润表的各项比重。结构百分比可以显示总体指标的内部框架,揭示各项目相互的联系与区别及其在总体指标中所占地位的重要程度,便于信息使用者分清主次因素。结构百分比有助于发现有显著问题的项目,揭示进一步分析的方向。

(3) 比较财务比率。财务比率是各会计要素的相互关系,反映它们之间的内在联系。比率的比较是最重要的分析,它们是相对数,排除了规模的影响,使不同的比较对象建立起可比性。

(二) 因素分析法

通过比较分析可以确定差异,但却不能说明经济指标出现差异的原因。因素分析法依据分析指标与影响因素的关系,从数量上确定各因素对指标的影响程度,因此可以找出差距产生的原因。因素分析法具体分为两类:

1. 连环替代法

连环替代法是指依次用分析值替代基期值,测定各因素变动对指标的影响,具有连环性和顺序性两个特点。连环性是指用连环替代法计算每个因素的影响时,都以前一次计算指标为基础,采取连环比较差异的方法,确定因素变动对指标变动的影响。顺序性是指在替代各因素过程中,要按一定顺序逐一替代,不能随意改变各因素替代的先后顺序。

在确定各因素顺序时,应根据因素之间的逻辑关系和公认原则,一般将各因素区分为数量因素和质量因素,按数量因素在前、质量因素在后的顺序排列,同时有两个以上数量因素或质量因素时,应遵循主要因素、原生因素在前,次要因素、派生因素在后的替代顺序。如果因素替代顺序改变,虽然各个因素变动的影响程度总和相等,但各个因素变动的影响程度将有所不同,因此在运用该方法时必须按既定顺序替代各因素。

连环替代法的基本程序如下:

(1) 根据影响某项指标变动的因素,按依存关系,确定该指标各因素的排列顺序。

(2) 为分析各因素对指标的影响,在基期指标的基础上,依次假定某一因素变动,而其他因素不变,求得的结果与该因素没有变动之前的指标数值相减,即得到该因素变动对指标变动的影响。计算第二个因素变动时,第一个因素已经变为报告期数,仍用报告期数计算,依此类推。

(3) 将各因素的影响值相加,应与指标变动的总差异相符。

公式表达为:假定某一经济指标 P 由 a,b,c 三个因素组成,其依存关系是 $P=a\times b\times c$,基期指标 $P_0=a_0\times b_0\times c_0$,报告期指标 $P_1=a_1\times b_1\times c_1$,其差异 P_1-P_0 为分析对象。则各因素变动对指标的影响可按下列程序计算:

$P_0=a_0\times b_0\times c_0$

$P_2=a_1\times b_0\times c_0$

$P_3=a_1\times b_1\times c_0$

$P_1=a_1\times b_1\times c_1$

a 因素变动的影响为 P_2-P_0;

b 因素变动的影响为 P_3-P_2;

c 因素变动的影响为 P_1-P_3。

将各因素影响相加,得:

$(P_2 - P_0) + (P_3 - P_2) + (P_1 - P_3) = P_1 - P_0$

分析结果与分析对象相符。

【例 16－1】某银行本年各项贷款平均余额计划数为 1.5 亿元，实际数为1.62亿元，贷款平均利率计划为 10%，实际平均利率为 10.5%，全年利息收入计划数为 1 500 万元，实际利息收入为 1 701 万元。试分析各因素变动对利息收入变动的影响。

计划利息收入＝计划贷款平均余额×计划平均利率

＝15 000×10%＝1 500(万元)　①

用实际贷款平均余额替代计划贷款平均余额：16 200×10%＝1 620(万元)　②

用实际平均利率替代计划平均利率：16 200×10.5%＝1 701(万元)　③

各项贷款平均余额变动的影响为：②－①＝1 620－1 500＝120(万元)

贷款平均利率变动的影响为：③－②＝1 701－1 620＝81(万元)

两因素共同影响为：120＋81＝201(万元)

分析对象为利息收入的变动：1 701－1 500＝201(万元)

因此分析结果与分析对象相符。

2. 差额计算法

在用连环替代法进行因素分析时，我们假定一个因素变动而其他因素不变，下式与上式之差，实际上就是某一因素变动的差异。在上述计算公式中，a，b，c 三因素的影响分别表示为：

a 因素变动的影响为：$P_2 - P_0 = a_1 \times b_0 \times c_0 - a_0 \times b_0 \times c_0 = (a_1 - a_0) \times b_0 \times c_0$

b 因素变动的影响为：$P_3 - P_2 = a_1 \times b_1 \times c_0 - a_1 \times b_0 \times c_0 = a_1 \times (b_1 - b_0) \times c_0$

c 因素变动的影响为：$P_1 - P_3 = a_1 \times b_1 \times c_1 - a_1 \times b_1 \times c_0 = a_1 \times b_1 \times (c_1 - c_0)$

可见，差额计算法实际上是连环替代法的简化形式，它利用各因素本身的变动差额直接计算各因素变动对指标变动的影响。

上例中，各项贷款平均余额变动的影响为：(16 200－15 000)×10%＝120(万元)

各项贷款平均利率变动的影响为：16 200×(10.5%－10%)＝81(万元)

两因素共同影响为：120＋81＝201(万元)。

在实际分析中，各种方法可以综合使用。

第二节　资产负债表分析

对资产负债表的分析主要是风险水平分析。商业银行在经营管理过程中面临着市场风险、违约风险、操作风险等一系列风险，我们可以通过某些财务比率来衡量银行面临的各种风险水平。这些财务比率可以划分为四类：资本风险比率、利率风险比率、信用风险比率和流动性风险比率。

一、资本风险比率

一般而言，商业银行的自有资本可以用于弥补资产损失和经营亏损，因此银行资本越多，其安全性就越高。资本风险比率就是用以衡量银行资本和资产负债风险预期程度相比是否充足的指标。常用的资本风险比率有：

(一) 资本与资产比率

将银行资本与全部资产进行比较,计算银行自有资本占总资产的比重,用以反映银行承担风险的能力。

资本与资产比率=资本总额/资产总额×100%

一般而言,该比率越高,说明银行抵御风险的能力越强,债权人的利益更有保障。但该比率过高说明银行负债规模偏小,银行资金来源结构不合理。

(二) 资本充足率

资本充足率是衡量商业银行经营安全的重要指标。我国《商业银行资本充足率管理办法》规定,商业银行资本充足率不得低于8%,核心资本充足率不得低于4%。其计算公式为:

资本充足率=(资本一扣除项)/(风险加权资产+12.5倍的市场风险资本)

核心资本充足率=(核心资本一核心资本扣除项)/(风险加权资产+12.5倍的市场风险资本)

商业银行资本包括核心资本和附属资本。核心资本包括实收资本或普通股、资本公积、盈余公积、未分配利润和少数股权。附属资本包括重估储备、一般准备、优先股、可转换债券和长期次级债务。

资本的扣除项目有商誉、商业银行对未并表金融机构的资本投资、商业银行对非自用不动产和企业的资本投资。核心资本扣除项目有商誉、商业银行对未并表金融机构资本投资的50%、商业银行对非自用不动产和企业资本投资的50%。

同时,该办法详细介绍了风险加权资产和市场风险资本的计算方法,并规定商业银行的附属资本不得超过核心资本的100%;计入附属资本的长期次级债务不得超过核心资本的50%。

二、利率风险比率

利率风险是指市场利率变动对商业银行资产收益和负债成本的影响。银行的资产和负债可以分为两大部分:不受利率影响的部分和受利率影响的部分。当市场利率变动时,不受利率影响的资产和负债其收益、成本不变,如固定利率存、贷款。当市场利率变动时,受利率影响的资产和负债其收益、成本会随之改变,我们称这些资产、负债为利率敏感性资产、利率敏感性负债,当二者搭配比例不同时,利率变动对商业银行的净利息收入影响是不同的。通常用利率风险缺口和利率敏感性系数来度量利率变动对商业银行净利息收入的影响。

利率风险缺口=利率敏感性资产一利率敏感性负债

利率敏感性系数=利率敏感性资产/利率敏感性负债

当利率敏感性系数等于1时,表明利率敏感性资产等于利率敏感性负债,利率风险缺口为0,市场利率变化时,利息收入变化等于利息支出变化,银行净利息收入将维持不变。

当利率敏感性系数大于1时,表明利率敏感性资产大于利率敏感性负债,利率风险缺口为正,市场利率上升时,利息收入的增加将大于利息支出的增加,银行净利息收入将增加;市场利率下降时,利息收入的减少将大于利息支出的减少,银行净利息收入将减少。

当利率敏感性系数小于1时,表明利率敏感性资产小于利率敏感性负债,利率风险缺口为负,市场利率上升时,利息收入的增加将小于利息支出的增加,银行净利息收入将减少;市场利率下降时,利息收入的减少将小于利息支出的减少,银行净利息收入将增加。

三、流动性风险比率

流动性风险比率反映银行的流动性供给和各种实际或潜在的流动性需求之间的关系，银行流动性供给在资产方和负债方均可存在，如银行出售资产、拆入资金都可以获得一定流动性。流动性需求则可通过申请贷款和提现等形式作用于资产、负债两个方面。根据《商业银行风险监管核心指标（试行）》的规定，衡量流动性风险的指标主要有以下三项：

（一）流动性比例

流动性比例为流动性资产余额与流动性负债余额之比，用以衡量商业银行流动性的总体水平，一般不应低于25%。其计算公式为：

流动性比例＝流动性资产/流动性负债×100%

流动性资产包括：现金、黄金、超额准备金存款、1个月内到期的同业往来款项轧差后资产方净额、1个月内到期的应收利息及其他应收款、1个月内到期的合格贷款、1个月内到期的债券投资、在国内外二级市场上可随时变现的债券投资、其他1个月内到期可变现的资产（剔除其中的不良资产）。

流动性负债包括：活期存款（不含财政性存款）、1个月内到期的定期存款（不含财政性存款）、1个月内到期的同业往来款项轧差后负债方净额、1个月内到期的已发行的债券、1个月内到期的应付利息及各项应付款、1个月内到期的中央银行借款、其他1个月内到期的负债。

该比率越高，表示银行的短期偿债能力越强。但银行的某些流动性资产并不一定能在短期内（通常指1个月）变现，比如应在1个月内到期的贷款未能如期收回，就使得银行的流动性被虚增。

（二）核心负债依存度

核心负债依存度为核心负债与负债总额之比，一般不应低于60%。其计算公式为：

核心负债依存度＝核心负债/总负债×100%

核心负债包括距到期日3个月以上（含）定期存款和发行债券以及活期存款的50%。

总负债是指资产负债表中负债总计的余额。

（三）流动性缺口率

流动性缺口率为90天内表内外流动性缺口与90天内到期表内外流动性资产之比，一般不应低于－10%。其计算公式为：

流动性缺口率＝流动性缺口/90天内到期表内外资产×100%

流动性缺口为90天内到期的表内外资产减去90天内到期的表内外负债的差额。

四、信用风险比率

银行的信用风险是指银行贷款或投资的本金、利息不能按契约得到偿付的风险。银行的主要资产和收入来源是各类金融债权，信用风险对其经营业绩影响很大。根据《商业银行风险监管核心指标（试行）》的规定，衡量信用风险的指标主要有以下五项：

（一）不良资产率

不良资产率为不良信用风险资产与信用风险资产之比，不应高于4%。其计算公式为：

不良资产率＝不良信用风险资产/信用风险资产×100%

信用风险资产是指银行资产负债表表内及表外承担信用风险的资产。主要包括：各项贷款、存放同业、拆放同业及买入返售资产、银行账户的债券投资、应收利息、其他应收款、承诺及或有负债等。

不良信用风险资产是指信用风险资产中分类为不良资产类别的部分。

(二) 不良贷款率

不良贷款率为不良贷款与贷款总额之比，不应高于5%。其计算公式为：

不良贷款率＝(次级类贷款＋可疑类贷款＋损失类贷款)/各项贷款×100%

正常类贷款定义为借款人能够履行合同，没有足够理由怀疑贷款本息不能按时足额偿还。关注类贷款定义为尽管借款人目前有能力偿还贷款本息，但存在一些可能对偿还产生不利影响的因素。次级类贷款定义为借款人的还款能力出现明显问题，完全依靠其正常营业收入无法足额偿还贷款本息，即使执行担保，也可能会造成一定损失。可疑类贷款的定义为借款人无法足额偿还贷款本息，即使执行担保，也肯定要造成较大损失。损失类贷款定义为在采取所有可能的措施或一切必要的法律程序之后，本息仍然无法收回，或只能收回极少部分。对各项贷款进行分类后，其后三类贷款合计为不良贷款。

各项贷款指银行业金融机构对借款人融出货币资金形成的资产，主要包括贷款、贸易融资、票据融资、融资租赁、从非金融机构买入返售资产、透支、各项垫款等。

(三) 单一集团客户授信集中度

单一集团客户授信集中度为最大一家集团客户授信总额与资本净额之比，一般不应高于15%。其计算公式为：

单一集团客户授信集中度＝最大一家集团客户授信总额/资本净额×100%

最大一家集团客户授信总额是指报告期末授信总额最高的一家集团客户的授信总额。授信是指商业银行向非金融机构客户直接提供的资金，或者对客户在有关经济活动中可能产生的赔偿、支付责任作出的保证，包括贷款、贸易融资、票据融资、融资租赁、透支、各项垫款等表内业务，以及票据承兑、开出信用证、保函、备用信用证、信用证保兑、债券发行担保、借款担保、有追索权的资产销售、未使用的不可撤销的贷款承诺等表外业务。

(四) 单一客户贷款集中度

单一客户贷款集中度为最大一家客户贷款总额与资本净额之比，一般不应高于10%。其计算公式为：

单一客户贷款集中度＝最大一家客户贷款总额/资本净额×100%

最大一家客户贷款总额是指报告期末各项贷款余额最高的一家客户的各项贷款的总额。客户是指取得贷款的法人、其他经济组织、个体工商户和自然人。

(五) 全部关联度

全部关联度为全部关联方授信与资本净额之比，一般不应高于50%。其计算公式为：

全部关联度＝全部关联方授信总额/资本净额×100%

全部关联方授信总额是指商业银行全部关联方的授信余额，扣除授信时关联方提供的保证金存款以及质押的银行存单和国债金额。

第三节　利润表分析

利润表分析用来分析商业银行的盈利能力，需要结合资产负债表进行。常用指标有银行利润率、成本收入比率、资产利润率、资本利润率、银行净利差率、非利息净收入率、普通股每股收益、普通股每股股利、市盈率。

一、银行利润率

银行利润率是银行净利润与收入总额的比率，收入总额包括营业收入和营业外收入。其计算公式为：

银行利润率＝净利润/收入总额×100%

该指标反映银行总收入中有多大比例形成利润，有多大比例用于各项成本、费用的开支。该比率越高，表明银行的获利能力越强。

二、成本收入比率

成本收入比率为营业支出与营业收入之比，一般不应高于45%。其计算公式为：

成本收入比率＝营业支出/营业收入×100%

成本收入比率反映银行每单位营业收入中耗费的成本。该比率上升说明商业银行每单位营业收入中耗费的成本上升，盈利减少；反之，比率下降表明商业银行每单位营业收入中耗费的成本下降，盈利增加。因此成本收入比率反映了商业银行控制成本和增加盈利的能力。

三、资产利润率

资产利润率是银行净利润与平均资产总额的比率，一般不应低于0.6%。其计算公式为：

资产利润率＝净利润/平均资产总额×100%

资产利润率集中体现商业银行运用其全部资金获取利润的能力。该比率越高，表明银行资产利用率越高。

四、资本利润率

资本利润率是银行净利润与所有者权益平均余额的比率，一般不应低于11%。其计算公式为：

资本利润率＝净利润/所有者权益平均余额×100%

该指标反映银行所有者投入资本的获利程度，同股东财富直接相关。因为商业银行通过高负债杠杆运作，其资本收益率通常比资产收益率高若干倍。

五、银行净利差率

银行净利差率是净利息与盈利资产的比率。其计算公式为：

银行净利差率＝(利息收入－利息支出)/盈利资产×100%

净利息收入是目前我国商业银行的主要利润来源，是影响银行经营业绩的关键因素；盈利资产是指能为银行带来利息收入的资产，一般包括除现金、固定资产、递延资产等项目外的其他资产。该指标反映了银行盈利资产的获利能力。

六、非利息净收入率

非利息净收入率是非利息净收入与资产总额的比率。其计算公式为：

非利息净收入率＝(非利息收入－非利息支出)/资产总额×100％

银行非利息收入主要包括手续费和佣金收入，获得这类收入不需要相应增加银行资产规模，较高的非利息收入会明显提高银行的资产收益率；非利息支出包括提取的各项损失准备、职工薪金、折旧费用等，同银行管理效率直接相关。该指标越高，说明银行管理效率越好。此外，手续费和佣金收入一般是银行中间业务、表外业务所获得的收入，其收入规模可以用以反映银行此类业务的发展水平。

七、普通股每股收益

普通股每股收益是由银行的本年度净利润扣除优先股股利后由普通股股东享有的利润与期末普通股股份总数的比率。其计算公式为：

普通股每股收益＝(净利润－优先股股利)/普通股股份总数

普通股每股收益是衡量上市的股份制银行盈利能力的最常用财务指标，反映普通股的获利水平。如果银行采用股本扩张的政策，大量配股或以股票股利形式分配股利，普通股股数增加，每股收益就会变少，称为“稀释”。在使用该指标进行银行间比较时，需注意股票是一个份额概念，不同股票的每一股在经济上不等量，它们所含有的净资产和市价不同即换取每股收益的投入量不同，不能仅仅根据每股收益的多寡来衡量银行的获利能力。

八、普通股每股股利

普通股每股股利是银行分配的现金股利总额与期末普通股股份总数之比，反映普通股获得现金股利的多少。其计算公式为：

普通股每股股利＝股利总额/普通股股份总数×100％

普通股每股股利是普通股每股收益的延伸分析。每股股利不仅取决于银行的获利能力，还取决于银行的股利政策和现金是否充裕。如果银行不重视现金股利政策或现金不充裕，即使每股收益较多，也可能不发放现金股利。

九、市盈率

市盈率是普通股每股市价与普通股每股收益的比率。其计算公式为：

市盈率＝每股市价/每股收益×100％

市盈率反映投资者对每1元净利润所愿支付的价格，反映市场对公司的共同期望。一般来说，市盈率越高，表明市场对银行的未来越看好。在市价确定的情况下，每股收益越高，市盈率越低，投资风险越小；反之亦然。在每股收益确定的情况下，市价越高，市盈率越高，投资风险越大；反之亦然。市盈率高低受净利润的影响，而净利润受可选择的会计政策的影响，从而使得银行间比较受到限制。

第四节　现金流量表分析

现金流量表分析就是对现金流量表所提供的有关数据进行比较、分析、研究，了解银行一定时期现金流入、流出、净流量的分布状况，揭示其形成的原因，便于决策人及时采取有效措施优化现金结构。下面介绍现金流量充分性比率和现金流量效益性比率两大类指标。

一、现金流量充分性比率

1. 现金流量充分性比率

现金流量充分性比率是用来衡量一个商业银行能够获得足够的现金以偿还债务、购买资产和支付股利的能力的指标。在连续几个会计期内该比率持续大于1，表明该商业银行有充分的能力来满足这些重要的现金需求。其计算公式如下：

现金流量充分性比率＝一定期间由经营活动产生的现金净流量/(该期长期债务偿还额＋该期投资支出额＋该期股利支付额)

2. 债务偿还比率

债务偿还比率是衡量按当前经营活动所获得现金偿还全部债务所需要的时间。其计算公式如下：

债务偿还比率＝债务总额/经营活动产生的现金净流量

债务偿还比率越小，债务偿还期限就越短。

3. 每股现金流量

每股现金流量是用来衡量每股发行在外的普通股所平均获得的净现金流量。其计算公式如下：

$$每股现金流量=\frac{从经营活动中获得的净现金流量-优先股股息}{发行在外的普通股股份数}$$

该指标表明普通股每股能够获得的现金流入。

二、现金流量效益性比率

现金流量表的使用者一般同时很重视利润表，现金流量效益性比率就是将利润表和现金流量表结合起来分析计算得到的一组指标。

1. 现金流量利润率

现金流量利润率表示每1元的经营收入中获得的现金的百分比。其计算公式如下：

现金流量利润率＝经营活动产生的净现金流量/经营收入

2. 经营指数

经营指数是经营活动产生的现金和从持续经营中获得的利润的比率。这一指标可以用来评估商业银行持续经营产生现金的效率，揭示了商业银行营业利润产生现金的比例。其计算公式如下：

经营指数＝经营活动产生的现金净流量/从持续经营中获得的利润

本章小结

商业银行财务分析是指以财务报表和其他资料为依据，采用专门的分析方法，对商业银行的财务能力和各种财务关系进行评价、衡量、预测和协调的管理活动。

按照分析主体分类，财务分析有内部分析和外部分析两种；按照分析的方法分类，有纵向分析和横向分析两种。

财务分析方法有比较分析法和因素分析法两种。比较分析法是对彼此有联系的经济指标直接进行对比，测试它们之间的差异，用以评价财务活动好坏的方法，是最基本的分析方法；因素分析法依据分析指标与影响因素的关系，从数量上确定各因素对指标的影响程度。

资产负债表分析主要为风险水平分析，衡量风险水平的财务比率可以划分为四类：资本风险比率、利率风险比率、信用风险比率和流动性风险比率。

利润表分析用来分析商业银行的盈利能力，需要结合资产负债表进行。常用指标有银行利润率、成本收入比率、资产利润率、资本利润率、银行净利差率、非利息净收入率、普通股每股收益、普通股每股股利、市盈率。

现金流量表分析就是对现金流量表所提供的有关数据进行比较、分析、研究，了解银行一定时期现金流入、流出、净流量的分布状况，揭示其形成的原因，便于决策人及时采取有效措施优化现金结构。

关键术语

财务分析　比较分析法　因素分析法　连环替代法　差额计算法

思考练习题

1. 财务分析方法主要有哪几种？说明连环替代法的计算程序。
2. 资产负债表分析中衡量流动性风险的指标有哪些？说明其计算公式。
3. 利润表分析中衡量获利能力的指标有哪些？说明各项指标的含义。

第十七章　商业银行的表外业务

本章要点

1. 表外业务的概念
2. 表外业务的主要特点
3. 表外业务产生原因分析
4. 表外业务风险的主要类型
5. 商业银行防范表外业务风险的主要对策

第一节　商业银行表外业务综述

商业银行最主要的业务包括形成资金来源的负债业务和形成资金运用的资产业务。这两类业务一个明显的特征是业务的发生会导致银行资产负债的变化，并对资产负债表中的数据产生明显影响。表外业务则是商业银行在这两类业务之外的一种经营业务。20 世纪 80 年代以来，在多种因素的共同推动下，商业银行经营模式发生了巨大转变，表外业务迅速成为商业银行一种重要的业务类型。

一、表外业务的概念

表外业务(off - balance sheet activities, OBS)是银行从事的，按会计准则不计入资产负债表或不直接形成资产或负债，但能改变银行损益状况的业务。按照巴塞尔委员会的观点，表外业务分为狭义的表外业务和广义的表外业务两种类型。

狭义的表外业务是指按通行的会计准则在发生时不计入资产负债表，但有可能在未来转化为表内业务的交易活动。这类业务与资产负债表内有关项目有密切联系，一旦具备某种条件，就会转化为表内业务。在会计学意义上，狭义的表外业务会形成商业银行的或有资产或或有负债。由于存在在未来转化为资产或负债项目的可能性，它们虽然在发生时不列入资产负债表，但需要在资产负债表的脚注中予以明确记载。

广义的表外业务除包括狭义的表外业务外，还包括金融服务类表外业务。后者不仅在发生时不对银行资产负债产生影响，即使在未来也不存在转化为表内业务的可能性。它们既不是现实的资产或负债项目，也不属于或有资产或或有负债，因而无需在资产负债表的脚注中予以记载。

由此可见，广义表外业务与狭义表外业务的区别在于后者包含了金融服务类表外业务，而前者不包含这类业务。金融服务类表外业务与狭义表外业务的主要区别是：前者不属于或有资产或或有负债，无需在资产负债表脚注中记载；后者属于或有资产或或有负债，需要在资产负债表脚注中记载。

二、表外业务的主要类型

表外业务可以按不同的分类标准划分为若干个类型，主要的分类方法如下：

（一）按巴塞尔委员会的分类标准，即是否会形成或有资产或或有负债，可把表外业务分为或有债权/债务类表外业务和金融服务类表外业务

或有债权/债务类表外业务是指在一定条件下可以转化为表内资产和表内负债的业务，相当于狭义的表外业务，其主要类型有贷款承诺、担保和金融衍生工具类业务等。贷款承诺(loan commitment)是指银行应客户的要求，并以客户支付一定费用为条件，承诺在未来一定时期内按照事先约定的利率计算方式、贷款期限和贷款使用方向，随时向对方提供一定限额内的贷款。其本质是银行向客户出售提供贷款的保证。其主要业务类型包括信用额度(open line of credit)、备用信用额度(stand line of credit)、循环信用额度(revolving line of credit)和票据发行便利(note issuance facilities, NIFs)。担保业务是指银行以自己的资信向受益人保证申请人履行某种义务，并承诺在申请人不履行这种业务时承担连带责任。常见的担保业务包括银行保函和备用信用证等类型。银行保函(letter of guarantee)是银行应委托人的要求，以书面形式保证在委托人违约、拒付债务或发生失误时，由银行负责履行委托人的责任，包括投标保函(tender guarantee)、履约保函(performance guarantee)和还款保函(repayment guarantee)等。备用信用证(stand by credit)是银行应申请人的请求，保证在申请人未履行义务时，受益人可以按一定的程序获得开证行偿付的书面保证文件。

金融服务类表外业务(financial services)是以收取手续费为目的，银行不承担任何资金损失的风险的表外业务。它不会形成银行的或有债权/债务。这类业务的基础是传统的中间业务，但在近年来业务类型日趋多样化，主要包括代理、信托、信息咨询、结算支付以及与贷款和进出口有关的服务等。

（二）按照业务性质的不同，可以把表外业务分为贸易融通业务、金融保证业务、金融衍生工具业务和中介服务业务

贸易融通业务是指银行以某种形式向国内贸易和对外贸易的参与者提供资金融通，如商业信用证(commercial credit)和银行承兑汇票(banker's acceptance draft)。金融保证业务是银行以保证人的身份承诺在特定条件下履行某种义务，如备用信用证、银行保函、贷款承诺和贷款出售。金融衍生工具业务是金融创新的产物，常见的业务主要有金融互换、期货、期权和远期交易等。中介服务类业务则相当于金融服务类业务。

（三）按照是否含有期权，可以把表外业务分为含有期权的表外业务(option - like OBS)和不含有期权的表外业务(non - option OBS)

在含有期权的表外业务中，客户通过向银行支付一定费用来购买银行的某种承诺。客户在未来可以自主决定是否要求银行履行这种承诺。客户享有一定的期权，而银行则承担了某种或有负债。贷款承诺、期权和备用信用证等业务均属于含有期权的表外业务。

在不含有期权的表外业务中，客户不享有相应的选择权，即客户不能决定是否履行合同。互换交易、远期外汇交易、贷款出售等属于不含有期权的表外业务。

三、表外业务的特点

表外业务的发展具有五个明显的特征：

一是业务类型的多样性。商业银行表外业务既包括无风险的中介业务，又包括各种有风险的表外业务。作为业务提供者的商业银行既可以成为金融市场的交易者，也可以成为市场中的中间人；既可以进行场内交易，也可以进行柜台交易；发生交易的市场既可以是无形市场，也可以是有形市场。与传统的业务相比，表外业务种类繁多，具有高度的灵活性。

二是广阔的发展空间。商业银行表外业务自产生以来，一直呈迅速发展的趋势。据统计，瑞士银行在1992—1993年间，表外业务的收益就占总利润的70%以上。德国商业银行在1992年通过表外业务获利340亿马克，占总盈利的65%。美国花旗银行等20家大银行的表外业务额占总资产的比例从1982年的43.5%上升到1995年的78.5%。日本商业银行从20世纪80年代中期开始，表外业务量以每年40%的速度递增。

三是充分利用非资金资源。传统的商业银行业务主要是通过负债业务取得资金来源，并在资产业务中形成相应的资金运用，业务的规模直接依赖于资金的数量。表外业务虽然也和银行的资金有联系，但这种联系只是一种间接联系，而不是直接联系。它所依赖的主要不是资金本身，而是由资金数量和实力所派生出的非资金资源，即银行的信誉。例如，在承诺和担保等表外业务发生时，银行并不需要消耗资金，而是以自身信誉承担一种潜在的义务。除信誉以外，开展表外业务还要依赖机构、人力资源、金融技术等非资金资源。

四是高度的杠杆性。在表外业务中，衍生金融工具类业务存在明显的杠杆效应，高风险与高收益并存。例如，商业银行参与期货交易只需要缴纳少量的保证金，就可以获得金额巨大的期货合约。如果期货价格走势与预期相符，可以获得巨额收益；反之，一旦价格走势与预期相反，损失也十分巨大。许多衍生金融工具类业务也和期货交易一样，业务的盈亏高度依赖于预测的准确性，其盈亏数额的波动幅度相当大。表外业务的杠杆效应要求商业银行在积极拓展表外业务的同时，必须密切关注业务所带来的风险，注重金融风险的防范。

五是信息不对称程度较高。在商业银行资产负债表中，表外业务要么不予反映，要么只在报表的脚注中予以反映。会计信息使用者难以通过阅读和分析商业银行财务报表来获得与此有关的全面、准确的信息。股东、债权人难以了解银行的整体经营水平和风险程度；监管机构也难以利用会计信息对表外业务进行有效的监管。

四、表外业务产生和发展原因分析

企业的经营活动是在一定的市场环境和经济环境中进行的。为了适应环境的变化，企业的经营业务也需要随之作出调整。商业银行属于金融企业，其业务内容取决于客户需求、金融市场和宏观金融环境。表外业务的产生和发展正是这些因素共同作用的结果。

(一) 利率和汇率风险

20世纪70年代，石油危机造成全球主要国家国际收支严重失衡，二战后形成的以美元为中心的布雷顿森林体系在1973年宣告崩溃。进入80年代后，发达国家和发展中国家分别陷入了严重的经济衰退和债务危机，给商业银行的正常经营活动带来沉重的打击。为了应对这种局面，各国政府纷纷推行金融自由化政策，放松对利率和汇率的管制，利率和汇率的波动程度明显加大。

利率和汇率的不稳定性增加了商业银行的经营风险,降低了银行收益的稳定性。在传统的资产和负债业务中,资产业务的收益相对稳定,而负债业务的资金成本则高度依赖于市场利率水平的变动。利率波动幅度较大使银行资金成本的变动程度提高,从而也增加了利润水平的变动程度。同时,汇率的大幅波动会导致银行的资产价值大幅波动。对于银行的客户而言,利率和汇率的不稳定性也加大了其财务风险。他们迫切需要商业银行适时推出有利于规避风险的各种金融产品和服务。衍生金融工具等表外业务在这种需求的推动下应运而生。

(二) 金融机构间的激烈竞争

20 世纪 70 年代末以来,全球主要国家在金融领域出现了四个明显的变化,即利率自由化、证券市场国际化、金融业务自由化和国际金融市场一体化。这些变化使各国商业银行不仅面临来自国外银行的竞争,还要面临来自非银行金融机构的竞争。为了抵御竞争对手对市场份额的冲击,商业银行在传统的资产和负债业务中被迫提高贷款利率,降低存款利率,传统银行业务的利润水平大幅下降。要提升竞争力,保持并提高利润水平,商业银行必须突破传统业务的范围,积极拓展业务领域,并尽快形成新的竞争优势。在这种竞争压力的作用下,一些颇具吸引力的表外业务,如贷款承诺、贷款证券化和衍生金融工具等迅速发展起来。

(三) 融资证券化

长期以来,商业银行贷款一直是大多数工商企业最主要的资金来源。20 世纪 60 年代以后,金融市场上出现了发行商业票据等新型融资方式;80 年代以后,直接发行有价证券逐渐成为对许多工商企业更有吸引力的融资方式。融资方式证券化对商业银行而言是机遇与挑战并存。一方面,融资证券化降低了间接融资在融资方式中的地位,减少了企业对商业银行贷款的依赖,商业银行传统的资产负债业务面临萎缩的风险。另一方面,融资证券化使直接融资方式变得更为重要,而直接融资方式同样也离不开银行的服务。例如,许多投资者希望直接融资方式中一部分风险转移给银行,筹资者发行票据和证券也需要投资者对其信用水平的认同,这种需求使信用担保类表外业务成为商业银行新的利润增长点。

(四) 资本充足率要求

20 世纪七八十年代的金融自由化拓展了商业银行的业务领域,增加了经营的活力,但过度的竞争也使金融风险明显加大。一系列的银行危机引起了西方主要国家中央银行对资本充足领域的重视。1988 年 7 月,巴塞尔委员会提出,到 1992 年底商业银行最低资本充足性比率应不低于 8%。要满足资本充足率的要求,银行要么需要扩大资本,要么需要缩减资产。表外业务既不会导致负债和资产总额增加,又明显提升了收入和利润水平,因而迅速成为商业银行缩减资产,提高资本充足率水平的一条重要途径。

(五) 金融电子化

商业银行任何业务的产生和发展都是基于一定的市场需求。以上四个方面从需求的角度解析了表外业务产生和发展的原因。但是,表外业务要产生和发展除了要依赖于一定的市场环境和市场需求以外,还必须具备特定的技术条件。20 世纪 80 年代以来,通讯和计算机技术的革命带动了金融业务的电子化,包括数据处理电脑化、信息传递网络化和资金转账电子化。这些方面的技术进步为表外业务的开展奠定了坚实的技术基础,为其创造了广阔的发展前景。

五、表外业务的影响

表外业务的发展可以给商业银行带来诸多好处。首先,表外业务可以降低银行风险,提高资产的流动性。在传统的资产负债业务中,银行面临着信用风险、利率风险和汇率风险。表外业务可以避免、转移和分散这些风险。同时,与表外业务有关的许多金融工具都是可转让的,从而增加了银行资金的流动性。其次,表外业务有利于提高商业银行的利润水平。表外业务一方面无需或很少运用自有资本和营运资本,可以降低经营成本,另一方面又可获得大量的手续费和佣金收入,可以从这两个方面增加银行的经营利润。第三,表外业务的发展能够提高银行的市场竞争力。表外业务的发展为银行开辟了一个全新的业务领域,不仅能巩固原有的市场份额,还能吸引新客户,不断拓展新的市场份额。资本充足率和利润水平的提升也可以增强银行经济实力,使之在竞争中处于有利的地位。

当然,表外业务带来各种好处的同时,也存在一定的消极影响。首先,表外业务可以转移和分散某一家商业银行的风险,但不能降低整个银行业的风险。一些商业银行的风险通过表外业务被转移到另一些商业银行,使后者的风险更为集中。其次,表外业务由于透明度较低,难以被中央银行有效监管,并且表外业务的发展还会对传统货币政策工具的传导机制产生影响,加大中央银行货币政策执行的难度。

第二节　商业银行表外业务的风险及防范

风险的本质是不确定性。在表外业务经营中,商业银行面临着各种各样的不确定因素,可能导致表外业务的实际收益偏离预期收益,既可能使银行遭受损失,也可能给银行带来额外的收益。表外业务的风险集中表现为实际收益的这种变异性。本节在对表外业务风险科学分类的基础上,简要介绍防范表外业务风险的主要措施。

一、表外业务风险的概念

国内外学者对风险的认识主要有两种观点:一种观点认为风险就是不确定性,即实际的结果可能偏离期望的结果。未来的活动或事件,其结果有多种可能,各种结果的概率也不相同。由于人们难以掌握未来情况的全部信息,因而在事先难以准确地知道未来的结果。风险既是机会又是威胁。另一种观点认为风险是预测和结果之间的差异。之所以存在风险,是由于人们对任何未来的结果不可能完全预料。实际结果与主观预料之间的差异就构成风险。风险是在给定的情况下和特定时间内,实际结果与预测结果之间可能出现的差异。对于期望得到某种结果的经济主体,风险是希望的结果不发生,或是指损失发生的不确定性。

从本质上讲,风险来源于不确定性。广义地说,不确定性即风险;狭义地说,不确定性是指"不能肯定一定发生某种结果,而其发生概率是未知的";风险是指"不能肯定一定发生某种结果,而其发生的概率是已知的或被认定的"。当事件、活动或项目有损失或收益与之联系并且涉及某种不确定性和涉及某种选择时,就构成风险。

对表外业务而言,商业银行在提供某项业务时总是期望实现一种预期的结果,但这种结果是否会成为未来实际的结果是无法在事先完全确定的。例如,当银行期望某项表外业务带来100 000 元的收益时,未来的实际收益不一定正好等于100 000元,有可能高于或低于 100 000元,甚至为负。很明显,实际结果既可能差于预期结果,也可能优于预期结果。因此,我们可以把表外业务的风险定义为表外业务实际收益偏离预期收益的可能性，或者表外业务实际收益与预期收益相比所呈现出的变异性。变异性越大则风险越大，反之则风险越小。在这一定义中，风险是一个中性的概念，同时包含了向坏和向好两种情形。

二、表外业务风险的主要类型

按照不同的标准，可以把表外业务风险划分为不同的类型：按产生的根源分，风险可分为主观风险和客观风险；按性质，风险可分为静态风险（纯粹风险）和动态风险（投机风险）；按可控性，风险可分为微观风险和宏观风险；按影响程度分，风险可分为非系统性风险和系统性风险等等。虽然有多种分类标准，但世界各国最流行的是巴塞尔委员会所作的分类。这种分类把表外业务的风险划分为 10 种类型。

（一）信用风险

信用风险是指借款人还款能力发生问题而使债权人遭受损失的风险。一部分表外业务多会产生或有资产和或有负债；当潜在的债务人由于多种原因不能偿付给债权人时，商业银行就要为此而承担偿债责任。这种风险即表外业务的信用风险。

（二）市场风险

市场风险是指由于市场价格波动而使债权人遭受相应损失的可能性，包括由于利率和汇率变动所引起的利率风险和汇率风险，由于商品价格变动所引起的商品风险，以及与股票投资有关的权益风险。

（三）国家风险

国家风险是指受债务人所在国政治、经济、军事和社会环境等因素的影响，国外债务人无法及时、足额偿还债务，从而使提供表外业务的银行遭受损失的可能性。国家风险的大小主要取决于债务人所在国的偿债能力和偿债意愿。偿债能力和偿债意愿越强，国家风险越低；反之则越高。

（四）流动性风险

流动性风险是指在流动性不足时，银行无法以适当的手段及时恢复到必要的流动性水平，即银行无法以合理的成本迅速增加负债和变现资产以获得充足的现金。许多表外业务都不同程度地存在流动性风险。例如，银行如果提供了过多的贷款承诺，就必须把大量资金用于应付随时可能出现的贷款要求，从而降低对储户大量提款的应付能力。

（五）筹资风险

如果商业银行过多涉足杠杆效应较强的表外业务，则在缺乏资金时可能无法履行到期的合约。例如，当银行自有资金和闲置资金不足，并且无法通过其他渠道筹集到资金时，就有可能无法按到期合约的要求履行支付义务。这种风险即筹资风险，它与流动性风险密切相关。流动性不足引起筹资的需要，筹资风险是流动性不足条件下筹资要求无法得到满足的风险。

（六）结算风险

结算风险是交易对手在表外业务发生后，无法在交割期到来时及时履约的风险。其产生原因既可以是技术操作失误，也可以是债务人偿债能力不足。政治、军事等原因也可引起结算风险。一般情况下，结算风险还可能派生出信用风险、市场风险和流动性风险。

（七）经营风险

经营风险是指银行在表外业务中发生经营决策失误，或者由于银行控制不力所引起的各种风险。经营决策失误可以使经营成本偏离预期目标，并有可能造成收入下降；内部控制不力包括对操作人员的授权管理失误，业务人员工作失误等情况，同样也能给银行带来各种损失。经营风险的大小与银行管理体系是否健全密切相关。管理体系越健全，经营风险越小；反之则越大。

（八）信息风险

信息风险是指由于会计处理方面的原因而导致银行财务状况和经营成果的数据不真实，从而误导银行决策者的风险。表外业务是商业银行的一种新型业务，其会计核算的不确定性远远超过传统银行业务。尤其是其中的衍生金融工具业务，其会计处理方法至今仍存在很大的争议。由于缺乏会计准则、报表制度和核算方法，商业银行在表外业务中必然存在一定的信息风险。

（九）定价风险

商业银行在表外业务中承担了各种各样的风险。表外业务的定价必须把这些风险考虑在内，其价格至少应当能够弥补风险所带来的各种损失。因此，定价的前提是全面认识并正确把握表外业务所存在的各种风险。但表外业务作为一种新型业务，其内在风险尚未被人们完全掌握，从而导致银行在定价中可能出现失误，使得与部分或全部风险相关的损失无法得到弥补。这种风险即商业银行的定价风险。

（十）法律风险

法律风险是商业银行在表外业务中由于法律、规章和制度的不确定性而承担的风险。典型的法律风险主要包括四个方面：一是各国法律对表外业务监管的宽严程度不同，给跨国表外业务带来很大的不确定性；二是与表外业务有关的法律制度发生变化的风险；三是由于不完善或不正确的法律意见和文件所造成的风险；四是一些新型表外业务尚存在法律空白，法律纠纷难以有效解决的风险。

三、表外业务的风险管理

（一）表外业务风险管理的概念

表外业务的风险管理是商业银行对表外业务潜在的意外损失进行辨识、评估，并根据具体情况采取相应的措施进行处理。风险管理的目的是为了有备无患。即使风险无法避免，也可以通过风险管理求得切实可行的补偿措施，以尽可能降低风险所带来的意外损失。强化表外业务的风险管理不仅是维护商业银行自身安全的需要，也是实现科学决策、提高银行经济效益的需要和保障宏观金融安全的需要。

（二）表外业务风险的处理方法

1. 风险自留

风险自留是指商业银行以其自身的财力来负担风险可能引起的未来损失。风险自留包括两个方面的内容：承担风险和自保风险。承担风险是指某种风险不可避免或该风险的存在可能获得较大利润或较少支出时，商业银行自身将风险承担下来，自身承受风险所造成的损失。

承担风险包括消极的自我承担和积极的自我承担。自保风险是商业银行本身通过预测其拥有的风险损失发生的概率与程度,并根据自身的财务能力预先提取基金以弥补风险所致损失的积极性自我承担。

2. 风险预防

风险预防是指事先采取相应的措施,阻止风险向实际损失的转化。例如,商业银行可以通过强化内部管理,主动调整风险资产结构来实现风险预防的目标。

3. 风险回避

风险回避是指商业银行发现某种业务可能出现风险损失而有意识地采取回避措施,包括完全回避和对风险本身的回避。前者是指将发现的影响尽可能降到最低,并且不把风险与其他获利和风险的情况进行比较;后者则是以获得较小的收益但付出更大的代价为条件换取风险的减少。两种回避都具有明显的消极性。银行回避了风险,可以回避与风险相关的损失,但同时也回避了相关的收益。

4. 风险抑制

风险抑制是指在开展某项表外业务,即已经承担表外业务风险的情况下,及时关注与风险有关的不利变化,并在风险爆发前采取措施防止情况恶化。

5. 风险转移

风险转移是指商业银行以某种方式将风险损失转给他人承担。风险转移的主要形式是通过契约或合同将损失的财务负担和法律责任转移给其他经济主体,以达到降低风险发生频率和缩小损失程度的目的。

6. 风险分散

商业银行如果把过多的资金集中到某一项表外业务或某一种金融工具上,则风险也将集中在这种业务和金融工具上。一旦发生损失必然给商业银行带来沉重的打击,甚至引起银行破产倒闭。为此,银行有必要建立合理的资产组合,以便有效地分散表外业务所带来的风险。

7. 风险保险

风险保险是银行在承接表外业务后,以支付一定的费用为代价,以银行资产为对象向保险公司投保因表外业务而导致资产价值损失的风险。一旦银行遭受投保范围内的损失,由保险公司按保险合同的约定对银行给予一定的赔偿。

8. 风险补偿

风险补偿是银行运用各种形式的资金补偿因表外业务风险而遭受的各种损失。例如,银行在对表外业务定价时可以充分考虑相关的风险。风险越高,收取的费用也相应提高,从而使表外业务的利润可以在一定程度上弥补风险可能带来的损失。又如,有的商业银行按照表外业务涉及资金量的大小按一定比例提取准备金,用于弥补可能发生的损失。

(三) 表外业务风险管理的对策措施

表外业务既会在微观层面给商业银行带来各种风险,也会在宏观层面增加金融风险。无论是商业银行决策层还是政府金融监管机构都对这些风险高度关注,并采取各种措施加以防范。

1. 商业银行的风险管理措施

(1) 高度重视表外业务风险管理工作。表外业务只是银行诸多业务中的一种类型,一般由一个或多个具体的业务部门负责办理。但是,表外业务的风险却具有高度的综合性和全面性,仅靠某一个部门难以从整体上把握风险的水平,难以有效实现对风险的监控和防范。因此,银行的决策层应重视表外业务风险管理工作,及时了解、决定、控制和监测业务部门所从事的每一项表外业务交易活动,并在风险防范工作中及时协调各部门的关系。

(2) 建立和完善与表外业务有关的各项规章制度。健全的规章制度是防范和化解表外业务风险的重要基础。在制度建设方面,商业银行需要做好两个方面的工作。一是建立和完善信用评估制度、业务风险评估制度和双重审核制度。二是根据表外业务的需要对有关会计制度作出必要的调整。这些调整包括:①正确处理权责发生制原则和谨慎性原则的关系。当二者发生矛盾时,应优先满足谨慎性原则的要求。②在资产负债表附注中全面、清晰地反映表外业务。与表外业务有关的各项目应在资产负债表的正面、合计金额的下端用附注的形式加以反映。③对避险交易和非避险交易采取不同的会计处理方法。避险交易是为了减少现有资产、负债、表外头寸的利率、汇率风险而进行的交易,一般应按市价转移;而非避险交易是指一般买卖或投机交易,应当按市价估价,并计入完成交易的全部成本。

(3) 改革杠杆比率管理措施。在传统的杠杆测量方法下,金融市场某一时段的剧烈波动,可能会使银行表外业务所利用的金融工具的价格急剧下降甚至吃掉其所有的资本。有些银行认为这种传统的杠杆测量方法不能反映资产、负债的风险和质量,因而采用新的杠杆比率管理制度,根据自己所偏好的流动资产对股本的比率进行计算。

2. 金融监管机构的风险管理措施

为有效防范表外业务所引起的各种金融风险,各国金融监管机构或者单独发布管理规则,或联合制定章程,以保证表外业务的健康发展,以及国内、国际金融体系的稳定。

(1) 资本充足规定。对表外业务规定风险权数,纳入风险资产的范畴,以防止商业银行为了片面地追求利润而让表外业务过度膨胀。

(2) 建立国际衍生产品信息监管制度。1995 年 5 月,巴塞尔委员会和国际证券业协会组织技术委员会向世界各国金融证券监管当局发布了衍生产品交易的信息监管制度。这一制度由两部分组成:第一部分列出了一系列有关衍生产品交易的资料分类目录;第二部分则列明了有关规模庞大和活跃的国际性衍生产品交易商的细分类别资料。然而,委员会内部对某些关键性问题尚存在较大的争论。

本章小结

表外业务是银行从事的,按会计准则不计入资产负债表或不直接形成资产或负债,但能改变银行损益状况的业务。表外业务包括狭义和广义表外业务两个层次。

表外业务具有类型多样、发展空间广阔、充分利用非资金资源、杠杆性和信息不对称程度高的特征。其产生和发展是利率与汇率风险、金融机构间的激烈竞争、融资证券化、资本充足率要求和金融电子化等因素共同作用的结果。表外业务对商业银行的影响带有明显的双重性,积极影响和消极影响并存。

商业银行在提供表外业务时总是期望实现一种预期的结果,但这种结果是否会成为未来实际的结果是无法在事先完全确定的,从而产生了表外业务的风险。风险包括信用风险、市场风险等类型。商业银行可以采用风险自留、风险预防等方法,建立和完善风险防范机制。此外,金融监管机构也应积极加强表外业务风险的防范工作。

关键术语

表外业务　表外业务风险　信用风险　流动性风险　风险抑制　风险转移　风险分散

思考练习题

1. 什么是表外业务？它与传统银行业务的主要区别是什么？
2. 表外业务按不同的分类标准可以分为哪些类型？
3. 表外业务的主要特点有哪些？
4. 表外业务产生和发展的主要原因是什么？
5. 什么是表外业务的风险？它包括哪些主要类型？
6. 表外业务风险的处理方法有哪些？
7. 商业银行可以采取哪些措施防范表外业务风险？

第十八章　衍生金融工具会计

本章要点

1. 衍生金融工具的概念和特点
2. 衍生金融工具的主要类型
3. 衍生金融工具与商品期货会计的关系
4. 衍生金融工具对传统会计理论的挑战

在金融自由化浪潮的推动下,世界各国商业银行业务所涉及的金融工具日益多样化。商业银行除了参与传统金融工具的交易,还要大量涉及各种衍生金融工具。随着金融业开放程度的提高,衍生金融工具在我国商业银行中的地位会日趋重要,其会计核算是一个不可回避的前沿问题。本章在介绍衍生金融工具会计的发展历程的基础上,简要介绍衍生金融工具会计核算的基本理论和主要衍生金融工具的核算方法,旨在让读者对衍生金融工具会计有初步的了解,并为进一步学习这方面的知识奠定良好的基础。

第一节　衍生金融工具的基本概念

要研究衍生金融工具的会计核算,首先必须理解什么是衍生金融工具,它有哪些主要特征,以及其主要功能如何。本节将针对这些问题作最简要的介绍。

一、衍生金融工具的定义

衍生金融工具(financial derivatives)又名金融衍生工具、衍生金融商品、金融派生品等。迄今为止,衍生金融工具的发展已有几十年的历史,但学术界对于什么是衍生金融工具这一问题仍然存在较大的争论。衍生金融工具的定义也有多个版本。

美国经济学家弗兰克·法伯齐在《资本市场:机构与工具》一书中指出:"一些合同给予合同持有者某种义务或对某一种金融资产进行买卖的选择权。这些合同的价值由其交易的金融资产的价格决定,相应的这些合约被称为衍生工具。"

1994 年 8 月,国际互换和衍生协会在一份报告中提出:"衍生品是有关互换现金流量和旨在为交易者转移风险的双边合约。合约到期时,交易者所欠对方的金额由基础商品、证券或指数的价格决定。"

国内学者对衍生金融工具的概念也存在多种理解。周立认为:"金融衍生工具是指以另一金融工具的存在为前提,以这些金融工具为买卖对象,价格也由这些金融工具决定的金融工具。”王建国认为：“衍生金融商品是以货币、债券、股票等传统金融商品为基础，以杠杆或信用交易为特征的金融工具，它既指一类特定的交易方式，也指由这种交易方式形成的一系列合约。”

借鉴上述观点，我们认为衍生金融工具是合约，这种合约使交易对手的一方在未来对某种基础资产有一定的债权和相应的义务。从更广义的角度看，衍生金融工具是一种双边合约或付款交换协议，其价值源于或派生于有关基础资产的价格及价格的变化。

二、衍生金融工具的性质、特点和功能

（一）衍生金融工具的基本性质

从衍生金融工具的定义出发，容易发现它具有三个基本的性质：

1. 衍生金融工具以传统金融工具为基础

传统金融工具是在衍生金融工具产生以前就长期存在的各种金融工具，包括货币、外汇、银行存单、商业票据等。随着金融市场的发展，市场主体对金融工具的需求逐步多样化。传统金融工具难以满足市场对金融工具的新需求和特殊需求。这一背景推动了金融创新，成为了衍生金融工具产生的直接动力。在传统金融工具基础上，金融市场的各类参与者迅速适应市场需求的变化，充分运用衍生技术，开发出多样化的衍生金融工具。但是，衍生金融工具仍然是以传统金融工具为基础，是在前者基础上衍生出来的各种形式的金融合约，或者是传统金融工具的各种组合。无论衍生金融工具的形式如何多样化，其产生和发展都不同程度地依赖于传统金融工具。

2. 衍生金融工具着眼于未来的某种结果

虽然衍生金融工具要以传统金融工具为基础，但与之有关的交易却是着眼于未来，而不是当前。传统金融工具的交易可能在未来导致某种结果，但交易者事先并不能确切地知道会出现何种结果。交易发生时，未来的盈亏具有随机性，盈亏的准确数额只有在未来才能准确地确定。衍生金融工具的交易正是基于这种未来可能出现的结果，并基于不同的结果而赋予交易者不同的权利和义务。衍生金融工具正是旨在约定这些权利义务的一种契约。

3. 衍生金融工具具有明显的杠杆效应

在衍生金融工具交易中，交易者只需支付少量的保证金就能够交易衍生金融工具。市场参与者的决策是基于对未来市场行情的预测，并根据不同的预测结果决定是否参与交易、参与何种交易以及把多少资金投入交易。这种交易与普通商品劳务以及传统金融工具的最大区别在于，参与者只要投入少量资金就能够进行几十倍金额的衍生金融工具交易，可以通过交易实现以小博大。这种特性即衍生金融工具的杠杆效应。

（二）衍生金融工具的特点

1. 构造的复杂性

如前所述，一种衍生金融工具往往要涉及两种或两种以上的传统金融工具，是这些传统工具的某种组合。根据衍生金融工具与传统金融工具的关系不同，又可将其划分为基本衍生工具和再衍生工具。前者是传统金融工具的组合，而后者是基本衍生工具的再组合。不难看出，基本衍生工具的复杂性超过传统金融工具，而再衍生工具由于进行了二次组合，其复杂性远远超过传统金融工具和基本衍生工具。随着衍生金融工具的快速发展，仅靠人们的经验进行组

合已难以满足金融市场的要求。衍生金融工具的设计已开始大量运用人工智能、计算机技术和自动化技术。这些技术的运用又进一步增加了其构造的复杂性。

2. 交易的低成本性

由于具有明显的杠杆性，交易者可以通过参与衍生金融工具的交易，以很低的交易成本实现规避风险或投机获利的目标。例如，投资者如果希望通过股票交易赚取利润，必须要有一定的资金实力才能购进股票。资金实力较弱的投资者即使发现了很好的盈利机会，由于资金不足，也难以购进大量股票，从而丧失这种机会。然而，作为衍生金融工具的股票指数期货则与此不同。投资者购买各种衍生金融工具，只需付出比购买某种股票少得多的资金就能抓住相应的投资机会。

3. 设计的灵活性

衍生金融工具的产生源于一定的市场需求。从它产生的第一天开始，这种需求就不是单一的需求，而是高度多样化的需求。这一点决定了衍生金融工具的设计也具有高度的灵活性，旨在满足不同市场参与者多样化的需求。同样是参与衍生金融工具交易，有的参与者是为了保值避险；有的是为了投机盈利；有的是为了套取无风险的额外利润。针对不同的交易目的，衍生金融工具的设计者必须坚持灵活多样的原则才能满足交易者的不同需求。衍生金融工具可以根据不同参与者在时间、杠杆率、风险程度和价格参数上的不同需求而进行设计、组合和拆分。

4. 经济形态的高度虚拟性

市场经济条件下，金融活动既依赖于实体经济，又相对独立于后者。金融交易主要表现为虚拟资本的循环运动。传统金融工具的交易属于金融交易，它与实体经济的交易相比本来就具有明显的虚拟性。然而，衍生金融工具又是传统金融工具的组合，甚至其他衍生金融工具的再组合，它与实体经济的联系变得更为间接。在权利义务上，甚至很难看出一些新型衍生金融工具与实体经济的联系。因此，衍生金融工具不仅在经济形态上具有虚拟性，其虚拟程度还远远超过传统金融工具和金融交易。

(三) 衍生金融工具的功能

衍生金融工具的功能包括定价、规避风险、盈利和资源配置等方面。首先，市场交易者根据其掌握的市场信息和对未来的预期，反复参与衍生金融工具的交易，并在市场中形成衍生金融商品的供求关系，通过供求关系形成衍生金融工具的价格。其次，市场中不同的参与者具有不同的交易目的。有的是为了规避风险，而有的是为了投机牟利。衍生金融工具交易市场为两种类型的交易者提供了实现其目的的机会。第三，在价格发现机制的作用下，衍生金融工具交易可以使社会资金从低利润的部门流向高利润的部门，从而提高资金资源的利用效率，有利于实现资源的优化配置。

三、衍生金融工具的主要类型

根据不同的分类标准，衍生金融工具可以分为若干种类型，常见的分类方法主要有三种。

(一) 按交易方法不同分类

这种分类是各种分类法中最基本的一种。按交易方法不同，衍生金融工具可以分为金融远期(forwards)、金融期货(financial futures)、金融期权(financial options)和金融互换(financial swaps)四种类型。金融远期是指合约双方同意在未来某一特定日期按双方约定的价格交换金融资产的合约,主要类型有远期利率协议、远期外汇合约和远期股票合约等。金融期货是指买卖双方在有组织的交易所内以公开竞价的形式达成的、约定在未来某一特定时间交割标准数量的特定金融工具的协议,主要类型有货币期货、利率期货和股票指数期货。金融期权是指合约双方按约定价格,在约定的时期内就是否买卖某种金融工具所达成的契约,包括现货期权和期货期权。金融互换是指两个或两个以上的交易者按照其共同商定的条件,在约定时间内,交换一定支付款项的金融交易,如货币互换和利率互换。

(二) 按相关传统金融工具的不同分类

衍生金融工具需要直接和间接地以一定的传统金融工具为依托。根据与衍生金融工具相关的传统金融工具的不同,可以把前者分为股权式衍生金融工具(equity derivatives)、货币衍生金融工具(currency derivatives)和利率金融衍生工具(interest derivatives)。股权式衍生金融工具是指以股票或股票指数为基础的衍生金融工具,主要类型有股票期货、股票期权、股票指数期货、股票指数期权,以及以这些合约为基础的混合交易合约。货币衍生金融工具是指以各种货币为基础的衍生金融工具,主要类型有远期外汇合约、货币期货、货币期权、货币互换以及这些合约的混合交易合约。利率衍生金融工具是指以利率或利率的载体为基础的衍生金融工具,常见类型有远期利率协议、利率期货、利率期权、利率互换以及这些合约的混合交易合约。

(三) 按交易性质的不同分类

按交易性质的不同,衍生金融工具可以分为远期类工具(forward-based derivatives)和选择权类工具(option-based derivation)。远期类工具是交易双方的风险收益对称的衍生金融工具,即双方均承担在未来某一日期按特定条件进行交易的权利和义务。典型的有远期合约(如远期外汇合约和远期利率协议)、期货合约(如货币期货、利率期货和股票指数期货)以及互换合约(如货币互换、利率互换)。选择权类工具则是交易双方风险收益不对称的衍生金融工具,即合约的买方享有不执行合约的权利,但合约卖方却要在买方选择履行合约时承担执行合约的义务。典型的有期权合约(如货币期权、利率期权、股票期权和股票指数期权),以及认股权证、可转换债券、利率上限、利率下限和利率上下限等期权衍生形式。

第二节 衍生金融工具会计的发展

一、衍生金融工具会计的产生

(一) 商品期货与衍生金融工具会计

金融期货是衍生金融工具一种重要的早期形式。虽然其交易对象不同于商品期货,但金融期货合约和商品期货合约在权利义务上极为类似。衍生金融工具会计的发展在很大程度上借鉴了商品期货会计的思想、理论和方法。会计学界一般认为,商品期货会计是衍生金融工具会计的重要渊源,两者在内容上具有高度的一致性。因此,考察衍生金融工具会计应当从商品期货的会计核算出发。

1. 远期合同交易与相关会计核算

商品期货交易是在远期合同交易的基础上发展起来的,远期合同交易是商品期货交易的前身和基础。早在公元前的希腊和罗马,就有了简单的远期合同交易。1570 年,英国伦敦开设了世界上第一家交易所,从事先签合同后交割的远期交易。1730 年,日本大阪创办了专门进行大米远期合同交易的"米相场";同一时期,荷兰的阿姆斯特丹也建立了远期合同交易的粮谷交易市场;比利时的安特卫普也出现了咖啡远期合同交易市场。

当远期合同交易发展到一定程度,相关的会计核算问题就产生了。在这种交易方式中,交易双方要在合同中订明交易商品的数量、品种规格、价格、付款方式、交货时间等,交易双方需要按合同的规定履行交付商品或支付货款的义务。合同成立后,购货方一般需要向销货方预付一定数额的定金。这样,一方向另一方预付定金就会形成一定的债权债务关系,买卖双方均须对其进行会计处理。于是,对预收和预付定金的会计计量和记录就成为了商品期货会计的萌芽。

2. 商品期货会计的产生

随着交易规模的扩大、交易品种的增加以及世界市场的形成,远期合同交易逐步走向标准化;远期交易逐步从不规范走向规范,从场外走向场内,交易合同也逐渐成为标准化的商品期货合约。原来的远期合同交易最终转化为商品期货交易。1848 年,美国芝加哥建立起专门从事谷物期货合同交易的芝加哥商品交易所,标志着现代商品期货市场的正式建立。此后,由于交易场所日渐规范,交易目的日趋复杂,交易次数日益频繁,进而更需要进行适时的会计计量和记录,并及时反映盈亏。这种需求推动了商品期货会计的产生。商品期货会计的目标是通过一定的程序和方法,定期为各种信息使用者提供从事期货交易活动所需要的定量化财务信息。按照会计主体不同,商品期货会计可以分为期货交易所会计、期货经纪公司会计和从事交易的企业会计。期货交易所会计和期货经纪公司会计在确认、计量、记录和报告等环节均未突破传统的会计理论和方法体系。但是,从事期货交易的企业会计却面临一些在传统会计理论和方法体系的框架内无法解决的问题。例如,开新仓时是否对期货合约的金额进行核算?是否对未平仓合约的浮动盈亏进行核算?这些问题很快成为商品期货会计关注的焦点。从美国的商品期货会计准则来看,其规范的对象主要是从事商品期货交易的企业,并把重点放在未平仓合约的浮动盈亏及平仓后盈亏如何核算等方面。

3. 金融期货会计的产生

20 世纪 70 年代以来,以金融商品为标的的转移风险的保值类工具,如货币期货、利率期货等金融期货不断地被开发出来。金融期货沿袭了商品期货的保证金交易方式及套期保值和投机获利的功能,其合同形式也是高度标准化的。继金融期货之后,在传统的商品期权和平行贷款的基础上,又分别衍生出金融期权和金融互换等新的金融工具。与金融期货相比,金融期权、金融互换更具有灵活性,其发展速度也更快。

金融期货、金融期权和金融互换等衍生金融工具虽然与商品期货有很大区别,但两者仍具有两个共同的特征:一是它们在本质上均为一种合约,正是这些合约构成了各类衍生金融交易的交易对象;二是合约所涉及的交易均为"未来时"的交易。因此,商品期货所引发的会计问题与衍生金融工具会计无论在理论上还是在实践上,都具有很大的兼容性。在核算内容上,衍生金融工具会计和商品期货会计的内容较为接近,主要包括保证金的核算、交易费用的核算、合约金额的核算、持仓合约浮动盈亏的核算、平仓盈亏的核算等,其中,最关键的是合约金额的核算和持仓合约浮动盈亏的核算。

(二) 衍生金融工具的早期会计准则

由于衍生金融工具会计大量借鉴了商品期货会计的内容,与之有关的会计准则也和商品期货会计准则密切相关。早在1984年,美国财务会计准则委员会(FASB)就发布了第80号准则公告(SFAS No. 80)《期货合约会计》。该准则着重规范了期货合约市价变化的核算问题,并明确指出期货会计的基本问题是如何正确地反映两类不同交易目的的交易,即投机和套期保值交易在核算上的区别。

随着外汇期货等衍生金融工具的发展,这些新兴金融工具所带来的表外风险越来越受到人们的关注。1990年3月,FASB发布了SFAS No. 105《具有表外风险和具有集中信用风险的金融工具的信息披露》。该准则给出了金融工具的定义,成为关于衍生金融工具信息披露的最初规范。但是,SFAS No. 105只是一项关于衍生金融工具信息披露的准则,它并未涉及衍生金融工具的确认和计量问题。随后,FASB相继于1991年2月和1994年10月分别发布了SFAS No. 107《金融工具的公允价值》和SFAS No. 119《衍生金融工具的披露和金融工具的公允价值》。上述准则均未突破对衍生金融工具进行表外披露这一制度范畴,并没有将SFAS No. 80的有关规定延续到衍生金融工具的确认和计量当中。尽管如此,FASB早期所发布的这些准则标志着衍生融工具会计问题的正式提出,并为此后解决衍生金融工具的确认和计量问题奠定了很好的基础。

二、衍生金融工具会计的发展历程

在衍生金融工具会计准则制定方面,美国财务会计准则委员会在国际会计界一直处于先导地位。考察衍生金融工具会计的发展历程,首先需要了解该委员会在这方面所做的工作。

(一) 美国会计准则的制定和发展

1. 20世纪80年代初的会计准则

20世纪80年代初,一些新兴的金融工具交易如外汇远期合约交易、商品期货交易开始活跃在美国的资本市场。为了规范这些新兴金融工具所引发的会计问题,FASB于1981年12月发布了第52号财务会计准则公告(SFAS No. 52)《外币折算》。该准则在规范外币折算汇率选择的基础上,对外汇远期合约的会计处理作出了规定;1984年8月,FASB发布了第80号公告《期货合约会计》,该准则从不同的交易目的出发,对商品期货市场中套期保值合约和投机合约的会计处理和报告分别作出了规范。这些准则所蕴涵的思想和所提出的方法,为后来衍生金融工具会计准则的产生和发展奠定了很好的基础。但是,它们仅仅属于规范外汇远期交易和商品期货交易的准则,还算不上严格意义上的衍生金融工具会计准则。

2. 20世纪90年代初的会计准则

随着金融期货、期权、货币互换等衍生金融工具在资本市场的兴起和发展,对衍生金融工具表外风险的披露和监管日显重要。为了适应这一变化,1990年3月,FASB发布了SFAS No. 105《具有表外风险和具有集中信用风险的金融工具的信息披露》,该准则给出了金融工具的会计学定义,并认为金融工具的风险包括信用风险、市场风险、丢失或自然毁损风险;在此基础上,准则对具有表外风险的金融工具的范围、性质和条款的揭示等分别作出了规定。1991年12月,FASB又发布了SFAS No. 107《金融工具公允价值的披露》,该准则认为金融工具的公允价值是交易双方在自愿的基础上，对金融工具进行交易时所采用的价格，而非强迫的或清算的出售价格；如果一项金融工具有适用的市场价格，该金融工具的公允价值应是交易数量与市价的乘积。SFAS No. 107 要求，不论该金融工具是否已在资产负债表中确认，交易者均应对所有金融工具的公允价值予以揭示；揭示的内容不仅包括金融工具公允价值本身，还应包括公允价值确定的依据、方法和相关的重要假设。

在 SFAS No. 107 发布之后，批评者认为该准则对衍生金融工具作为有效的风险管理手段重视不够，并明确提出，不充分的财务报告将会妨碍会计报表在不确定性环境下所起的作用。美国 SEC、国会议员以及其他一些人士开始强烈要求 FASB 迅速处理这一领域的财务报告问题。迫于经济环境发展的需要和各方面的强烈要求，FASB 开始把主要精力转移到衍生商品和避险活动会计准则的制定上来。1994 年 10 月，FASB 发布了 SFAS No. 119《衍生金融工具的披露和金融工具的公允价值》，该准则修正了 SFAS No. 107 和 SFAS No. 105。准则用列举的方式给出了衍生金融工具的定义，认为衍生金融工具是指期货、远期、期权、互换及具有类似特征的其他金融工具，并从用于交易目的的衍生金融工具和用于非交易目的的衍生金融工具两个角度，对衍生金融工具的信息披露作出了规定。SFAS No. 119 在衍生金融工具和金融工具公允价值的披露方面，较之以前的准则明显地前进了一大步。但是资本市场迅速发展的要求把衍生金融工具内业务尽可能纳入财务报表之中，而不是只在财务报表的附注中加以反映。SFAS No. 119 对这一要求的重视程度远远不够。

3. 20 世纪 90 年代后期的会计准则

1996 年 6 月，FASB 公布了题为《衍生商品和类似金融工具以及对避险活动的会计处理》的征求意见稿。这份征求意见稿引起了人们的广泛关注。在充分吸收各方面意见并经过反复修改后，FASB 于 1998 年 6 月发布了 SFAS No. 133《衍生工具和套期保值活动会计》。SFAS No. 133 是 FASB 在吸收了 IASC 和英国、加拿大、澳大利亚等国经验的基础上，结合自己的长期研究和探讨所形成的一项成果，它初步解决了财务会计中的一大难题。SFAS No. 133 的基本观点和突破主要体现在以下几个方面：①衍生金融工具代表了符合资产或负债定义的权利或义务，因而应当在财务报表中予以报告。②公允价值是对金融工具最相关的计量属性，而且对衍生金融工具来说，可能是唯一相关的计量属性。衍生金融工具应当按公允价值计量，套期保值项目则按账面价值调整，它应当反映套期保值交易公允价值变化所形成的利得或损失，这些利得或损失产生于套期保值活动生效之后，从而可归属于套期保值活动产生的风险。③只有交易形成的金融资产或金融负债才应当在财务报表中报告。④计划列为套期保值项目所应提供的专门会计处理仅限于合格的项目，此处“合格”的含义是存在着风险的避险交易期满时，可预期用于有效对抵公允价值或现金变动的一项评估。

（二）国际会计准则的制定和发展

国际会计准则委员会（International Accounting Standards Committee，IASC）关于衍生金融工具会计准则的制定包括两个阶段：一是以 IAS No. 32 为标志的披露和列报阶段；二是以 IAS No. 39 为标志的确认和计量阶段。

1. 披露和列报阶段

1988 年 6 月，国际会计准则委员会在加拿大特许会计师协会（CICA）的建议下，成立了一个由美国、加拿大、澳大利亚、法国、日本、意大利和英国的专家组成的项目指导委员会，开始研究金融工具会计准则的制定问题。1991 年 9 月,IASC 发布了 IAS 第 40 号征求意见稿(E40)《金融工具会计》,广泛征求各方面的意见;1994 年 1 月,IASC 在修订第 40 号征求意见稿的基础上,又发布了 IAS 第 48 号征求意见稿(E48)《金融工具》,全面取代了 E40。

衍生金融工具会计确认一直面临一个很大的障碍:它们形成的金融资产和金融负债均不是由于过去的交易所引起的,不符合资产和负债这两个财务报表要素的定义。IASC 回避了与此有关的争论,借鉴 60 年代会计学界对融资租赁中应付租金的资本化问题的处理方法,把衍生金融工具所代表的远期合约视为一种特殊性质的履行中的合约,并在 E48 中为衍生金融工具制定了特殊的初始确认和终止确认的标准。

在 E48 中,IASC 认为衍生金融工具总是与风险和报酬息息相关的,而风险和报酬应是指未来经济利益的流入和流出,它不是以过去发生的交易事项为基础,而是以签订合约为起点,这就为初始确认奠定了理论基础。相应地,也就应该为其制定终止确认的标准。IASC 在 E48 中分别为衍生金融工具的初始确认和终止确认提出了两条标准。初始确认的两项标准是:①与资产或负债相关的所有风险和报酬,实质上已全部转移给本企业;②企业所获资产的成本或公允价值,或预估负债的金额能可靠地加以计量。终止确认的两项标准是:①与资产或负债相关的所有风险和报酬,实质上已全部转移给其他企业,且其所含风险和报酬的公允价值能可靠地加以计量;②合约中约定的基本权利或义务已得到履行、解除、注销或到期作废。

上述确认标准在实务中应用的关键在于,对与金融资产和负债相关的所有风险和报酬实质上已全部转移和其价值能可靠地加以计量,应该如何作出具体的判断?因为对某些衍生金融工具来说,例如用于套期保值的期货合约,就可以作出相关风险和报酬实质上已全部转移的判断,其成本或公允价值也能可靠地加以计量,因此就符合初始确认的两项标准。但对另一些衍生金融工具来说,例如用于投机的期货合约以及期权和货币互换合约,尽管其公允价值能可靠地计量或采用适当的手段替代计量,但在签约时乃至履约前,都很难判断其相关的风险和报酬实质上是否已经转移,或者只是部分地转移,因此合约本身往往仍被排除在确认之外。

衍生金融工具会计准则的制定还面临的另一个障碍——计量问题。很明显,历史成本原则难以用于计量衍生金融工具所导致的未来经济利益的流入和流出。对此,美国 FASB 强调应使用公允价值的观点。而 IASC 在 E48 中却指出,对于金融工具的计量,既可以采用历史成本,也可以采用公允价值,选择的依据要视企业是否打算长期持有此项金融工具,或持有至到期日,或是否把此项金融工具用于套期保值。IASC 还提出了较为具体的计量方法选择标准。

但是,这些标准和计量方法受到了较多的指责。为此,IASC 决定将金融工具会计准则一分为二,即先解决其披露和列报问题,然后再解决其确认和计量问题。在这一思想的指导下,IASC 于 1995 年 6 月发布了 IAS No. 32《金融工具:披露和列报》。在 IAS No. 32 中,IASC 指出,国际金融市场的活跃导致了多种金融工具的广泛应用,既包括传统的金融工具如债券等,也包括各种形式的衍生金融工具如利率互换等。IAS No. 32 的目的在于增强财务报告使用者对于资产负债表内和资产负债表外金融工具对企业财务状况、经营业绩和现金流量重要影响的理解。IAS No. 32 规定了某些资产负债表内金融工具的列报要求,并明确了资产负债表内(已确认)及资产负债表外(未确认)金融工具所应披露的信息。此外,IAS No. 32 还鼓励披露关于企业所使用的金融工具的性质、范围、商业目的、与之相关的风险、管理当局控制这些风险所采用的政策等方面的信息。

2. 确认和计量阶段

1995 年 7 月，IASC 与证券业国际组织（IOSCO）达成一致意见，IASC 同意于 1998 年 4 月之前完成一套综合性的金融工具会计准则，作为跨国公司上市时采用。1997 年 3 月，IASC 发布了一项以《金融资产和金融负债会计》为题的讨论稿，但是在讨论的过程中，有关各方对该稿中提出的以公允价值计量金融资产和金融负债还是产生了较大的分歧。这使得 IASC 意识到，要在 1998 年 4 月之前完成一项以讨论稿为基础的综合性的金融工具会计准则是不可能的。

1997 年 10 月，IASC 决定一方面成立一个包括 13 个国家会计准则制定者在内的金融工具会计准则联合工作组，继续研究综合性金融工具会计准则的制定问题；另一方面采取过渡的办法，就金融工具的确认和计量制定一项暂行规定，作为跨国公司上市时采用的核心准则，以遵守与证券业国际组织商定的时间表。该暂行规定以美国 FASB 发布的金融工具会计准则为基础，同时考虑 IAS 的文字和行文方式。1998 年 6 月，IASC 发布了 IAS 第 62 号征求意见稿（E62）《金融工具的确认和计量》，而此时美国 FASB 的 SFAS No. 133 业已发布，这为 IAS E62 的讨论奠定了很好的基础。1999 年 3 月，IASC 在广泛征求意见的基础上，发布了 IAS No. 39《金融工具：确认和计量》，初步完成了其在金融工具会计准则方面的总体规划。在 IAS No. 39 中，IASC 明确提出了金融工具的概念，并对金融资产和金融负债的初始确认及终止确认条件分别作出了规定。初始确认的条件是：当且仅当成为金融工具合约条款的一方时，企业应在其资产负债表上确认金融资产或金融负债。金融资产终止确认的条件是：当且仅当对构成金融资产或金融资产的一部分的合约权利失去控制时，企业应当终止确认该项金融资产或该项金融资产的一部分；如果企业行使了合约中规定的获利权利，或这些权利逾期或企业放弃了这些权利，则表明企业对这些权利失去了控制。金融负债终止确认的条件是：当且仅当金融负债或金融负债的一部分消除时，也就是说，当合约中规定的义务解除、取消或逾期时，企业才能从资产负债表上将其注销。

IAS No. 39 对金融资产和金融负债的初始计量和后续计量分别作出了规定。初始计量的规定是：当金融资产和金融负债初始确认时，企业应以其成本进行计量。就金融资产而言，成本是指放弃的对价的公允价值；就金融负债而言，成本是指收到的对价的公允价值。交易费用应计入各金融资产和金融负债的成本。金融资产后续计量的规定是：初始确认后，金融资产应分为四类，即①企业发起但不是为交易而持有的贷款和应收款项；②持有至到期日的投资；③可供出售的金融资产；④为交易而持有的金融资产。其中，第①、②两类金融资产在初始确认后，应运用实际利率法，按摊余成本计量；其他两类金融资产在初始确认后，应以公允价值计量，销售或其他处置时可能发生的交易费用不需抵扣。

此外，被指定为被套期项目的金融资产，应按有关套期保值会计的规定进行后续计量；在活跃的市场上没有标价且其公允价值不能可靠地予以计量的金融资产，应按有关估计公允价值的规定估计其公允价值并予以计量。IAS No. 39 还要求对所有的金融资产在会计期末进行减值检查。如果金融资产的账面价值大于其预计可收回金额，则表明该项金融资产发生了减值。企业应在每个资产负债表日进行评价，以判断是否存在客观证据表明某项资产或某组资产可能发生减值，如果存在这种证据，则企业应估计该项资产或该组资产的可收回金额，并按规定确认减值损失。

(三) 我国会计准则与衍生金融工具

改革开放以来,我国会计准则逐步走上了国际化之路,并不断与国际会计准则接轨。但在较长时间内,衍生金融工具交易在商业银行等金融机构的业务中所占比例不大,其会计处理问题一直未在会计准则中得以明确规范。随着金融业对外开放程度的提高,这一问题变得日益不可回避。在2006年2月颁布的《企业会计准则》中,与衍生金融工具有关的会计处理问题得到了较为明确的规范。该准则中的四项内容,即《企业会计准则第22号——金融工具确认与计量》、《企业会计准则第23号——金融资产转移》、《企业会计准则第24号——套期保值》、《企业会计准则第37号——金融工具列报》与衍生金融工具密切相关,对衍生金融工具会计确认和计量的许多问题提出了基本原则和具体方法。《企业会计准则》在衍生金融工具会计核算上的突破主要表现在三个方面:

一是明确界定了衍生金融工具。传统会计制度并没有给予衍生金融工具明确定义,而新企业会计准则中明确界定衍生金融工具是价值随特定利率、金融工具价格、商品价格、汇率、价格指数、费率指数、信用等级、信用指数或其他类似变量的变动而变动,不要求初始净投资或要求很少初始净投资,在未来某一日期结算的金融工具或其他合同。

二是引入公允价值计价。公允价值的引入是新企业会计准则最大的亮点,也是我国会计准则与国际趋同的一个重要标志。按照新企业会计准则的要求,衍生金融工具应当按公允价值进行初始计量,除非有确凿依据被指定为套期工具,否则应按公允价值进行后续计量,已实现和未实现的收益或损失均确认为当期损益。公允价值是衍生金融工具唯一相关的计量属性,公允价值的引入为衍生金融工具在表内反映打下了坚实的基础。

三是将衍生金融工具纳入表内,作为交易性金融资产或负债核算。新企业会计准则提出的金融资产、金融负债的定义,将金融资产分为四类,金融负债分为两类,充分考虑到合同的权利和义务,不再局限于过去的交易事项,而是以实质重于形式为原则把大部分衍生金融工具作为交易性金融资产或负债纳入资产负债表以内反映,突破了传统的资产和负债的定义限制。

第三节　衍生金融工具会计的主要问题

衍生金融工具的产生提出了许多亟待解决的新问题,对传统会计理论与实践形成了明显的挑战。会计要素的传统概念受到冲击,并由此而产生了会计要素确认、计量和报告中的许多新问题。

一、衍生金融工具对会计要素概念的影响

衍生金融工具对会计要素的传统概念形成了较大的冲击,这主要体现在资产和负债两个静态要素上。传统财务会计理论认为,资产是因过去的交易或事项引起的、由企业拥有或控制的、并能给企业带来未来经济利益的经济资源;负债是因过去交易或事项而产生的企业的现时义务,这项义务的了结会引起企业经济利益的流出。资产和负债都是由于过去发生的交易或事项所产生的。而衍生金融工具的特点之一就是合约所体现的交易并未发生,而是在未来发生。它们以合约为基础,在合约签订后,合约双方的权利和义务便基本确定,虽然没有实际的款项支付或只有少量款项支付,但双方在合约开始生效后,便享受某种权利或承担某种义务。按现行标准,这些权利或义务并不属于资产或负债。

会计学界为解决上述问题做了大量工作，并在理论上有了较大的突破。国际会计准则委员会以及金融工具指导委员会对此做了先驱性的工作，提出了金融资产、金融负债和权益性工具等几个新概念。而美国财务会计准则委员会则试图绕开以往强调的“过去交易和事项”，着眼于“未来经济利益或损失”，从“资产和负债分别代表着一定的未来经济利益或损失”的角度定义衍生金融工具的资产与负债的性质。当衍生工具处于盈利头寸时，可以向合约的另一方收取现金、其他金融资产或非金融资产，这就代表了一定的未来经济利益。而当衍生工具处于亏损头寸时，则需要向另一方交付现金、其他金融资产或非金融资产，这也代表了一定的未来经济损失。但是，这些努力都没有从根本上消除衍生金融工具与传统财务会计要素概念的矛盾，并不能从根本上改变其不符合传统财务会计要素概念的事实。

二、衍生金融工具对传统财务会计要素确认的影响

传统财务会计要素的确认以“权责发生制”和“实现原则”为基础。会计是基于已经发生的交易或事项，强调确认的时点选择，而忽略收益实现的过程。传统财务会计要素一旦确认，一般不进行二次确认。但是，衍生金融工具从“合约”签订到“合约”完成之间存在时间差。在这个时间差内，“合约”虽未完成，但由于比率、利率的变动与该合约相关的风险和报酬实质上已转移，“合约”的价值将发生巨大变动。这些变动甚至有可能对企业财务状况和经营成果构成重大影响。此外，尽管衍生金融工具合约的签订，会给企业带来一定的权利或义务，但这些权利或义务所引起的未来经济利益的流入或流出却具有较大的不确定性。因此，衍生金融工具交易所产生的权利或义务不能予以确认。

衍生金融工具在传统会计理论的指导下不被确认，只是在报表附注中加以说明。但衍生金融工具所涉及的权利或义务，又会对投资者的盈亏造成重大影响。如果不确认和列报衍生金融工具价值的变化，报表使用者就无法及时、充分掌握企业从事衍生金融工具业务的实际情况，无法了解衍生金融工具对企业损益的影响。突破传统会计理论对于会计要素的定义和理解，把衍生金融工具由表外“游荡”转为表内“确认”，已经成为会计界的必然选择。

为了能够确认衍生金融工具，国际会计准则委员会给出了对衍生金融工具的初始确认和终止确认的标准，并规定“企业在其成为合同的缔约方时，无论涉及何种金融工具，都要确认金融资产或金融负债”。美国财务会计准则委员会还认为：由于汇率、价格等因素变动所引起的衍生金融工具公允价值“量”的变动需要再确认。虽然这部分价值的增减不能作为资产或负债处理，但是只要其变动的金额可以可靠地计量，就应根据具体情况，分别确认为变动期间的盈利。但这些解释只能暂时缓解衍生金融工具与传统会计确认标准的矛盾，并未能将所有财务会计要素的确认标准统一起来，也就必然带来资产负债表不同项目确认规则和确定口径的不一致，为报表使用者理解财务会计报表设置了障碍。

三、衍生金融工具对会计计量的冲击

国际会计准则委员会在其《编报财务报表的概念框架》中给“计量”下的定义是：计量是在资产负债表或收益表中决定已确认报表项目的货币金额的过程。也正是在这一理论的指导下，长期以来历史成本一直以其客观性、可验证性而成为会计理论界和实务界广为接受的计量基础。在历史成本会计模式下，财务会计要素以交易发生时所付出的原始成本即历史成本作为计量属性，并维持这个属性，一直到相应的资产已耗用或销售，或负债已经清偿为止。

应该说，历史成本原则在20世纪70年代因通货膨胀而受到较大的冲击。衍生金融工具交易出现之后，这一原则再一次受到冲击。众所周知，会计计量和会计确认是密切联系在一起的，计量在很大程度上要受到确认的制约。在FASB和IASC将衍生金融工具交易通过金融资产和金融负债予以确认后，对这类交易的计量问题也就随之提上了日程。

衍生金融工具的计量主要包括初始计量和后续计量两个方面。如果解决了衍生金融工具的确认问题，那么，其初始计量的金额并不难解决。以金融期货合约为例，其初始的金融资产或金融负债的计量金额通过"合约标的的数额×交易价格×合约数"即可确定下来，这一金额与历史成本的概念较为接近。但是，衍生金融工具交易从合约的签订到对冲或交割，都要经过一个或长或短的时间过程。在这一过程中，衍生金融工具的市场价值总是在不断地变化着，此时对交易者来说是盈利，彼时却可能是亏损甚至是巨额的亏损。显然，这种合约市价的变动在以历史成本为计量属性的计量模式下根本无法反映出来，这便是衍生金融工具的后续计量问题。后续计量要求我们要重新确立一种非历史成本的计量属性，以便及时反映合约市价的变动，揭示衍生交易的风险。

鉴于衍生金融工具与金融市场密切相关，其合约价值随市场行情的变化而变化，因此，以报告日的公允价值取代历史成本，便成为衍生金融工具后续计量的必然选择。如果能获得有关交易的市场价格，就应以此作为公允价值；如果有两个或两个以上的市场价格，公允价值应是从有效市场上得到的价格。但是，并非所有的衍生金融工具都能在有效的市场上进行交易，对于这些金融工具来说，其公允价值的选择仍是一个难题。

除计量属性本身的选择外，如何处理后续计量中因公允价值变动带来的损益，也是衍生金融工具会计和传统会计理论的一大分歧。按照传统会计理论的理解，衍生金融工具后续计量中因公允价值变动带来的损益并未"实现"。如果要对这类损益进行确认和计量，就必须突破"实现"原则，并反映浮动损益。

四、衍生金融工具对会计报告的影响

传统财务会计确认、计量和记录的目标就是财务报告，即向外界提供合乎要求的会计报表及其附注和说明。财务报告的核心是各种会计报表，报表附注只起到补充说明的作用。很明显，在传统财务会计框架内，报表附注的重要性明显低于会计报表本身，即表外信息的重要性低于表内信息。

然而，衍生金融工具的产生和发展使这一观念受到严峻挑战。例如，美国微软公司，其股票的面值仅为0.1美分，但是该公司的每股市价却曾超过100美元，每股市价是其面值的10万倍，所以，尽管该公司的股票市值已达到数百亿美元，但是从其资产负债表的"表内"信息看，它不过是一个很小的公司而已。而在巴林银行于1995年2月倒闭之前，银行总部的"表内"信息一直显示新加坡分公司里森所在的部门经营业绩良好。以1994年为例，在整个银行的税前盈利2亿英镑中，有4 000万英镑来自于里森所属的部门，而实际情况是，里森的"表外"业务在当年的亏损却高达1.85亿英镑。上述两个例子比较典型地说明了"表内"信息的局限性。所以，既重视表内列报，又重视表外披露，这是财务报告发展的必然趋势。

首先，表内信息需要增加与衍生金融工具有关的内容。由衍生金融工具所产生的金融资产和金融负债有必要在表内列报。其内容有：①合约的金额，在合约买卖双方分别确认为一项金融资产和金融负债；②缴纳保证金的金额和支付期权费的金额，确认为企业的一项金融资产;③上述金融资产和金融负债在报告日的公允价值。

其次,表外信息要更全面、清晰地反映与衍生金融工具有关的各种信息。表外信息的披露要以有助于报告使用者对衍生金融工具的风险作出正确估计和判断为目标。具体来说,表外披露的信息包括六个方面:①衍生金融工具的类别和性质。②合约的金额。③从事衍生金融工具交易的目的。对于每一项衍生金融工具,应说明持有的目的是为了套期保值还是投机,并揭示与持有目的有关的各种信息。④对属于估计的公允价值,应说明其所采用的估计方法及理由。⑤市场价格的预测信息。⑥对企业未来现金流量影响的预测信息。

第四节 主要衍生金融工具的核算

一、股票衍生金融工具的会计核算

股票衍生金融工具,是指以股票为基础工具或以股票指数为标的、应用于股票市场的衍生金融工具,主要包括可转换债券、认股权证、股票指数期货、股票期货、股票期权、股票指数期权及上述合约的混合交易合约。

(一) 可转换债券的会计核算

可转换债券虽然是一种债券,但同时附加了转股权,因而是一种组合金融工具。所附加的转股权相当于股票期权,可归为“嵌入衍生工具”。按照第 39 号国际会计准则,嵌入衍生工具在符合以下条件时,其应与主合约分开,作为衍生工具单独核算:①嵌入衍生工具的经济特征和风险与主合同的经济特征和风险没有密切关系;②与嵌入衍生工具的条款相同的单独工具符合衍生工具的定义;③混合(组合)工具不按公允价值计量,公允价值的变动也不计入净利润(或亏损)。

第 39 号国际会计准则还指出,在“嵌在债务工具中的权益转换特征与主债务工具没有密切关系”的情况下,可视为嵌入衍生工具的经济特征和风险与主合同的经济特征和风险没有密切关系。可见,在符合上述条件的情况下,可转换债券的会计核算,应将其所包含的债务工具与期权工具分别进行确认和计量。

根据国际会计准则的要求,可转换债券中的债务工具和期权工具,对于债券的持有者均属于为交易而持有的金融资产,对于债券的发行者来说则属于金融负债和权益工具,均应在表内确认。另一方面,对于其中的期权工具,当债券持有者行使转股权,或逾期、放弃了转股权时,应当终止确认;可转换债券中的债务工具应在转股、转让或到期时终止确认。

可转换债券在发行或购入时应以实际成本进行初始计量,并将其成本分别在债务工具与期权工具二者之间进行分配。在初次计量后,可转换债券发行方的金融负债按摊余成本进行后续计量,持有方的金融资产按公允价值进行后续计量,按公允价值计量形成的利得和损失应计入当期的净损益。

(二) 股票指数期货的核算

股票指数期货又称股指期货,是以某一股票价格指数作为合约标的物的期货品种,其交易双方通过买卖标准合约,约定在未来某一时间按股票价格指数进行结算。其会计确认和计量原则包括:

(1) 当且仅当企业成为股指期货合约条款的一方时,应在其资产负债表上确认金融资产和金融负债;初次确认时,应根据合约的实际成交价格确认为一项金融资产或金融负债。

(2) 当且仅当企业对股指期货的合约权力失去控制时,企业应终止确认该金融资产。一旦终止确认,应将收到的款项加上前期调整项目之和,与转让的资产账面金额之间的差额计入本期损益。

(3) 当股指期货初始确认时,应以成本对其进行计量;在初始确认后,应以公允价值(一般表现为市价)对其进行计量。

(4) 除了股指期货被用作套期工具以外,由于股指期货公允价值变动形成的损益,应计入变动当期的损益。

(5) 对于作为套期工具的股指期货,其公允价值变动形成的损益应按下列情况处理:①如果是对已持有的股票资产进行套期保值,属于国际会计准则中所称的"公允价值套期",则股指期货公允价值变动形成的损益应计入当期损益;被套期项目由于特定风险(即被保值的风险)形成的利得或损失,也应相应调整被套期项目的账面金额,并立即在当期损益中予以确认。②如果是对未来将进行的股票交易进行套期保值,属于国际会计准则所称的"现金流量套期",则股指期货经确定为有效套期保值的那一部分,应通过权益变动表直接在权益中确认,无效部分的利得或损失立即计入当期损益;在被套期项目实际发生并确认资产或负债时,应将在权益中确认的相关利得或损失转出,计入该资产或负债的初始成本。

(三) 股票期权的核算

股票期权是赋予合约买方在一定时间内,以一定价格买卖一定数量特定股票的权利的衍生金融工具。通常,股票期权的买方为取得这项权利,需要支付一定的权利金,而卖方在收取了权利金后,便承担了依照买方要求随时履约的义务。

经营者股票期权会计所涉及的问题和争论较多,主要包括:股票期权是否需要在表内核算,如果应纳入表内核算,那么补偿费用应于何时确认,如何计量,应分摊到哪些期间,即股票期权的表内核算主要是补偿费用的处理问题。所谓补偿费用,是指公司向经理及员工发放股票期权代替薪金所实际承担的费用,也就是公司接受经理及员工的相应劳务而支付的金额。

关于股票期权是否应纳入表内核算,实际上是衍生金融工具的表内核算问题。第 39 号国际会计准则中指出,当金融期权的持权者或立权者成为该合同的一方时,该金融期权应确认为资产或负债。虽然该准则不直接适用于股票期权,但作为金融期权的一种,股票期权应当按照相同的原则,同其他衍生金融工具一样在表内核算。美国第 123 号财务会计准则公告对此也持同样态度。

在股票期权纳入表内核算的前提下,确认补偿费用的时间至少存在两个日期:期权授予日和期权行使日。要求在期权授予日确认补偿费用的理由,是考虑经理及员工的相应劳务是在期权授予期提供的,补偿费用相当于经理及员工这部分劳务的薪金,按照收入费用配比的原则,其应当在这个日期确认。而要求在期权行使日确认补偿费用的人认为,在期权行使日才能确定公司实际承担的费用,也就是说,公司授予经理及员工的期权只是一项或有负债,只有到行使日才能确知其金额,才能确认。美国第 123 号财务会计准则公告认为,在采用公允价值计量时,补偿费用应于期权赋予日确认;而美国第 25 号会计准则公告认为,补偿费用应在雇员有权认购的股数以及期权或行权价均知道的第一天确认,这一天对于大部分期权来说是期权授予日,而对某些期权来说则是期权行使日。实际上,第 39 号国际会计准则提到的衍生金融工具初次确认时间也有两个:交易日和结算日,这在股票期权中其实是与授予日、行使日相对应的。采用“交易日会计”和“结算日会计”对衍生金融工具进行核算，在国际会计准则中都是允许的。

关于补偿费用金额的确定，美国第 123 号财务会计准则公告进行了讨论，认为股票期权的计量可以采用内在价值或公允价值。内在价值是股票期权的行权价与授予时股票市价的差值。公允价值是股票期权的实际市价，可以采用期权定价模型确定。而使用期权定价模型不但计算复杂，而且模型的运用还要求一定的假设前提，因而相对来说，公允价值计量的难度较大。美国财务会计准则委员会曾试图要求以公允价值进行补偿费用的计量，但由于遭到相当多的反对，因而只在第 123 号准则公告中作出鼓励而不要求运用公允价值的规定。

关于补偿费用的摊销，主要是针对在股权赋予日确认的补偿费用在一定期间内的摊销。美国第 123 号财务会计准则公告要求补偿费用在服务期间摊销。而服务期间的确定同样是一个问题，按照股票期权所规定的有效期也许较为简便，但是否科学还值得研究。

二、利率衍生金融工具的会计核算

利率衍生金融工具的出现是不断进行金融创新的结果，由于利率风险对企业尤其是金融机构的重要性以及利率的随机变化性，使得利用利率衍生金融工具进行利率风险的管理成为企业现实的需要，也使得利率成为金融衍生产品中最为重要的工具之一。利率衍生金融工具，是指以利率或利率的载体（如债券）为基础工具的衍生金融工具，主要包括远期利率协议、利率期权、利率互换、利率期货这四种基本形式以及上述合约的混合交易合约。

（一）远期利率协议的核算

远期利率协议是交易双方或者为规避未来利率波动的风险，或者为在未来利率波动上进行投机的目的而约定的一份协议。本质上说，远期利率协议是在一固定利率下远期对远期贷款，但通常并不会发生实际的贷款交付，只是协议双方期望通过这种方式调整各自面临的利率波动风险。

按照 FASB 和 IASC 对衍生金融工具的认定以及相应的规定，在协议签署的同时，应该同时确认相应的金融资产和金融负债，并按协议的总价款确认远期利率协议的价值。远期利率协议的流动性不强，一般都持有至到期日，初始确认和终止确认都比较简单，所以远期利率协议的主要问题集中在如何确认期间损益。关于这一点 FASB 和 IASC 的规定相同，要求按避险项目和投机项目分别反映，避险项目要求将损益予以递延并反映在被避险项目的收益中，对于投机项目则比较简单，即若有收益就直接计入当期损益。

（二）利率期权的核算

利率期权(interest rate option)是以利率为标的物的金融期权，它赋予购买者在未来的某一时间买入或卖出一定数量利率金融资产的权利。以美国为例，利率期权的标的物有中长期国债、短期国库券、大额存单及各种期限的财政债券的收益率等。

对于期权的会计处理目前仍存在较大的争议。比较有影响的观点是 AICPA 会计准则理事会的几条建议，具体包括：①期权应以市价入账。②就投机性的期权而言，相关市价的调整应立即反映在当期损益中。③符合避险要求的期权，其相关市价的调整应加以递延，并作为被避险项目账面的调整。④期权权利金的确认和列示，可以分为内在价值和时间价值分别列示。

(三)利率互换的会计核算

利率互换(interest rate swaps)于1981年最早出现在伦敦,它主要是固定利率与浮动利率相交换,有时也可以是一种基准利率的浮动利率与另一基准利率的浮动利率相交换。就固定利率与浮动利率相交换而言,它是指双方同意在未来的一定期限内根据同种货币的同种名义本金交换现金流,其中一方的现金流根据浮动利率计算出来,而另一方的现金流则根据固定利率计算。原因在于交易双方在固定利率和浮动利率市场上的比较优势。

利率互换与以上几种避险工具相比,具有很大特色,因此其会计处理也有其特殊之处:

(1) 因为大部分的交换是作为借款协议的必要部分,或是为规避利率风险而签订的,所以利率互换每一次的交换都有真正的现金流量,所以,利率互换在支付和收取利息时,就可以确认损益。而利率互换基本在场外进行,所以公允价值很难确定,所以笔者认为财务报告日不必报告其损益。

(2) 典型的利率互换交易提供了抵消的法定权利,因此,与此有关的应收、应付款都要以净额列示在资产负债表上。

(3) 对于支付给中间商的手续费应在交易期间内加以摊销。

(四) 利率期货的核算

利率期货与远期利率协议的功能基本相同,主要区别在于利率期货在场内进行,必须交纳保证金,由于采用盯市制度,事实上每天都必须确认市场价格变动带来的损益,并按交易所要求补充不足的保证金或可以提取相应的盈利。从会计核算的实务上看,最大的不同来自于利率期货比远期利率协议多了保证金的核算。

三、外汇衍生金融工具的会计核算

外汇衍生金融工具是指以各种货币为基础工具,应用于外汇市场避险、投机或理财的衍生金融工具。外汇衍生金融工具也是最早出现的衍生金融工具,是在金融子市场——外汇市场中规避风险的过程中产生、发展并丰富起来的,它为经营外汇业务的金融机构,持有外汇的公司、个人提供了理想的理财手段,已成为外汇市场的一个重要组成部分。外汇衍生金融工具主要包括外汇远期合约、外汇期货、外汇期权、货币互换及上述合约的混合交易合约。

(一) 外汇远期合约的核算

外汇远期合约是指交易双方约定在未来某一时间以约定汇率买卖一定数量外汇而签订的合约。

按照第39号国际会计准则的要求,外汇远期合约作为衍生金融工具,应当在合约成立后予以确认。在签订合约时,应同时确认应收、应付款项,即同时确认一项金融资产和一项金融负债。该准则还规定了外汇远期合约的具体计量原则,包括:①无论是作为套期工具,还是作为投机工具,外汇远期合约在初次确认时,都应当以实际成本对其进行计量;②对于作为投机工具的外汇远期合约,在初始确认后,应以公允价值对外汇远期合约进行后续计量;③如果外汇远期被指定为已确认的外汇资产、外汇债权债务进行套期保值,则外汇远期合约也应当按公允价值进行后续计量;④如果外汇远期被指定为未来交易进行套期保值,则外汇远期合约也应当按即期汇率进行后续计量。

(二)外汇期货的核算

外汇期货是指交易双方在有组织的交易场所,按照交易规则,通过公开竞价,买卖特定币别、特定数量、特定交割期的标准合约的交易。

按照第39号国际会计准则的要求,外汇期货合约作为衍生金融工具,应当在合约成立后予以确认,在合约"平仓"后终止确认。在会计计量方面,第39号国际会计准则确定的原则是:①无论是作为套期工具,还是作为投机工具,外汇期货合约在初次确认时,都应当以实际成本对其进行计量。②对于作为投机工具的外汇期货合约,在初始确认后,应以公允价值对外汇期货合约进行后续计量。③如果外汇期货被指定为已确认的外汇资产、外汇债权债务进行套期保值,则外汇期货合约也应当按公允价值进行后续计量。④如果外汇期货被指定为未来交易进行套期保值,则外汇远期合约也应当按公允价值进行后续计量,其公允价值的确定同样以远期汇率为准。

(三)外汇期权的核算

外汇期权是赋予合约买方在一定时间内,以一定汇率买卖一定数量特定外汇权利的衍生金融工具。通常,外汇期权的买方为取得这项权利,需要支付一定的权利金,而卖方在收取了权利金后,便承担了依照买方要求随时履约的义务。外汇期权合约的会计确认和计量,关键在于期权内在价值与时间价值的确认和计量。

根据第39号国际会计准则的要求,外汇期权合约在初次确认时,应当以成本对其进行计量;在合约持有期间,则要以公允价值进行后续计量,而由于外汇期权存在公开的市场,外汇期权的公允价值可以直接以期权的市场价格——权利金为准。核算的具体标准是:①利用外汇期权对公允价值套期保值,即对已确认的外汇资产或负债进行套期保值,外汇期权合约应当按公允价值——权利金的市场价格进行确认和计量;②利用外汇期权对现金流量套期保值,即对未来交易套期保值时,应只将内在价值变动形成的利得或损失通过权益变动表计入权益,再在被套期保值项目实际发生并确认时,将这部分利得或损失转计入被套期保值项目初次确认的资产或负债成本中;对于时间价值变动形成的利得或损失则直接计入当期损益;③作为投机工具的外汇期权合约,在确认和计量时不区分内在价值和时间价值。

(四)货币互换的核算

货币互换,是指交易一方拥有一定数量的资金和由此产生的利息支付义务,交易的另一方拥有另一种货币相应数量的资金以及由此而承担的利息支付义务,交易双方将各自拥有的资金和付息义务进行交换。

货币互换作为一项外汇衍生金融工具,涉及一系列的资金流动,主要的资金流动发生在三个时间:互换合约签订后的本金互换,合约期限内各结息日的利息互换,合约到期日的本金换回。由于合约签订后,企业即拥有并承担了日后利息互换和本金换回的权利和义务,因而在合约签订日,应当参考外汇远期进行会计确认,即在表内同时确认一项债权(金融资产)和一项债务(金融负债)。

货币互换是一项完全按照合约进行交易和结算的外汇衍生金融工具,它与外汇远期、外汇期货、外汇期权等外汇衍生金融工具不同,一般不能在合约到期前将相应的权利、义务转让出去,必须在合约到期时才能结算,解除权利、义务。

按照第39号国际会计准则的规定,外汇远期、外汇期货、外汇期权等外汇衍生金融工具形成的金融资产和金融负债属于“为交易而持有的金融资产和金融负债”，应当按公允价值进行计量；而货币互换合约形成的金融资产属于企业发起的贷款和应收款项，应当按实际利率法，以摊余价值进行计量，货币互换合约形成的金融负债也不属于“为交易而持有的负债”，也应当以摊余价值进行计量。其中，实际利率法就是将未来现金支付折现为当前账面净值的计算方法。但第 39 号国际会计准则同时还指出：“企业应将第 21 号国际会计准则《外汇汇率变动的影响》，运用于该准则规定为货币性项目并以外币反映的金融资产和金融负债。”按照第 21 号国际会计准则《外汇汇率变动的影响》的要求，货币性项目是指“拥有的货币和应以货币结算的项目”，它应当在资产负债表日根据期末汇率计量编报，由此发生的汇兑损益应计入当期损益，除非该货币性项目被指定为现金流量套期中的套期工具。

可见，对货币互换形成的债权债务进行计量，应当从两方面来考虑。首先，作为非“为交易而持有的金融资产和金融负债”，货币互换形成的债权债务应当在各会计期末按照实际利率法，以摊余价值进行后续计量；其次，对于货币互换形成的、将以外汇结算的债权债务，应当在各会计期末以当时市场汇率进行计量。也就是说，对于货币互换形成的债权债务，应当在各会计期末按实际利率和市场汇率进行重新计量，由此形成的利得或损失，应当确认为当期损益，但若货币互换是作为对现金流量的套期工具（即对未来事项进行套期保值），其由于按照市场利率和市场汇率进行重新计量形成的利得或损失，应当确认为权益，在日后被保值项目确认时，再将这部分利得或损失从权益中转出，计入被保值项目的初始成本。

从上面的分析中可以发现，货币互换本身是利率衍生工具与外汇衍生金融工具的综合，它同时受到利率与汇率变动的影响，相应地也应对利率变动影响与汇率变动影响同时进行会计核算。

本章小结

衍生金融工具是一种合约，这种合约使交易对手的一方在未来对某种基础资产有一定的债权和相应的义务。在基本性质上，衍生金融工具虽然以传统金融工具为基础，但着眼于未来的某种结果，且具有明显杠杆效应。衍生金融工具具有构造的复杂性、交易的低成本性、设计的灵活性和经济形态的高度虚拟性。

衍生金融工具会计最早源于商品期货会计。在衍生金融工具会计准则的产生发展过程中，美国财务会计准则委员会在国际会计界一直处于先导地位。与此同时，国际会计准则委员会也在这方面做了大量工作，可以分为两个主要的阶段：一是以 IAS No. 32 为标志的披露和列报阶段；二是以 IAS No. 39 为标志的确认和计量阶段。《企业会计准则（2006）》的发布标志着我国在衍生金融工具会计方面出现了较大的突破。

衍生金融工具对会计理论和实践的挑战主要表现在会计要素的概念、会计要素的确认、会计计量和会计报告等方面。

衍生金融工具的会计核算主要包括股票衍生金融工具的核算、利率衍生金融工具的核算和外汇衍生金融工具的核算。

关键术语

衍生金融工具　股票衍生金融工具　利率衍生金融工具　外汇衍生金融工具

思考练习题

1. 什么是衍生金融工具？衍生金融工具有哪些基本性质和特点？
2. 衍生金融工具有哪些分类标准？可以分为哪些类型？
3. 衍生金融工具会计与商品期货会计的关系如何？
4. 美国衍生金融工具会计准则的形成包括哪些阶段？各阶段的主要进展有哪些？
5. 衍生金融工具国际会计准则的形成包括哪些阶段？各阶段的主要进展有哪些？
6. 衍生金融工具的产生对传统会计理论的冲击主要表现在哪些方面？

参考文献

[1] 中华人民共和国财政部.企业会计准则——基本准则[S].2006.

[2] 财政部会计司编写组.企业会计准则讲解[M].北京:人民出版社,2007.

[3] 会计准则研究组.最新会计准则重点难点解析[M].大连:大连出版社,2006.

[4] 唐宴春.金融企业会计[M].北京:中国金融出版社,2006.

[5] 孙玉甫.衍生金融工具会计[M].上海:复旦大学出版社,2005.

[6] 贺瑛,钱红华.银行会计[M].上海:复旦大学出版社,2005.

[7] 康国彬.银行会计学[M].北京:清华大学出版社,2004.

[8] 姚梅炎.最新银行会计[M].北京:对外经济贸易大学出版社,2005.

[9] 李海波,刘学华.金融会计——银行会计[M].上海:立信会计出版社,2005.

[10] 张元萍.金融衍生工具教程[M].北京:首都经济贸易大学出版社,2003.

[11] 张超英.现代商业银行会计与实务[M].北京:中国人民大学出版社,2004.

[12] 张福荣.商业银行会计实务[M].北京:中国金融出版社,2005.

[13] 姚金武.商业银行会计[M].长沙:国防科技大学出版社,2005.

[14] 胡建忠,熊振敏.商业银行会计[M].2版.北京:中国金融出版社,2004.

[15] 张国光.银行会计[M].北京:高等教育出版社,2003.

[16] 岳龙.银行会计[M].北京:高等教育出版社,2005.

[17] 吕德勇,韩俊梅.商业银行会计学[M].北京:中国金融出版社,2003.

[18] 方萍.商业银行会计学[M].成都:西南财经大学出版社,2004.

[19] 徐经长.衍生金融工具会计管理研究[M].北京:中国财政经济出版社,1998.

[20] 耿建新.商品期货与衍生金融工具会计[M].北京:西南财经大学出版社,1998.

[21] 耿建新,徐经长.衍生金融工具会计新论[M].北京:中国人民大学出版社,2002.

[22] 陈引,许永斌.衍生金融工具风险与会计对策[M].北京:中国物价出版社,2003.

[23] 叶永刚.衍生金融工具概论[M].武汉:武汉大学出版社,2000.

[24] 陈华,李斌.新会计准则对衍生金融工具的影响研究[J].河南金融管理干部学院学报,2007(2).

[25] 程婵娟.银行会计学[M].北京:科学出版社,2004.

[26] 丁元霖.银行会计习题与解答[M].上海:立信会计出版社,2004.

[27] 丁元霖.银行会计[M].上海:立信会计出版社,2003.

[28] 黄虎.商业银行表外业务[M].广州:广东经济出版社,1997.

[29] 何林祥.商业银行表外业务概论[M].北京:中国金融出版社,1998.

[30] 刘园.商业银行表外业务及风险管理[M].北京:对外经济贸易大学出版社,2000.

[31] 钱逢胜.商业银行会计[M].上海:上海财经大学出版社,2004.

[32] 张淑彩. 银行会计学[M]. 西安:陕西人民出版社,2004.
[33] 王允平,关新红. 金融公司会计[M]. 上海:立信会计出版社,2004.
[34] 蔡昌. 新会计准则与纳税筹划[M]. 北京:东方出版社,2006.
[35] 贺瑛. 银行会计[M]. 上海:上海财经大学出版社,2002.
[36] 杨华. 银行会计教程[M]. 上海:立信会计出版社,2004.
[37] 温红梅,刘兴革,梁运吉. 银行会计[M]. 大连:东北财经大学出版社,2007.

图书在版编目(CIP)数据

银行会计学/翟立宏主编. —3版. —西安:西安交通大学出版社,2014.8

普通高等教育"十二五"金融学专业规划教材

ISBN 978-7-5605-6598-9

Ⅰ.①银... Ⅱ.①翟... Ⅲ.①银行会计-高等学校-教材 Ⅳ.①F830.42

中国版本图书馆CIP数据核字(2014)第189938号

书　　名　银行会计学(第三版)
主　　编　翟立宏
责任编辑　魏照民　武美彤

出版发行　西安交通大学出版社
　　　　　　(西安市兴庆南路10号　邮政编码710049)
网　　址　http://www.xjtupress.com
电　　话　(029)82668357　82667874(发行中心)
　　　　　　(029)82668315　82669096(总编办)
传　　真　(029)82668280
印　　刷　陕西丰源印务有限公司

开　　本　787mm×1092mm　1/16　**印张** 19.375　**字数** 460千字
版次印次　2011年12月第2版　2014年8月第3版　2014年8月第7次印刷
印　　数　16 001～18 000
书　　号　ISBN 978-7-5605-6598-9/F·456
定　　价　35.80元

读者购书、书店添货、如发现印装质量问题,请与本社发行中心联系、调换。
订购热线:(029)82665248　(029)82665249
投稿热线:(029)82668133
读者信箱:xj_rwjg@126.com